東洋文庫 865

蝦夷志 南島志

新井白石 著
原田信男 校注

平凡社

装幀　原　弘

凡例

一、本書は、新井白石著『蝦夷志』と『南島志』の原文を掲げ、これに読み下し文と注釈を加えたものである。

一、本文を、適宜、段落で区切り、段落ごとに原文、読み下し文、注釈の順で並べた。

一、原文については、一部の別体・俗字体は生かしたが、新字体のある漢字は新字体に改めた。読み下し文も、新字・新仮名遣いによる表記に改めた。なお両書とも本文中に、しばしば長い割注があるが、この部分については〈 〉で示した。ただし、注釈の引用文は、元本の表記を尊重したが、一部新仮名表記に改めた部分もある。

一、『蝦夷志』の底本には、文久二（一八六二）年の序を有する多《た》気《け》志《し》楼《ろう》蔵版（内閣文庫所蔵）を用い、毛利家旧蔵の写本二種（明治大学図書館所蔵）などで校訂を行った。また『南島志』の底本には、嘉永六（一八五三）年刊の甘雨亭叢書第四集第六冊（明治大学図書館所蔵）を用い、比較的良質な写本である教授館本（宜野湾市立博物館所蔵）・宝玲文庫本（法政大学沖縄文化研究所所蔵複製本）などで校訂を行った。明らかな誤りを除いて、表記が異なる場合は、原文に（ ）で※印のあとに注記した。ただし読み下し文においては、適宜、校注者の判断を加えた。

一、両書の図版の扱いについては別途（一〇六〜一六四頁）に、解説と関連図版を掲載した。参照されたい。

一、『蝦夷志』『南島志』刊本中の固有名詞に付せられた傍線は、そのままとした。読み下し文に関しては、おおむね両書刊本の訓点に従ったが、適宜、読み方を改めた部分もある。また『南島志』読み下し文における地名など固有名詞の振り仮名については、いくつかの写本を参照して付したものもあるが、このうち現行と著しく異なる場合には、これを=として追記した。それ以外の両書の一般名詞や動詞などの振り仮名は、校注者が、適宜、これを補った。

一、読み下し文においては、簡単な注記は（　）で補い、説明を要する場合には注釈に回した。なお注釈の作成にあたって利用した中国典籍については、基本的に読み下し文としたが、白石の引用に相当する部分に限っては、原文のままとした。また注釈のうちアイヌ語の横文字表記については、萱野茂著『アイヌ語辞典』（三省堂）および中川裕著『アイヌ語千歳方言辞典』（草風館）などによった。

目次

蝦夷志　南島志

新井白石 著
原田信男 校注

蝦夷志

［新井白石先生著　蝦夷闔境図校正　蝦夷志　全　多気志楼蔵版］

蝦夷志序

蝦夷。一曰㆓毛人㆒。古北倭也。〈北倭出㆓山海経㆒。〉漢光和中。鮮卑檀石槐聞㆓倭善網捕㆒。東撃㆓倭人国㆒。得㆓千余家㆒。徙置㆓秦水上㆒。令㆔捕㆑魚以助㆓糧食㆒。鮮卑東胡種。即今韃靼東北地。所㆑謂倭人即北倭也。夷俗善沈（※沉）没捕㆑魚。於（㆑脱）今亦然。（ママ）矣（○脱）

蝦夷*は、一に毛人*と曰い、古えの北倭*なり。〈北倭山海経*に出づ。〉漢の光和中*（後漢：一七八〜一八四年）、鮮卑*の檀石槐*、倭*は網捕を善くすると聞き、東《とう》して倭人国*を撃ち、千余家を得て、秦水*の上《ほとり》に徙《うつ》し置き、魚を捕うるを以て糧食を助けしむ。鮮卑は東胡の種なり。即ち今、韃靼*東北の地、謂うところの倭人は即ち北倭なり。夷の俗、善く沈没《ちんぼつ》して魚を捕え、今においてもまた然り。

蝦夷・毛人　蝦夷《えみし》に関して、『古事記』は、中巻景行天皇記で、ヤマトタケルによる「東西之荒ぶる神ト伏《まつろ》は不《ぬ》人等《ひとども》」を平定するための征服記事の一部に、東国でのこととして「悉《ことごとく》荒夫琉《あらぶる》蝦夷等《えみしども》を言向《ことむ》ケ」と記す程度にすぎない。しかし正史である『日本書紀』は、景行天皇二七年二月条の武内宿禰報告奏上文に「東《あづま》の夷《ひな》の中に、日高見国（多賀城北方の北上川下流の地か）有り。其の国人、男女並に椎を結び身に文（刺青）す。為人《ひととなり》勇み悍《こわ》し。是を総て蝦夷と曰う。亦《また》土地沃壌《こ》えて広し。撃ちて取りつべし」と見えるほか、同四〇年七月一六日条にも「蝦夷悉《ふつく》に叛《そむ》きて、屢《しばしば》人民《おほみたから》を略《かす》む」とあり、ヤマトタケルが征東に出向く事情が記されている。さらに景行五六年八月条にも、騒動を起こした蝦夷に対して征討を行い、「蝦夷の首師《ひとごのかみ》」のうち、その地を献上して従った者は赦し、服さざる者を誅したため、東国が治まったとする旨がみえる。なおエミシは毛人とも書くが、これは『山海経《せんがいきょう》』などの古い中国史書にみえる「毛人」に倣《なら》ったもので、『日本書紀』敏達天皇一〇（五八一）年閏二月条では、蝦夷の反乱に関して「魁師は大毛人《おおえみし》なり」と注している。もともと毛人も蝦夷も、勇強なまつろわぬ辺境の民の意で、記紀に描かれた蝦夷の風俗については、中国史書の蛮族記述を意識したものと考えられている（高橋富雄著『蝦夷』）。ただ七世紀以降の『旧唐書《くとうじょ》』倭国日本伝に「山外は即ち毛人の国なり」とみえるほか、八世紀に成立した『通典《つうてん》』辺防蝦夷には「蝦夷の国は、海中の小国なり。其の使の鬚《あごひげ》長さ四尺。尤も弓矢を善くす……大唐顕慶四（斉明天皇五＝六五九）年一〇月、倭国の使人に随いて入朝す」とある。さらに、日本側の記録などと考え合わせれば、少なくとも七世紀頃には、日本も中国も「蝦夷」に関して、ある程度の実態を把握していたものと思われる（大林太良編『蝦夷』）。ところで『日本書紀』で蝦夷征討の記事が集中するのは斉明紀（六五五～六六二年）で、①元年七月一一日条、②元年是歳条、

③四年四月条、④四年七月四日条、⑤四年是歳条、⑥五年三月一七日条、⑦五年三月是月条、⑧五年三月分注、⑨五年七月三日条、⑩六年三月条、⑪六年五月是月条の一一回に及ぶ。ただ、これらの記事には類似点が多く、異伝の重複と判断される部分もあるが、大化の改新直後の七世紀中期、つまり中央集権的な古代律令国家が成立をみた時期に、本格的な蝦夷征討が行われたことが重要だろう（高橋『蝦夷』）。なおエミシの表記が、毛人から蝦夷へと変化するのも、古代律令国家成立以降のことで、中国の東夷観念を強く意識するようになったためとされている（工藤雅樹著『古代蝦夷』）。ちなみに蝦夷の文字については、アイヌ人をカイナー・カイナと呼んだことから、これを宛ててエミシと称したとする説（金田一京助）や、さらに人という意味のアイヌ語エンチュウあるいはエンジュに、この蝦夷を宛てて、エゾと呼ぶようになったとする説（喜田貞吉・金沢庄三郎）もあるが、これらは蝦夷すなわちアイヌという前提に立った推論であるところに問題がある。基本的に、この時期の蝦夷については、アイヌ民族をさすとするよりも、ヤマト政権に服属しない東北の人々と解さねばならない。いずれにしても古代においては、エミシとエゾは混同されていたが、古代国家の統一が進んだ九世紀以降の文献に登場する蝦夷は、アイヌ民族をさすものと考えられている。

北倭・山海経　伯益撰と伝える『山海経』は、古代中国の神話的な地理書で、夏王朝の卯王が中国各地を回った際の記録だとするが、これは単なる伝説にすぎない。空想的な記述も少なくなく、司馬遷は『史記』大宛伝で、同書に出てくるような怪物は取り上げないとしている。ただ大部分が春秋戦国時代から漢代に成立をみたもので、二世紀以前には成立していたものと考えられている。晋代の碩学・郭璞《かくはく》（二七六～三二四）の注釈本がテキストとして残り、古代中国の地理を考える上で興味深い史料となっている。同書海内北経には、この「北倭」に関して「蓋国在鉅燕南倭北倭属燕」とある。これを白石は、「蓋国は鉅燕にあり。南倭、北倭は燕に属す」と読み、それぞれ南倭・北倭を南島・蝦夷に宛てたが、これは「蓋国は鉅燕の南、倭の北に在り、倭は燕に属す」と読まねばならない。つまり蓋国は漢代に朝鮮半島統治のために設けられた機関で平壌西方にあるとされ、鉅燕については北京あたりとも考えられている。ただ「倭は燕に属す」とするのは、倭に関する最古の文献であるが、これが日本をさすかどうかは、かなり難しいところだろう。いずれにしても「南倭」「北倭」は、白石の誤読とするしかないが、彼はこの解釈に執着し、『南島志』を『南倭志』、『蝦夷志』を『北倭志』と題する構想をもっていた（巻末解説参照）。ちなみに天明元（一七八一）年になった松前広長『松前志』は、「蝦夷志〈新井君美白石所著〉に云く、蝦夷一に毛人と曰い、古えの北倭なり、と。是れは、山海経に蓋国鉅燕の南、倭の北に在り、倭は燕に属す、とあるを読誤まられたれば本名に非ず」と記している。

漢の光和中　『後漢書』巻九〇烏桓鮮卑《うがんせんぴ》列伝第八〇檀石槐《だんせきかい》伝に「光和元（一七八）年の冬、また酒泉（甘粛省北西部酒泉県）を寇し、縁辺毒に被れざるは莫《な》し。種衆の日多くして、田畜し射猟するも給食足らず、檀石槐、乃ち自ら徇行して、烏侯秦水《うこうしんすい》の広従（東西）数百里にして、水停り流れず、其中に魚あるを見るも、これを得る能わず。倭人網捕を善くすると聞き、是れに於いて倭人国を東撃し、千余家を得て、秦水の上りに徙《うつ》し置き、捕魚せしめて以て糧食の助とす」とある。ただし『後漢書』は、五世紀の成立で編者は范曄《はんよう》。後漢に続く魏・呉・蜀の歴史を記した四世紀の陳寿の『三国志』よりもほぼ一〇〇年新しく、『三国志』巻三〇魏志烏丸鮮卑東夷伝第三〇所引の王《おう》沈《ちん》『魏書』にも同じ記述が存在する。従って『後漢書』よりも『三国志』魏志の方が史料的信憑性が高く、以下の注「倭・倭人国」で述べるような問題がある。

鮮卑　古代北方アジアの遊牧民族で、五胡の一つに数えられる。烏桓（烏丸）とともに東胡の末裔で、トルコ系ともされるが未詳。初めは匈奴に属していたが、やがて匈奴の分裂に伴って自立化し、於仇賁《おきゅうほん》は、後漢に朝貢して王に封ぜられた。二世紀中期には檀石槐が出て、匈奴滅亡後のモンゴル一帯を支配し大国を築いた。やがて分裂して五胡十六国時代には、慕容《ぼよう》氏・乞伏《きっぷく》氏・禿髪《とくはつ》氏が、華北に侵入して、それぞれ燕・秦・涼を建国し、四世紀後半には、拓跋《たくばつ》氏が華北を統一して北魏を開いた。

檀石槐　一三七～一八一年頃の人。鮮卑の大首長に推され、鮮卑の諸部族を統率して大勢力を築き、モンゴル一帯を支配下に収めた。自らの領有する土地を東・中・西の三部に分け、それぞれに大人を置いて統轄させた。しばしば中国北部に侵攻したことから、後漢は彼を王に封じて和睦を図ろうとしたが、これに応ぜず増加する人口のために、食料の確保を目的として、侵攻はよりいっそう激化の一途をたどった。光和年中の記事も、その一環として理解されるべきである。なお檀石槐の死後は、大首長は選挙制ではなく世襲制となって息子の和連が継いだが、人望が薄く統一勢力としての鮮卑は分裂した。

倭・倭人国　先の『後漢書』にみえる倭人・倭人国について、『三国志』魏志烏丸鮮卑東夷伝が根拠とした王沈の『魏書』では、これを「汗人・汗国」としており、のちに成立した『後漢書』の誤りとすべきだろう。ちなみに盧弼《ろひつ》の『三国志集解』は、「汗」は「倭」と同音であることから「汗」は「汗」とすべきだとする恵棟の説や、汗人は倭人ではないとする丁謙の説などを紹介している。また船木勝馬は、汗国はかつての遼東郡番汗県のことで、汗水つまり鴨緑江下流の地にあたり、ここで漁撈に従事していたのが汗人であろうと推測している（「後漢後期の鮮卑について」『東洋大学紀要』文学部篇19）。

秦水　先に引いた『後漢書』巻九〇にみえる烏侯秦水のことで、同書巻一二〇には「烏集秦水」とあるが、集は侯の誤写とされる。魚類資源が豊かだとあることから、『三国志』魏志倭人伝の「好んで魚腹を捕え、水深浅となく、沈没してこれを取る」を彷彿とさせるが、『後漢書』は「倭人網捕を善くすると聞き」としている点に留意すべきだろう。白鳥庫吉は、烏侯秦水は烏侯秦水の誤写で土河の義とし、内モンゴル自治区東部を流れる遼河水系の老哈《らおは》河をさすとしている（「東胡民族考」同全集4）。内モンゴル自治区東南部から遼寧省瀋陽北部あたりにかけての地か。

韃靼　もともとは東モンゴル高原の遊牧民であるモンゴル系タタール人の中国側からの呼称で、タタールとも呼ばれるが、その実態は多様で時代と場所によって指し示す民族が異なる。その分布はモンゴル高原から東ヨーロッパまでの広範囲に及ぶほか、西ヨーロッパでは、モンゴル帝国以来、長いこと中央ユーラシアや中央アジア・北アジアの諸民族をタタール人と総称していた。史料的には八世紀に東モンゴルに出現し、モンゴル帝国に併合されたが、宋では蒙古を黒韃靼、オングートを白韃靼と呼び、明では元滅亡後に北に逃れたモンゴル民族を、韃靼（北元とも呼ぶ）と称している。なお白石は、『采覧異言』「タルタリア　韃靼」において「亜細亜東北に在り、国最も極大。東北は大海に際し、其の西は欧羅巴界に至り、南は支那・莫臥児《もうる》等地と疆域を連なり接す」としており、韃靼をかなりの強国と認識していた。そして韃靼がオランダなどのヨーロッパ諸国と戦争を起こし、かつ蝦夷地に近いという認識が白石にあったことから、宮崎道生は、白石の韃靼への警戒心が『蝦夷志』執筆の動機の一つであったとしている（『新井白石の史学と地理学』）。

夷多二種落一。曰二渡島蝦夷一。其在二東北海中一者。曰二北蝦夷一。曰二東蝦夷一。其徙（※徒）居レ于二内地一者。北謂二越国一。東謂二陸奥国一。曰（二脱）齶田。（二脱）〈一作二飽田一。今作二秋田一。〉曰（二脱）淳代。（二脱）曰（二脱）柵養。（二脱）〈一作二城養一。〉曰（二脱）津刈。（二脱）〈一作二津軽一又作二都加留一（。脱）〉皆東北列也。

夷は種落（種族が構成する集落）多し。渡島の蝦夷*と曰うは、其れ東北の海中に在る者なり。北の蝦夷*と曰い、東の蝦夷*と曰うは、其れ徙《うつ》りて内地に居*する者なり。北は越国*と謂い、東を陸奥国*と謂い、齶田*と曰う。〈一に飽田と作り、今秋田に作る。〉淳代*と曰い、柵養*と曰い〈一に城養*に作る〉、津刈*と曰うは〈一に津軽に作り、また都加留に作る〉、皆、東北の別なり。

渡島の蝦夷・北海道に住む蝦夷の意。『日本書紀』斉明天皇四（六五八）年四月条に「阿陪臣《（ママ）》〈名を闕《もら》せり〉船師《ふないくさ》一百八十艘を率《ひきい》て、蝦夷を伐《う》つ。齶田《あぎた》・渟代《ぬしろ》、二郡の蝦夷、望《おせ》り怖《お》ぢて降《したが》わんと乞う……遂に有間浜に、渡嶋《わたりしま》の蝦夷等を召し聚《つど》へて、大きに饗《あえ》たまひて帰《かえしつかわ》す」とあるほか、同持統天皇一〇（六九六）年三月一二日条に「越の度嶋《わたりしま》の蝦夷伊奈理武志《いなりむし》と、粛慎《みしはせ》の志良守叡草《しらすえそう》とに、錦袍袴・緋紺絁・斧等を賜ふ」とみえる。渡島の蝦夷を招集した有間浜については、渡島の一部とする説もあるが、北海道への渡り口にあたる青森県津軽半島の地で、深浦町吾妻浜・青森市善《う》知《と》鳥《う》崎・小泊《こどまり》村付近か、もしくは十三湊《とさみなと》周辺とも考えられている。いずれにせよ渡島とは、北海道の入口にあたる現在の渡島《おしま》半島一帯をさすもので、南部・津軽の人々は、その地を「おしま」と呼んでいた。このため北海道の地名の策定にあたった松浦武四郎は、明治二（一八六九）年に、渡島半島南部に位置する茅部・亀田・上磯・福島・津軽・檜山・爾志《にし》の七郡を渡島《おしま》国と命名した。

北の蝦夷・東の蝦夷 『日本書紀』斉明天皇元（六五五）年七月一一日条に「北〈北は越《こし》ぞ〉の蝦夷九十九人、東〈東は陸奥ぞ〉の蝦夷九十五人に饗たまふ」とみえ、同五年三月一七日条にも「甘《うま》檮丘《かしのおか》の東の川上に、須弥山《すみのやま》を造りて、陸奥と越との蝦夷に饗たまふ」とあり、両者を区別しているほか、『続日本紀』では文武天皇元（六九七）年一〇月一九日条に「陸奥の蝦夷」、同一二月一八日条に「越後の蝦狄」と書き分けている。これに関しては、両者を異なる種族とする見解もあるが、両地域に残る地名などから、双方ともアイヌ系の人々とする指摘もある（大林太良『蝦夷』）。

越国・陸奥国 越《こし》国は高志国とも書き、北陸方面の古称で、天武期以降に、越前国・越中国・越後国に分かれ、養老二（七一八）年に越前国から能登国が分かれ、さらに弘仁一四（八二三）年には同様に加賀国が分立した。陸奥《むつ》国は道奥とも書き「みちのく」とも称する。東山道北端の国で、領域は時代とともに北方に拡張していったという特色をもつ。すでに天武期には陸奥国がみえるが、和銅五（七一二）年に越後国出羽郡を母体に出羽国が置かれて、陸奥国であった最上・置賜《おきたま》二郡は出羽国に属するところとなった。さらに養老二年には石城《いわき》国・石背《いわしろ》国・陸奥国と三分割されたが、すぐに併合されて陸奥国にもどった。

徙居　多気志楼蔵版以外のほとんどの写本も「徙居」としている。早稲田大学図書館蔵の写本は「徒居」とするが誤写とすべきだろう。

齶田・渟代　齶田は飽田とも書き、秋田県秋田市付近か。また渟代は同能代市付近かと思われる。先の注「渡島の蝦夷」の『日本書紀』斉明天皇四（六五八）年四月条参照。なお同条には、「軍《いくさ》を勒《ととの》へて、船を齶田浦に陳《つら》ぬ。齶田の蝦夷恩荷《おが》、進みて誓ひて曰《もう》さく……朝《みかど》に仕官《つかえまつ》らむとまうす。仍《よ》りて恩荷に授くるに、小乙上（注：官位）を以てし、渟代・津軽、二郡の郡領に定む」とある。さらに同五年三月条にも、「阿倍臣」が四年同様に蝦夷国を征討した記事があり、「飽田・渟代、二郡の蝦夷二百四十一人、其の虜三十一人、津軽郡の蝦夷一百十二人」などを饗して、禄を与えた旨がみえる。なお、これらの郡については、当該地域における蝦夷の族長による一定の支配圏を、古代国家の国郡制下の郡に準じたものとすべきだろう。

柵養・城養　柵《き・さく》は、木を柵列状に打ち込んで一定の土地を区画した防御施設で、渟足柵や磐舟《いわふね》柵などが知られ、柵造という長官と柵戸と呼ばれる兵士が置かれた。『日本書紀』斉明天皇元（六五五）年七月一一日条に、「難波の朝にして、北〈北は越《こし》ぞ〉の蝦夷九十九人、東〈東は陸奥ぞ〉の蝦夷九十五人に饗たまふ。……仍《なお》、柵養の蝦夷九人、津軽の蝦夷六人に、冠各二階《しな》授く」とあり、柵養は地名とも考えられるが、同持統天皇三（六八九）年正月三日条には、「陸奥国の優嗜《うき》曇郡《たまのこおり》の城養の蝦夷脂利古《しりこ》が男《こ》、麻呂と鉄折《かなをり》と、鬢髪を剔《そ》りて沙門と為らむと請《まお》す」とみえることから、柵造に服属した蝦夷の意とする説もある。

津刈 青森県西部の津軽地方をさす地名と思われるが、これを北海道のうちとする説もある。なお注「伊吉連博徳書」（二六頁）にみられるように、蝦夷には遠い都加留（津軽）と次の麁蝦夷《あらえみし》と近い熟蝦夷《にぎえみし》の三種があるとされており、蝦夷の種族としての特徴を示すものとも考えられる。熟蝦夷は古代国家に従うもの、麁蝦夷は同化していないものとみられるが、都加留について大林太良は、西村真一の海豹を意味するアイヌ語ツッカリに由来するという説をうけて、海獣狩猟民的な種族である可能性も考慮している（大林『蝦夷』）。なお注「国史に謂う所」（三五頁）および前注「齶田・渟代」（一九頁）を参照。

宋書曰。毛人五十五国。唐書曰。倭国東北限㆓大山㆒。其外即毛人。総言㆓其内外種落㆒也。夷種分居㆓内地㆒。其始不㆑可㆑得㆑詳。

宋書*に曰く、毛人五十五国、と。唐書*に曰く、倭国の東北を大山に限り、其の外即ち毛人なり、と。総《す》べて其の内外の種落を言うなり。夷の種は内地に分居するも、其の始めは詳らかなるを得べからず。

宋書　中国南朝の宋の正史で五世紀後半の成立。宋・斉・梁に仕えた沈約《ちんやく》が、斉の武帝の命によって編んだ一〇〇巻からなる二十四史の一つ。『宋書』巻九七南蛮伝・倭国伝に順帝昇明二（四七八）年の記事としてある。

唐書　中国の唐の正史で、二種類あるが、共に二十四史の一つ。古い方を『旧唐書《くとうじょ》』と呼び、後晋の劉昫らが一〇世紀中期に編んだ二〇〇巻からなる。史料的価値は高いが、晋の滅亡により編纂に支障をきたし構成に難点があるため、北宋の欧陽脩らが一一世紀中期に『新唐書』二二五巻を編んだ。一般に『唐書』といえば後者をさすが、ここでは『旧唐書』巻一九九上東夷伝・倭国日本条のこと。なお唐書からの引用は「其外即毛人」までで、「総」以下は白石の見解。

景行天皇征東詔曰。東夷犯二辺界一。以略二人民一。往古以来。未レ染二王化一。由レ是観レ之。其侵二犯内地一。蓋由来既久矣。而叛服亦屢矣。

景行天皇の征東の詔*に曰く、東夷は辺界を犯し、以て人民を略《かす》め、往古以来、いまだ王化に染まらざる、と。是れに由り之れを観るに、其の内地を侵犯し、蓋し由来すでに久しからんや。而して叛服《はんぷく》（反乱したり服属したり）することまた屢《しばしば》なり。

景行天皇の征東の詔　注「蝦夷・毛人」（一一頁）にも引いた『日本書紀』景行天皇四〇年七月一六日条には、「今東国安からずして、暴《あら》ぶる神多に起《さわ》る。亦蝦夷悉《ふつく》に叛《そむ》きて、屡《しばしば》人民《おほみたから》を略《かす》む。……其の東の夷《ひな》は、識性《たましい》暴《あら》び強《こわ》し。凌犯《しのひぎおかす》を宗とす。……撃てば草に隠る。追へば山に入る。故《かれ》、往古より以来、未だ王化《みおもぶけ》に染《したが》はず」とある。

斉明天皇四年遣二阿倍臣(ママ)一。率二船師一伐二蝦夷一。齶田渟代醀師迎降。渡島蝦夷亦来会。乃定二渟代津軽二郡郡領一而還。五年復遣二阿倍臣一。率二飽田渟代津軽胆振鉏等醀師（一脱）。以伐二蝦夷一。乃徇二其地一。遂置二治於後方羊蹄一還。〈後方羊蹄読云二シリベシ一。即今西部シリベチ地也（。脱）〉

斉明天皇四（六五八）年、*阿倍臣*を遣わし、船師《ふないくさ》を率い蝦夷を伐《う》つに、齶田・渟代の醀師《ひとごのかみ》は迎えて降《くだ》し、渡島の蝦夷もまた来りて会す。乃ち渟代・津軽の二郡の郡領を定めて還る。五年、復《ふたた》び阿倍臣を遣わし、飽田・渟代・津軽・胆振鉏《いぶりさえ》*等の酋師を率い、以て蝦夷を伐つ。乃ち其地を徇し、遂に後方羊蹄*を治め置きて還る、と。〈後方羊蹄は読むにシリベシと云う。即ち今の西部シリベチの地なり〉

斉明天皇四年　注「渡島の蝦夷」（一八頁）で引いた『日本書紀』斉明天皇四年四月条には「阿陪臣」とみえるほか、同五年三月条に、「阿倍臣、飽田・渟代、二郡の蝦夷二百四十一人、其の虜三十一人、津軽郡の蝦夷一百十二人、其の虜四人、胆振鉏《いぶりさえ》の蝦夷二十人を一所に簡《えら》び集めて、大きに饗たまい禄賜う。……時に問菟《とひう》の蝦夷胆鹿嶋《いぶりかしま》・菟穂名《うほな》、二人進みて曰く、後方羊蹄《しりべし》を以て、政所《まつりごとどころ》とすべし、といふ。……胆鹿嶋の語に随ひて、遂に郡領を置きて帰る」とある。

阿倍臣　注「渡島の蝦夷」および「斉明天皇四年」に引いた記事にもほぼ同様の記述があり、これらは史実の重複と認められる。ただ、これらの記事は蝦夷征討が目的であるのに対し、同六年三月条では、阿倍氏が蝦夷を伴って北の粛慎《みしはせ》を討ったとしている。三例とも「名を闕《もら》せり」と注しているが、五年三月条の注には「或本に云わく阿倍引田臣比羅夫」と見える。引田系の阿倍氏は越の族長で、比羅夫は越国の国守を務め、蝦夷征討に活躍したが、のちに征新羅将軍となり白村江の戦いで大敗し、やがて筑紫太宰帥《そち》となった。

胆振鉏　『日本書紀』斉明天皇五年三月条に、胆振鉏の蝦夷二〇人を集めて饗応し、賜禄を行った旨がみえ、「胆振鉏、此をば伊浮梨娑《いふりさへ》と云ふ」という注が付されている。これについて白石は、本書『蝦夷志』の「蝦夷」において、胆振鉏をイブツとし、勇払に比定している（四八頁）。なお七〜一〇世紀には、蝦夷系墳墓とされるいわゆる末期古墳が、青森・岩手・秋田県から北海道旧千歳郡域一帯に分布し、勇払を中心とした旧胆振《いぶり》国一帯からも土師器・須恵器や和同開珎《わどうかいちん》のほか、古代律令国家六位以下の位階を示す帯金具などが出土している。ただ胆振国の設置と命名は、明治二（一八六九）年であったことに留意する必要があろう。

後方羊蹄　『日本書紀』斉明天皇五年三月条に、「後方羊蹄《しりべし》を以て、政所《まつりごとどころ》とすべし」とみえ、これに「此をば斯梨蔽之《しりべし》と云ふ。政所は、蓋し蝦夷の郡か」と注しており、シリベシに郡領が置かれた可能性もあるが、その比定は難しい。ただ白石は、これを北海道南部の地とみなし、松前の西にあったとしている。そもそもシリベシは、アイヌ語で大河の意にあたることから、支笏湖西岸付近から西流して羊蹄山を迂回し日本海に注ぐ尻別川をさすものともされている。ただ後志《しりべし》国の設置も、胆振国と同じ明治二年のことで、かつて羊蹄山は後方羊蹄山《しりべしやま》とも呼ばれたが、単なる故事にちなむ命名で、シリベシについては青森県の岩木川とする説もある。ただ羊蹄山は、後志国ではなく胆振国虻田郡域に位置することや、胆振における末期古墳などの存在も考慮すれば、北海道内であったとも考えられよう。

是歳秋。遣レ使率二陸奥蝦夷一。以聘二于唐一。唐書曰。永徽中。我行人与二蝦夷一偕来。即此也。時高宗問二我行人一曰。蝦夷幾種。対曰。類有二三種一。遠者都加留。次者麁蝦夷。近者熟蝦夷。今此熟蝦夷。所レ謂三種。挙下其在二荒服及内地一者上而言也。〈出二日本紀一（ママ）註所レ載伊吉連博徳書一。都加留即津軽。是其在二内地一而遠者（○脱）麁猶レ（ママ）言レ荒也。是其在二荒服一而（※即）次遠者。熟謂下其居二内地一而近者上也。〉

是の歳の秋に、使を遣わして、陸奥の蝦夷を率いて、以て唐に聘す。唐書*に曰く、永徽（六五〇～六五六）中、我が行人蝦夷と偕《とも》に来るとは即ち此れなり。時の高宗（唐の三代皇帝）、我が行人に問て曰く、蝦夷は幾種ぞ、対して曰く、類に三種有り、遠き者は都加留、次なる者は麁蝦夷、近き者は熟蝦夷、今、此の熟蝦夷は、謂うところの三種にして、其の荒服《こうふく》*及び内地に在る者を挙《あげ》て言うなり。〈日本紀（『日本書紀』）の註に載する所の伊吉連博徳書《いきのむらじはかとこがふみ》*に出づ。都加留即ち津軽、是れ其の内地に在りて遠き者なり。麁はなお荒を言うがごとし、是れ、其の荒服に在り、即ち次に遠き者なり。熟とは其の内地に居りて近き者を謂うなり。〉

唐書　『新唐書』巻二二〇東夷伝日本に、高宗竜朔二（天智元＝六六二）年のこととして「使者、蝦蛦人と偕《とも》に朝す。蝦蛦もまた海島の中に居し、其の使者は鬚《あごひげ》の長さ四尺許り、箭を首に珥《じ》し、人をして瓠を戴きて立つこと数十歩なら令《し》め、射て中《あ》たらざること無し」とある。この記事の前段に「永徽の初め」とあるほか、『日本書紀』斉明天皇五（高宗顕慶四＝六五九）年七月三日条に、「小錦下坂合部連石布《さかいべのむらじいわしき》・大仙下津守連吉祥《つもりのむらじきさ》を遣して唐国へ使せしむ。仍りて道奥の蝦夷男女二人を以て、唐の天子に示せたてまつる」とあることなどから、これを白石は永徽年中と判断したものと思われる。後注「伊吉連博徳書」参照。

荒服　古代中国では、王城を中心に、そこから五〇〇里（古代中国の一里は約四〇〇メートル）ごとに地方を五つに分け、これを五服と称し、近くから甸《でん》服・侯服・綏《すい》服・要服・荒服の順とした。従って荒服はもっとも遠い地域で、化外の地を意味する。

伊吉連博徳書　『日本書紀』斉明天皇五年七月三日条に「伊吉連博徳書に曰はく……天子問ひて曰はく「此等の蝦夷の国は、何《いづれ》の方に有るぞや」とのたまふ。使人謹みて答へまうさく、「国は東北《うしとらのかた》に有り」とまうす。天子問ひて曰はく、「蝦夷は幾種ぞや」とのたまふ。使人謹みて答へまうさく、「類三種有り。遠き者をば都加留と名《なづ》け、次の者をば麁蝦夷と名け、近き者をば熟蝦夷と名く。今此れは熟蝦夷なり。歳毎に、本国の朝に入《まい》り貢《たてまつ》る」とまうす。天子問ひて曰はく、「其の国に五穀《いつつのたなつもの》有りや」とのたまふ。使人謹みて答へまうさく。「無し。肉を食ひて存活《わたら》ふ」とまうす」とある。伊吉連博徳は、斉明期に第四次遣唐使に随行して帰朝し、やがて遣新羅使にも任命された。最終的には律令編纂者となった外交官で、外交事情に詳しい同書は、『日本書紀』編纂の参考史料とされた。

厥後凡称二蝦夷一者。皆謂下其在二内地一者上也耳。天平宝字六年。東海東山節度使藤原恵美朝臣朝獦。刻二石於鎮守府門一。以誌二四方道里相距近遠一。曰去二蝦夷国界（二脱）。一百廿里。其石於レ今見在二府城旧址一。〈其石。古俗所レ謂壺碑。〉則知宮城郡北方数百里。尽没二于夷地一也。〈古謂（三脱）百廿里（二脱）。准二之今法二十里。〉

厥《そ》の後は凡そ蝦夷を称する者は、皆、其の内地に在る者を謂うなるのみ。天平宝字六（七六二）年、東海・東山の節度使*藤原恵美朝臣朝獦*（＝狩）、鎮守府門の石に*刻み、以て四方の道里、相距、近遠を誌す。曰く、蝦夷の国界を去ること一百廿里、と。其の石は今に於て見るに府城の旧址に在り。〈其の石、古俗に謂うところの壺碑なり。〉則ち知る宮城郡北方数百里は、尽く夷地に没するなり。〈古く百廿里*と謂うは、之れを今の法の二十里に準ず。〉

節度使　奈良期の地方軍制官で、軍団兵士の訓練や兵器・兵糧の準備のほか軍事施設の整備を担当し、辺境防備の任にあたった。天平四（七三二）年と天平宝字五（七六一）年の二度にわたって置かれたが、藤原仲麻呂が立案の中心人物であったことから、その失脚後には消滅した。

藤原恵美朝臣朝獦（＝狩） 藤原仲麻呂（恵美押勝）の子で、天平宝字元（七五七）年に陸奥守となり、同四年に陸奥国按察使兼鎮守府将軍となり、翌五年に東海・東山道の節度使となった。出羽や陸奥の築城に貢献し多賀城の修造にもあたったが、同八年に父と行動をともにして、近江国高島郡で処刑された。

鎮守府門の石 いわゆる壺碑つまり多賀城碑のことで、宮城県多賀城市大字市川の多賀城跡南門の覆堂に納められている。碑文には「多賀城は京を去ること一千五百里、蝦夷国界を去ること一百廿里、常陸国界を去ること四百十二里、下野国界を去ること二百七十四里、靺鞨国界を去ること三千里、此の城は神亀元（七二四）年歳次甲子按察使兼鎮守将軍従四位上勲四等大野朝臣東人の置く所なり。天平宝字六（七六二）年歳次壬寅参議東海東山節度使従四位上仁部省卿兼按察使鎮守将軍藤原恵美朝臣朝狩修造也 天平宝字六年十二月一日」とある。これをめぐっては真贋論争があったが、近年では真作説が有力とされている。

里 古代律令国家は中国の里制にならい、『大宝令』『養老令』では一里を約五六〇メートルとしていたが、和銅年間に六町を一里として約六五〇メートルとした。近世になって五街道の整備に伴い、三六町を一里としたことから約三九二七メートルとなった。従って白石の計算法は、和銅年間の一里を念頭においたもので、「今の法の二十里」は約七八キロメートルにあたる。

至下其駆二之荒徼一。悉収二東山地一。因レ海為上レ塞。則征東将軍坂上大宿禰田村麻呂之功。蓋以為レ大也矣。史闕不レ伝二其事一。可レ勝レ嘆哉。〈嘗聞二之津軽人一坂将軍行営之地往往而有焉（○脱）土人亦説二其事一。猶如二前日一。唯其文献無下足二以徴一者上云（○脱）〉

其れ之れを荒徼（遠くの砦）に駆して、悉く東山の地を収め、海に因りて塞《とりで》と為すに至りしは、則ち征東将軍坂上大宿禰田村麻呂*の功、蓋し以て大と為さんや。史、闕《けっ》して其の事を伝えず、嘆きに勝《た》うべきか。〈嘗て之れを津軽の人に聞くに、坂将軍行営の地、往々にして有り。土人また其の事を説き、なお前日の如し。唯、其の文献は以て徴するに足るもの無しと云う〉

坂上大宿禰田村麻呂　天平宝字二（七五八）年生まれの武将で、坂上苅田麻呂の子。延暦一〇（七九一）年に、大伴弟麻呂が征夷大使、田村麻呂は副使の一人に任命されて、同一二年に東下し翌一三年には蝦夷を制圧した。この功で鎮守府将軍さらに征夷大将軍となり、同二〇年には四万の兵を率いて再び東下し、陸奥国閉伊《へい》（岩手県南部）まで攻め入って帰京した。さらに翌二一年には、胆沢城造営のために派遣され、以後、鎮守府は多賀城から胆沢城に移った。この年、蝦夷の指導者・阿弖利為《あてるい》と母礼《もれ》を降伏せしめ、京に連れ帰ったが、田村麻呂の助命懇願にもかかわらず、二人は河内国杜山《もりやま》（植山・椙山ともする）で処刑された。

厥後六百五十六年。若狭守源信広。越レ海入レ于二夷中一。遂取二其南界一。以定二北地一。是歳嘉吉三年也。〈信広。若狭国人。始称二武田太郎一。後称二蠣崎一。又改称二松前一。蓋因二地名一也（○脱）〉自レ此以降。子孫世世。拠二守其地一。而迄レ于レ今。東顧之憂久絶矣。因輯二旧聞一。以為二蝦夷志一焉。

享保庚子正月庚寅。源君美序

厥《そ》の後六百五十六年、若狭守源信広、*海を越えて夷中に入り、遂に其の南界を取り、以て北地を定めぬ。是の歳は嘉吉三（一四四三）年なり。〈信広は、若狭国の人、始め武田太郎を称し、後に蠣崎を称す。また改めて松前を称するは、蓋し地名によらんや〉此れより以降《のち》は、子孫世々其の地を拠守して今に迄《およ》び、東顧の憂い久しく絶ゆるや。よりて旧聞を輯《あつ》め以て蝦夷志と為す。

享保庚子（五＝一七二〇年）正月庚寅（二三日）。源君美序す

若狭守源信広　若狭武田氏二代武田信賢《のぶかた》（あるいは初代信栄《のぶはな》）の子という武田信広が、蝦夷地に渡って上ノ国花沢館の蠣崎季繁に身を寄せ、季繁に気に入られて婿養子となり、蠣崎姓に改めたとされるが、一説には陸奥南部氏の一族ともいう。康正三（一四五七）年に、志海苔《しのり》（函館市）でコシ

ャマインの乱が起こると、信広はこれを鎮圧して、蝦夷地和人の指導者的位置を確保し、松前氏の祖となった。蠣崎姓は、四代季広まで続いたが、五代慶広の時に、豊臣氏・徳川氏に従い、松前氏と改めて松前藩主となった。なお嘉吉三年とは、『新羅之記録』によれば、安東盛季（一説に康季）が青森県小泊の柴館（柴崎城）を落とされて北海道に渡ったとされる年（一説に永享四＝一四三二年）で、これを武田信広の渡海と白石が判断したものと思われる。

蝦夷地図説

蝦夷。在二東北大海中一。依二山島一為レ国。地多二山険一。僅通二禽鹿径一。夷人軽捷驍健。且善没レ水。行不レ見レ阻。此間之人往来所レ由。唯其水路而已。故夷地幅員広狭不レ可レ得レ詳。

蝦夷は東北の大海中に在り、山島に依りて国を為し、地に山険しき多く、僅かに禽鹿の径通ず。夷人軽捷《けいしょう》（身軽で素早く）にして驍健《ぎょうけん》（勇敢で逞しい）なり。且つ善く水に没し、行くに阻まるるを見ず。此の間の人（和人）の往来に由る所は、唯だ其の水路のみ。故に夷地の幅員広狭は、詳らかにするを得べからず。

我東北海岸距二蝦夷南界一。不二甚相遠一。而其間海潮駛急。〈蝦夷東南地角突然而出者。名曰二シラカミ碕一。相二距南部地方一。只隔二一衣帯水一而已。〉

我が東北の海岸は、蝦夷の南界に距たり、甚だしくは相い遠からず。而して其の間の海潮は駛急《しきゅう》（速く厳しい）なり。〈蝦夷東南地の角、突然にして出る者なり。名づけてシラカミ碕*（汐首岬）と曰い、南部地方を相い距《さ》ること、只だ一衣帯水を隔つのみ。〉

シラカミ碕　白神岬（注「松前」三五頁）とも読めるが、「蝦夷地東南角」とあり、南部地方の対岸という記述からは汐首岬とせねばならない。同岬は北海道函館市（旧亀田郡戸井町）の亀田半島南端に位置し、青森県下北郡大間町鳥居岬まで一八・五キロメートル。北海道と本州の最短地であるが、沖合は潮流の速い難所として知られる。

自二津軽之地小泊一発レ舟。北行八里。到二松前一。亦由二御厩津一西北行十四里。而到二松前一。〈四時此路常通。〉松前者。夷地南界也。〈国史所レ謂渡島。津軽津蓋此。〉繇レ是而北亦皆水行。東路則乍東乍北。順風約五昼夜。可レ抵二其東港一。〈地名曰二ノツサプ一（○脱）〉去レ此亦東北行。順風約六昼夜。可レ抵。（ママ）二其北港一。〈地名曰（二脱）ソウヤ（○脱）（一脱）〉其間沿海可レ泊レ船之処。凡十二。西路則乍西乍北。順風約五昼夜可レ抵二其北港一。〈即ソウヤ地方也。〉其間沿海可レ泊レ船之処。凡十七。

津軽の地小泊*より舟を発し北行八里(約三〇キロメートル)にして松前*に到る。また御厩《みんまや》津*より西北行十四里にして松前に到る。〈四時此の路を常に通う。〉松前は夷地の南界なり。〈国史に謂う所の渡島*・津軽津は蓋し此れなるか。〉是れに繇《よ》りて北すればまたみな水行し、東路すれば、則ち乍《たちま》ち東し乍ち北す。順風約五昼夜にて、其の東港に抵《いた》り、〈地名をノッサプ*と曰う。〉ここを去りまた東北行すれば、順風約六昼夜にて、其の北港に抵るべし。〈地名をソウヤ*と曰う。〉其の間、沿海に船を泊むるべきの処、凡そ十二。(松前より)西路すれば、則ち乍ち西し乍ち北す。順風約五昼夜にて、其の北港に抵るべし。〈即ちソウヤ地方なり。〉其の間、沿海に船を泊むるべきの処、凡そ十七。

小泊　青森県北津軽郡中泊町小泊。龍飛岬南西部の小泊岬との間の小泊湾に面するが、距離的にみて、おそらく龍飛岬のことであろう。なお小泊西方柴鼻には柴崎城があり、南部義政に攻められた安東氏の最後の拠点とされており(注「若狭守源信広」三〇頁)、近世には湊番所・遠見番所が置かれた。ただ、この部分を「津軽の地、小泊より」と読むか、「津軽の地小泊より」で解釈が異なり、前者であれば、津軽は松前のこととなるが、ここでは津軽の小泊の意とし後者の説を採りたい。

松前　北海道渡島支庁管内南西部で、北海道の最南端に位置し、西は日本海に面して、東南部には北海道最南端の白神岬があり、津軽海峡の西口をなす。いわゆる道南十二館のうち、大館が置かれた地で、永正一一（一五一四）年に蠣崎光広は、上ノ国勝山館から大館に居を移し、蝦夷地支配の拠点とした。以後、十三湊・小泊湊から蝦夷地に入る最短の要衝となった。近世には松前城となり松前藩が置かれ、和人とアイヌ民族との最大の交易湊として栄えた。

御厩津　青森県東津軽郡外ヶ浜町三厩《みんまや》。津軽海峡に面する三厩湾に位置し、古くから松前へ渡る舟運の要衝で、海産物の中継地でもあり、幕末には海防上の要地とされた。西を小泊に接し、最北端には龍飛岬がある。

国史に謂う所　『続日本紀』養老四（七二〇）年正月二三日条に、「渡島津軽の津司従七位上諸君鞍男《もろきみのくらを》ら六人を靺鞨《まっかつ》国に遣して、その風俗を観せしむ」とある。これを「渡島津軽」とすれば、津軽は渡島つまり北海道のうちとなるが、「渡嶋津軽津司」を北海道と津軽を往復する船の発着地を監察する官司とする説もある（瀧川政次郎「斉明朝における東北経路補考」『史学雑誌』六七―二）。

ノツサプ　北海道根室市納沙布。北海道最東端の根室半島先端部に位置し、南は太平洋、北は根室海峡に面する。東に歯舞《はぼまい》諸島を臨むが、岩礁があり濃霧と相まって古くから難所として知られる。

ソウヤ　北海道稚内市宗谷。北海道最北端にあたり稚内市東部の宗谷岬、西部の野寒布《のしゃっぷ》岬によって宗谷湾を形成。とくに宗谷岬は古くからカラフトへの渡海口とされてきた。北に宗谷海峡があり、東はオホーツク海、西は日本海に面し、利尻島・礼文島がある。西蝦夷に属し、ソウヤ場所として運上屋が置かれたが、アイヌ民族の集落もあった。

其北渡レ海七里。復有レ国。皆夷種。其地幅員。略与レ南同。蓋其西北。即韃靼海也。〈俗以為二奥蝦夷一。其地総称カラト島。〉東北相離十三里。五島相錯。而在二乎海中一。又其東北海中有二三十二国一。亦皆夷種云地方遠絶。疑不レ能レ明。（ママ）也（○脱）〈東北海島。凡三十七。総称クルミセ。亦名曰二ラッコ嶋一。詳見二于後一。〉

其の北に海を渡ること七里、また国有り。皆な夷種なり。其の地の幅員は、略《おおよ》そ南（蝦夷地）と同じ。蓋し其の西北は、即ち韃靼海ならんや。〈俗に以て奥蝦夷と為し、其の地、総称してカラト（樺太）島*なり。〉東北に相い離ること十三里、五島相い錯《まじわ》りて海中に在り。また其の東北の海中に三十二国有り。また皆な夷種と云うも、地方遠絶し、疑うらくは明らかにすること能わざらんなり。〈東北の海島は、凡そ三十七、総称してクルミセ*（千島）なり。またの名をラッコ島*（ウルップ島）と曰い、詳しくは後に見ん〉。

カラト島　唐太とも書き、カラフトとも称したが、開拓使設置以降に樺太とした。北海道アイヌ語ではカラプトと呼ばれており、もともとは神が河口に造った島の意とされる。また中国側からは、サハリンあるいはサガレンと呼ぶが、これも黒龍江の河口の峰の意とされる。宗谷海峡を北に四三キロメートル隔てて位置し、南北九四八キロメートル、東西は最大一〇六キロメートルで最狭二六キロメートルの島で、ユーラシア大陸とは間宮海峡で隔たる。面積は七六〇〇〇平方キロメートルで、北海道よりもわずかに小さい。

クルミセ　アイヌ語でアイヌの島を意味し、クルリとも称した。古くは「蝦夷が千島」とも呼ばれた千島列島のことで、北海道東端からカムチャッカ半島に至る全長一二〇〇キロメートルの弧状列島をさす。南から主な島としては、国後《くなしり》島・択捉《えとろふ》島・ウルップ（得撫）島・シムシル（新知）島・シャスコタン（捨子古丹）島・オネコタン（温禰古丹）島・パラムシル（幌莚）島・アテイト（阿頼度）島・シュムシュ（占守）島など二四島があり、国後・択捉・ウルップ・パラムシル島などは一〇〇〇平方キロメートルを超え、全体の総面積では一〇〇〇〇平方キロメートルに及ぶ。なお歯舞・色丹は千島列島には属しないが、ロシアでは両者をサハリン州小クリル列島と称している。また白石は、のちにみるように、クルミセを北アメリカに連なるグリーンランドのことと考えている。注「クルンラント」「東に二島」（九六〜九七頁参照）

ラッコ島　千島列島南部の火山島であるウルップ（得撫）島の別名。ラッコの棲息地として知られた。択捉島の東北部に位置し、全長一一七キロメートル・幅二〇キロメートルで面積一四二〇平方キロメートル。近世からラッコ猟場として知られたが、出稼ぎ猟が主体で、猟期後に少数の番人が越冬するのみであった。一八五四年の日露和親条約でロシア領となり、一八七五年の千島樺太交換条約で日本領となり得撫郡が置かれたが、一九四五年の敗戦でソ連軍が占領しロシア領となっている。なおラッコは、イタチ科カワウソ亜目の海棲哺乳類で、毛皮が最高級品となるため、一八世紀中期に発見されて以後、一九世紀に乱獲が行われ、現在ではほぼ絶滅状態となっている。

西北懸（※繇）海。有二四嶋一。相離近者七里。其遠者十五里許。〈西南二（※一）島。総名曰テウレ（※ヘウン）。其北（※地）一島。名リイシリ（※レイシリ）又在（二脱）其北一（脱）。名曰（二脱）レフンシリ（※レソンシリ）（一脱）。〉此蝦夷地境所レ尽也

西北の懸海（遠い海）に四島有り。*相い離るること近きは七里、その遠きは十五里許《ばか》り、〈西南二島、総名はテウレと曰う。其の北の一島の名はリイシリと曰い、また其の北に在るは、名はレフンシリと曰う。〉此れ蝦夷地境の尽《きわま》る所なり。

四島　地理的にみて、礼文島・利尻島・焼尻島・天売島のことか。「西北の懸海」は北海道全体のなかでの位置、「近き」「遠き」の距離および「西南」という方角は、四島の位置関係を示す。テウレは天売島のことで焼尻島を合せた総称としている。リイシリは利尻島、レフンシリは礼文島をさす。なおアイヌ語で、リイシリ（利尻）はリ・シリ（ri-shir）で高い島、レフンシリ（礼文）

はレブン・シリ（repun-shir）で沖の島の意（山田秀三『北海道の地名』）。

蝦夷

松前治城。介二居山海之間一。東西各有二港口一。諸州賈船所二輻湊一也。東至二黒岩一。西至二乙部一。去レ此以往。陸行路絶。西南海上。三島在レ（ママ）南。（ママ）曰二小島一。其北曰二大島一。又其北曰二奥尻一。従レ此至二乙部一。十八里。〈奥尻島。南北二十有五里。〉凡松前地界。東西相距八九日程（※程）。其北則為二夷地一矣。夷人亦皆浜二山海一居。往往而成二聚落一。

松前の治城*、山海の間に介居し、東西に各《おのおの》港口有りて、諸州の賈船（商船）輻湊する所なり。東は黒岩*に至り、西は乙部*に至る。比こを去て以往は、陸行の路絶ゆ。西南海上に三島在り。南を小島*と曰い、其の北は大島*と曰う。また其の北は奥尻*と曰う。ここより乙部に至るは十八里。〈奥尻島、南北に二十有五里。〉凡そ松前の地界は、東西を相い距て八、九日程、其の北は則ち夷地と為す。夷人また皆な山海に浜《のぞ》みて居し、往々にして聚落を成《な》す。

松前の治城　松前初代藩主・蠣崎（のちに松前氏と改姓）慶広は、慶長九（一六〇四）年に、徳川家康から蝦夷地の交易独占権を認められ、蝦夷島主の位置を確立した。また慶広は、松前後背山地部にあった大館を徳山城と称して拠点としていたが、関ヶ原合戦後に松前海岸部の台地部に築城を始めて同一一（一六〇六）年に福山館を完成させた。そして大館から寺院や町屋を移し、城下町を整備して松前藩の本拠地とした。

黒岩　北海道二海郡八雲町黒岩。ユウラップ場所のうちで、渡島半島北部の太平洋噴火湾に面し、古くからの漁場で番屋があった。アイヌ地名クンネ・シュマ（kunne-shuma）の和訳で、黒い岩の意とされる（山田秀三著『北海道の地名』）。

乙部　北海道爾志郡乙部町。「西在江差付き村々」のうちで、渡島半島中部の日本海に面し、古くから江差に次ぐ町場として賑わった。もとはヲトヲウンペ（o-to-un-pe）といい、これがオトベとなったが、アイヌ語で川尻に沼のある川の意（山田『北海道の地名』）。

小島　北海道松前郡松前町の西方沖合約三〇キロメートルの日本海に浮かぶ周囲四キロメートルの火山島で、渡島小島・松前小島とも称した。和人地・松前地のうち小島場所に属し、航海上の目印となり、漁民の出稼ぎ小屋などがあったが、ほとんど無人島であった。

大島　北海道松前郡松前町の西方沖合約五六キロメートルの日本海に浮かぶ周囲一六キロメートルの火山島で、標高七〇〇メートル余の江良《えら》岳を頂点として三角錐形をなす。渡島大島・松前大島ともいい、松前地のうち大島場所に属したが、国内最大の無人島であった。

奥尻　北海道奥尻郡奥尻町。檜山地方江差町北西六一キロメートルの日本海に浮かぶ周囲八四キロメートルの島で、標高五八〇メートル余の神威《かむい》岳があるが、全体としては低平な段丘が多い。西蝦夷地オコシリ場所のうち。番屋が置かれ、オットセイ猟やニシン漁などが行われたが、冬期には無人島となった。なお松前からの流刑地とされたこともある。

補注　白石の蝦夷地名表記について

宮崎道生は、日本語と中国語・オランダ語との間に大きな音韻の差があることを認識していた白石が、その著書『東音譜』で音韻の表記法を研究し、『采覧異言』や『西洋紀聞』では二合音を横割書にするという手法を用いたことを明らかにしている（『新井白石の史学と地理学』二二八～二三九頁）。宮崎は、『蝦夷志』の地名に関しても、新井家蔵の自筆本では、二音一字的表記を行っているとして（例：ユウラップ→ユウラップ）、本書に登場する地名の表記をすべて確認している（同書二三六～二三九・二五〇～二五一頁）。そこで本稿原文において、以下、宮崎の表記により、二音一字的表記部分に関しては、ユウラップの事例のように該当二文字の右に）を付すという処理を行った。

其邑聚在レ東者五十四。

〈曰ハラキ。曰シリキシナイ。曰ヱケシナイ。曰コフキ。曰ネタナイ。曰オサツヘ。曰オトシツペ。曰ノタヘ。曰ユウラップ。曰クンヌイ。曰シツカリ。曰ベンベ。曰オコタラヘ。曰ウス。曰ヱンドモ。

曰アヨロ。曰シラヲヒ。曰タルマヘ。曰マコマヘ。曰アツマ。曰ムカワ。曰サル。曰モンベツ。曰ケノマヘ。曰ニカブ。曰シブチヤリ。曰ミツイシ。曰ウラカワ。曰モコチ。曰ホロベツ。曰ウンベチ。曰ホロイヅミ。曰タモチ。曰トマリ。曰オンベツ。曰トカチ。曰シラヌカ。曰クスリ。曰チヨロベツ。曰アツケシ。曰ノツシヤム。曰ベケルル。曰チベナイ。曰シロイトコロ。曰ルウシヤ。曰リイシヤシ。曰ベリケ。曰フナベチ。曰シヤル。曰リンニクリ。曰ウライシベチ。曰ハバシリ。曰ノトロ。曰ツコロ。〉

其の邑聚、東に在るは五十四。

〈曰く*ハラキ（函館市原木）、曰くシリキシナイ（函館市尻岸内）、曰くエケシナイ（同えけし内）、曰くコフイ（同古武井）、曰くネタナイ（同根田内）、曰くオサツヘ（函館市尾札部）、曰くオトシッペ（八雲町落部）、曰くノタヘ（同野田生）、曰くユウラップ（同遊楽部）、曰くクンヌイ（長万部町国縫）、曰くシツカリ（長万部町しつかり）、曰くベンベ（豊浦町弁辺）、曰くオコタラヘ（洞爺湖町おこたらべ）、曰くウス（伊達市有珠）、曰くエンドモ（室蘭市絵鞆）、曰くアヨロ（白老町あよろ）、曰くシラオイ（白老町白老）、曰くタルマエ（苫小牧市樽前）、曰くマコマエ（苫小牧市苫小牧）、曰くアツマ（厚真町厚真）、曰くムカワ（むかわ町鵡川）、曰くサル（日高町富川付近沙流）、曰くモンベツ（同門別）、曰くケノマエ（新日高町皃舞）、曰くニカブ（新冠町新冠）、曰くシブチャリ（新日高町しびちやり）、曰くミツイシ（同町三石）、曰くウラカワ（浦河町浦河）、曰くモコチ（浦河町むくち）、曰くホロベツ（浦河町幌別）、曰くウンベチ（様似町海辺）、曰くホロイヅミ（えりも町幌泉）、曰くタモチ（同たもち）、曰くトマリ（広尾町とまり）、曰くオンベツ（釧路市音別）、曰くトカチ（浦幌町十勝）、曰くシラヌカ（白糠町白糠）、曰くクスリ（釧路市釧路）、曰くチヨロベツ（釧路市ちよろべつ）、曰くアッケシ（厚岸町厚岸）、曰くノッシャム（根室市納沙布）、曰くベケルル（別海町別海）、曰くチベナイ（標津町こえといヵ）、曰くシロイトコロ（斜里町知床）、曰くルウシヤ（羅臼町るしや）、曰くリイシヤシ（斜里町宇登路付近ぅとるちくしヵ）、曰くベリケ（同べれけ）、曰くフナベチ（同海別《うなべつ》）、曰くシャル（同斜里）、曰くリンニクリ（小清水町りんにくり）、曰くウライシベチ（網走市浦士別）、曰くハバシリ（同網走）、曰くノトロ（同能取）、曰くツコロ（北見市常呂）。〉

在（レ脱）西者四十一。〈曰ウスベチ。曰フトロ。曰セタナイ。曰ハマセタナイ。曰アブラ。曰チワシ。曰シマコマキ。曰ユウマキ。曰六条間。曰スッツ。曰オタスツツ。曰タンネシリ。曰シリベチ。国史作後方羊蹄。即古時置治之所。曰イソヤ。曰イワナイ。曰シリフカ。曰ムイノトマリ。曰フルウ。曰シヤコタン。曰ビクニ。曰フルビラ。曰ザルマキ。曰モイレ。曰ヨイチ。曰シクズシ。曰カツチナイ。曰オタルナイ。曰ハツシャブ。曰シノロ。曰シャツホロ。曰イシカリ。曰オショロコツ。曰アツタ。曰マシケ。曰ベツカリ。曰ホロトマリ。曰ハシベツ。曰ツルヲツヘ。曰トママイ。曰ウイベチ。曰テシホ。〉

西に在るは四十一。

〈曰くウスベチ（せたな町臼別＝久遠場所）、曰くフトロ（同太櫓）、曰くセタナイ（同瀬棚）、曰くハマセタナイ（同浜瀬棚）、曰くアブラ（同虻羅）、曰くチワシ（島牧村千走）、曰くシマコマキ（同泊付近しまこまき）、曰くユウマキ（同ほんむい付近夕まき）、曰く六条間（寿都町六条）、曰くスッツ（同寿津）、曰くオタスッツ（同歌棄）、曰くタンネシリ（同たんねむい）、曰くシリベチ（蘭越町尻別）、国史は後方《しり》羊蹄《べっ》に作る。即ち古時に之れを治め置く所なり。曰くイソヤ（寿都町磯谷）、曰くイワナイ（岩内町岩内）、曰くシリフカ（共和町しりふか）、曰くムイノトマリ（泊村もえれとまり付近むいの泊）、曰くフルウ（神恵内町古宇）、曰くシャコタン（積丹町積丹）、曰くビクニ（同美国）、曰くフルビラ（古平町古平）、曰くザルマキ（同らるまき付近ざるまき）、曰くモイレ（余市町もいれ）、曰くヨイチ（同余市）、曰くシクズシ（小樽市祝津）、曰くカツチナイ（同勝納）、曰くオタルナイ（同銭函付近小樽内）、曰くハッシャブ（札幌市発寒）、曰くシノロ（同篠路：白本・欠）、曰くシャッホロ（同札幌）、曰くイシカリ（石狩市石狩）、曰くオショロコツ（同厚田区をしよろこつ）、曰くアツタ（同厚田）、曰くマシケ（増毛町増毛）、曰くベツカリ（同別狩）、曰くホロトマリ（同ぽろとまり）、曰くハシベツ（同はしべつ）、曰くフルヲツ

へ（留萌市留萌付近るるもっぺ）、曰くトママイ（苫前町苫前）、曰くウイベチ（遠別町遠別）、曰くテシオ（天塩町天塩）。〉

在（二脱）東之北（一脱）者七。

〈曰ユウベチ。曰ノトロ。曰ショコツ。曰オコツベ。曰ホロナイ。曰ホロベチ。曰ツウベチ。〉


東の北に在るは七。

〈曰くユウベチ（湧別町湧別）、曰くノトロ（紋別市紋別港付近）、曰くショコツ（紋別市渚骨）、曰くオコツベ（浦幌町興部）、曰くホロナイ（雄武町幌内）、曰くホロベチ（枝幸町幌別）、曰くツウベチ（浜頓別町頓別）。〉


在レ（脱）北者四。

〈曰バツカイベ。曰ツサン。曰ノツシヤム。曰ソウヤ。〉

北に在るは四。
〈曰くバッカイベ（稚内市抜海）、曰くツサン（同つさん）、曰くノッシャム（同野寒布）、曰くソウヤ（同宗谷）。〉

夷地諸山。皆峭抜崎嶇。唯其南北中間形勢稍卑。故南山以北。北山以南。水皆就二其卑一。而瀦為二二沢一。其在レ東則南流入二于東海一。其在レ西則北流与二東北諸水一合為二大河一。入二于西海一。二水入レ海之処。相距二十五里。夷人亦傍レ水成レ聚者十三。
〈曰ヌマカシラ。曰ユウハリ。曰アツイシ。曰ツウサン。曰オサツ。曰イチヤリ。曰ツウメシ（※ン）。曰シママップ。曰イヘチマタ。曰ツイシカリ。曰くカバタ。曰メ（※ノ）イブツ。曰ユウベチ。〉

夷地の諸山は皆な峭抜崎嶇（とりわけ高く険しい）たり。唯だ其の南北の中間*は形勢稍や卑《ひく》し。故に南山*以北、北山*以南は、水、皆な其の卑きに就く。而して瀦（河水）は二沢を為し、其の東に在るは則ち南流して東海に入る。其の西に在るは則ち北流して東北の諸水と合し、大河を為して西海に入る。二水の海に入るの処、相い距つること二十五里。夷人また水の傍らに聚（集落）を成すは十三。

〈曰くヌマカシラ（苫小牧市植苗付近ほたない）、曰くユウハリ（夕張市夕張）、曰くアツイシ（千歳市あついし）、曰くツウサン（同ろぅさん付近つぅさん）、曰くオサツ（同長都）、曰くイチヤリ（恵庭市漁）、曰くツウメン（千歳市つぅめん）、曰くシママップ（恵庭市島松）、曰くイヘチマタ（江別市江別太付近いべちまた）、曰くツイシカリ（同対雁）、曰くカバタ（新十津川町樺戸）、曰くメイブツ（※ノイフツ）（苫小牧市・安平町勇払のぅちヵ）、曰くユウベチ（湧別町湧別ヵ）。〉

南北の中間　石狩平野から勇払平野にかけての平地部。
南山　羊蹄山・恵庭岳を擁する後志から胆振にかけての山地。
北山　夕張山地・石狩山地など。

凡其為レ部者。分而為レ五。
〈東瀦。形如二葫蘆状一。周廻三里許。下流入レ海地。（ママ）名曰（二脱）イブツ。（一脱）蓋国史所レ謂胆振鉏即此。西瀦（。脱）周廻十二里許。下流入レ海。地名曰二イシカリ一。是河夷地水最大者。五部。曰（レ脱・以下同）東曰西。曰中。曰東北。曰北。〉

凡そ其の部と為すは、分れて五を為す。
〈東瀦*の形は葫蘆《ころ》（瓢箪《ひょうたん》）の状の如し。周廻三里許り。下流の海に入る地名はイブツ（苫小牧市勇払）と曰う。蓋し、国史に謂う所の胆振鉏《いぶりすき》、即ち此れなるか。西瀦*は周廻十二里許り。下流の海に入る地名はイシカリ（石狩市石狩）と曰う。是れの河は、夷地の水の最大なる者なり。五部は、曰く東、曰く西、曰く中、曰く東北、曰く北。〉

東瀦　北海道南部の胆振地方を流れる総延長四九キロメートルの二級河川・安平《あびら》川のこと。夕張山地南部のシアビラヌプリ北西麓に源を発して、追分市街・早来《はやきた》市街を通って勇払原野を貫流し、苫小牧市付近で勇払川を合流して太平洋に注ぐ。

西瀦　北海道中央部を流れる総延長二六八キロメートルの一級河川・石狩川のこと。石狩山地の石狩岳北麓に源を発して、層雲峡から上川盆地に入り、旭川市から空知低地に出て空知川を合流し、石狩平野で夕張川・千歳川さらに豊平川などを合流して石狩市で日本海に注ぐ。

国無二姓氏一号以二部落一。部落各自有レ長。而其所レ統亦各有二小大一焉。
〈号以二部落一。如下云二メナシクル一。云シュムクル上。即此メナシ東也（○脱）シュム西也。クル猶レ言二部衆一

也。他皆倣㆑此。酋豪大者家口以㆓什佰㆒数。部衆以㆓佰仟㆒数云。〉

国に姓氏無く、号するに部落を以てす。部落には各自に長有り。而して其の統べる所、また各《おのおの》小大有り。

〈号するに部落を以てし、メナシクルと云い、シユムクルと云うが如し。即ち此のメナシ*は東なり。シュム*は西なり。クル*はなお部衆を言うがごときなり。他は皆な此れに倣《なら》う。酋豪の大なる者の家口は什佰を以て数え、部衆は佰仟を以て数うと云う。〉

メナシ・シュム・クル　寛政四（一七九二）年の跋文を有する上原熊次郎のアイヌ語辞典『藻塩草』には、「西の蝦夷　シュムグル」「東の蝦夷　メナシグル」とあり、萱野茂著『アイヌ語辞典』でも「メナシ menas 東」「スム sum 西」としている。ただしジョン＝バチュラーの序を有する磯部精一著『和愛・愛和　アイヌ語辞典』では、「シュム shumu 南」としており、中川裕著『アイヌ語千歳方言辞典』では、「メナシ menas」を「北風」とするほか、「シュム」は見当たらない。なお「クル kur」については、萱野・中川両辞典ともに「人」としている。

男子被髪長鬚。耳穿二銀鐶一。〈其髪縮而短。卑賤者耳鐶或用二鉛錫一。〉其服飾単衣。左衽（ママ）。窄袖長身。腰束二細帯一。酋豪。則裁二用蟒緞綏緞雑繒等一。頸懸二大刀一装用二金塗銀鏤一。帯用二紅緑組條（※条）一。〈名曰二懸刀一（○脱）〉卑下則苧麻。及樹糸織成レ布。文レ之以二刺繡一。近レ身之衣。皆用二木綿獣皮一耳。

男子は被髪《ひはつ》*（散らし髪）にて長鬚《ちょうしゅ》（長いあごひげ）し、耳に銀鐶*を穿つ。〈其の髪は縮みて短く、卑賤者は耳鐶に或いは鉛錫を用う。〉其の服飾は単衣にして左衽*し、窄袖《さくしゅう》（筒袖）にて、長身の腰に細帯を束ぬる。酋豪は則ち蟒緞《ぼうどん》*（図一二六～一二七頁＝蝦夷錦）、綏緞《すいどん》*（図一二四～一二五頁＝綾絹）、雑繒《ざっそう》*（アットゥシ）等を裁ちて用う。頸に大刀を懸け、装うに金塗銀鏤《きんとぎんる》を用い、帯するに紅緑の組条（組紐）を用う。〈名づけて懸刀*（図一一六～一一七頁）と曰う〉卑下は、則ち苧麻及び樹糸を織りて布と成し、之れを文《かざ》るに刺繡を以てす。身に近《つ》くるの衣は、皆な木綿、獣皮を用いるのみ。

被髪　髪の毛を結ばずに、顔にふりかかる状態をいうが、冠をつけない野蛮な夷狄の風俗の意に用いられる。

銀鐶　耳飾りはニンカリ（ninkari）と呼ばれ、銀・亜鉛合金・真鍮などで作られる。五、六歳になると、ルウエケム（ruwekem）という皮針に、油を染み込ませた布を通し、これで耳たぶに穴を開け、そのまま布を結わえておき、半月くらい経って、布を引き抜いた跡にニンカリをつける。一七世紀中葉のフリース探検隊の記録に「男子も、婦人や子供と同じように、耳に孔を穿ち、銀の環を通したり、鉛や銅の環のついたアーモジン布の裂《き》れをつけている者がある」とある（北構保男『一六四三年アイヌ社会探訪記』）。

左衽　着物を左前に着る。被髪と同じく夷狄の風俗をさし、『論語』憲問に「管仲微《な》かりせば、吾は其れ被髪、左衽せむ」などとある。ただアイヌの着物は右・左どちらでも着られるし、双方の着こなしをしている例が多い。ただ古代には和人も左衽であったが、古くはアイヌも左衽であった可能性が高い。和人も古代に中国の影響を受け、アイヌも近世日本の同化政策によって、しだいに右衽へと変化した、とする説もある（下村效「アイヌの左衽」『日本歴史』五六六）。

蟒緞・綏緞・雑繒　蟒緞は、大蛇や龍などを描いた厚手の絹織物のことで、おそらくアイヌの人々がいうマンチュウすなわち蝦夷錦のことと思われる。また綏緞は綾絹の意であるから、これもアイヌのいうコソンテ（kosonte）つまり小袖のことで、光沢のある綸子の表地を盛装の時に羽織って用いた。なお雑繒は、雑多な絹布の意であるが、これは一般着と解すべきで、アイヌが日常的に用いていたアットゥシ（at-tus）のことで、材質は絹ではなく、アッニ（at-ni）と呼ばれるオヒョウの木の内皮から採った繊維を織ったものである。彼らは、これをアットゥシカラペ（attus kara-pe）という機で織り、さらにアイヌ文様の刺繍を施す。着物一枚分を織り上げるのに、皮を剥いでから少なくとも二ヶ月以上はかかり、さらに刺繍にもかなりの月日を要するとされている。

懸刀　製鉄の技術をもたないアイヌの人々は、和人から刀を入手し、エムシ（emus＝太刀）などと称し、イコロ（ikor＝宝物）とも呼んで、儀式や神事などの際に男子が佩《はい》するなど、宝物的な存在で、祭具としても使われた。ちなみに伝世品のうちには、刀身を欠くものも少なくない。基本的に刀身は外来のものであっても、鞘や掛帯などの装飾はアイヌの人々の手によるものであった。とくに掛帯に鞘を固定して、太刀を首に掛けるというスタイルは、日本古来の太刀を佩《は》く風習を伝えるものとされている。

婦人結レ髪為レ髻。耳穿二銀連鐶一。染レ唇用二青草汁一。〈其鐶比二之男子所レ用稍大。或用二銀錫一。其染レ唇者。名曰二口草一。未レ審二是何一。〉額面手臂。皆黥為二花卉状一。種種織巧云。是幼時其母所レ刺也。其衣制如二男子一。而不レ用二蠎緞刺繡一。束以二博帯一。頸懸二銀鏡一。以為二之飾一。円径数寸。鏤以二花藻。（一脱）左右有レ耳。繫レ之用二糸縄一貫二穿彩玉銀鐶銅銭一。而垂二于前一。〈鏡或銅質（貨の誤）。塗用二白鑞一其径自二三寸一至二六寸一。名曰二シトギ一。蓋古所レ謂美須麻流之遺制與（歟の誤）。〉

婦人は、髪を結いて髻《まげ》を為し、耳に銀連鐶を穿ち、唇を染むるに青草汁を用う。〈其の鐶、之れ男子の用いる所に比すればやや大なり。或いは銀錫を用う。其の唇を染むるは、名づけて口草*

と曰うが、未だ是れ何か審らかならず。〉額面手臂、皆な黥《げい》（刺青）するに、花卉の状を為し、種々の織巧《せんこう》（精緻）をなすと云う。是れは幼時に其の母の刺す所なり。其の衣の制は男子の如くにても、蟒緞に刺繍するを用いず。束ぬるに博帯を以てし、頸に銀鏡を懸け、以て之れを飾りと為す。円径数寸、鏤《ちりば》むるに花藻を以てし、左右の耳にあり。之れを繋げるに糸縄を用い、彩玉*・銀鐶・銅銭を貫き穿ちて前に垂らす。〈鏡或いは銅貨に、塗するに白鑞（鉛と錫の合金）を用い、其の径三寸（約九センチメートル）より六寸に至る。名づけてシトギ*（図一二〇頁）と曰う。蓋し古え謂う所の美須麻流《みすまる》*（御統）の遺制なるか。〉

口草（刺青）　アイヌの女性には、唇の周囲や手の甲・腕などに刺青をする習慣がある。とくに口草とは、消毒をした唇の周囲にマキリ（makiri＝小刀）で小さな傷をつけて、シラカバの樹皮を焼き煤を墨として刺す。一種の精霊信仰に基づくもので、悪霊を祓ったり、裁縫などの能力が向上すると信じられていた。男性がする場合もあるが、基本的には女性に多く、女子の成熟の徴候とされ、美的要素の一部とも考えられていた。明治政府は、明治四（一八七一）年以降、これを厳しく禁止したが、同一一年に、二風谷《にぶだに》のアイヌ集落を訪れたハインリッヒ＝フォン＝シーボルトは、刺青は私たちの宗教の一部だから明治政府に許可してくれるよう説明してくれと懇願されている（『小シーボルト蝦夷見聞記』）。

彩玉・シトギ（銀鏡）・美須麻流　アイヌの女性は、ネックレスのような装飾を行い、これにはタマサイと称する彩玉のほか、銀環や銅銭などを用いる。その中央にシトギあるいはシトキ（sitoki）と呼ぶ銀鏡を吊す。タマサイは玉彩の意で、銀鏡のシトギは鏡餅が原型であったと思われる。かつて鏡餅は円盤状であったと考えられ、神社の御神体には円形の鏡が用いられることも多い。近世初頭の『和漢三才図会』では、粢餅をシトギと読むと同時にオカガイとも訓じて、「御鏡是也」と記しており、これをシトギの語源とみなすことができる。なお美須麻流は、日本古代において、多くの玉を貫いた一本の糸を環状にしたもので、首や腕などに巻いて飾りとした。「みすまろ」とも呼び、御統とも書く。

男女皆不レ著二鞋履一。徒跣善行（○脱）屋舎皆無二房室内外之制一。屋唯四壁。鑿二開牖戸一。上覆以レ茅。編レ菅鋪レ地。

男女は皆な鞋履《けいり》（ワラジやゾウリ）を著《つ》けず、徒跣《とせん》（かちはだし）にて善行す。屋舎は皆な房室に内外の制無く、屋は唯だ四壁のみ、牖戸《ゆうこ》（窓と戸）を鑿開《せんかい》（切って開ける）して、上を覆うに茅を以てし、菅を編みて地に鋪《し》く。

父子兄弟雑処。共同二寝食一。男女無レ別。上下無レ節。及レ見二尊長一。則合掌膜拝焉。不レ知二医薬一。唯有二祈禳一而已。若二其夭疫及痘疹一。則棄而避二之山中一。凡人死則葬二之土中一。挿二柳枝於其上一。〈取用二(ママ)柳枝一。刀削二其末一以為二細茸一。若二茅花一然。凡祭レ神亦以為レ主焉(。脱)〉父母之喪。莫レ有二服制一。唯其兄弟。若二叔姪一。抽レ刀外レ刃。互撃二其額一。流血被レ面。蓋相責以二不孝不弟之罪一也。〈此謂(二脱)メツカウチ。(一脱)〉

父子兄弟は雑処し、共に寝食を同じくす。男女の別無く、上下の節無し。尊長に見及べば、則ち合掌して膜《も》拝《はい》(両膝を地に着けて拝む)せり。医薬を知らず、唯だ祈禳《きじょう》(祈り祓う)有るのみ。若《も》し其の夭疫(若死にと疫病)及び痘疹*のごとくあれば、則ち棄てて之れを山中に避く。凡そ人死すれば則ち之れを土中に葬り、柳枝*を其の上に挿す。〈柳枝を取り用い刀にて其の末を削り、以て細茸(細く毛のように)と為すこと、茅花のごとく然り。凡そ神を祭るにもまた以て主と為す。〉父母の喪は、服制有ること莫《な》し。唯だ其の兄弟、叔姪《しゅくてつ》(叔甥《しゅくせい》に同じ)のごときは、刀を抽き刃を外として、互いに其の額を撃ち、流血面を被《おお》う。蓋し、相い責めて不孝不弟の罪を以てするならんや。〈此れをメッカウチ*と謂う。〉

疱瘡　天然痘のことで、疱瘡・痘瘡とも呼ばれる。ウィルス性の感染病で、強い感染力をもち、全身に膿疱を生ずる。仮りに治癒しても瘢痕を残すが、種痘によって撲滅に成功した。北海道へは和人を通じて入り、寛永元（一六二四）年に大流行してアイヌの人々に多くの死者を出し、人口を減少せしめたほか、万治元（一六五八）年にも流行した。白石の記述は、これらを踏まえてのことと思われる。アイヌの人々には、疱瘡神パコロカムイとして怖《おそ》れられ、アイヌ叙事詩にも「疱瘡神はあらゆる疫病の神を率いて国土の果てから果てへと船で巡航する」といった旨が歌われている（久保寺逸彦編著『アイヌ叙事詩神謡・聖伝の研究』聖伝10）。

柳枝　イナウ（inaw）のことで、日本の神社で使われる御幣に似ているが、アイヌ民族独自の精神文化を象徴する祭具である。祭りの際にイナウを神々に捧げて神の力を倍増させたり、神体の一部としたりする。材料にはヤナギやミズキが用いられるが、とくにヤナギには霊力があるとされている。祭りに先立って、枝や節のない太めの木を選び、七〇センチメートルくらいの長さに切り、皮を取り除いて乾燥させ、イナウケマキリ（inaw-ke makiri）という小刀で、薄皮を剝《は》ぐように削って作るが、形や用途によってさまざまな種類がある。

メッカウチ　メッカ（mekka）は刀の峰の意で、ウチは日本語の「打ち」のことか。白石は、父母兄弟の喪としているが、秦檍麿の『蝦夷島奇観』では、横死者の場合の葬法で、横死を招いた悪霊を刀で祓うための作法とみている（大塚和義「19世紀中葉以前におけるアイヌの通過儀礼」『国立民族学博物館研究報告』一二―二）。（図一一八〜一一九頁下参照）。

夷中不レ宝二金玉一。〈山産二金銀一。海出二青琅玕一。皆不レ採焉。〉其以為レ宝者。古器及刀剣之属。亦無二文字一。不レ知二甲子一。紀レ年以二寒暑一。紀レ月以二虧盈一。盟レ約結レ信。皆用二其宝一。贖レ罪亦如（レ脱）之。其宝器。形類二燕尾一。長尺有五寸。鉄質金鑲。両岐懸レ鈴各一口。蔵二諸地室一。祈禳則祭焉。〈其名曰二クハサキ一（。脱）〉

夷中、金玉を宝とせず。〈山に金銀を産し、海に青琅玕*（青玉）出づるも、皆な採らざるなり。〉其れを以て宝と為すは、古器及び刀剣の属なり。また文字無く、甲子（年紀）を知らず、年を紀《しる》すに寒暑を以てし、月を紀すに虧盈《きえい》（欠け満ち）を以てす。約を盟し信を結ぶには、皆な其の宝を用い、罪を贖《あがな》うにもまた之れの如し。其の宝器、形は燕尾に類し、長さ尺有五寸（約四五センチメートル）、鉄質は金鑲にして、両岐に鈴を懸けること各一口。諸《こ》れは地の室に蔵し、祈禳するに則ち祭る。〈其の名はクワサキ*（図一 一四頁）と曰う〉

青琅玕　青玉はタマサイ（彩玉）の一部に用いられるが、とくに大きいものを親玉に用いた。宝永七（一七一〇）年になった松宮観山の『蝦夷談筆記』上巻には、「青玉の事、からと島の北方高麗より渡り候由承伝候。松前にて色々吟味いたし候得共、ねり物と相見候得ども何にて拵候や不二相知一候」とある。また松前藩の家老を務めた松前広長が天明元（一七八一）年に序文を付した『松前志』巻一〇には、青玉とは北韃靼の産で、カラフトに伝わり、宗谷のアイヌとの交易によるもので、「此即ち青珠にして、青琅玕。……白石が海に出二青琅玕一云も、此物海底より生ずる故なり」と記されている。

クワサキ　鍬形とも書くが鍬先の意で、形態が兜の鍬形や鍬の鉄製部の形に似ることから名づけられた。鉄や銅の平打ち板に、銀や銅で装飾を加えたもので、トミカラウシカムイと呼ばれ、富や宝を造り付けている神の意とされる。（図一一四頁参照）の解説にあるように、病気の祈禱などにも用いられる。また古川古松軒の『東遊雑記』には、天明八（一七八八）年の松前での見聞として「クワサキと称する器も北方より渡りしものにて、何に用うるということいまだ詳らかならず」とあるほか、橘南谿の『東西遊記』にも、寛政九（一七九七）年の記事として「島中に鍬先を持伝へたる者三五家にすぎずといふ。此鍬先に甚《はなはだ》神霊あり」とある。なおクワサキは、かなりの貴重品として奥山や人目のつかぬ場所に隠し置いたとされている。

俗尤敬レ神。而不レ設二祠壇一。其飲食所レ祭者。源廷尉義経也。東部有二廷尉居止之墟一。土人最好レ勇。夷中皆畏レ之。

〈夷俗凡飲食乃祝レ之曰二オキクルミ一。問レ之則曰二判官一。蓋其所レ謂オキクルミナリ夷中所レ称廷尉之言也。廷尉居止之地。名曰二ハイ一。夷中所レ称ハイクル即其地方人也（。脱）西部地名亦有二弁慶碕者一。或伝廷尉去レ此而踰二北海一云。寛永間越前国新保人漂至二韃靼地一。是歳癸未。清主乃率二其人一而入二于燕京一。居歳余勅遣二朝鮮送致而還一。其人曰奴児干部。門戸之神。似二此間書廷尉像者。（一脱）亦可（三脱）以為二異聞一。〉

俗に尤も神を敬う。而《しか》るに祠壇を設けず、其の飲食に祭る所の者は、源の廷尉《ていじょう》義経*なり。東部に廷尉が居《きょ》し止まるの墟有り。土人最も勇を好み、夷中皆な之れを畏《かし》こむ。

〈夷俗は凡そ飲食には乃ち之を祝いてオキクルミ*と曰う。之れを問えば則ち判官と曰く。蓋し、其の謂う所のオキクルミなり、夷中称する所の廷尉の言いならんや。廷尉居し止まるの地、名づけてハイ*と曰う。夷中称する所のハイクルは即ち其の地方の人なり。西部の地名にまた弁慶碕*なる者有り。或いは伝えて、廷尉ここを去りて北海を踰《こ》ゆると云う。寛永間（一六二四～四四）、越前国新保の人*、漂して韃靼の地に至る。是の歳癸未（寛永二〇＝一六四三年）清主乃ち其の人を率いて燕京（北京）に入り、居ること歳余、勅して朝鮮に送致して還し遣わす。其の人曰く、奴児干部*を門戸（出入口）の神とし、此の間（日本）にて書く廷尉の像なる者に似たり。また以て異聞と為すべし。〉

源の廷尉義経　源義経のことで、北海道には、古くから義経伝説が残る。もともと室町前期の『義経記』によって、義経伝説は広く親しまれていたことがわかるが、室町末期の御伽草子『御曹子島渡』には、義経が千島に渡って大日如来の兵法を盗んで帰ったという話がある。これと同じ話は、明治初年にイギリス人ジョン＝バチュラーが採取したアイヌの口碑にもあり、そこでは大日の兵法書を「トラ・ノ・マキモン」と呼んでいることからも明らかなように、和人が伝え広めたものにすぎない（島津久基『義経伝説と文学』）。おそらくアイヌの英雄伝説が、和人通訳者によって義経に置き換えられ、それが交互に伝えられることで、アイヌの間にも広まり、和人側には義経伝説として発展したものと思われる。すでに白石の時代に、こうした伝承が成立していた点が興味深い。白石は、こうした蝦夷地における義経伝説と、『南島志』に登場するような為朝伝説に、源氏の流れを汲む自家と忠誠を尽くした徳川将軍家との関連もあって、両者に強い興味を抱いていたことが窺われる。さらに白石は、以下の記述に見るように、義経が韃靼に渡ったとする話を載せているが、これがやがて義経＝ジンギス＝ハーン説へと展開を遂げることになる（岩崎克己編『義経入夷渡満説書誌』）。なお寛政一一（一七九九）年に、幕命で蝦夷地を訪れた近藤重蔵は、義経の館跡だという伝承のある沙流《さる》郡平取《びらとり》町に義経神社を建立している。

オキクルミ　アイヌの創世神話に登場する最初の英雄神で、オキキリムイとも呼ぶが、オイナ（oyna＝聖伝）に謡《うた》われる天界から降臨してアイヌ文化の基を開いたアイヌラックルのこととされる。国土を破壊しようとするさまざまな魔神を退治したという伝説がある。知里幸恵の『アイヌ神謡集』には、知恵があり情け深く勇気のある英雄としてオキキリムイが登場し、その従兄弟

（弟とする話もある）のサマユンクルは短気で知恵の浅い慌て者とされている。この話は道西部にはあまり広まっていないが、道央・道南部ではオキクルミ、道北・道東部ではサマユンクルが、それぞれ尊ばれている。なお寛政四（一七九二）年に蝦夷地を訪れた串原正峯は、『夷諺俗話』巻一で、寿都《すっつ》の弁慶崎に関して「夷言にも義経をシャマイクル（サマユンクル）、弁慶をヲキクルミ（オキクルミ）などといふこと今にその名あり」と記している。義経と弁慶の入れ替わりについては、最上徳内の『渡島筆記』にも同様の記述がある。いずれにしても、こうした物語を承けて道南に入った和人は、オキクルミを義経、サマユンクルを弁慶とみなし、アイヌ語辞書『藻塩草』にも「源義経　ヲキクルミ」「弁慶　シャマイグル」と記されている。このような置き換えに基づいて、通詞たちが通訳を行ったことから、義経伝説がアイヌの間にも広まっていったものと考えられる。ちなみに白石は『読史余論』で、本論ともいうべき中巻には「文治五年閏四月晦日、義経自殺ス」と記しながらも、序論にあたる上巻では、義経の自死に不審を抱いて「今も蝦夷の地に義経の家のあとあり。また、夷人飲食に、必まつるそのいわゆるヲキクルミというは、即、義経の事にて、義経のちには、奥へゆきしなどいい伝しともいう也」と記している。

ハイ　ハイ（hai）は繊維材料であるイラクサの意で、その生い茂る場所をさす地名として沙流郡日高町（旧門別町）波恵（豊郷）があり、波恵川の河川名が残る。ここに北接する平取町に、義経の館跡に建立されたという義経神社が存在することから、当地一帯をハイと称していたものと思われる。ちなみにオキクルミつまりアイヌラックルは、沙流地方に降り立ったとする説もあり、この伝承が義経の館跡とされた可能性も考えられる。なおハイクルは、ハユンクル（hai-un-kur）のことで、波恵の人をさすと考えられる。

弁慶碕　寿都郡寿都町の弁慶岬のこと。すでに「元禄国絵図」に「弁慶崎」とあり、『津軽一統志』巻一〇之下「松前より上蝦夷地迄所付」には「一、弁慶〈一書に弁慶山と言う。船澗有り〉」という記載がみえ、船溜まりがあったことがわかる。地名の由来については、アイヌ語の「ベニッケウ」で熊の頸椎の形状に似ることや、「ペンケ＝ペルケ・イ（perke・i）」で破れた（裂けた）所の意などとする説がある（山田秀三著『北海道の地名』）。

越前国新保の人　福井県坂井市（旧三国町）新保の竹内藤右衛門たち乗組員五八名が、寛永二一（一六四四）年五月に佐渡を出航して大風に遭い、一五日間漂流して韃靼国に着き、最終的に生き残った国田兵衛門・宇野与三郎など一五名が瀋陽・北京などに行き、朝鮮経由で帰国するという事件があった。この口書が江戸町奉行所で作成され、『韃靼漂流記』なる書が成立をみた。これは漂流記としてはもっとも早い時期のもので、かつ成立期の清における北京遷都の事情に詳しいことなどから、多くの写本が存在している（園田一亀編『韃靼漂流記』）。なお白石も書写本を作成しており、宮内庁書陵部に伝存する。この事件を白石は寛永二〇年のこととしており、幕末の公式編纂物である『通航一覧』も同じ見解に立つが、『韃靼漂流記』の記述からは同二一年と判断される。

奴児干部　清朝の初代皇帝（太祖）ヌルハチ（在位一六一六〜二六年）のことで、努爾哈斉・奴児哈赤とも書く。中国東北部の女真族の族長であったが、汗位について後金を称し、清朝発展の基礎を築いた。ただ彼の肖像に関する記事は『韃靼漂流記』にはない。これについては、年未詳一〇月の安積澹泊宛の白石書簡（白石全集五）に「其者（新保の漂流者）申候いしとて慥《たしか》に承候。建夷・

奴児（干脱）部の辺の人家の門々に、こなたにて元三大師の像を札に貼し候如く、義経の像と弁慶の像との如きもの二枚づゝ貼し候を慥に見候と申事に候」とある。さらに同じく一一月朔日の白石書簡にも「義経の事……毎門貼戸との事」とみえ、これが新保の漂流者たちの尋問にあたった中根壱岐守正盛の証言であることを、その次男である中根宇右衛門正章という老人から聞いた旨が記されている。しかも白石は、『退私録』（白石全集五）巻上に「中根宇右衛門松前渡海の話」として、オキクルミが義経で、その館跡があり、弁慶崎から奥地へ渡ったという寛文七（一六六七）年時の聞書を留めている。ちなみに寛政三（一七九一）年に没した秦鼎の『一宵話』巻一「蝦夷」には、「又ある書に、寛永年間、越前の船、韃靼の地方へ漂流し、彼地にて此主（義経）の像を祭るを見たるよし、しるせれど、是又何等の像を見まがへたるかも知れず……此主、かしこへ渡り、今の清朝の王は、義経の子孫なりという事」とあり、新保の漂流者たちが義経に似たヌルハチの画像を見たとする話は、一部に知られていたことがわかる。なお秦鼎は滄浪とも号し、尾張藩に仕えて明倫堂教授となった人物で、近藤重蔵や秦檍麿などとも交流があった。

男子皆以二漁猟一為二生業一。魚腊獣皮。当二其互市一。以易レ所レ無。婦人取二用草木皮有レ糸者一辟纑織レ布。頗工二刺繍一。〈草則苧及藤葛。木則此間古俗云栲。又云級木者。〉

男子は皆な漁猟（漁撈と狩猟）を以て生業と為し、魚腊（干魚）、獣皮は、まさに其の互市に当たり、以て無き所に易《かわ》る。婦人は、草木の皮の糸有る者を取用し、辟纑《へきろ》（麻糸に）して布を織り、頗《すこぶ》る刺繍を工《たく》みにす。〈草則ち苧及び藤葛、木則ち此の間（日本）の古俗に云う栲《たえ》なり。また級木《しなのき》＊とも云う。〉

級木　シナノキ科の日本特産の落葉高木で、北海道から九州の山地に自生し、樹皮は縦に裂けるという特質をもつことから、糸や布あるいは縄に用いられる。この語源については、アイヌ語で「縛る・結ぶ」を意味するシナ（sina）に由来するとされている。

不レ知二声楽一。故無二其器一。而北部有下弾二四絃一。（ママ）者上（○脱）疑是胡琴也（○脱）燕飲楽甚時。有レ声高下。如下牛鳴二盎中一。（ママ）者上（○脱）此其歌謡。乃占二候海潮一之詞也云。

声楽を知らず、故に其の器＊（楽器）無し。而して北部に四絃を弾く者有り。疑うらくは是れ胡琴ならん。燕飲（宴会）し楽の甚だしき時は、声有りて高下し、牛の盎中《おうちゅう》（素焼きの甕の中）に鳴く者の如し。此れ其の歌謡＊、乃ち海潮を占候《せんこう》（自然の変異で吉凶を占う）するの詞なりと云う。

其の器（楽器） アイヌの楽器としては、草笛の一種や木の皮笛などを用いていた。よく知られるものに、ムックリ（mukkur）と呼ばれる薄い竹製の口琴があり、糸で弁を振動させて、曲目を演奏する。同様の口琴は、ユーラシア大陸に広く分布するほか、メラネシアにも存在し、鉄製のものも多い。このほかにもトンコリ（tonkori）という五弦（三弦もしくは六弦もある）の琴が、樺太アイヌにあり、抱えて指で演奏するため、蝦夷三味線とも呼ばれた。なお樺太アイヌには皮張りの太鼓もあるほか、蝦夷地ではシントコ（sintoko＝行器）の蓋や本体を叩いて太鼓の代りとした。白石が、これを四弦としたのは、「胡琴」つまり琵琶を念頭においたためと思われる。あるいは「胡琴」には胡弓をさす場合もあり、これも二弦もしくは四弦からなる。ただトンコリは、琵琶とは異なって共鳴部が細長い構造を有するほか、胡弓のように擦弦ではなく、撥弦による楽器であることから、琵琶や胡弓とは別物とすべきだろう。

歌謡 チャランケ（ca-ranke）と呼ばれる議論のことと思われる。アイヌの人々の間では、物事を談判する場合に延々と議論を続けるが、かつては歌謡の形式を採り、昔話や神話などを援用して、それぞれが自説の理由づけを行い、この争いに負けた方が物品を提供して償うことになる。その歌詞そのものの流れと勢いが占いのような効果を発揮して勝負が決まる（金田一京助「歌の審判」同全集一二）。

其舟楫小者刳レ木。如二太古之制一。大者編レ木蓋亦古之所レ謂桴也。

其の舟楫、小なる者は、木を刳《く》ること太古の制の如し。大なる者は、木を編みて蓋《おお》うもまた古えの謂う所の桴《いかだ》なり。

夷性好レ闘故有二兵器一。其器則皮甲木盔木弓矢（※矢）刀矟之属。弓長三尺七寸草皮為レ弦。失（※矢）長尺有二寸。鹿骨レ（ママ）為レ鏃。沓以下（ママ）竹鏃有二逆鬚一者上（ママ）淬以二毒草一。蓋取二其脱而不レ出也。矟乃銑鋧類。刃如二小鑿一。木幹長五尺五寸。而頭大如レ杵。蓋取二其飛下有レ力也。有レ梶長二尺五寸（○脱）頭有二鉄刺一如二菱角一。又有下細管吹レ之以為二号令一者上。〈以二海驢皮一為レ甲。連綴三重。上旅囲三尺。下旅囲六尺。上下之長二尺三寸。名曰二ハヨクベ一。夷中有レ木如レ荊。取二用嫩条一。編以二藤葛一為レ盔。乃藤盔類也。名曰二コンヂ一。弓名曰レク。所レ用之木松身柏葉。其名曰二ヲッコ一。纏以二樺皮一。矢名曰二アイ一。幹用二松枝一。挿以二鷹及鸕鷀羽一。矟名曰二ショチキネ一。〉

夷の性は闘を好む故に兵器有り。其の器は則ち皮甲《ひこう》*（皮製の鎧＝図一二二頁）、木盔《もっかい》*（木製の兜）、木弓矢*（木製の弓矢）、刀稍《とうさく》（鉾）の属なり（図一〇八～一一九頁）。弓の長さ三尺七寸（約一メートル一一センチ）、草皮を弦と為す。矢の長さ尺有二寸（約三六センチメートル）、鹿骨を鏃《やじり》とし、沓《かさ》ぬるに（鏃の接続部分に）竹を以てす。鏃に逆鬚《ぎゃくしゅ》なる者有りて、淬《そ》（染）むるに毒草*を以てす。蓋し、其の脱して出でざるを取らむや。稍《さく》*（図一一八～一一九頁上）乃ち銑鋧（先の小さい鉾）類、刃は小鑿の如くにて、木幹の長は五尺五寸（約一メートル六五センチ）、而して頭の大なること杵の如し。蓋し、其の飛下するに力有るを取らむや。棍*有り（図一一八～一一九頁下）、長は二尺五寸（約七五センチメートル）、頭に鉄刺有りて、菱角の如し。また細管*之れを吹き以て号令と為さしむ者あり。

〈海驢《あしか》皮を以て甲（鎧）と為し、連ね綴ること三重にして、上旅《かさね》は囲三尺（約九〇センチメートル）、下旅囲六尺（約一メートル八〇センチ）、上下の長二尺三寸（六九センチメートル）、名づけてハヨクペ（鎧の意 hayok-pe）と曰う。夷中に木有りて、荊の如きは嫩条《どんじょう》（若い枝）を取用し、編むに藤葛を以て盔《かい》（兜）と為す。乃ち藤盔の類なり、名づけてコンチ（頭巾の意 konci）と曰う。弓は名づけてク（ku）と曰う。用うる所の木は、松身柏葉、其れ名づけてヲッコ（オンコ＝櫟、アイヌ語ではラルマニ rarmani）と曰い、纏《まと》うに樺皮を以てす。矢は名づけてアイ（ay）と曰い、簳《やがら》に松枝を用いて、挿すに

鷹及び鸕鷀《ろじ》（鵜）の羽を以てす。矟《さく》は名づけてショチキネ（ショキネ棒のこと sjokine）と曰う。〉

皮甲・木盔　アイヌは、皮製の鎧と木製の兜を用いていた。松宮観山の『蝦夷談筆記』上巻には、「具足はアモシベと申革にて、蝦夷人細工仕甲はたからかうじと申候て木にて仕候。是に上ほろかけ、矢よけに仕候」とあり、奥蝦夷には日本の具足を購入して持つ者もいた。松前藩の禁止により移入されなくなってもアイヌの甲冑を有する者は多く、一七〇〜一八〇領はあるのではないか、と記している。なおアイヌの甲冑については、林子平の『三国通覧図説』などに、この『蝦夷志』の図（図一二二頁）が用いられている。しかし松前藩主・松前徳広は、文久三（一八六三）年に『蝦夷嶋奇観補註』を著し、『蝦夷談筆記』の上記記事を引いた上で「按《あんずるに》、甲冑他に未だ見聞せず。蝦夷志、三国通覧等の図不審なり。恐くは真図に非ず」としている。

木弓矢　アイヌは、ク（ku）と呼ぶ木弓を用いる。弓材にはオンコ（櫟《いちい》）を用いた半弓で、二枚の矢羽根をもち、麻や木皮などを弦とする。鏃には、白石が「逆鬢」と呼んだ逆刺《かえり》と溝があり、ここにトリカブトから採った猛毒を塗る（次注「毒草」参照）。アイヌの弓矢について『松前志』は「是夷狄第一の兵器たれば、常に身を離さずして携レ之。……海岸巌壁雨雪泥滑共に弓を杖とし往来す。……其妙手は百発百中更にたがうことなし」と記している。

毒草　アイヌの人々は、トリカブトの根に含まれるアルカロイド成分から作った猛毒を用いて、熊・鹿・海獣など大型獣の捕獲を行っていた。これをスルク（surku）と称し、毒性の強弱によって、幌別などでは、①シノスルク：真のトリカブトの意で毒性が高く大型の獲物を倒す、②ヤヤンスルク：普通の毒性をもったトリカブト、③セタスルク：犬のトリカブトの意で毒性は弱い、などの三種に分類する。ただ毒性の強さと効き目の速さは反比例する場合もあり、これらを目的に応じて使い分ける。こうしたトリカブトを求めて、はるばる採取に出かけたり、これを移植したりしたが、その場所は秘密とされたという（知里真志保著『分類アイヌ語辞典 植物編』）。この毒の利点は、獲物の体内に入ると加水分解を起こして毒性が急激に低下し、その肉を食べても害がない点にあるが、矢の周りの肉については、両手いっぱい分くらい捨てる必要があったという。すでに九世紀初頭の空海『性霊集』に「毛人の骨毒の矢」と見えるほか、長承元（一一三二）年藤原顕輔作の「アサマシヤチシマ（千島）ノエゾ（蝦夷）ノツクルナルドク（毒）キノヤ（矢）コソヒマハモルナレ」が『袖中抄』に収められており、和人にも怖れられていたことがわかる。なお明治初年に北海道を訪れたハインリッヒ＝フォン＝シーボルトは、「アイヌの毒矢」なる一文を草し、「ヒマラヤ山脈に住んでいるグルカ族、および同様に中国北部の部族においても、矢の毒がトリカブトの毒を使って同じように調整されている」とあるように（『小シーボルト蝦夷見聞記』）、もともとトリカブトはヒマラヤ原産であったが、大陸を北上し、オホーツク文化を経由してアイヌにもたらされたものと考えられている（石川元助『毒矢の文化』）。

矟　もともとは馬上用の鉾の意で、図一一八〜一一九頁上には「ショキネ棒」とあるように、ショキネ（sjokine）あるいはイヨキネ（ijokine）とも呼ばれる棒状の武器をさす。かつては先端に鏨のような刃を埋め込み、皮甲などを貫く武器であったが、明治初年にハインリッヒ＝フォン＝シーボルトなどが掲載した図からは、先端に木製の突起が埋め込まれるだけになったことがわかる。

棍　棍棒は、おそらくもっとも原始的な武器の一つで、古くから世界各地で用いられ、さまざまな形態があるが、権威もしくは宗教上の象徴としての意味合いが付加されることも少なくない。図一一八〜一一九頁下に「スツウチ棒」とあるように、ストゥ・スド（sutu）と呼ばれる棍棒のことで、古くは武器として用いられた。また刑罰の責め具としてや、紛争の際に当事者同士が互いに打ち合うウカルという、解決手段にも使用された。これには罪を犯させた憑神を祓ったり、神意を量《はか》るための道具としての意味合いがあった。なお棍棒で打ち合うウカルについては、串原正峯の『夷諺俗話』巻三に、「長さ三尺程なる図（略）のごとくのシヅ（和名ツチなり）という物、樫の木にて作り……打事二度、夫《それ》より打れたるもの槌を請取、打ちたる者を打なり」などとあるほか、いくつかの見聞録が残る。

細管　アイヌの人々は、イパプケニ（i-papke-ni）と呼ばれる鹿笛を利用する。縦八センチメートル・横一二センチメートル・厚さ三センチメートルくらいのもので、これに鹿の膀胱の皮を張って作ると、鹿の鳴き声によく似た音が出るというが、この笛のことと思われる。

凡物産。異草珍木。不レ可ニ尽状一。春菊有ニ花白者一。百合有ニ花黒者一。頗可レ為レ奇。〈百合根。夷中亦啖レ之。〉無ニ牛馬及雉鷸之類一。鷹鶻鵰鶚。皆巣ニ于林木深鬱之間。（一脱）〈蒼鷹及鵰羽。方産最貴

者。〉山有二熊羆麋鹿一。水有二海驢海豹海獱海獺海狗之属一。

〈按（二脱）山東通志（二脱）云。海驢。状若レ驢。即是夷方所レ謂アモシッペ。又云。海豹。其大如レ豹文身。其皮可レ飾二鞍褥一。即是夷方所レ謂アザラシ。博物志注云。海獱。頭如レ馬。自（レ脱）腰以下似二蝙蝠一。即是夷方所レ謂アシカ。蔵器本草云。海獺。似レ獺而大如レ犬。脚下有レ皮。如二騈拇一。即是。夷方所レ謂ネップ。臨海志云。海狗頭似レ狗長尾。毎二日出一即浮在二水面一。即是。膃肭獣。夷方所レ謂ヲットセイ。東部有（二脱）海湾地（一。脱）名曰二内浦一其水深而広。乃出二此獣一焉（。脱）〉


凡そ物産は、異草、珍木、状を尽くすべからず。春菊に花白き者有り、百合に花黒き者有り、頗る奇と為すべし。〈百合根*は夷中また之れを喫《く》う。〉牛馬及び雉鷸《ちきょう》（鷸雉＝尾長雉の誤カ）の類無く、鷹、鶻《こつ》（隼）、鵰《ちょう》（鷲）、鶚《がく》（ミサゴ）は、皆な林木深鬱の間に巣つくる。〈蒼鷹（大鷹）及び鵰の羽は方産の最貴なる者なり。〉山に熊、羆、麋《おおしか》、鹿有り、水に海驢《かいろ》*、海豹《かいひょう》*、海獱《かいひん》*、海獺《うみうそ》*、海狗《かいく》*の属有り。

〈山東通志*を按ずるに、云く、海驢《かいろ》*の状は驢《ろば》の若し、と。即ち是れ夷方の謂う所のアモシッペ*なり。また云く、海豹は其の大きさ豹の如くにして文身（文様）あり。其の皮にて鞍褥（馬具の鞍に敷く皮製の敷物）を飾るべし、と。即ち是れ夷方の謂う所のアザラシなり。博物志*の注に云く、海獱《かいひん》*は、頭は馬の如く、腰より以下は蝙蝠《こうもり》に似ると。即ち是れ夷方の謂う所のアシカなり。蔵器本草*に云う、海獺は、獺に似て大きさ犬の如く、脚下に皮有りて、駢拇《へんぼ》（指と指がくっつき水かき状となる）の如し、と。即ち是れ夷方の謂う所のネップ*なり。臨海志*に云う、海狗は、頭は狗に似て長尾なるに、日出づる毎《たび》に、即ち浮きて水面に在り、と。即ち是れ膃肭獣、夷方の謂う所のオットセイなり。東部に海湾地有り。名づけて内浦と曰い、其の水深くして広し。乃ち此の獣出づ。〉

百合根　アイヌの人々の重要な採集食料の一つに、オオウバユリの根があり、これをトレップ（turep）と呼ぶ。オオウバユリの根を搗《つ》き砕いてデンプンを採り、それに湯を入れ合わせて団子とするのがトレップシト（turep-sito）で、デンプンを採ったカスを丸めて大きな団子とし、これを蕗《ふき》の葉にくるんで発酵させ、さらに乾燥させたのがオントレップアカム（on-turep-akam）である。いずれも鍋で茹でて、粥などにして食する。

海驢・海豹・海獱・海獺・海狗・アモシッペ・ネップ　いずれも哺乳綱食肉目の海獣で、海豹は鰭脚下目アザラシ科のアザラシをさすが、『倭名類聚抄』二〇巻本では、水豹の和名を「阿左良之《あざらし》」としている。なおアザラシの皮は馬具などに用いられており、古くは一〇世紀中期の『新儀式』第四「野行幸事」の割注に「水豹皮腹纏」とあるほか、『吾妻鏡』文治五（一一八九）年九月一七日条にも毛越寺《もうつ》への寄進物の一つに「水豹皮六十余枚」とみえる。海獺・海驢は同じく鰭脚下目アシカ科のアシカのことで、川獺《かわうそ》に対してウミウソとも呼ばれ、古くはミセとも称し、海鹿・葦鹿とも書く。『倭名類聚抄』二〇巻本では、「葦鹿」の和名を「阿之加《あしか》」とし、陸奥・出羽からの交易品に見られるとしている。なお白石は、アシカである海驢をアモシッペとしているが、『藻塩草』では「アムシヘ」は「水豹 あざらし」の意としている。またアシカは、アシカ科哺乳類の総称としても用いられることから、海獺については、白石の記述のように、アシカのほかにネップつまりラッコをさす場合もある。このラッコはイタチ科カワウソ亜目ラッコ属の海獣で、海獺・獺虎・猟虎とも書く。その毛皮が珍重されたことから、一九世紀後半になるとヨーロッパの密漁船が千島列島に進出してラッコ猟を行った。ちなみに『藻塩草』には「猟虎 ラッコ……牡 ビンネップ 牝 マツネップ」とある。海狗はアシカ科オットセイ。海獱は胡獱・海馬とも書き、アシカ科トド属のトドをさすが、これを白石は『博物志』によってアシカとしている。なお、これらの海獣については『松前志』『蝦夷島奇観補註』にやや詳しい考察がある。

山東通志 全六四巻。明の陸銭などの編で、嘉靖一二（一五三三）年の序を有し、これを『嘉靖山東通志』とも称する。なお、このほかに二つの同名異本があり、清の銭江などの撰にかかる『康熙山東通志』、同じく孫葆田などの撰になる『宣統山東通志』がある。『嘉靖山東通志』巻二四に、「海驢〈文登県に出る。郡国志に云く、不夜城に海驢島有り。上に海驢多し。常に八九月に乳産し、其の毛長さ二分なるべし。其の皮は、水潤すこと能わず。以て水を禦《まも》るべし〉」とあるが、ロバの形に関する記載はない。「海驢〈形は驢に似る〉」という記述が清代の『欽定盛京通志』巻一〇七にある。また『嘉靖山東通志』巻二四には「海豹〈寧海州に出る。其の大きさ豹の如し。文身は五色……其の皮にて鞍褥を飾るべし〉」とみえる。

博物志 『山海経』の体裁にならった中国古代の百科事典的博物学書。西晋の詩人で学者の張華（二三二～三〇〇年）の作。全四〇〇巻と伝えるが、現存するのは一〇巻で、しかも原撰本はなく逸文を編集したものが残るが、同書には海獱はみあたらない。おそらく『本草綱目』巻五一獣二海獺条《拾遺》集解の項に見える「《博物誌》云、海獱頭如馬、自腰以下似蝙蝠」からの孫引きと思われる。

蔵器本草　陳蔵器の著『本草拾遺』のことで、唐代の開元二七（七三九）年に成立した本草書。原撰本はなく北宋『証類本草』に「蔵器余」として、逸文が収録されているが、同書および国会図書館所蔵の『陳蔵器本草拾遺（不分巻）乾・坤』にも「海獺」に関する記述はみあたらず、『本草綱目』巻五一獣二海獺条《拾遺》集解の項にある「蔵器曰、海獺生海中。似獺而大如犬、脚 下有皮如人胼拇」からの孫引きと考えられる。

臨海志　『臨海異物志』のことで、『臨海水土異物志』とも称する。全一巻。三世紀頃の呉の武将で丹陽太守であった沈瑩《しんえい》の撰になる地理書。基本的には浙江臨海郡の地誌を記しており、本書冒頭に登場する「夷州」は台湾に関するもっとも古い記述とされている。海狗は『臨海水土異物志輯校』にはみあたらず、本文も『本草綱目』巻五一獣二膃肭獣条の集解における「《臨海志》云、頭似狗、長尾。毎遇日出即浮在水面」からの孫引きと判断される。

夷人軽驍多力。兼習㆓弓箭㆒。瞥㆓視一獣㆒起㆓于前㆒則。下㆓上懸崖㆒。沈㆓没深淵㆒。逐而無㆑不㆑及㆑

之。射而無レ不レ中レ之。

夷人は軽驍《けいぎょう》（軽やかで強く）にして多力、兼ねて弓箭を習う。一獣を瞥視すれば、前に起《うご》きて則ち懸崖を下上し、深淵に沈没して、逐《おい》て之れに及ばざること無く、射て之れに中《あた》らざること無し。

沿海諸水鹹淡之中。皆産二鱒魚鮭魚一（○脱）而鱒魚不レ如二鮭魚最多一。歳七八月。鮭魚泝レ河而上。水塞不レ流。乃徒手捕レ之。又熏二于火上一。乾レ之為レ腊。〈此云二干鮭一。即是。〉東海又有二鰊魚一。此魚所レ聚。嘘レ沫如レ雪。浮二于水上一。水皆変レ色。乃網而捕レ之。味美在レ子。子亦満レ腹。剖取二其子一。乾レ之為レ脡。呂覧所レ謂東海之鮞。蓋謂レ之也。〈俗用二鰊字一。所レ出未レ詳（○脱）朝鮮方俗。以為二青魚一者。〉。昆布叢二生於東南海中石上一。鰒魚石決明所レ在皆有。乃没レ水而捕レ之。

〈嘗観昆布出レ自二夷地一。蓋其最大者。博尺余。長数丈。淡黄両辺青黒色。柔靭如レ韋。可二以巻舒一。爾雅所レ謂綸如レ綸東海有レ之者即此。諸家本草。或以謂（二脱）其葉如レ手。（一脱）或以謂（二脱）大葉如レ菜（一脱）何也。鰒魚石決明一類両種。其形小大亦自不レ同。或以二石決明一。為二鰒魚一。疑非。〉

沿海の諸水は鹹淡（海水と淡水）の中に、皆な鱒魚鮭魚を産す。而して鱒魚は、鮭魚の最も多きに如かず、歳の七八月、鮭魚河を泝《のぼ》りて上れば、水塞がりて流れず、乃ち徒手にて之れを捕う。また火上に熏じ、之れを乾して腊《ほじし》と為す。〈此れを干鮭と云う。即ち是れなり。〉東海もまた鰊魚有り。此の魚の聚《あつま》る所は、沫を嘘《は》くこと雪の如く、水上に浮けば皆な色を変う。乃ち網して之れを捕う。味美は子に在りて、子また腹に満つ。剖《さ》きて其の子を取り、之れを乾して脡（ほじし＝数の子）と為す。呂覧*謂う所の東海の鮞《じ》（はらご）とは蓋し之れを謂わんや。〈俗に鰊の字を用うるは、出づる所未だ詳らかならず。朝鮮の方俗にては、以て青魚と為す者なり。〉昆布は東南海中の石上に叢生す。鰒魚*（エゾアワビ）、石決明（アワビ）の在る所に皆な有り。乃ち水に没して之れを捕る。

〈嘗て観る。昆布の夷地より出づるは、蓋し、其の最も大なる者、博さ尺余（約三〇センチメートル余）、長さ数丈（六〜九メートル）なるや。淡黄にして両辺は青黒色、柔靭なること韋（ナメシ皮）の如く、以て巻舒（巻き伸ばす）すべし。爾雅*の謂う所の綸は綸の如し。東海に之れ有る者は即ち此れなり。諸家の本草に、或いは以て其の葉は手の如しと謂い、或いは以て大葉は菜の如しと謂うは、何れなるか。鰒魚、石決明は一類両種にて、其の形は小大また自ら同じからず。或いは石決明を以て鰒魚と為すは、疑うらくは非ならん。〉

呂覧　『呂氏春秋』のことで、中国戦国時代末期に、秦の呂不韋《りょふい》が編纂を命じ、秦の始皇帝八（紀元前二三九）年に完成した雑家書。二六巻一六〇編で、儒家・道家・法家・墨家・陰陽家など諸学派の説が採られ、天文学や農学など自然科学に関する論説が多い。

鰒魚　鰒のことで、ここでは石決明と区別しているところから、エゾアワビのことと思われる。北海道では日本海側と噴火湾に分布し、水深一〇メートル以下の潮の通りがよい岩礁域に棲息する。ほかのアワビ類よりもやや小さく、細長くて平たい殻の輪郭はほぼ長楕円形をなす。

爾雅　中国最古の辞書で、経典の字を解説したもの。三巻二〇編とされるが、一九編が伝存する。紀元前二世紀頃に、漢の学者たちが詩経などの伝注を集録したものとされている。訓詁学の聖典で十三経の一つとされ、古語を用法と種目別に分類・解説している。なお白石は、享保二（一七一七）年には本書を念頭に、二〇巻からなる日本語の辞書『東雅』を著し、古語のうちから名詞を一五部門に分類して語源的解説を試みている。なお『本草綱目』巻一九草部には昆布の説明として、「釈名綸布……則ち爾雅謂う所の綸似綸なり。東海に之れ有る者は、即ち昆布なり」とある。

北海鯨魚大者如ㇾ山。夷中莫二敢捕者一。又有二異魚一。其鬣極長。〈形如二江豚一。其鬣鋭而長。未ㇾ審二其名一〉蓋剣魚類。夷中呼ㇾ之曰二カミ一。〉鯨魚触ㇾ之。則傷死。海潮洶湧。亦能蕩激。閣二之沙岸一。爨二其肉一。燃二其膏一。其用亦広。夷人坐収二其利一。

北海の鯨魚*は、大なる者は山の如く、夷中敢て捕うる者莫《な》し。また異魚有り、其の鬛《りょう》（たてがみ）極めて長し。〈形は江豚（イルカ）の如く、其の鬛は鋭くして長く、未だ其の名を審《つまび》らかにせず。蓋し剣魚（カジキ）の類なるか。夷中は之れを呼びてカミ（piye-kami＝脂の多い魚肉の意）と曰う。〉鯨魚は、之れに触るれば則ち傷《いた》みて死す。海潮は洶湧《きょうよう》（水勢が湧き上がる）するもまた能く蕩激（激しく流れ動いて）して、之れを沙岸に閣《お》く。其の肉を臠《れん》（切り身）とし、其の膏を燃す、其の用また広し。夷人は坐して其の利を収む。

鯨魚　串原正峯の『夷諺俗話』巻五には「蝦夷地の海に鯨多し。予も度々鯨の汐を吹を見たり」とあるほか、天明三（一七八三）年に松前を訪れた平秩東作《へずつとうさく》が記した『東遊記』には「海鰌（クジラ）多く見ゆれども、ゑびすとよびて捕る事なし……此魚自ら死するを切とりて油をしぼり、又食事に用ゆ」とある。なお噴火湾などでは、アイヌ民族がトリカブトの毒矢を用いてクジラ漁を行っていたことも指摘されている（名取武光『噴火湾アイヌの捕鯨』、秋道智彌『クジラとヒトの民族誌』）。

大抵夷中之俗。視下之上世猶未レ有二聖人者出一之時上也。不レ知二其礼一。不レ知二其義一。近二於禽獣一。蓋無二其教一而已矣。茹レ毛飲レ血。雖レ曰二其性一。亦由レ未三嘗知二粒食之為一レ美也。比歳以来。其東西地方。有下墾レ土種レ粱以充二粮食一者上。

〈東部之地。曰オシヤマンベ。曰ノタエ。曰ウス。曰エンドモ。曰シラヲイ。西部之地。曰セタナイ。曰フトロ。曰シマコマキ。曰スツツ。曰オタスツツ。曰イソヤ。曰フルウ。曰イワナイ。曰シヤコタン。曰ヒクニ。曰フルヒラ。曰シクツシ。皆墾田種粱。〉

大抵夷中の俗は、之れを上世なお未だ聖人なる者出で有らざるがごときの時を視るなり。其の礼を知らず、其の義を知らざること禽獣に近きは、蓋し、其の教え無きのみならんや。毛（獣）を茹で血を飲むは、其の性と曰うと雖《いえど》も、また未だ嘗て粒食の美たるを知らざるに由るなり。比《ちか》き歳以来、其の東西の地方、土を墾《たがや》して粱（穀実）を種《う》え、以て粮食に充つる者有り。

〈東部の地は、曰くオシャマンベ（長万部町長万部）、曰くノタエ（八雲町野田生）、曰くウス（伊達市有珠）、曰くエンドモ（室蘭市絵鞆）、曰くシラヲイ（白老町白老）、西部の地は、曰くセタナイ（せたな町瀬棚）、曰くフトロ（同太櫓）、曰くシマコマキ（同泊付近しまこまき）、曰くスッツ（寿都町寿都）、曰くオタスッツ（同歌棄）、曰くイソヤ（同磯谷）、曰くフルウ（神恵内町古宇）、曰くイワナイ（岩内町岩内)、曰くシャコタン（積丹町積丹）、曰くヒクニ（同美国）、曰くフルヒラ（古平町古平）、曰くシクツシ（小樽市祝津）。皆な墾田に粱（穀実）を種《う》える。*〉

皆墾田種粱　この部分については、割注ではなく、本文扱いとする写本も多い。内容からしても本文とすべきだろう。

或謂壌多二曠土一俗志忍二艱苦一。其野可二以耕一。其水可二以漑一。唯恐風気多寒。不レ宜二稲麦一。蓋未レ知下稲有二早晩一。麦有中南北上也。男女嗜二酒与レ烟尤甚。皆其地所レ無。是故東南賈舶所レ至。則其人相慶也矣。

或は謂う、壌（土地）は曠土（広大な荒れ地）多く、俗に艱苦を忍ぶも、其の野は以て耕すべく、其の水は以て漑《そそ》ぐべし。唯だ恐るるは、風気多寒にして、稲麦に宜からざるのみ。蓋し、未だ稲に早晩有り、麦に南北有るを知らざらんや。男女は酒と烟を嗜むこと尤も甚しきも、皆な其の地に無き所なり。是の故に東南の賈舶（商船）の至る所は、則ち其の人相い慶《よろこ》ぶなり。

北蝦夷〈即奥蝦夷夷中呼之曰カラト〉

〈即ち奥蝦夷なり、夷中之れを呼びてカラトと曰う〉

北蝦夷。其俗与二蝦夷一同。夷人亦皆浜二山海一居。部落凡二十二。〈曰ウツシヤム。曰コクワ。曰ツナヨロ。曰マヲカ。曰ノタシヤム。曰オツチシ。曰キドウシ。曰イトイマテ。曰オレカタ。曰チヤホコ。曰ナフキン。曰ニクブン。曰キンチバ。曰ビンノキ。曰ウヘコタン。曰カレタン。曰セウヤ。曰シロイトコロ。曰シヰタ。曰ナイフツ。曰アユル。〉

北蝦夷は其の俗蝦夷と同じ。夷人また皆な山海に浜《ひん》して居す。部落は凡そ二十二（二一の誤）。

〈曰くウッシャム＊（樺太南部）、曰くコクワ、曰くツナヨロ、曰くマオカ（真岡）、曰くノタシャム、曰くオツチシ、曰くキドウシ、曰くイトイマテ、曰くオレカタ、曰くチャホコ、曰くナフキン、曰くニクブン、曰くキンチバ、曰くビンノキ、曰くウエコタン、曰くカレタン、曰くソウヤ、曰くシロイ

トコロ、曰くシイタ、曰くナイフツ、曰くアユル。*〉

ウッシャム〜アユル　以下、ウッシャムからアユルまでの二一の樺太の地名は、元禄一三（一七〇〇）年の年紀を有する『松前島郷帳』に、「からと島」として同じ順序で記載されている。また位置関係については、『元禄国絵図』に宗谷からもっとも近いところにウッシャムが描かれ、以下、時計回りの順で、これらの地名がみえる。なお『正保国絵図』にも同様の記載があるが、現地名との比定は困難なので、次頁に『元禄国絵図』の該当部分をトレースして掲げ、以下の当該地名のみを番号で対照させておくこととする。①ウッシャム、②コクワ、③ツナヨロ、④マヲカ、⑤ノタシャム、⑥オツチシ、⑦キドウシ、⑧イトイマテ、⑨オレカタ、⑩チャホコ、⑪ナフキン、⑫ニクブン、⑬キンチバ、⑭ビンノキ、⑮ウヘコタン、⑯カレタン、⑰セウヤ、⑱シロイトコロ、⑲シイタ、⑳ナイフツ、㉑アユル。

東際二大海一。西北乃韃靼。東南海両地相去。近遠不レ可レ得レ詳。厥産青玉鵰羽。雑レ之以二蟒緞文繒綺帛一。即是漢物。其所二従来一。蓋道二韃靼地方一而已。万国図中。東室韋地。曰二野作一者。疑此也。凡南北接レ壌。但隔二小海一。而波濤険悪。夷中亦称二畏途一。且其地絶遠。此間之人到者鮮少。不レ能二閲歴而知一レ之。故其間広狭。亦不レ可レ考。

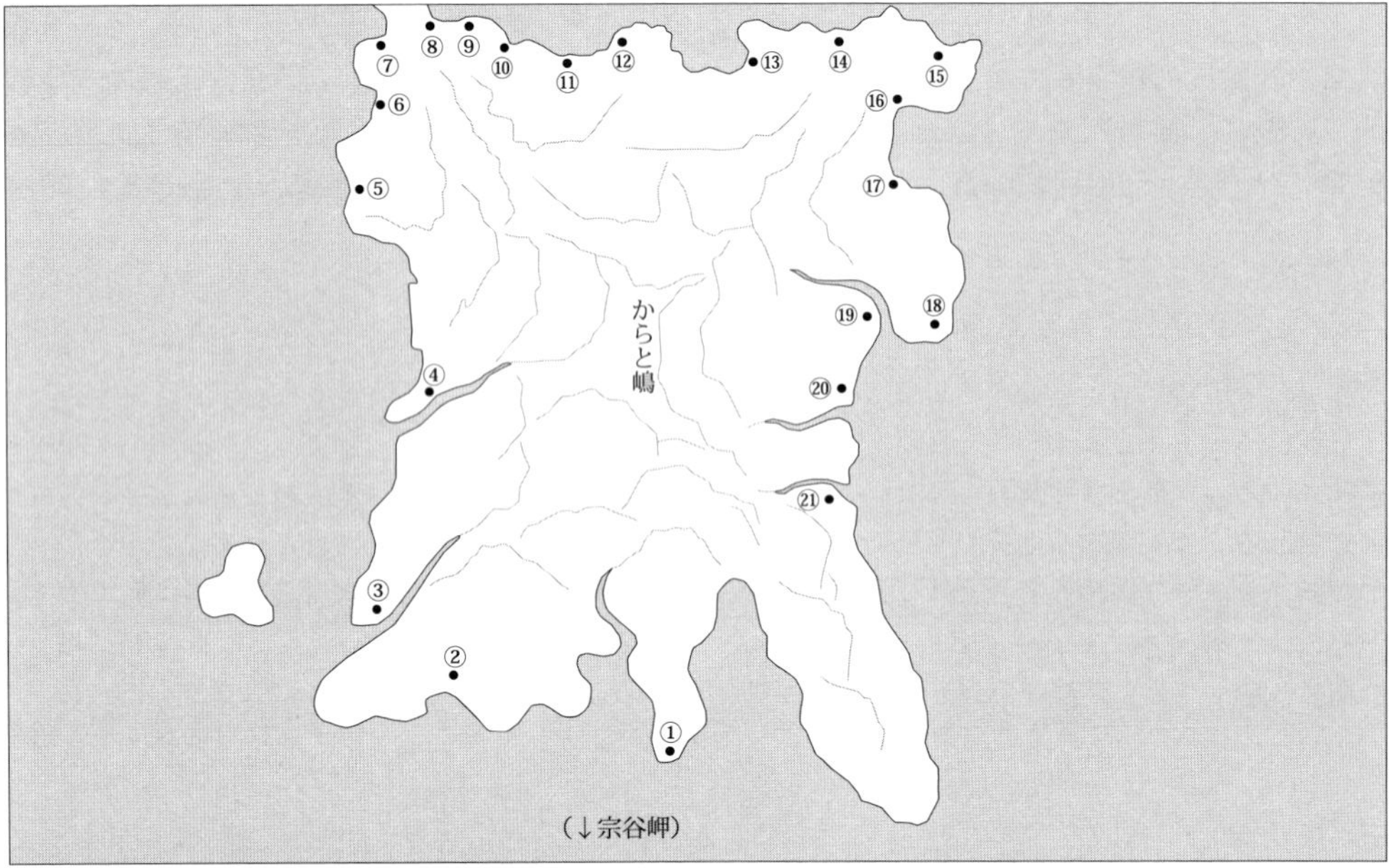

(『近世絵図地図資料集成』科学書院より作成)

東は大海に際し、西北は乃ち韃靼、東南海の両地は、相い去ることの近遠を詳らかにするを得べからず。厥《そ》の産は青玉*、鵰羽（鷲羽）、之れに雑《まじ》うるに蟒緞《ぼうどん》（蝦夷錦）、文繒《ぶんそう》（花絹）、綺《き》帛《はく》（綾絹）を以てす。即ち是れ漢の物にして、其の従って来る所は、蓋し、韃靼地方を道《とお》るのみなるか。万国図*中、東室韋《しつい》*の地、野作《えぞ》*と曰う者は、疑うらくは此れならむ。凡そ南北に壌（土地）を接する。但し小海を隔てても、波濤険悪にして、夷中もまた畏途（困難な行路）と称す。且つ其の地は絶遠にして、此の間（日本）の人到る者鮮少なれば、閲歴して之れを知ること能わず。故に其の間（野作）の広狭もまた考うべからず。

青玉　注「青琅玕」（五八頁）参照

万国図　白石は少なくとも三つの万国図を見て、著述に活用していた。①「四十ヶ国人物図」と対をなし正保二（一六四五）年の刊記を有する「万国総図」、②ヨーロッパ製の世界図を一五八四年に漢訳したイタリア人宣教師マテオ＝リッチが一六〇二年に再作成し北京で刊行された「坤輿万国図」、③オランダ人宣教師シドッチが持参したもので、一六四四年頃にアムステルダムで印刷された「ブラウ万国図」である。このうち①は広く出回った簡略なもので（国会図書館蔵）、②は「万国坤輿図」とも称し大判の北京版が伝わる（京都大学付属図書館蔵）。また③はオランダ語の表記であるが、白石はこれに日本語の付箋を付している（宮崎道生著『新井白石の研究』）。これは幕府の所蔵（現東京国立博物館蔵）のもので、これを白石は「阿蘭陀鏤板」「西図」と呼んでいる。ただ、いずれも正確なものとは評し難く、白石の世界認識に大きな役割を果たしつつも、誤解を負わせるところとなったが、ここでは②を用いた記述となっている。

室韋　失韋とも書く。中国の南北朝時代から唐代まで、中国東北地方北部の嫩江《のんこう》流域を中心に、東モンゴル一帯に勢力をふるった民族で、モンゴルとツングースの混血とされるが、主体はモンゴル系の民族であった。初めは興安嶺《こうあんれい》の東部を本拠としていたが、隋代から勢力を広めて、唐代には黒龍江・松花江の合流点からモンゴル高原の突厥《とっけつ》に接する地域にまで及んだが、統一国家を形成するには至らなかった。隋・唐以降は、ともにタタールを意味する韃靼・阻卜《そぼく》と同義に用いられた。なお室韋の後裔が、ジンギス＝ハーンの出たモンゴルだとされている。

野作　白石は『西洋紀聞』に、「万国坤輿図に拠るに、韃靼の東方、海に至るまでの地を図して、狗国・室韋・野作等の国、其地にありと見えたり。阿蘭陀鏤板の図に拠りて、阿蘭陀人の説をきくに、エソ〈エソ、漢に訳して野作という。我国にて、蝦夷というもの即此。〉の北地、タルターリアに相聯《つらな》れるや、否、いまだ詳ならず」としたほか、『采覧異言』では「西図。野作。原《もと》は地下の圏中に係かる。而して毛人は古より我が覇縻《はび》の属なり」と記して、古くから蝦夷は日本に属したことを強調している。なお山村才助は『訂正増訳　采覧異言』において「西洋所刻ノ地理ノ旧図ハ皆蝦夷ヲ以テ東韃靼ノ地ニ係リ、コレ未ダ其蝦夷ノ辺ノ諸地ヲ詳ニセザル故ナリ」という考証を加えている。ちなみに「坤輿万国図」ではユーラシア大陸の一部として、「室韋」の南に連なる形で

「野作」が記されており、かつ海峡を隔てた現在の北海道と判断される部分に「北陸道・佐渡・加賀」などと注されている。いずれにしても一八世紀段階では、西洋諸国においても、オホーツク海を中心とした北域の位置関係が明らかにされてはいなかった点に留意する必要があろう。

東北諸夷

国二於東北海中一者。夷中所レ伝。凡三十七。而夷人所レ通。唯其一。其余則不レ可レ得レ詳云。〈東海諸島。曰イルル。曰ツモシリ。曰キイタツフ。曰モシリカ。曰クナシリ。曰モウシヤ。曰ハルタマコタン。曰マカンルル。曰オヤコバ。曰シヤムラテフ。曰ラセウワ。曰シリンキ。曰アトヱフ、曰クルミセ。曰ヱカリマ。曰ウルフ。曰ヱトロホ。曰ホンシリヲヲイ。曰シヰアシコタン。曰ヱバイト。曰モトワ。曰ケトナイ。曰モシヤ。曰シイモシ。曰ラツコアキ。曰ウセシリ。曰レニンゲチヤ。曰フ［※マの誤ヵ］カンルルアシ。曰マサオチ。曰シヰモシリ。曰ヱカルマシ。曰マカンナ。曰シリヲヲイ。曰コクメツラ。夷中総称曰クルミセ。夷人所レ通。即キイタツプ。嘗聞其互市例極奇。毎歳夷人装二（一脱）戴船貨一以行。去レ岸里許而止。島人候望。乃去二其聚落一。避二之山上一。夷人運二搬其貨一。陳二列海口一去。而止如レ初。既而島人負二担方物一。絡繹来会。各自易二（一脱）取其所レ欲之物一。閣置二其余及厥産一而去（○脱）夷人又至収二載之一而還。若其方物過多。則或留二其余一。或置二船貨一而去。方物皆獣皮。船貨則米塩酒烟及棉布之属云。〉

東北海中において国する者は、夷中の伝うる所、凡そ三十七にして、夷人の通ずる所は唯だ其の一のみ。其の余は則ち詳らかにするを得べからずと云う。

〈東海の諸島は、曰くイルル*、曰くツモシリ、曰くキイタッフ*（霧多布島）、曰くモシリカ（珸瑶瑁《ごようまい》島）、曰くクナシリ（国後島）、曰くモウシャ、曰くハルタマコタン（春牟古丹島）、曰くマカンルル（磨勘留島）、曰くオヤコバ、曰くシャムラテフ、曰くラセウワ（羅処和島）、曰くシリンキ（志林規島）、曰くアトエフ、曰くクルミセ（久留見世島＝千島）、曰くエカリマ（越喝磨島）、曰くウルフ（得撫島）、曰くエトロホ（択捉島）、曰くホンシリオオイ、曰くシイアシコタン（捨子古丹島ヵ）、曰くエバイト、曰くモトワ（松輪島）、曰くケトナイ（計吐夷島）、曰くモシャ、曰くシイモシ、曰くラッコアキ（雷公計島ヵ）、曰くウセシリ（宇志知島ヵ）、曰くレニンゲチャ、曰くフ（マヵ）カンルルアシ、曰くマサオチ、曰くシイモシリ、曰くエカルマシ、曰くマカンナ、曰くシリオオイ、曰くコクメツラ*。夷中は総称してクルミセと曰う。夷人の通ずる所は、則ちキイタップ*なり。嘗て聞く、其の互市の例は極めて奇なり。毎歳夷人、船貨を装載して以て行し、岸を去ること里許りにして止まる。島人候望し、乃ち其の聚落を去り、之れを山上に避く。夷人は其の貨を運搬し、海口に陳列して去る。而して止まること初の如し。既にして島人方物を負担し、絡繹《らくえき》（うち続いて）して来会し、各《おのおの》自ら、其の欲する所の物を易取し、閣《とど》めて其の余及び厥《そ》の産を置きて去る。夷人また至り之れを収載して還る。若し其の方物過多なれば、則ち或いは其の余を留め、或いは船貨を置きて去る。方物は皆な獣皮なり、船貨は

則ち米塩酒烟及び綿布の属なりと云ふ。〉

イルル〜コクメツラ　以下、イルルからコクメツラまでの三四の島名は、元禄一三（一七〇〇）年の年紀を有する『松前島郷帳』に、「クルミセ島の方」として記されている。これらについては、『元禄国絵図』の知床半島北東部に一群の島々が描かれており、霧多布島からほぼ逆時計回りの順で、島名が記載されている。なお『正保国絵図』にも同様の記載があるが、現島名との比定は困難なので、次頁に『元禄国絵図』の該当部分を掲げ、以下の当該地名のみを番号で対照させておくこととする。①イルル、②ツモシリ、③キイタッフ、④モシリカ、⑤クナシリ、⑥モウシャ、⑦ハルタマコタン、⑧マカンルル、⑨オヤコバ、⑩シャムラテフ、⑪ラセウワ、⑫シリンキ、⑬アトエフ、⑭クルミセ、⑮エカリマ、⑯ウルフ、⑰エトロホ、⑱ホンシリオオイ、⑲シイアシコタン、⑳エバイト、㉑モトワ、㉒ケトナイ、㉓モシャ、㉔シイモシ、㉕ラッコアキ、㉖ウセシリ、㉗レニンゲチャ、㉘フ（絵図では「ま」）カンルルアシ、㉙マサオチ、㉚シイモシリ、㉛エカルマシ、㉜マカンナ、㉝シリオオイ、㉞コクメツラ。

キイタッフ（霧多布島）　北海道厚岸郡浜中町の南東海上に位置する島であったが、その後、陸繋砂州により半島となった。元文四（一七三九）年成立の坂倉源次郎『北海随筆』に「キイタツプは東海商船通路のかぎりにて、猟虎《らっこ》も此処にて交易するなり。此辺嶋多し。所謂蝦夷の千嶋歟」とあるように、キイタッフ場所として松前の商船も来港する重要拠港の一つであった。

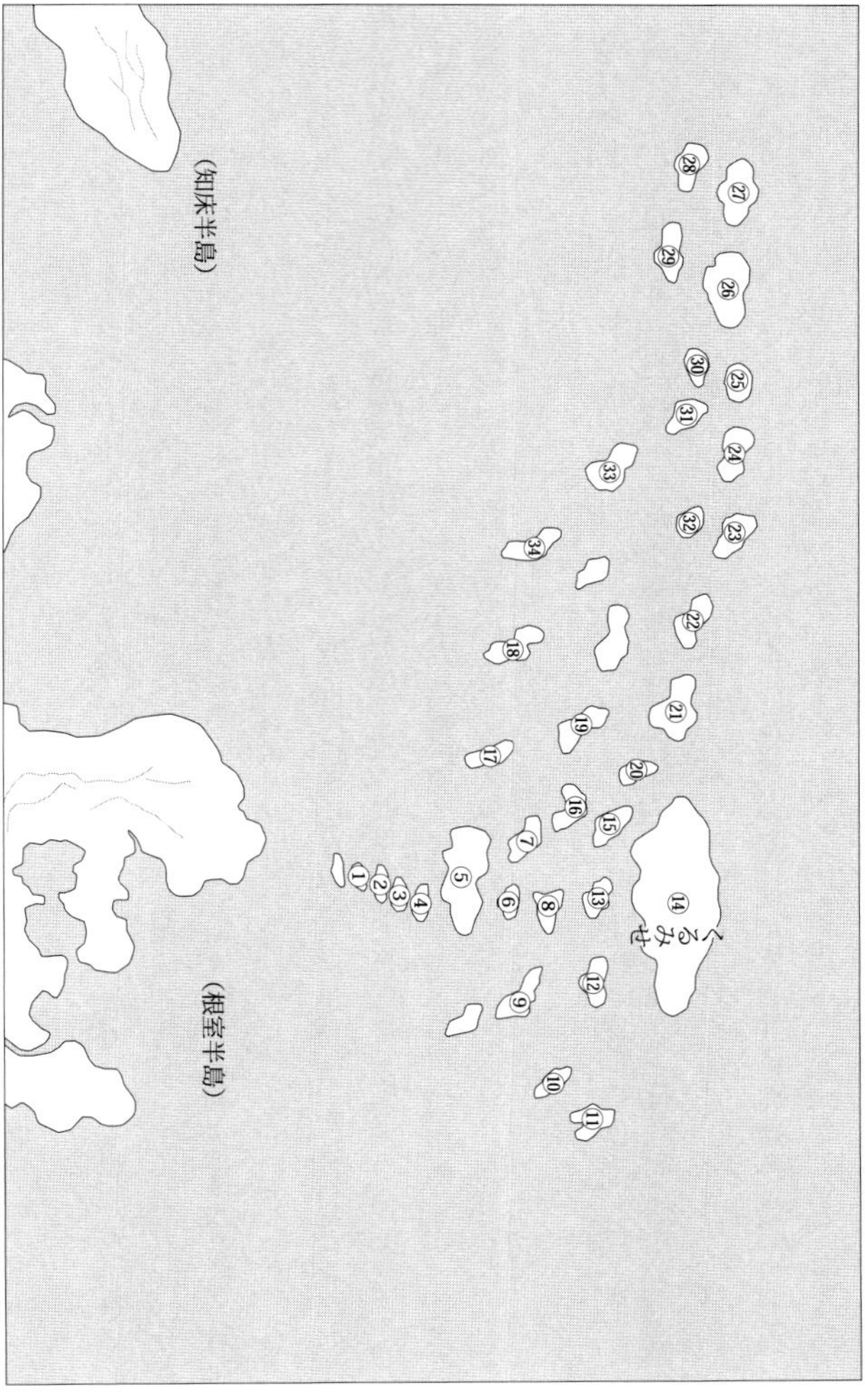

①～㉞以外の３つの島には、ただ単に「島」とだけ記載されている。（『近世絵図地図資料集成』科学書院より作成）

寛文間。我東海賈舶。俄遇二猛風一飄二去東北一。凡七閲レ月。不レ知二其幾千里一也。海気昏黒。不レ見二日月一。亦一百余日。且有二大鯨一。出二没巨浪間一。船行甚艱危。忽到二一大国一而泊（※治）。十有二日。乃傍二海岸一。西南水行。八昼夜。而渡レ海。十二三里。復有レ国。其行如レ初。而九昼夜。亦渡レ海。可（二脱）十五里。（一脱）始至二蝦夷東北界一。

〈寛文壬子歳。十二月二十三日。伊勢国米船一隻。開二帆于志摩国海口一。東行二十四日晡時。北風大作。飄二去東南一。九昼夜。風又転而東北漂流。不レ知二幾千里一。明年癸丑七月五日。始至二一国一。名曰二ヱトロフ一。（一脱）次至二一国一。名曰二クナシリ一。又次至二蝦夷東北界一。地名闕（〇脱）東傍二海岸一水（〇ママ）行二百里。至二東部一。地名曰二トカチ一。去レ此而至二松前一水行百八十里。〉

寛文の間（一六六一〜七三）、我が東海の賈舶、俄かに猛風に遇いて東北に飄去すること、凡そ七たび月を閲《かぞ》えて、其の幾千里なるを知らざるなり。海気は昏黒し、日月を見ざることまた一百余日。且つ大鯨有りて巨浪の間に出没し、船行甚だ艱危《かんき》（苦しく危ない）なり。忽ち一大国に到りて、泊すること十有二日。乃ち海岸に傍《そ》うて西南に水行すること八昼夜にして、海を渡ること十二三里、また国有り。其の行くこと初めの如くにして九昼夜、また海を渡ること十五里ばかり、始めて蝦夷の東北界に至る。〈寛文壬子の歳（同一二＝一六七二年）、十二月二十三日、伊勢国の米船*一隻、志摩国の海口に開帆し、東行するに二十四日の晡時《ほじ》（日暮れ時）、北風大いに作《おこ》り、東南に飄去すること九昼夜。風また転じて東北に漂流すること幾千里かを知らず。明年癸丑七月五日、始めて一国に至る。名をエトロフと曰う。次で一国に至り、名をクナシリと曰う。また次《つい》で蝦夷の東北界に至るも地名を闕《か》く。東へ海岸に傍《そ》いて水行二百里し、東部に至る。地名をトカチと曰う。此れを去りて松前に至ること水行百八十里なり。〉

伊勢国の米船　寛文一二（一六七二）年一二月二三日、伊勢国鳥羽を出港して、江戸へ廻米を運ぶ松坂七郎兵衛の船が遠州付近で大風に遭って流され、翌年七月に択捉島に流れ着いた漂流事件で、その後国後島を経て蝦夷地に渡り江戸に帰還した。その口上記録として「伊勢松坂七郎兵衛等蝦夷漂流一件」（国立公文書館蔵、旧内閣文庫『漂流雑記三』所収）が残る。なお、この記録は元禄五（一六九二）年に木下八郎次衛門によって編まれた写本『異国漂着船話』に、『勢州船北海漂着記』として収められた（『江戸漂流記総集』第一巻、一九九二年）。同書では子年を万治三（一六六〇）年、丑年を寛文元（一六六一）年とし、エトロフへの漂着日も七月一五日としているが、これらは転写時に年次が欠落して干支のみとしたことや誤記によるもので、写本作成時に推定を誤ったためと判断される。白石が参照したと思われる内閣文庫本の口上記録に信をおくべきだろう。

蓋其所レ過者。西人所レ謂極北海。而夷中所レ謂三十七島者。万国図以謂（二脱）北亜墨利加地方諸州（一〇脱）是已（〇脱）其所レ歴二国。幅員広狭。雖レ云レ未レ審。然挙二一隅一以反レ之。則其概可二得而見一矣。而今観二蝦夷地図一。二国之地。乃若二弾丸黒子一然。因知（〇脱）其為レ図。唯拠二夷人之言一。僅存二其名一而已。未レ足レ信也。故今姑取二昔之所レ聞者一。而述二其方俗一焉。

〈嘗聞二和蘭人之言一。云クルンラント。地方最大。而在二天地極北界一。故日光不レ到者。歳凡居レ半。常多二霧気一而寒。其海出二鯨及異魚一。和蘭人捕二鯨于此一。又云。前八十年。和蘭人有下抵二蝦夷東南海口一者上。而未レ審二西北地界一。東有二二島一。其一則小島也。其一唯見二西南一隅一耳。地形広狭亦未レ審。蓋其所レ謂蝦夷東海二島。錯二在其中一者。夷人所レ謂クルミセ地方也（〇脱）夷言クルミセ。即番語クルンラント。夷言ミセ。番云ラント。並是。此云島也。万国図。作二臥尨（※龍）狼徳一。或作二臥蘭的亜一者即此。又按夷人相伝。三十七島中。曰シキアシコタン。曰シキモシ。曰シキモシリ。蓋是万国図所レ載。韃靼東南室韋地方所レ在海島也。シキ即室韋也。夷語アシカル。此云夜也。夷語コタン。此云国也。アシコタン。猶言夜国也。万国図。室韋東北海有二夜国一者。或此。云ミセ。云モシ。云モシリ。皆一転語。（ママ）耳（〇脱）〉

蓋し、其の過ぐる所の者は、西人の謂う所の極北海にして、夷中の謂う所の三十七島なる者ならんや。万国図に以て北亜墨利加《あめりか》地方の諸州と謂うは是れのみ。其の歴《けみ》（調べ見る）する所の二国は、幅員、広狭未だ審《つまび》らかならずと云うと雖も、然るに一隅を挙げて以て之れを反（一例から類推）すれば、則ち其の概ねを得て見る可し。而して今、蝦夷の地図を観るに、二国の地は乃ち弾丸黒子（非常に狭く小さい）のごとく然り。よりて知る。其の図を為すは、唯だ夷人の言により、僅かに其の名を存するのみを。未だ信ずるに足らざるなり。故に今、姑《しばら》く昔の聞く所の者を取りて、其の方俗（地方の風俗）を述ぶ。

〈嘗て和蘭人*の言を聞くに、クルンラント*と云うは、地方最大にして、天地極北の界に在り。故に日光の到らざるは、歳に凡そ半ばを居《し》（占）め、常に霧気多くして寒し。其の海は鯨及び異魚を出だす。和蘭人は鯨をここに捕う、と。また云う、前《さき》にすること八十年、和蘭人、蝦夷の東南海口に抵《いた》る者有りても、未だ西北の地界を審らかにせず、東に二島*有りて、其の一は則ち小島なり、其の一は唯だ西南の一隅を見るのみ、地形の広狭もまた未だ審らかにせざる、と。蓋し、其の謂う所の蝦夷の東海二島は、其の中に錯在する者にて、夷人の謂う所のクルミセ地方ならんや。夷言のクルミセは、即ち番（蕃）語（蘭語）のクルンラントなり。夷言ミセは、番の云うラントなり。並びに是れ、此の云う島なり。万国図は臥尨狼徳*に作り、或いは臥蘭的亜*に作るは、即ち此れなり。また按ずるに、夷人の相い伝う三十七島中に、シイアシコタンと曰い、シイモシと曰い、シイモシリと曰うは、蓋し、是れ万国図載する所の韃靼東南の室韋（東室韋）地方に在る所の海島ならんや。シイは即ち室韋なり。夷語のアシカル（アンチカラの誤＝ancikar 夜の意）は此れ夜を云うなり。夷語のコタン（kotan 集落・場所ほぼ空間の意）は此れ国を云うなり。アシコタンはなお夜国（常夜の国）と言うがごときなり。万国図に、室韋東北の海に夜国有りとは、或いは此れなり。ミセと云い、モシと云い、モシリ（mosir 静かな大地・国土の意）と云うは、皆な一つの転語なるのみ。〉

和蘭人　イタリア人の宣教師ジョヴァンニ＝バッティスタ＝シドッチのこと。シドッチは、シチリア島生まれの宣教師で日本布教を志し、宝永五（一七〇八）年、屋久島に上陸したが捕らえられ、翌年に江戸に送られて小石川のキリシタン屋敷に幽閉されたまま、正徳五（一七一五）年に獄死した。この間、白石の尋問を受けるところとなり、その成果が『采覧異言』『西洋紀聞』として結実をみた。

クルンラント　グリーンランドのこと。白石は『西洋紀聞』に、「グルウンランディア〈漢訳（臥蘭《ヲヲラン》的亜《ヂテヤア》・臥児狼徳《ヲヲルーランテツ》）前に見えたり。〉此国の極南は、エウロパの北海に至り、其北地は、ソイデ（ノヲルト＝北の誤）アメリカにつらなれり。此方寒凍極めて甚しく、人物を生せず」と記し、『采覧異言』では「グルウンヲンデヤ　臥兒狼徳〈また臥蘭的亜に作る〉地もっとも荒闊なり。南は欧羅巴の北海に阻まる。北は亜墨利加北界に接す。東西其の極むる所を知らざるなり。地気は寒凍にして、人物を生せず。和蘭人時に海鯨を逐う。此こに到りて之れを捕すと云う。」としている。

東に二島　『采覧異言』には「野作（蝦夷）」の項に「西図（＝坤輿万国図）を按ずるに……其（野作）の東傍の近くに一小島有り。〈島名スタテンランド。〉また東方の大島は、唯西辺の一帯地を画く。〈島名コンペルランド〉……〈今、地理に拠るに、スタテンランド即ち毛人呼びてクルシリと為す是れ也。コンペルランドは即ち毛人呼びてクルミセと為す是れ也〉」とあるが、山村才助は『訂正増訳 采覧異言』で「斯打甸蘭土《スタアテンランド》ハ地図ニ拠ニ蝦夷ノ東南ニ近キ一小島ナリ。「コンペルランド」ハ孔把孤涅斯蘭土《コンパリネスランド》ノ転ニシテ古キ地図ニハコレヲ北亜墨利加《ノヲルドアメリカ》ノ地ニ連ル者多シ。此二島皆西人ノ所名ニシテ其蝦夷ニテハ何ト名クル者ナルヤ詳ナラズ」としている。おそらくスタテンランドは国後島のことで、コンペルランドは択捉島をさすものと思われ、北アメリカに連なるとしているところから、これらは千島列島を念頭においたものと考えられる。

臥尨狼徳・臥蘭的亜　「坤輿万国図」京都大学附属図書館所蔵本には、グリーンランドに相当する地に「臥匿狼徳」「卧蘭的亜」と注されている。前注「クルンラント」参照。

其国山皆高峻。黒霧四塞。風気常寒。男子被髪。長鬚。耳穿㆓銀鐶㆒。衣被㆓熊皮㆒。襯以㆓鳥毳㆒。窄袖長身。而左㆓其衽㆒。左佩㆓弓矢㆒。右懸㆓一刀㆒。弓矢之制。与㆓蝦夷㆒同。其刀革靶木鞘。長二尺許。婦人断髪。耳穿㆓銀連鐶㆒。径大可㆓三寸㆒。青（レ脱）唇文身。其衣団領。余皆如㆓男子制㆒。

其の国は、山皆な高峻にして、黒霧四塞し、風気常に寒し。男子は被髪して長鬚、耳に銀鐶を穿つ。衣に熊皮を被《おお》い、襯《しん》（肌着）には鳥毳《にこげ》（鳥の細毛）を以てす。窄袖の長きを身にして其の衽《えり》を左にし、左に弓矢を佩《は》き（身に帯びる）、右に一刀を懸く。弓矢の制は蝦夷と同じ、其の刀は革の靶《つか》、木の鞘《さや》にて、長さ二尺許り。婦人は断髪し、耳に銀の連鐶を穿ち、径の大きさ三寸ばかり。唇に青の文身（刺青）をなし、其の衣は団領（丸襟《まるえり》）にして、余は皆な男子の制の如し。

凡草木鳥獣無下不二高且大一者上。山無二麞鹿之属一。海多二牛馬之類一。鯨魚跳二躍海岸一。夷人飛二矢及槍一而射レ之。鱒魚泝レ流而上。潮落水涸。手捕而啖レ之。此間之人。炊レ飯而食。夷人聚観以有二怪色一。言語不レ通。形レ之以代レ言。略可レ知已。其部落相二距海口一。陸行約三日。請レ行不レ許。敢請乃関弓而禦レ之。故邑聚居宅。未レ審二其制一。

〈茅高丈許。蓬高二丈許。虎杖粗大如レ竹。百合開レ花。花亦最大。樹皆数十囲。不レ見二他樹一。其名曰二トドロフ一。葉如レ槻而小。枝以為二弓材一。有二烏鳶鷗及狐一。皆其形大（○脱）海獣名ラッコ。唯東海諸島有レ之。故夷中皆総称二（ママ）曰（二脱）ラッコ島一。拠二山東通志一。海牛長丈余。紫色無レ角。亀足鮎尾。其膏以燃レ燈。其皮以為二弓鞬矢房一。夷方所レ謂ラコ。蓋此也。此間之人始至見（二脱）岸上草屋二架。（一脱）

有二三人一而居。明早不レ見二其一一。居三日。陸続至者。六七十人。中有二女二人一。一日曝二衣沙上一。夷衆取レ之即叱レ之。皆関レ弓而去。到二岸上一衆皆偶語。乃取二将獣皮六張一来。投二之船中一我俗船忌二皮革類一。故却レ之亦皆関レ弓而致レ之。一日又有二其将レ還者一。我尾レ之而行。可二十里一。日将レ晡。其人顧而止レ之敢請。亦皆関レ弓。故不レ果レ行。〉

凡そ草木鳥獣は、高く且つ大ならざる者無し。山には麋鹿《びろく》（大鹿と鹿）の属無く、海には牛馬の類《たぐい》多し。鯨魚海岸に跳躍すれば、夷人矢及び槍を飛ばして之れを射る。鱒魚流れを泝《さかのぼ》りて上《あが》れば、潮落ちて水涸れ、手捕して之れを啖《くら》う。此の間（日本）の人は、飯を炊きて食うに、夷人聚《あつま》り観るを以て怪しむの色有るも、言語通ぜざれば、之れを形とし、以て言に代うれば、略《おおよそ》を知るべきのみ。其の部落は、海口を相い距つること陸行約三日。行かんと請うも許さず、敢て請えば乃ち関弓（威嚇して弓を引く）して之れを禦《ふせ》ぐ。故に邑聚の居宅は、未だ其の制を審らかにせず。

〈茅は高さ丈（一丈＝約三メートル）許り、蓬は高さ二丈（約六メートル）許り。虎杖《こじょう》（イタドリ）は、粗大なること竹の如し。百合は花を開けば、花またもっとも大なり。樹は皆な数十にして囲み他樹を見ず、其の名を*トドロフと曰い、葉は槻（欅の一種）の如くにして小さく、枝は以て弓材と為す。烏鳶鷗及び狐有り、皆な其の形大なり。海獣の名はラッコ、唯だ東海諸島に之れ有るのみ。故に夷中皆な総称してラッコ島*と曰う。山東通志*によれば、海牛*は長さ丈余（約三メートル余）、紫色にして角無し、亀足鮎尾にして、其の膏は以て燈に燃やし、其の皮は以て弓鞬（弓の袋）、矢房（矢の袋）と為す、と。夷方の謂う所のラコは、蓋し此れならんや。此の間（日本）の人は、始めて至るとき岸上の草屋二架に見る。三人有りて居すを。明早には其の一を見ず。居ること三日、陸続して（次々に続いて）至る者六、七十人。中に女二人有り。一日衣を沙上に曝《さら》す。夷衆之れを取るに即ち之れを叱れば、皆な弓を関《ひ》きて去る。岸上に到るの衆、皆な偶語す（二人で向かい合って話す）。乃ち獣皮六張を取り将《も》ちて来り、之れを船中に投ず。我が俗に、船は皮革の類を忌むが故に、之れを却《しりぞ》くるも、また皆な弓を関きて之れを致す。一日、また其の将《まさ》に還らんとする者有りて、我れ之れに尾して行くこと十里ばかり。日、将に哺《く》れんとす。其の人顧みて之れを止むるに敢て請うも、また皆な弓を関《ひ》く。故に行くこと果さず。〉

トドロフ　椴松《とどまつ》のこと。マツ科の常緑針葉高木で、大きなものは高さ三〇メートルにも達し、径は八〇センチメートルにも及ぶ。樹冠は卵状円錐《えんすい》形で、クリスマスツリーなどに用いる。アイヌ語のトトロップ（totorop）にちなむという。

ラッコ島　千島列島の択捉島北東部には小さな火山島である臘虎島が存在するが、ここでは一帯の島々の総称として用いられ、得撫《うるっぷ》島をさす。『東蝦夷地地名郷村弓内尻恵与魯府臘虎嶋其外無名ノ嶋々ノ名ヲ糺シ里程ヲ委記』（明治大学図書館蘆田文庫蔵）では、「臘虎嶋小名　一名ウルフト云エトロフヨリ臘虎嶋渡リ冬十一月ヨリ春三四月迠氷海此渡リ口二十里程路荒汐ノ早潮也。周廻凡百里余也」と記して地名を挙げた後に、「臘虎島続別島ノ名」を列挙している。

山東通志　『嘉靖山東通志』巻二四には、「海牛〈文登県に出る。郡国志に云く、不夜城に海牛島有り。牛角紫色にして、足は亀に似る。長さ丈余にして、鮎魚の若し。性は急捷にして、人を見れば則ち水に飛び入る。皮は弓鞬にすべし。膏は燃して燈とすべし〉」とある。

海牛　哺乳綱ジュゴン目（海牛目）に属する哺乳類の総称で、ここではラッコのことか。一九世紀初頭になった小野蘭山の『本草綱目啓蒙』には、ウシ科の家畜ヤクを論じたと思われる「犂牛《らいぎゅう》」の付録部分に「海牛　詳ならず。古より数説あり。或は、らっこと訓じ或は、ねっぷと訓ず。皆穏ならず又同名多し」とある。

［参考：多気志楼蔵版　序文］

新井白石先生著・蝦夷闔境図校正

蝦夷志　全

多気志楼版

蝦夷志序（印）

源君美蝦夷志之後百四十余年余以箱舘府吏長巡視蝦夷迎歳於唐太之地於是始有深感于
国家治教之普及遐方殊俗又歎君美達見曠識非時輩所能及矣夫君美之書以今観之雖似間出于影
響揣摩之説非著著（者の誤）得実者然於時輩忽視不敢言之日能采訪為之志者非洞見上下千歳者
誰能与之而
隆運所致終以蝦夷為重地新建箱舘府置鎮台大吏小吏歳時巡視問夷民疾苦於是米衣酒煙無不給
之地而老幼婦女別有賜賚其洪恵深沢之及蚩氓蠢蛮者比之古昔置治于後方羊蹄之日顧必有加而
無不逮豈不亦偉乎蓋君美能言之於前而
国家能行之於後也君美可以無憾焉況如唐太之地君美以謂其地遼絶不可閲歴而知之其広狭亦無

従而考者今皆帰版図而人人親渉目覩余儕又得与其民昕夕嬉笑駆犬車相角逐于雪山氷海之上真希世之遇也友人松浦武四尤深注意于蝦夷其山脈水絡無不詳悉曽以安政甲寅年使余序君美之志余諾而不果因循至九年之久抑亦似有待於今日之際会也哉

文久壬戌隆冬匏菴陳人栗本鯤識於唐太久春古丹之穴居

盤谷樵者　永井暉　書（印）（印）

木邨嘉平刻（匡郭外）

源君美の蝦夷志の後にして百四十余年、余、箱舘府*吏長にして蝦夷を巡視するを以て、唐太の地に於いて歳を迎うる。ここに於いて始めて国家治教の普及に深きを感ずる有り。遐方（遠方）の殊俗（異俗）に、また君美の達見広識を歎《ほむ》る。時に輩の能く及ぶ所に非ざるなり。夫れ君美の書、今以て之れを観るに、影響に（相応して）間出（出現）するもの似たりと雖も、揣《し》摩《ま》（憶測）の説にて、著者の実を得るに非ずば、然して時輩（当時の人々）に於いて忽ち敢言せざるの日を視る。能く采訪し之れを為す志の者、上下千歳を洞見するに非ずんば、誰が能く之れを与えて、隆運致す所、終《つい》に以て蝦夷を重地と為し、新たに箱舘府を建て、鎮台大吏小吏を置き、歳時に巡視し、夷民の疾苦を問い、是れに於いて米衣酒煙、給わざること無きの地にして、老幼婦女の別に賜賚《しらい》（賜物）有りて、其の洪恵之れを深沢して、蚩氓蠢蛮（愚かで粗雑な民）の者に及ぶ。之れに比ぶるに古昔は、後方羊蹄に治め置くの日、顧れば必ず加有りて逮《とら》えざるは無し、豈にまた偉とせざるや。蓋し君美の能言の前において国家、之れを後において能行するなり。君美、以て憾《かん》無しとすべきなり。況んや唐太《からふと》如きの地、君美以て謂う、其地遼絶にして閲歴すべからず、と。而して之れを知り、其の広狭もまた従うこと無し。而して考うれば、今、皆な版図と帰して、人々親渉して目覩《もくと》（肉眼でみる）し、余儕《よせい》（我が仲間）また其民に昕夕（朝夕）に嬉笑を与え得て、犬車を駆け雪山氷海の上に角逐するを相《たす》くるは、真に希世の遇なり。友人松浦武四、尤も深く蝦夷に注意し、其の山脈水絡詳しからざる無し。悉《ことごと》く曽《かつ》て安政甲寅（元＝一八五四）年の使を以て、余の序、君美の志を余諾して果因せず。循りて九年の久しきに至り、抑《そもそ》もまた今日の際において会うを待つこと有るに似たるなりや。

文久壬戌（二＝一八六二年）隆冬、匏菴陳人栗本鯤*、唐太久春古丹《くしゅんこたん》*の穴居において識す

盤谷樵者　永井暉《てる》*書（印）（印）

木邨《きむら》嘉平*刻

箱舘府　箱館奉行のこと。江戸幕府遠国奉行の一つで、当初は蝦夷地取締御用掛《がかり》と称したが、やがて蝦夷奉行さらに箱館奉行と改められた。蝦夷地の管轄を担当したが、とくに安政元（一八五四）年の神奈川条約締結によって箱館が開港場となり、対ロシア政策が重視されたことから、樺太の確保も重要な任務の一つとされた。

匏菴陳人栗本鯤　栗本鋤雲《じょうん》のこと。名は鯤、字《あざな》は化鵬、号は匏庵《ほうあん》で、鋤雲とも称した。鋤雲は、親仏家の幕臣で箱館奉行組頭となり、やがて軍艦奉行・外国奉行も務めたが、明治期には新聞人として活躍した。安政五（一八五八）年蝦夷地移住を命ぜられ、箱館に六年在住して、山野の開拓、薬草園の経営、鉱物資源の調査、牧畜・製塩・養蚕の実験などを試みたほか、医学所や病院の建設などに尽力した。松浦武四郎（注「松浦ぬし」（一三八頁）参照）との交流があった。

久春古丹　旧樺太の大泊《おおどまり》の一部で楠渓町とも称した。サハリン南部アニワ湾中央部に位置し、現在のコルサコフにあたる。松前藩は、このクシュンコタンに、運上屋《うんじょうや》を設け、のちに勤番所を置いたことから、樺太における日本人の商業・漁業などのもっとも重要な拠点として栄えた。

永井暉　幕末から明治にかけて活躍した江戸の書家で、名は喜暉、字は伯輝で、盤谷を号した。明治三（一八七〇）年の「書家番付」には、名家として盤谷の名前が見えるという。

木邨嘉平　天明六（一七八六）年から明治まで五代続いた江戸彫りの版木師で、木版彫刻の第一人者として知られた。とくに三代房義（一八二三〜八六）は、文字表現に巧みな彫りで知られ、薩摩藩や加賀藩などの出版に従事しており、年代的には『蝦夷志』も房義の制作であった可能性が考えられる。

＊印は横書き、＊＊印は逆横書き等

『蝦夷志』の図版について

『蝦夷志』写本の多くには、アイヌの武具や人物像を描いた図と津軽・下北および北海道南部の略図（共に彩色）が掲載されている。しかし底本とした刊本では、これらは省略され、代わりに、栗本鋤雲の「蝦夷志序」と松浦武四郎による「北海通十二ヶ国略図」が、白石の「蝦夷志序」の次ぎに所載されている。図版に関しては明らかに写本の方が原本に近いので、これらを『蝦夷志』巻末に参考として掲げ、以下に文字を原稿化しておく。なお『蝦夷志』写本の図版については、前記の毛利家旧蔵本から作成したものを用いた。ただし津軽・下北および北海道南部の略図については、これを欠くものが多く、別の北海道図を採用した写本もあることを付記しておきたい。

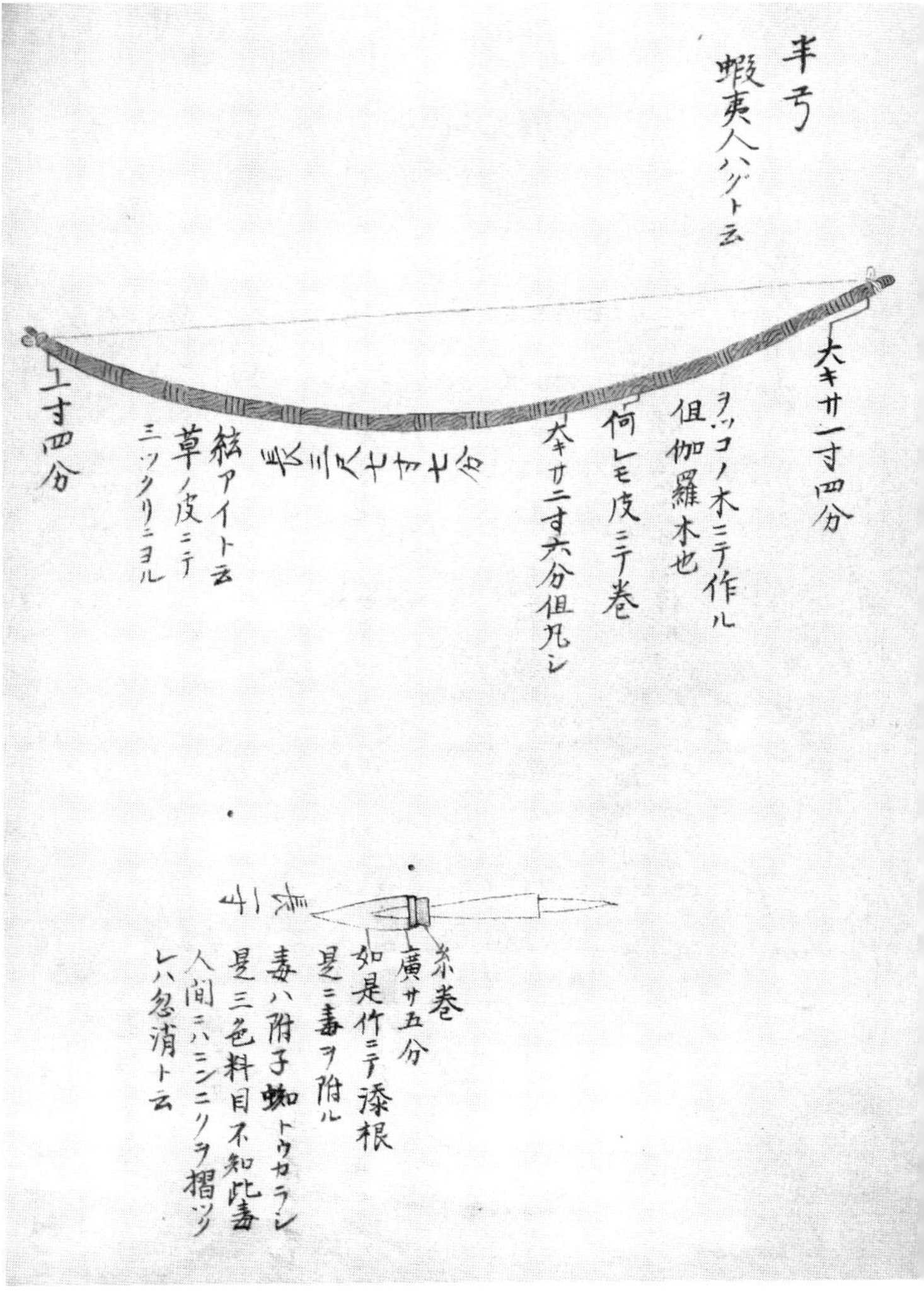
弓
蝦夷人ハクト云
大キサ一寸四分
ヨッコノ木ニテ作ル
但伽羅木也
何レモ皮ニテ巻
大キサ二寸六分但凡ソ
長三尺七寸七分
絃アイト云
草ノ皮ニテ
ミツクリニヨル
一寸四分
長一寸
糸巻
廣サ五分
如是竹ニテ漆根
是ニ毒ヲ附ル
毒ハ附子蜘トウカラシ
是三色料目不知此毒
人間ニハニシニリヲ摺ツソ
レハ忽消ト云

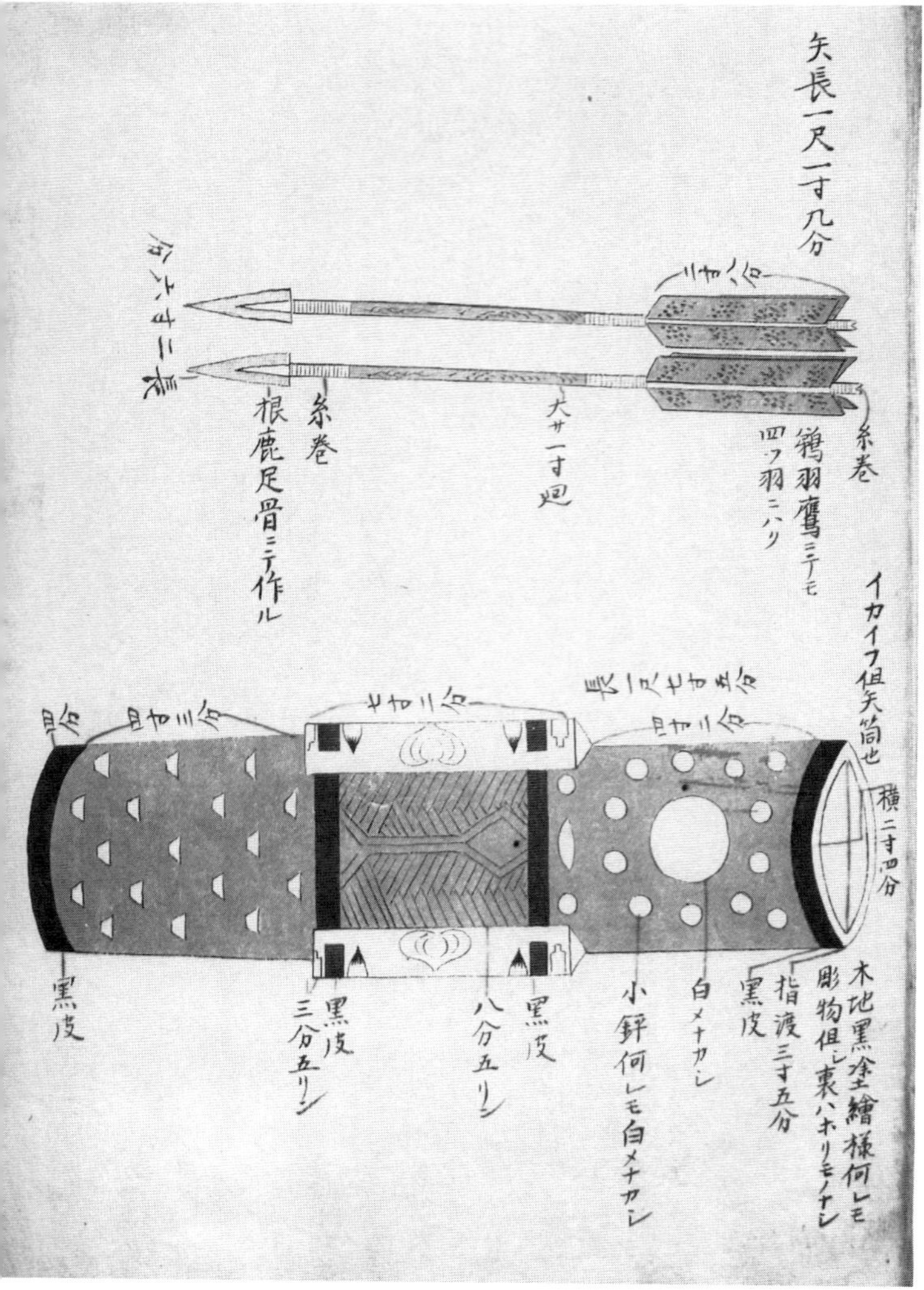

矢長一尺一寸九分
糸巻
鷂羽鷹ニテモ
四ツ羽ニハリ
大サ一寸廻
糸巻
根鹿足骨ニテ作ル
イカイフ但矢筒也
横二寸四分
木地黒塗繪様何レモ
彫物但シ裏ハホリモノナシ
指渡三寸五分
黒皮
白メナカシ
小鋲何レモ白メナカシ
黒皮
八分五リン
黒皮
三分五リン
黒皮

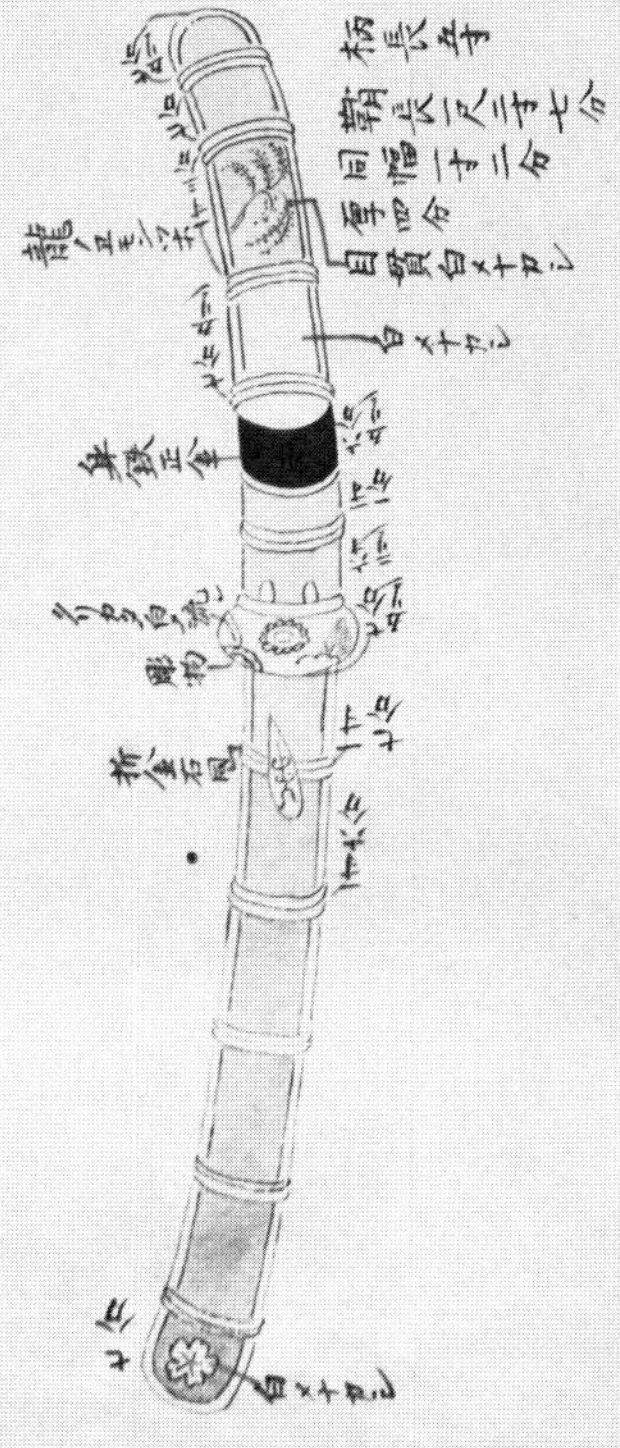
柄長五寸
鞘長一尺三寸七分
同幅一寸二分
白メナカル

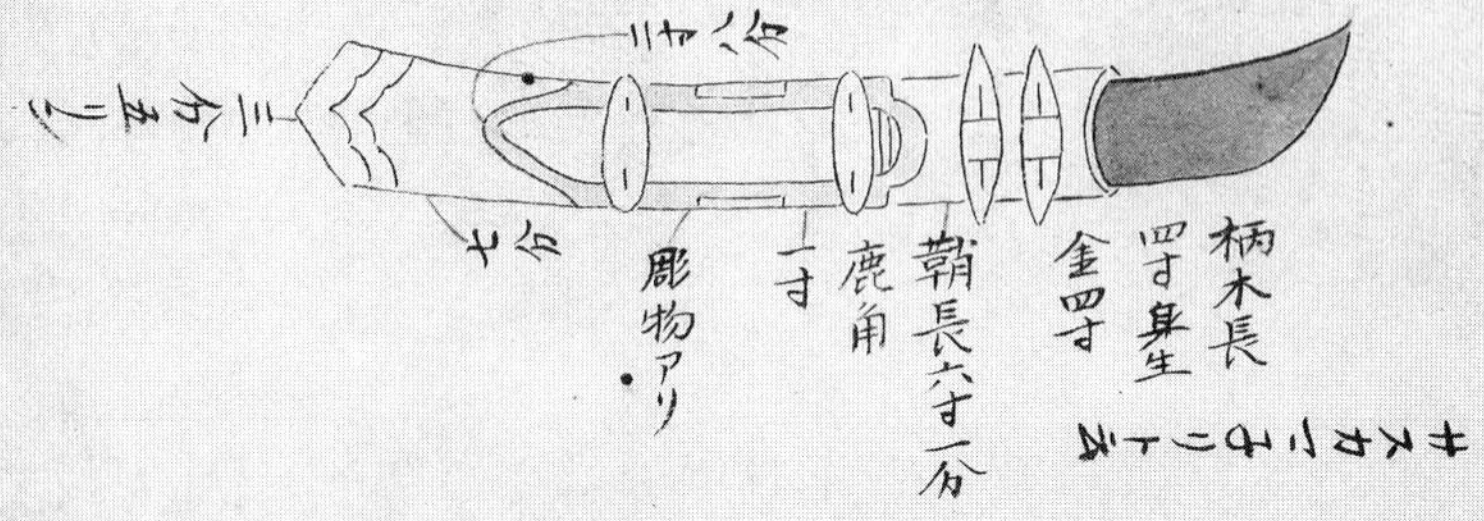
サスカヿ子リト云
柄木長
四寸身生
金四寸
鞘長六寸一分
鹿角
一寸
彫物アリ
七分
三寸八分
三分五リン

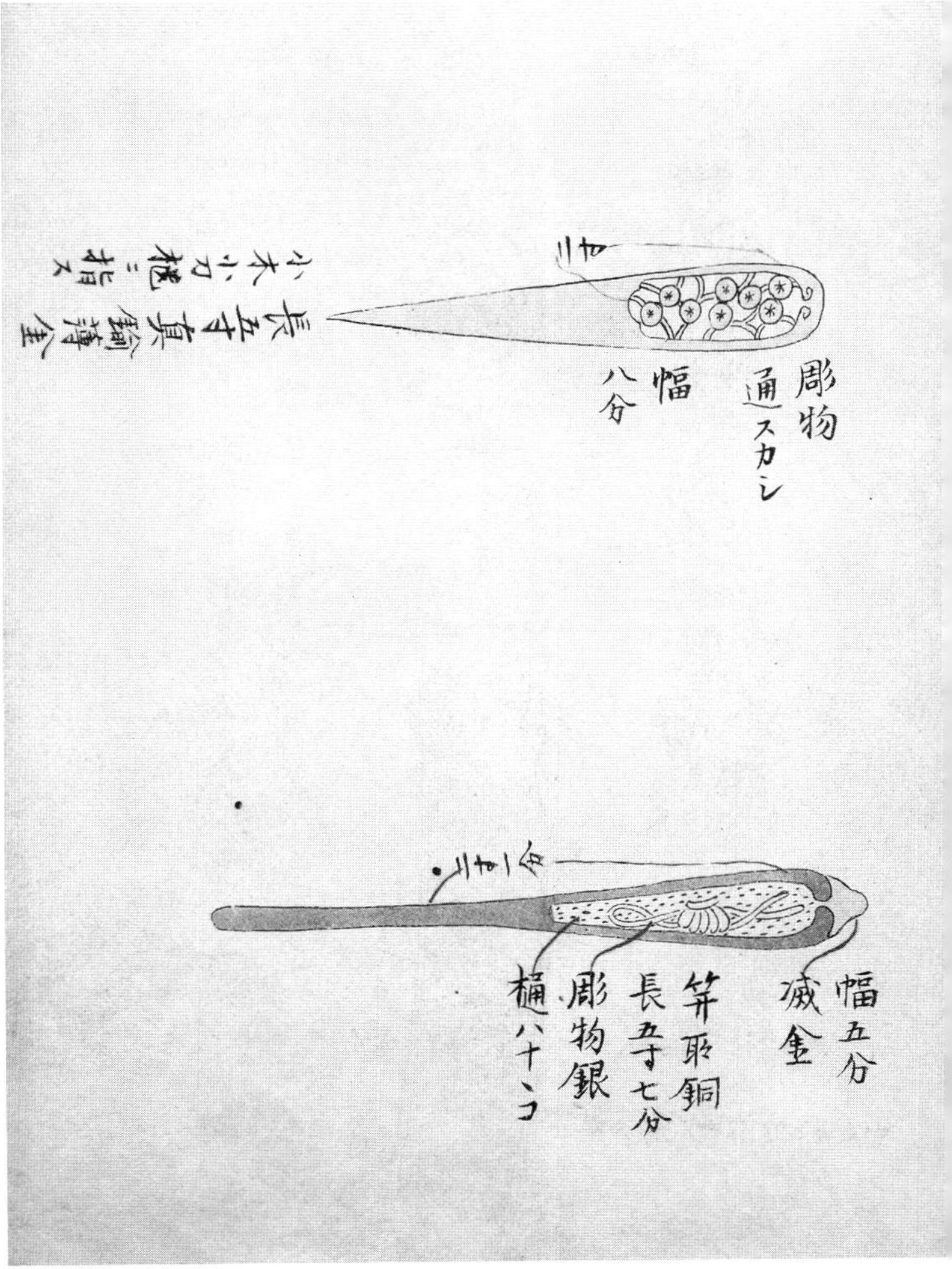
彫物
通スカシ
幅
八分
長五寸真鍮薄金
小木小刀柄ニ指ス
幅五分
滅金
笄取銅
長五寸七分
彫物銀

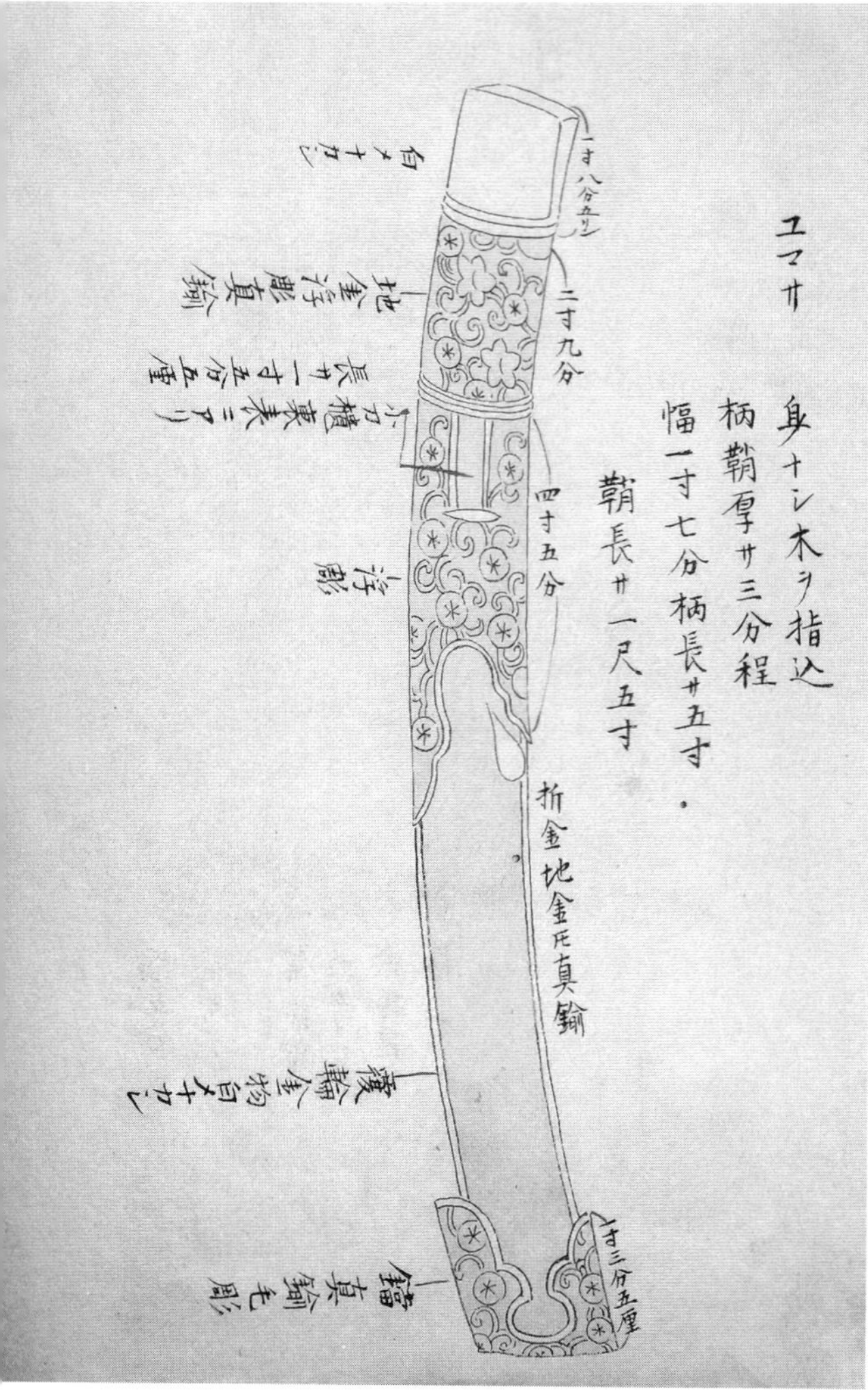
ユマサ
身ナシ木ヲ指込
柄鞘厚サ三分程
幅一寸七分柄長サ五寸
鞘長サ一尺五寸
一寸八分五リン
二寸九分
四寸五分
折金地金斤真鍮
一寸三分五厘
鐺真鍮毛彫
覆輪金物白メナカレ
浮彫
小刀櫃裏表ニアリ
長サ一寸五分五厘
地金浮彫真鍮
白メナカレ

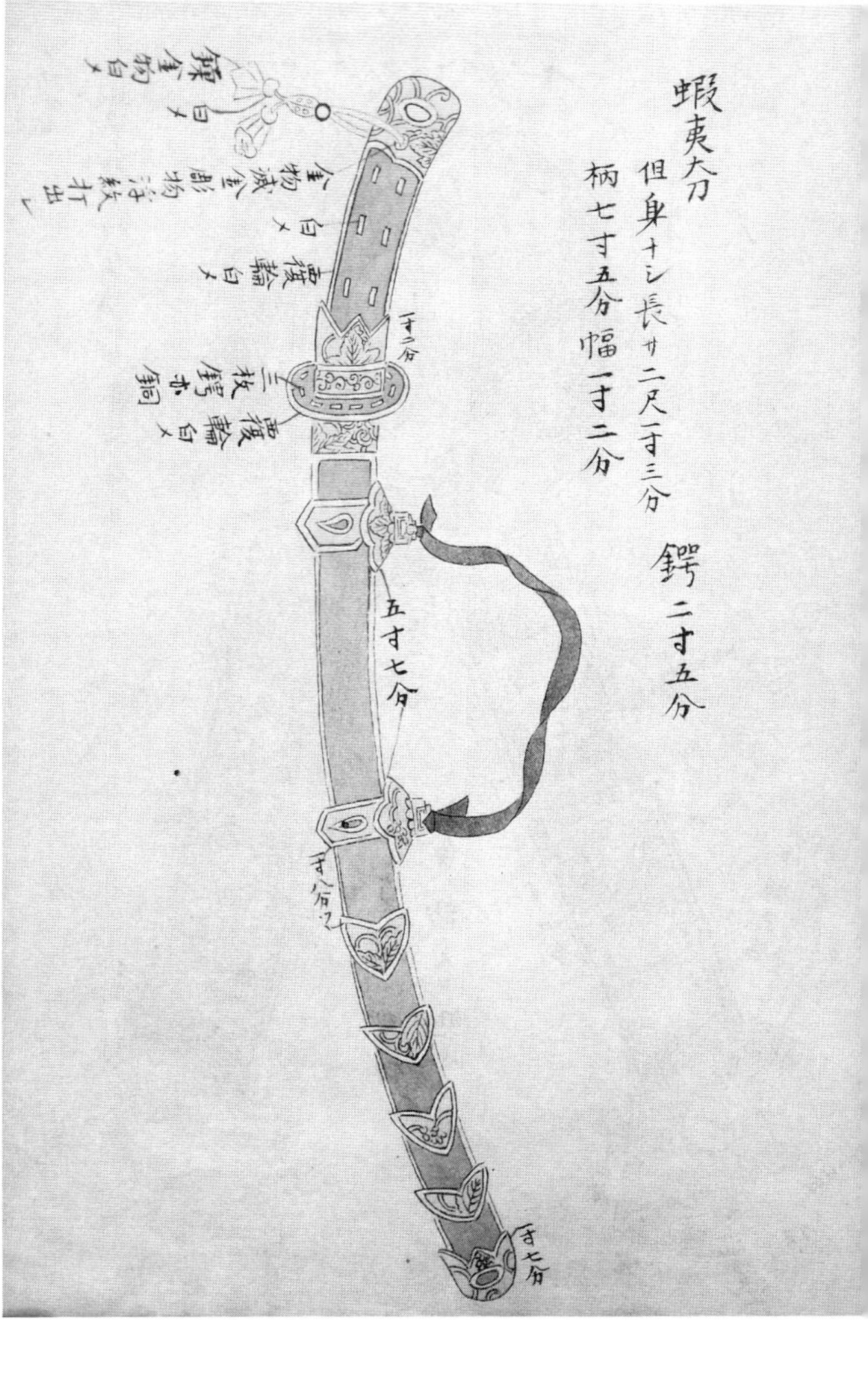

蝦夷大刀
但身ナシ長サ二尺一寸三分
柄七寸五分幅一寸二分
鍔二寸五分
五寸七分
三枚鍔赤銅
覆輪白メ
金物滅金彫物浮紋打出し
鐶金物白メ

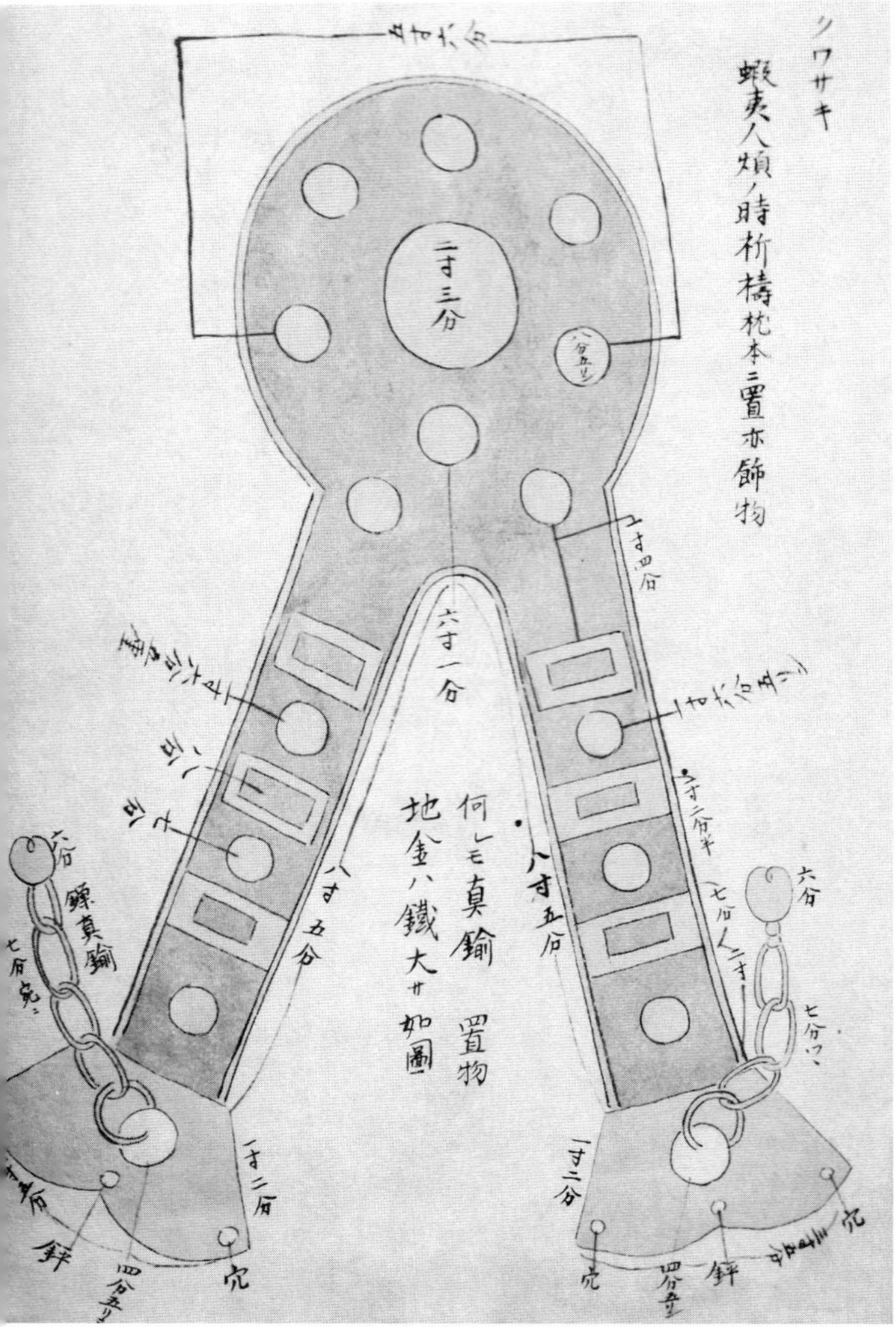
シワサキ
蝦夷人煩ノ時祈禱枕本ニ置ク飾物
二寸三分
六寸一分
何レモ真鍮
地金ハ鐵大サ如圖
置物
八寸五分
一寸二分
穴
鉡

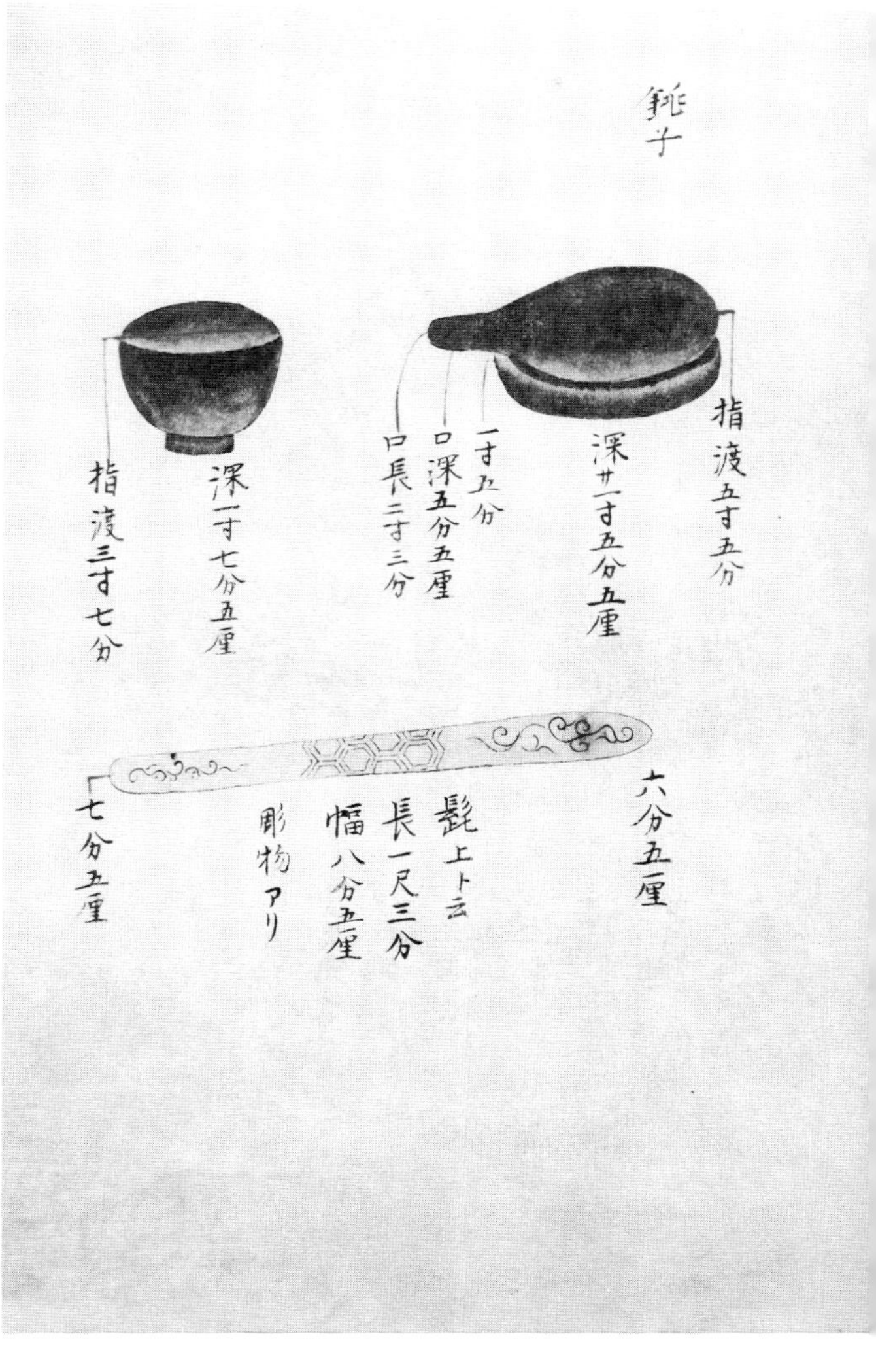
銚子
指渡五寸五分
深サ一寸五分五厘
一寸五分
口深五分五厘
口長二寸三分
深一寸七分五厘
指渡三寸七分
六分五厘
髭上ト云
長一尺三分
幅八分五厘
彫物アリ
七分五厘

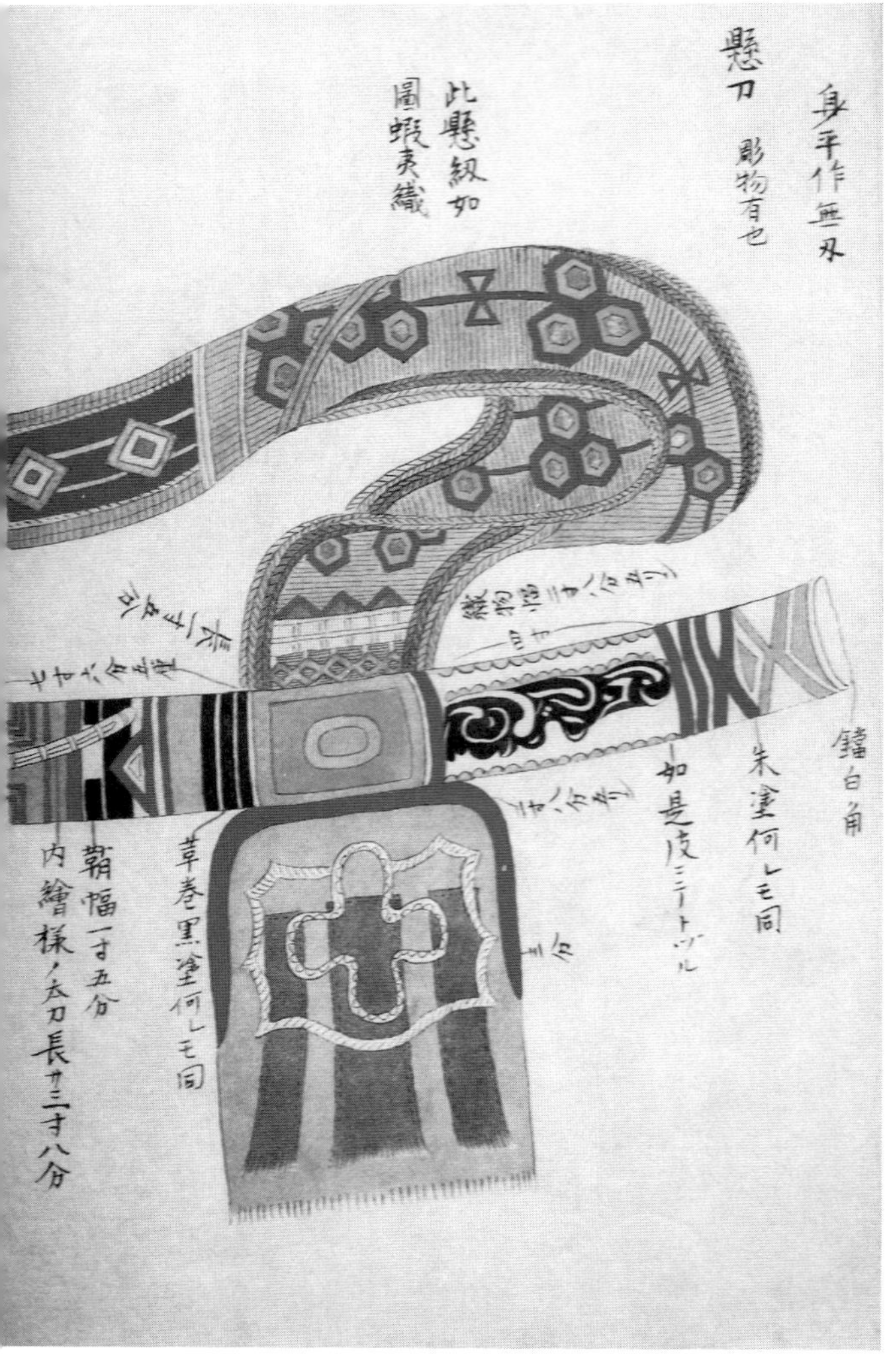
身平作無刄
懸刀　影物有也
此懸紐如圖蝦夷織
鐺白角
朱塗何レモ同
如是皮ニテトヅル
草巻黒塗何レモ同
鞘幅一寸五分
内繪様ノ太刀

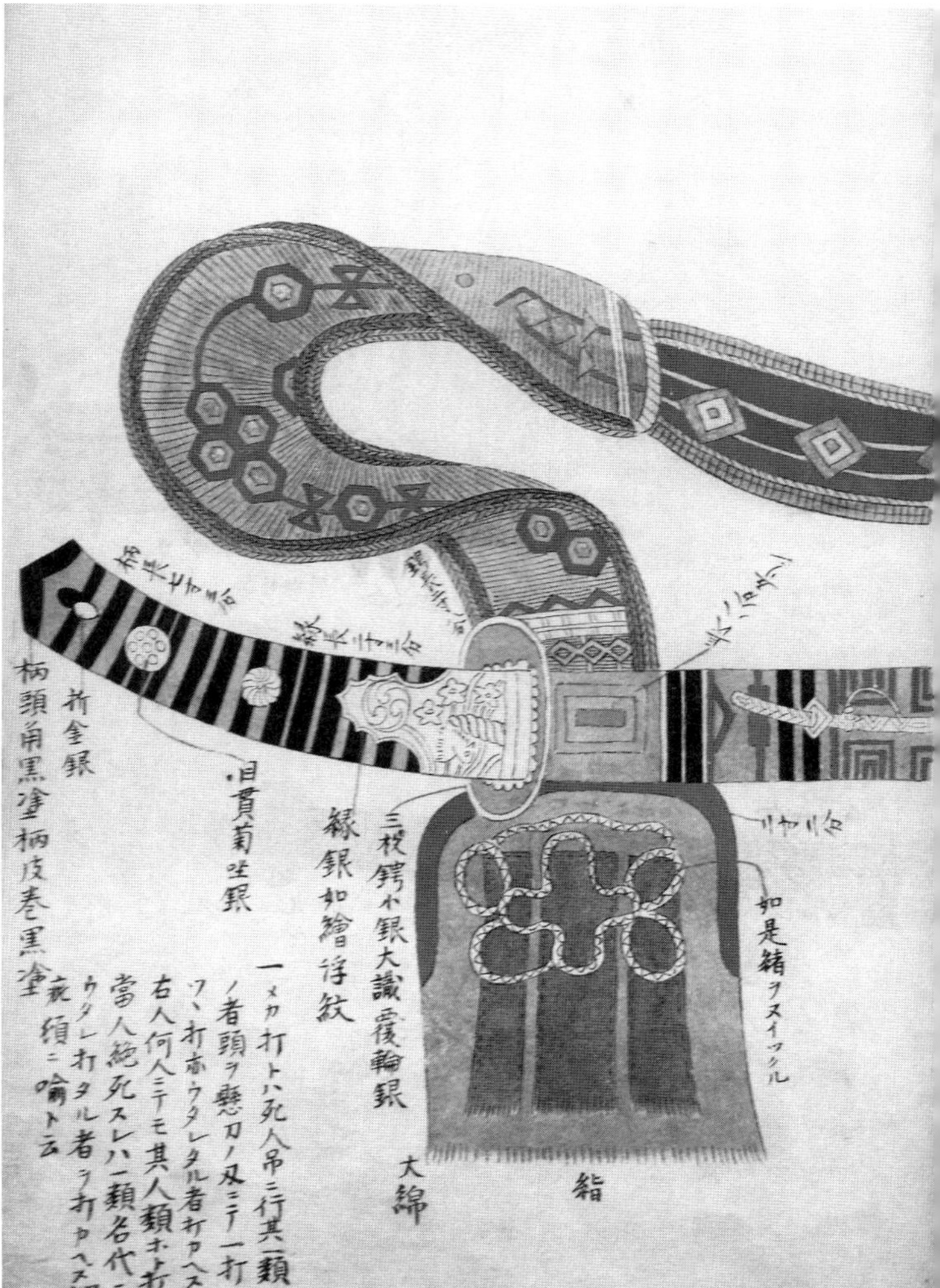
如是緒ヲヌイックル
三枚鐔ホ銀大識霰輪銀
縁銀如繪浮紋
目貫菊坐銀
折金銀
柄頭角黒塗柄皮巻黒塗
大綿
緒
一 メカ打トハ死人吊ニ行其類ノ者頭ヲ懸刀ノ刄ニテ一打ツ、打而ウタレタル者打カヘス右人何人ニテモ其人類ホ打當人絶死スレハ類名代ニウタレ打タル者ヲ打カヘス切痕須ニ喩ト云

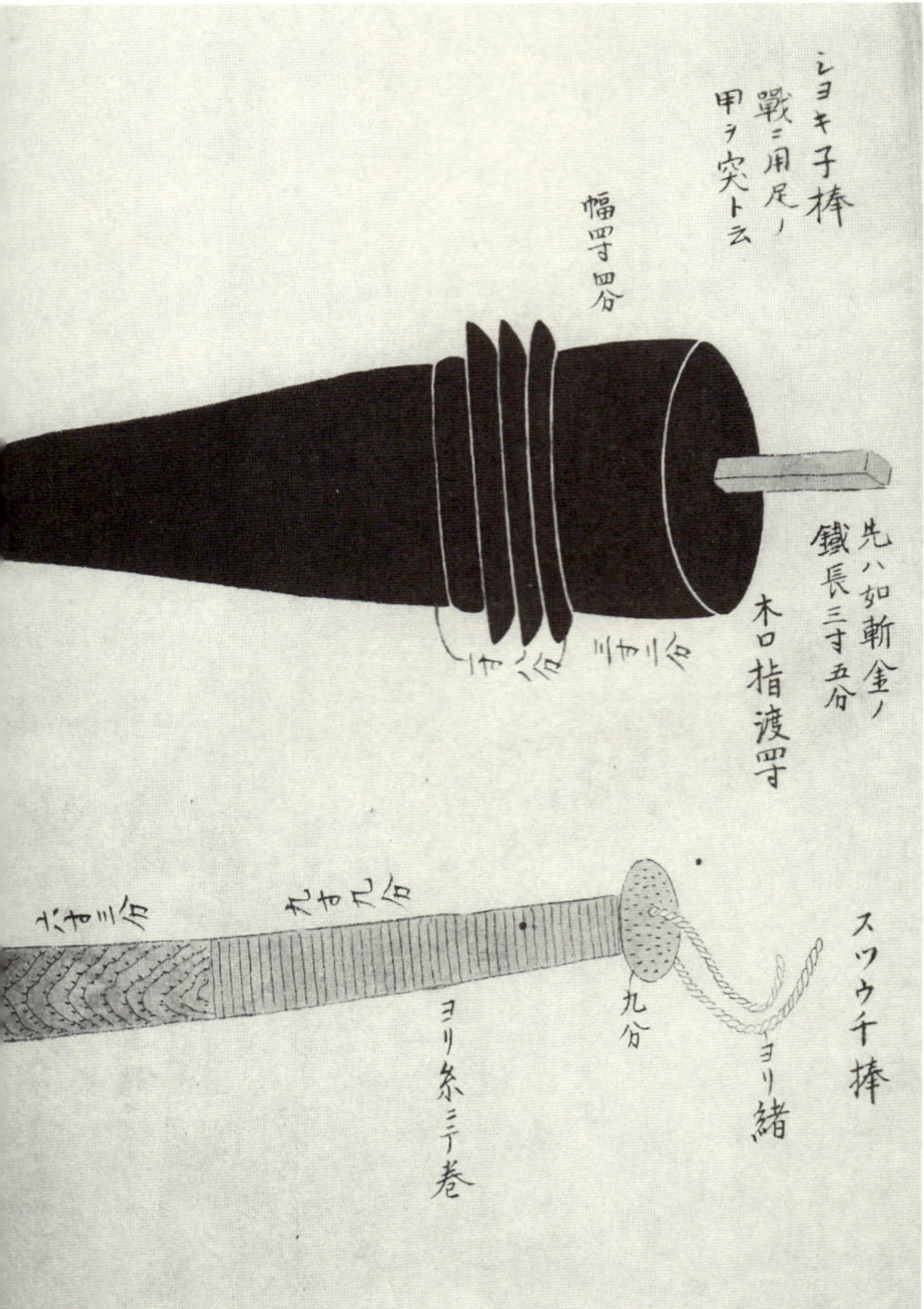
ミヨキ子棒
戰ニ用足ノ
甲ヲ突ト云
幅四寸四分
先ハ如斬金ノ
鐵長三寸五分
木口指渡四寸
スワウ千棒
ヨリ緒
九分
九寸九分
六寸三分
ヨリ糸ニテ巻

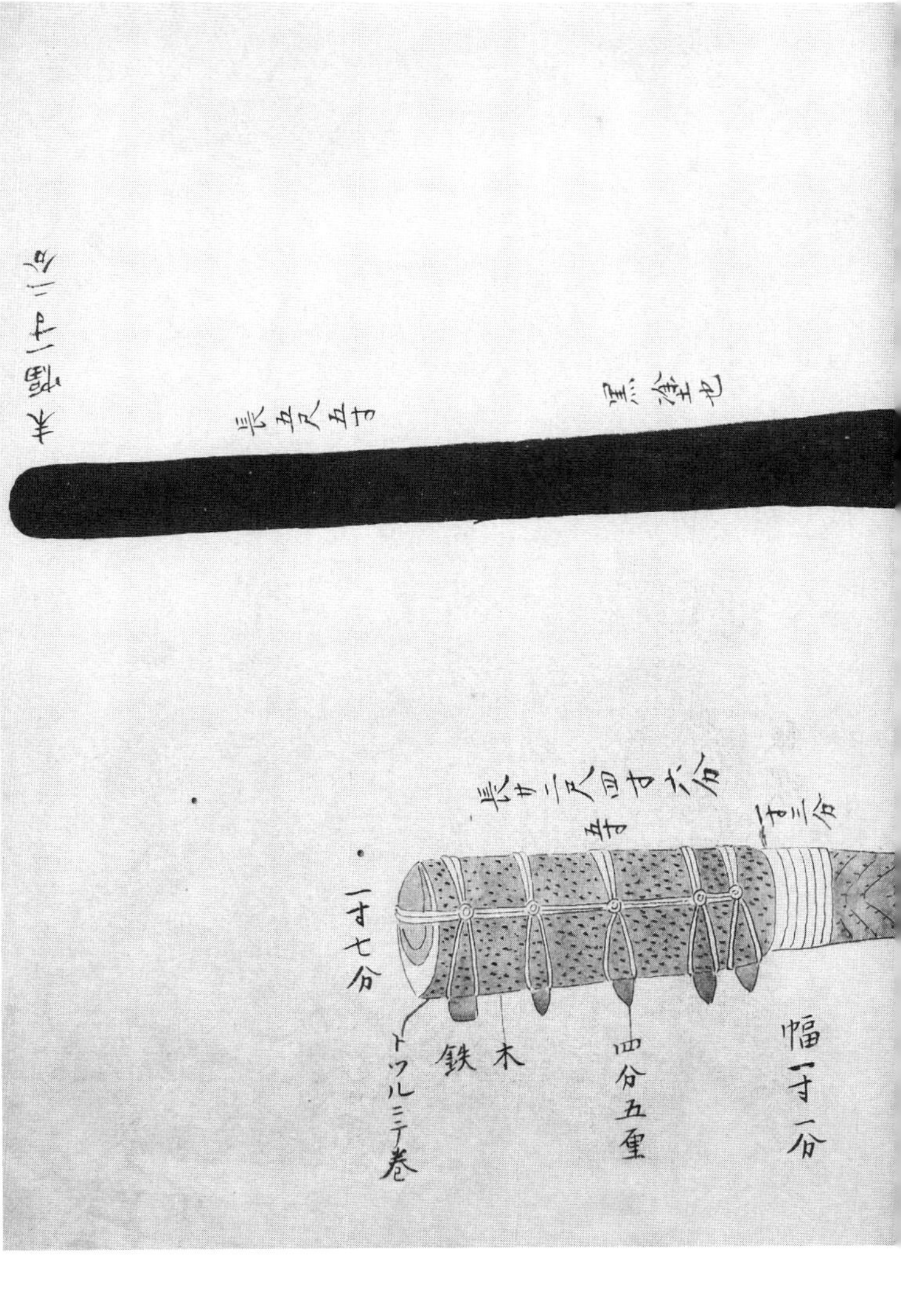

一寸七分
トウルミテ巻
鉄
木
四分五重
幅一寸一分

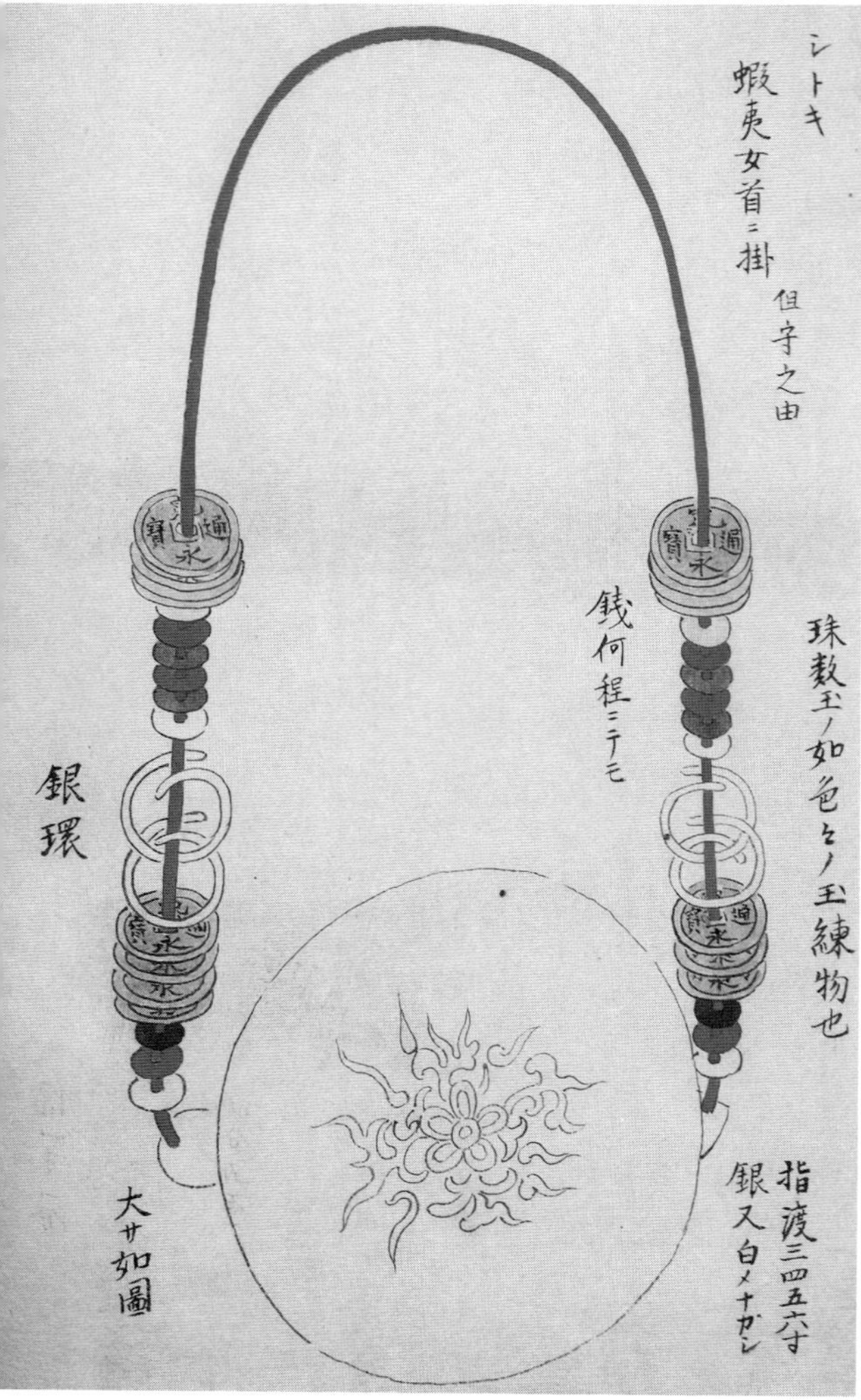
シトキ
蝦夷女首ニ掛
但守之由
銭何程ニテモ
珠数玉ノ如色々ノ玉練物也
銀環
大サ如圖
指渡三四五六寸
銀又白メナガシ

具足
但ハヨソベト云長二尺三寸ワタカミ除上ニテ惣廣三尺四寸下ニテ惣廣六尺
何レモ革三重トヂ
アモンベトバノ皮ナリ
緒レンニヤソノコトシ
甲ハコンチト云タカラコウシヒ云由
但イタヤ木ニテ日本ノタカラノナリニシテ
腰迄下ル程ニスル由小手ハ但木綿ヲ
入上ヲイタヤ木ニテ節金ノコトクニ付ル
臑當ハ但二枚ニチヤウツカイニシテウシ
ロヘ廻ス右同断

蝦夷男女
男惣名ヲツカイト云
女惣名ヲメノヨレト云
男女共ニハダシ岩上ヲモ自在ニ走歩由
夫ヲホクト云

妻ヨマチト云

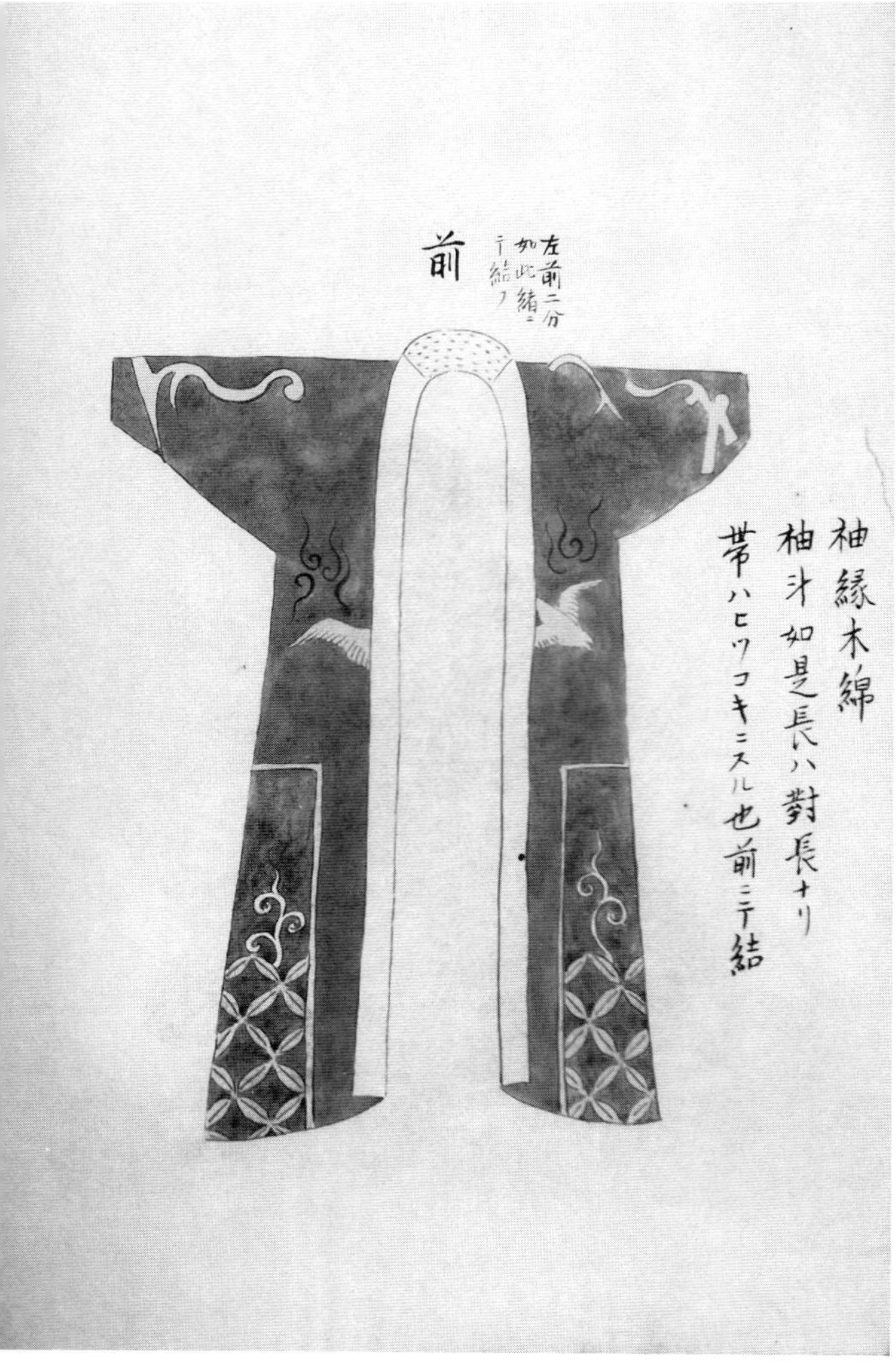
前
左前ニ分如此緒ニテ結フ
袖縁木綿
袖汁如是長ハ對長ナリ
帯ハヒワコキニスル也前ニテ結

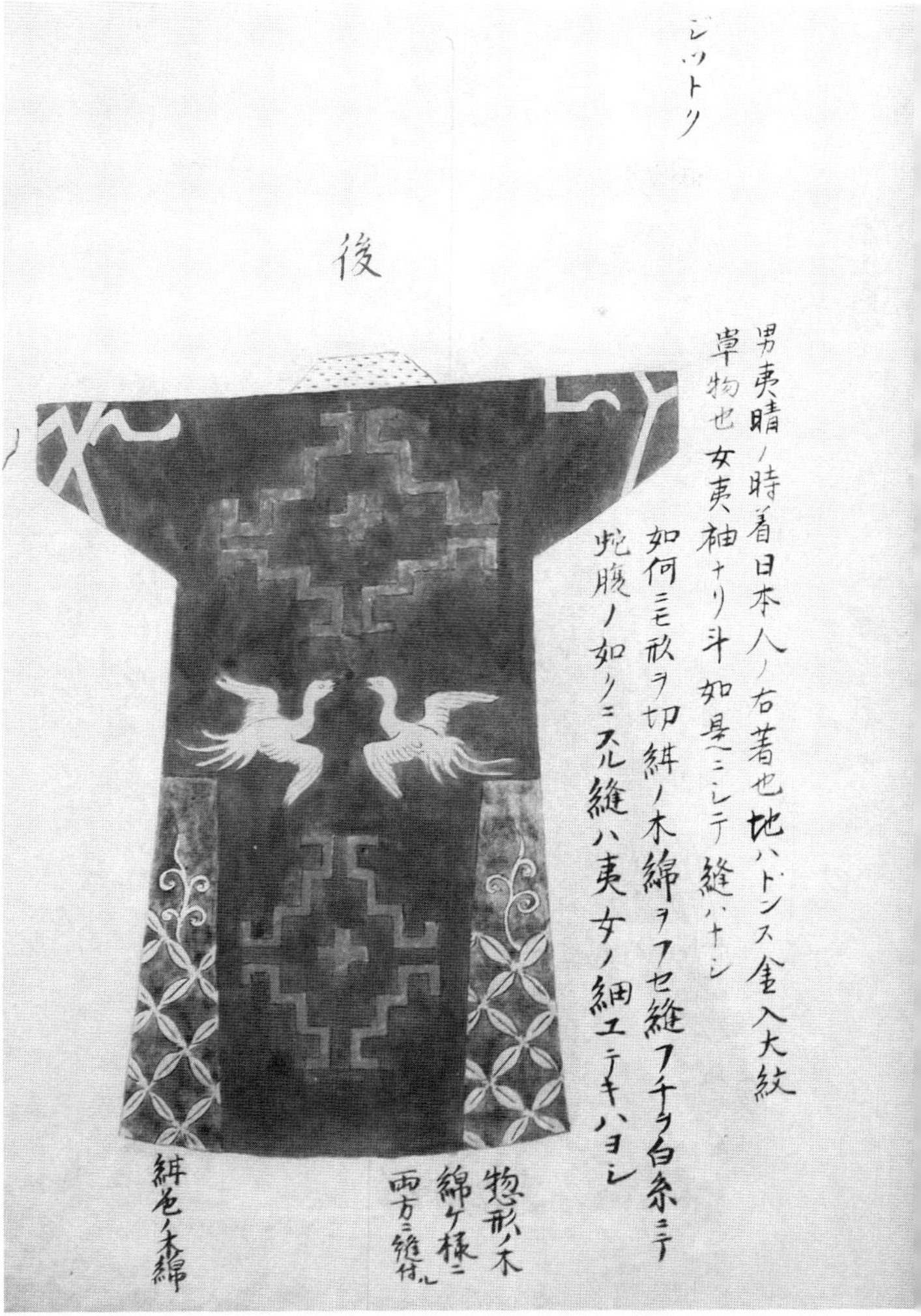
ジットク
後
男夷晴ノ時着日本人ノ右著也地ハドンス金入大紋
卑物也女夷袖ナリ斗如是ニシテ縫ハナシ
如何ニモ衣ヲ切紺ノ木綿ヲフセ縫フチヲ白糸ニテ
蛇腹ノ如クニスル縫ハ夷女ノ細工ニテキハヨシ
惣形ハ木綿ケ様ニ両方ニ縫付ル
紺色ノ木綿

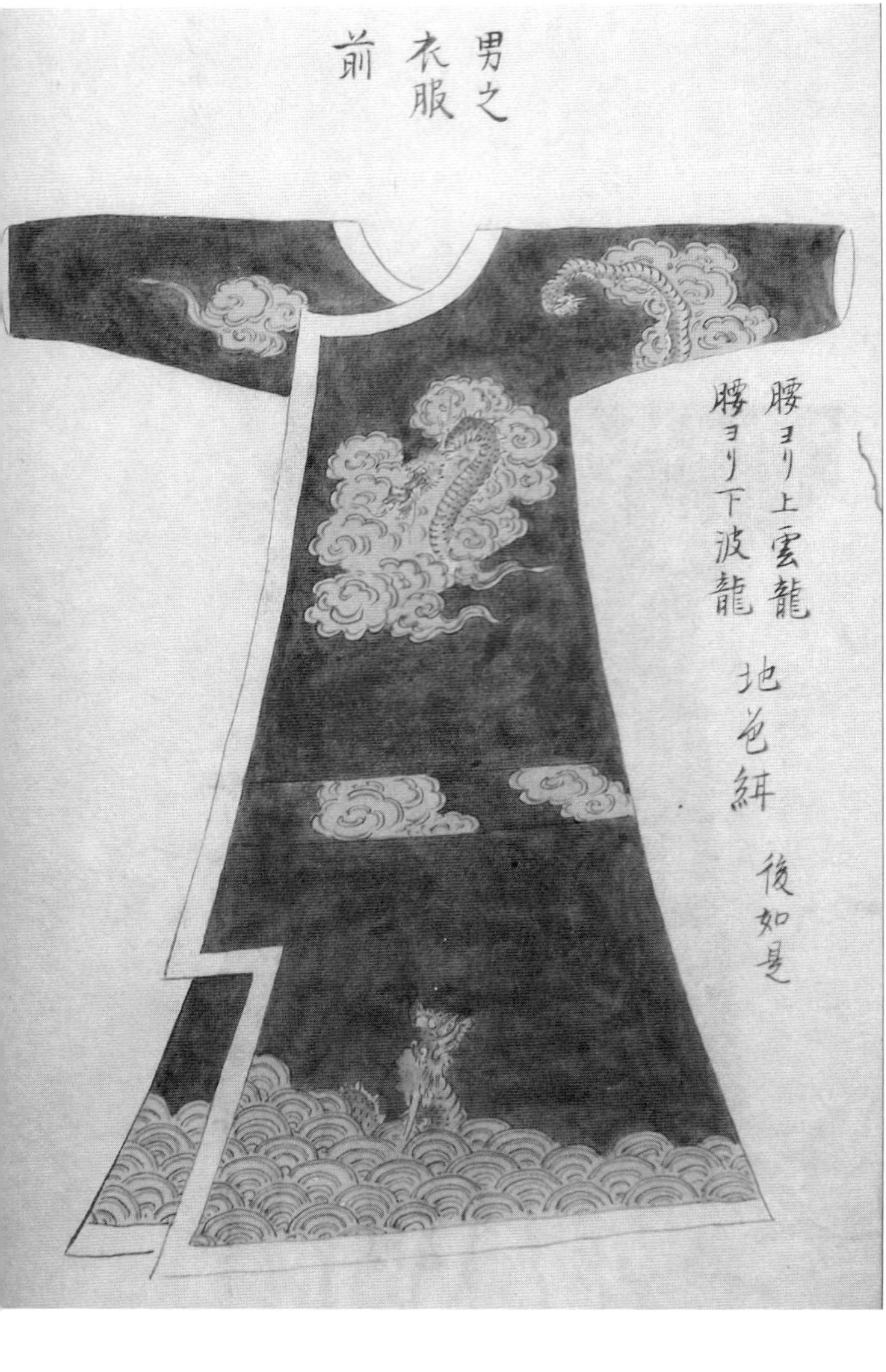
男之
衣服
前
腰ヨリ上雲龍
腰ヨリ下波龍
地色緋
後如是

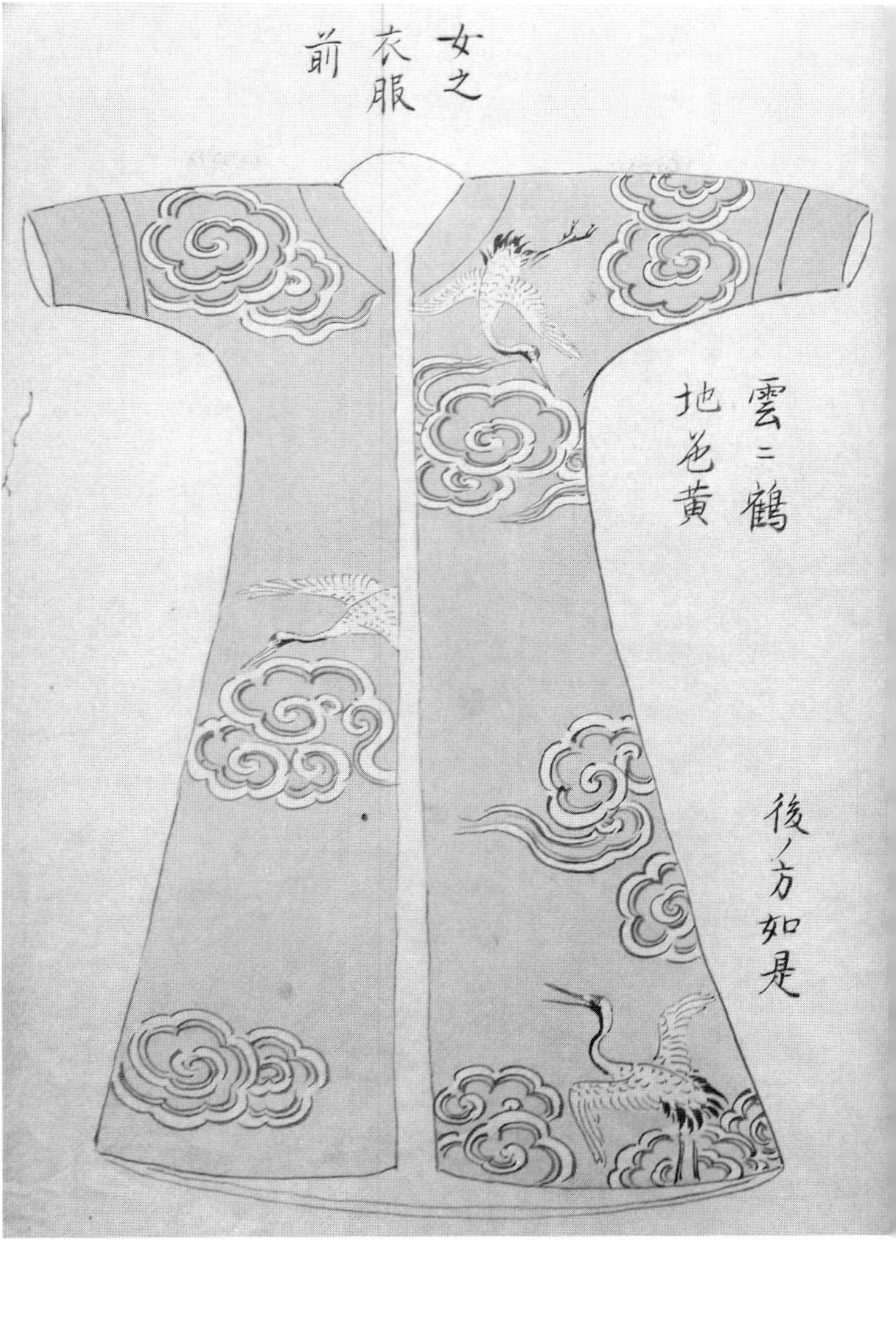

女之衣服前
雲ニ鶴
地色黄
後ノ方如是

P107上（弓）
半弓　蝦夷人ハクト云
大キサ一寸四分
ヲツコノ木ニテ作ル
但、伽羅木也
何レモ皮ニテ巻
大キサ二寸六分但丸シ
*長三尺七寸七分
絃アイト云
草ノ皮ニテ
三ツクリニヨル
一寸四分

P107下（鏃）
糸巻
広サ五分
如是竹ニテ添根
是ニ毒ヲ附ル
毒ハ附子・蜘・トウカラシ
是三色料目不知、此毒
人間ニハニンニクヲ摺ツク
レハ忽消ト云
*長一寸

P108上（矢）
矢長一尺一寸九分
*二寸八分
糸巻
鵜羽鷹ニテモ
四ツ羽ニハク
大サ一寸廻
糸巻
根鹿足骨ニテ作ル
**長二寸六分

P108下（矢筒）
イカイフ但矢筒也
横二寸四分
木地黒塗絵様何レモ
彫物但シ裏ハホリモノナシ
指渡三寸五分
黒皮
白メナカシ
小鉼何レモ白メナカシ
黒皮
八分五リン
黒皮
三分五リン
黒皮
*長一尺七寸五分
*四寸二分
*七寸二分
*四寸三分
*四分

P109（刀）
柄長五寸
鞘長一尺二寸七分
同幅一寸二分
厚四分
目貫白メナカシ
白メナカシ
*六分五リン
*一寸一分
*六寸二リン
*七分五リン
*一寸七分
*一寸六分
白メナカシ
*七分五リン
*七分
*一寸三分
龍ノヌモンツホ
*七分五リン
身鉄正金
クリカタ白メ流シ

彫物
折金右同
*七分

P110（小刀）

サスカマ子リト云
*柄木長
*四寸身生
*金四寸
*鞘長六寸一分
*鹿角
*一寸
*彫物アリ
**七分
**三分五リン
**二寸八分

P111上（簪）

彫物
通スカシ
幅
八分
*長五寸真鍮薄金
*小木小刀櫃ニ指ス
**二寸

P111下（簪）

幅五分
滅金
笄取（※赤）銅
長五寸七分
彫物銀
樋ハナ、コ
*二寸一分

P112（刀）

ユマサ
身ナシ木ヲ指込
柄鞘厚サ三分程
幅一寸七分柄長サ五寸
鞘長サ一尺五寸
一寸八分五リン
二寸九分
四寸五分
折金地金トモ真鍮
一寸三分五厘
*白メテカシ
*地金浮彫真鍮
*長サ一寸五分五厘
*小刀櫃裏表ニアリ
*浮彫
*覆輪金物白メナカシ
*鐺真鍮毛彫

P113（太刀）

蝦夷大刀
但身ナシ長サ二尺一寸三分
柄七寸五分幅一寸二分
鍔二寸五分
一寸二分
五寸七分
一寸七分
*鏁（※鐶）金物白メ
*白メ
*金物滅金彫物浮紋打出シ
*白メ
*覆輪白メ
*三枚鍔亦（※赤）銅
*覆輪白メ
一寸八分ツ、

P114（クワサキ）

クワサキ
蝦夷人煩ノ時、祈禱枕本ニ置、

亦飾物
一寸四分
*一寸六分五リン
一寸二分半
六分
七分
二寸
七分ツ、
穴
*三寸五分
鈃
四分五リン
穴
*五寸六分
八分五リン
二寸三分
六寸一分
何レモ真鍮　置物
地金ハ鉄、大サ如図
八寸五分
一寸二分

**一寸六分五厘
**八分
**七分
六分　鏁（※鐶）真鍮
七分宛ニ
*三寸五分
鈃
四分五リン
穴

P115上（銚子）

指渡五寸五分
深サ一寸五分五厘
一寸五分
口深五分五厘
口長二寸三分
深一寸七分五厘
指渡三寸七分

P115下（イクパスイ）

六分五厘
髭上ト云
長一尺三分
幅八分五厘
彫物アリ
七分五厘

P116（刀懸け―1）

身平作無刃
懸刀　彫物有也
此懸紐如
図蝦夷織
*織物幅二寸八分五リン
*四寸
**長一寸五分
*七寸六分五厘
鐺白角
朱塗何レモ同
如是皮ニテトヅル

*二寸八分五リン
*三分
革巻黒塗何レモ同
鞘幅一寸五分
内絵様ノ太刀長サ三寸八分

P117（刀懸け―2）

**長八分五リン
鍔長二寸八分
*縁長二寸三分
*柄長七寸三分
*二寸二分
如是緒ヲヌイツクル
緒
大錦
三枚鍔小銀大識（※織）
覆輪銀
縁銀如絵浮紋
目貫菊坐銀
折金銀
柄頭角黒塗柄皮巻黒塗

（左下文）
一、メカ打トハ死人吊ニ行、
其一類ノ者頭ヲ懸刀ノ刃ニテ
一打ツ、打、亦ウタレタル者
打カヘス。右人何人ニテモ其
人類［※数の誤］ホト打。当
人絶死スレハ一類名代ニウタ
レ打タル者ヲ打カヘス。切疵
頓ニ喩（※癒）ト云

P118・119上（ショキネ棒）

ショキ子棒
戦ニ用足ノ
甲ヲ突ト云
幅四寸四分
先ハ如斬金ノ
鉄長三寸五分
木口指渡四寸
＊三寸二分
＊一寸八分

＊黒塗也
＊長五尺五寸
（天地逆）末幅一寸二分

P118・119下（スツウチ棒）

スツウチ棒
ヨリ緒
九分
ヨリ糸ニテ巻
＊九寸九分
＊六寸三分
幅一寸一分
四分五厘
木
鉄
トツルニテ巻
一寸七分
＊一寸三分
＊五寸
＊長サ二尺四寸六分

P120（シトキ）

シトキ
蝦夷女首ニ掛　但守之由
珠数玉ノ如色々ノ玉練物也
指渡三四五六寸
銀又白メナガシ
銭何程ニテモ
大サ如図
銀環

P121（具足）

具足　但ハヨクベト云。長二
尺三寸、ワタカミ除、上ニテ
惣広三尺四寸下ニテ惣広六尺
何レモ革三重トヂ
アモンベトゞノ皮ナリ
緒レンシヤクノコトシ
甲ハコンチト云。タカラコウ
シトモ云由

但イタヤ木ニテ日本ノタカラ
ノナリニシテ
腰迄下ル程ニスル由、小手ハ
但木綿ヲ
入、上ヲイタヤ木ニテ筋金ノ
コトクニ付ル
臑当ハ但二枚ニチヤウツカイ
ニシテ、ウシ
ロヘ廻ス。右同断

P122・123（蝦夷男女）

蝦夷男女
男惣名ヲツカイト云
女惣名ヲメノヨシト云
男女共ニハタシ、岩上ヲモ自
在ニ走歩由
夫ヲホクト云
妻ヲマチト云

P124（衣服：前）

袖縁木綿

袖斗如是長ハ対長ナリ
帯ハヒツコキニスル也。前ニ
テ結
左前二分
如此緒ニ
テ結フ
前

P125（衣服：後）

ジツトク
男夷晴ノ時着。日本人ノ右著
也。地ハドンス金入大紋
単物也。女夷袖ナリ斗如是ニ
シテ縫ハナシ
如何ニモ形ヲ切、紺ノ木綿ヲ
フセ縫、フチヲ白糸ニテ
蛇腹ノ如クニスル。縫ハ夷女
ノ細工テキハヨシ
惣形ノ木
綿ケ様ニ

両方ニ縫付ル
紺色ノ木綿
後

P126（蝦夷錦男）

腰ヨリ上雲龍
腰ヨリ下波龍
地色紺　後如是
男之
衣服
前

P127（蝦夷錦女）

雲ニ鶴
地色黄
後ノ方如是
女之
衣服
前

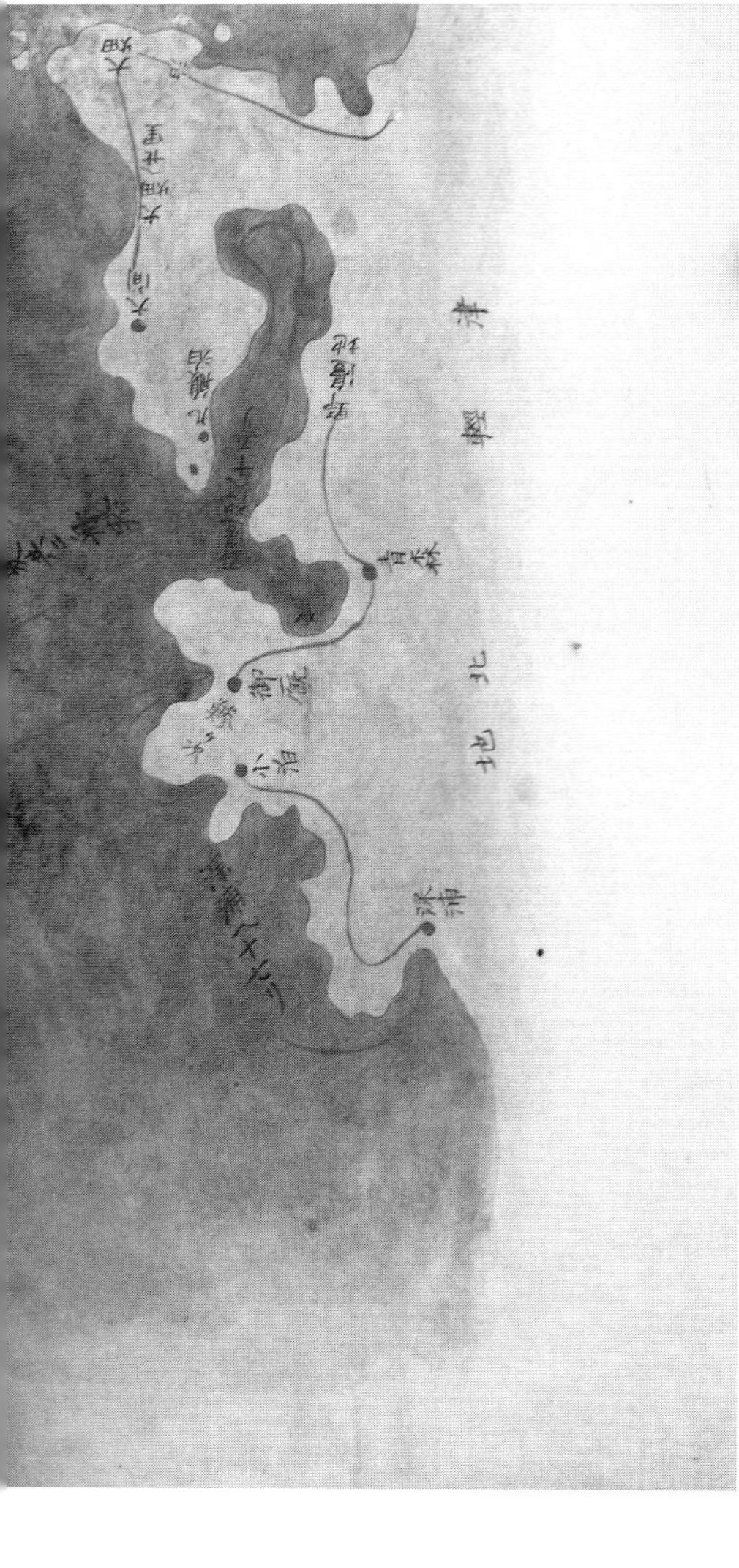

［毛利家旧蔵写本（明治大学図書館蔵）所収図］

東
弁慶崎
コレヨリ西馬足不叶
舟ニテ往来

〔多気志楼蔵版　北海通*十二ヶ国略図〕

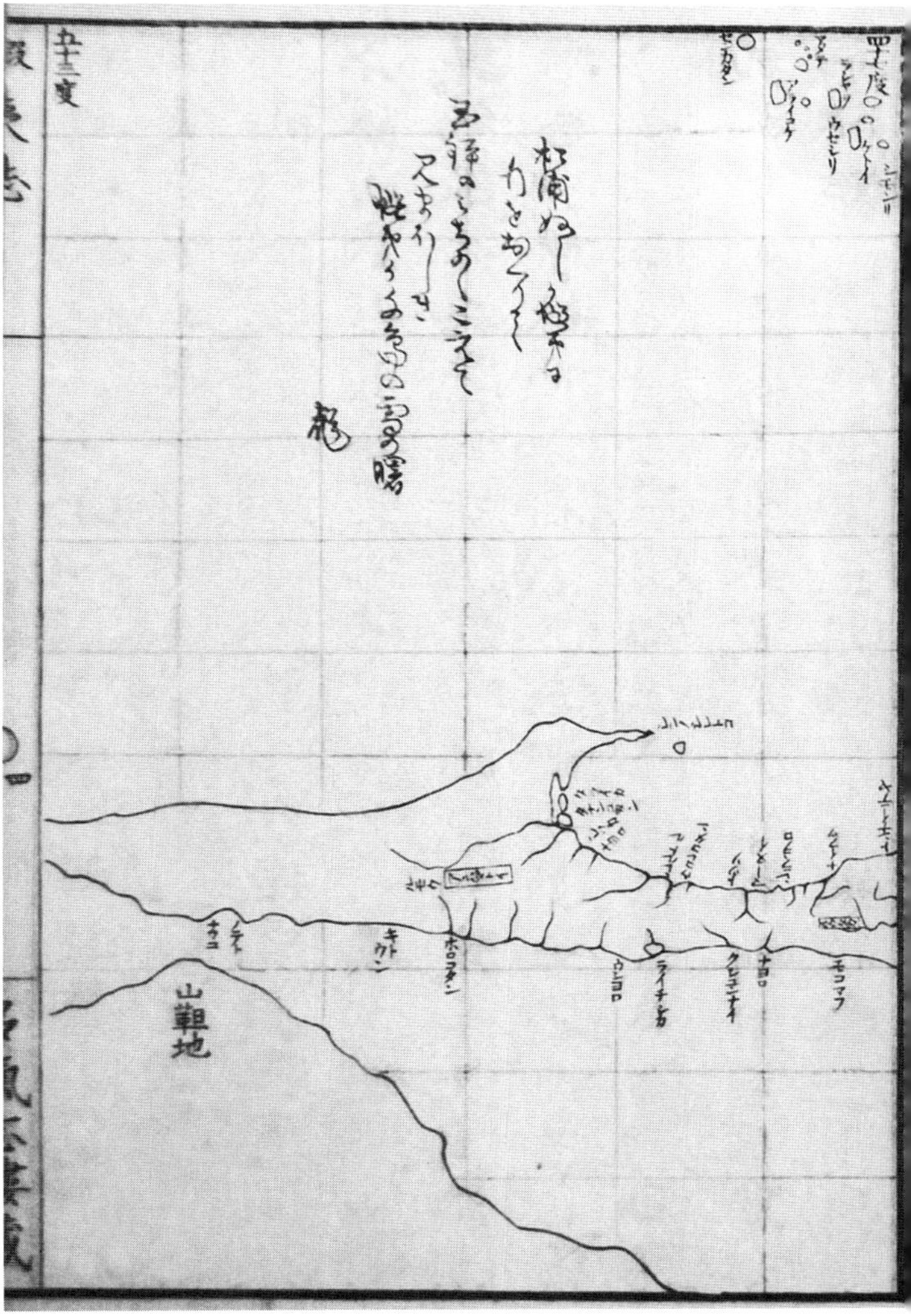
五十三度
山靼地
ホロコタン
ウシヨロ
ライチシカ
クシユンナイ
ナヨロ
モコマフ

［多気志楼蔵版　北海通十二ヶ国略図和歌］

松浦ぬしか蝦夷に文をおくりて*

玉鉾*のみちのくこえて見まほしき蝦夷か千島の雪の曙

彪*

北海通　「北海道」の命名は、明治二（一八六九）年のことで、松浦武四郎の発案によるものである。この段階では、「北海通」と称していたことがわかる。

松浦ぬし　松浦武四郎のこと。武四郎は、伊勢国一志郡の出身で、幕末の北方探検家。幼名を竹四郎といい、字は子重、号を北海・雲津としたほか、多気志楼・北海道人を雅号とした。弘化元（一八四四）年、蝦夷地に向かい探検を続けて、択捉や樺太にまで足を延ばした。安政二（一八五五）年、蝦夷地御用掛に採用されて、再び蝦夷地の踏査を行った。明治二（一八六九）年には開拓使判官に登用されて、北海道の命名者となり、国名・郡名の選定を行ったが、アイヌ民族の扱いをめぐって開拓使の政策を批判し辞職した。武四郎は、数多くの蝦夷地調査報告を遺したが、それらも含めて多気志楼版として自ら刊行事業を行った。

玉鉾　もともと道の掛かり言葉であったが、とくに陸奥に対して用いられるようになった。

彪　藤田東湖のこと。東湖は、幕末の水戸藩士で国学者。藤田幽谷の次男として生まれ、名は彪《たけし》、字《あざな》を斌卿《ひんけい》といい、幼名は武次郎、虎之助、誠之進と通称し、東湖を号とした。水戸藩主・徳川斉昭のもとで藩政改革に尽力し、その思想は尊皇攘夷運動に大きな影響を与えた。松浦武四郎とも親交があり、『自筆松浦武四郎自伝』によれば、弘化三（一八四六）年、オホーツク海に臨む知床に建てた標柱に、武四郎は、この東湖の歌を記したとしている。また嘉永二（一八四九）年、武四郎は蝦夷地探検に旅立つ途中で、水戸に東湖を訪ねたが、彼が謹慎中であったために会えなかった。

一三四―一三五頁地図の地名

〈下北・津軽側〉

（陸地地名：海岸沿い東から西へ）

津軽　北地

泊　大畑　大畑へ廿里　大間　九瀬泊　野辺地　青森　御厩　鯵ヶ沢　小泊　深浦

（海上書込：海岸沿い東から西へ）

野辺地へ十五リ　九リ　七リ（朱字）　深浦へ十七リ

〈津軽海峡書込〉

田地無之故ニ穀高ナシ　東　此筋　冬夏共ニ舟路　七里

〈渡島側〉

（陸地地名・書込：海岸沿い時計回り）

此筋ヱゾ往来　此ヨリ松前へ六日路　アヨロヱソ　ワシヘチ　エントモ　チメンバ　ウスヱソ　シツカリ　クンヌイ　ウスシリ　ナカハマエソ　エサンノサキ　マブイ　シリキシナイ　シオクヒノ崎　ウカハリ　シホトマリエゾ　ウスケシ　シノリトヤ　モヘチ　トウベチ　キコナイ　中山　レヒケヨリ二里三丁　ワキモト　レラフ村　ミヤノウタ村　大内村　レヒゲ村　松前ヨリ四里　大沢村　城　松前　タブネ　ヱラ町　ヘソリ　松前ヨリ三里廿八丁　シネコノサキ　カミノ国　エサシ　トマリエソ　カミノ国ヨリ二里十二丁　オトヘ　ホゴシノサキ　セタナイエソ　大田エソ　シマコマキエソ　弁慶崎　先年焼ケタル山　南ヨリ北へ陸地ナシ　スツ、エソ　シリヘチエソ　シリウチエソ　アモイノサキ　フルヒラエソ　ヨイチエソ　コレヨリオクヌマウミツ、キ

（海上書込：海岸沿い時計回り）

コレヨリ奥猶ヒロシ　ヌマ　入海　オツトセイ此間ニアリ　岩　ハマツキ遠アサ　コフアリ　小舟間アリ　遠アサ岩ツ、キ　コフ有　是ヨリ東ハマヘ馬足不叶道筋ナシ舟ニテ往来　此ハマイツレモコフ有　ウツマキ舟ノラレズ　コレヨリ西馬足不叶舟ニテ往来　スツキノ崎　岩　是ヨリ奥此図三ツヨリヒロシ今略之

北海通十二ケ国略図（一三六―一三七頁）の地名

〈一三六頁〉

（右上）四十一度　＊十六度　（右下）四度

（下北・津軽半島：上から下へ順）

南部　津軽　シリヤ　大マ　サイ　アオモリ　小トマリ

（北海道：時計回り順）

根諸州　釧路州　十勝州　日高州　胆振《イブリ》州　渡島《ヲシマ》州　後志《シリヘシ》州　石狩州　天塩州　北見州

シヘツ　ノツケ　ネモロ　ハナサキ　キイタフ　アツケシ　クスリ　白ヌカ　トカチ　ヒロウ
エリモ　ホロイツミ　シヤマニ　ウラカワ　三石　シツナイ　ニイカフ　サル　ユウフツ　シラ
ヲイ　モロラン　ウス　アフタ　山コシ内　サハラ　ウスシリ　エサン　ハコタテ　シリウチ
松前　小シマ　大シマ　石サキ　江刺　クマ石　オクシリ　大田　フトロ　セタナイ　スツ、
イワナイ　フルウ　ヲカムイ　シヤコタン　ヒクニ　フルヒラ　ヨイチ　オシヨロ　タカシマ
ヲタルナイ　石カリ　アツタ　ヲフイ　マシケ　ル、モツヘ　ヤキシリ　テウシ　トマ、イ　テ
シホ　リイシリ　レフンシリ　ソウヤ　エサシ　モンヘツ　トコロ　アハシリ　シヤリ　シレト
コ　メナシ

（千島列島Ⅰ：上から下へ順）

千島州

セリホイ　臘虎シマ（島名）一名ウルツフ　エトロフ（島名）シヘトロ　シヤナ　フウレヘツ
シヘツ
クナシリ（島名）トマリ　シコタン（島名）

（カラフトⅠ：時計回り順）
樺太州　一名北蝦夷地
アイロ　シレトコ　トウフツ　チヘンヤニ　クシユンコタン　シユンコヤ　ルウタカ　リヤトマ
リ　白ヌシ
〈一三七頁〉
（右上）四十七度
（千島列島Ⅱ：上から下へ順）
センカタン　アライコケ　マタテ　ラシヤヲ　ウセシリ　ケトイ　シモンリ
（カラフトⅡ）
（カラフト中央部：次行以下時計回り順）
ルモウ　アンハマトイ　ルウタカ
シンノシレトコ　タライカ　タナンコタン　シツカ　ナヨロ　シルトル　ウコレコタン　トツソ
マーヌイ　シラ、ヲロ　ナイフツ　トンナイテヤ　モコマフ　ナヨロ　クシユンナイ　ライチシ
カ　ウシヨロ　ホロコタン　キトウン　ノテト　ナワユ
（シベリア）
山靼地
（左上）
五十三度

南島志

『南島志』の図版について

『南島志』教授館本には、巻首に琉球国全図（海路のみ朱）と琉球各島図（単彩）が収められており、他の多くの写本類にも両図が巻首もしくは巻末に採用されているが、底本とした刊本では省略されている。このため教授館本の両図を巻首に掲げ、以下に文字を活字化しておく。なお文字原稿の作成に関しては、宝玲文庫本などで校訂を加えた。

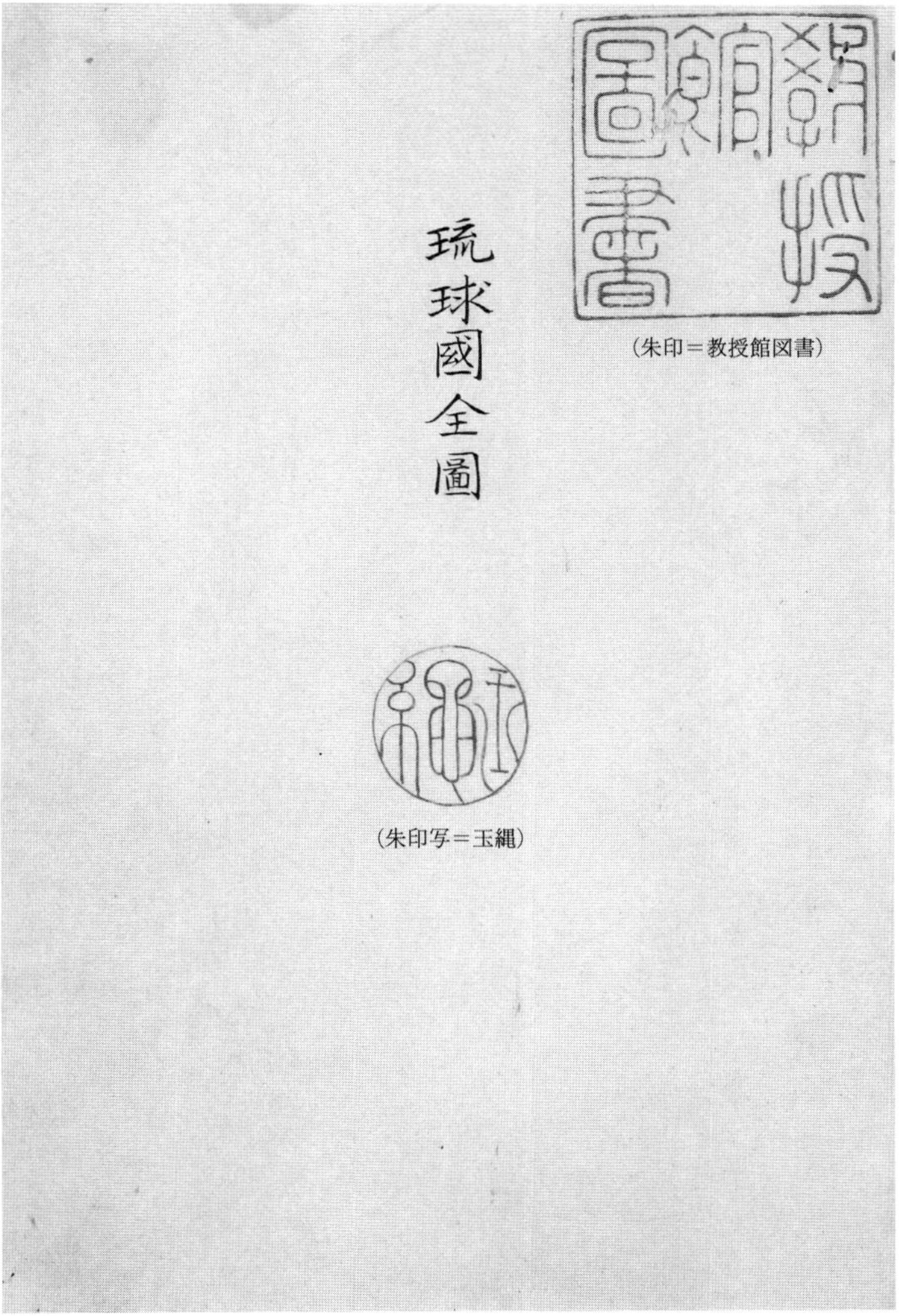
琉球國全圖

(朱印＝教授館図書)

(朱印写＝玉縄)

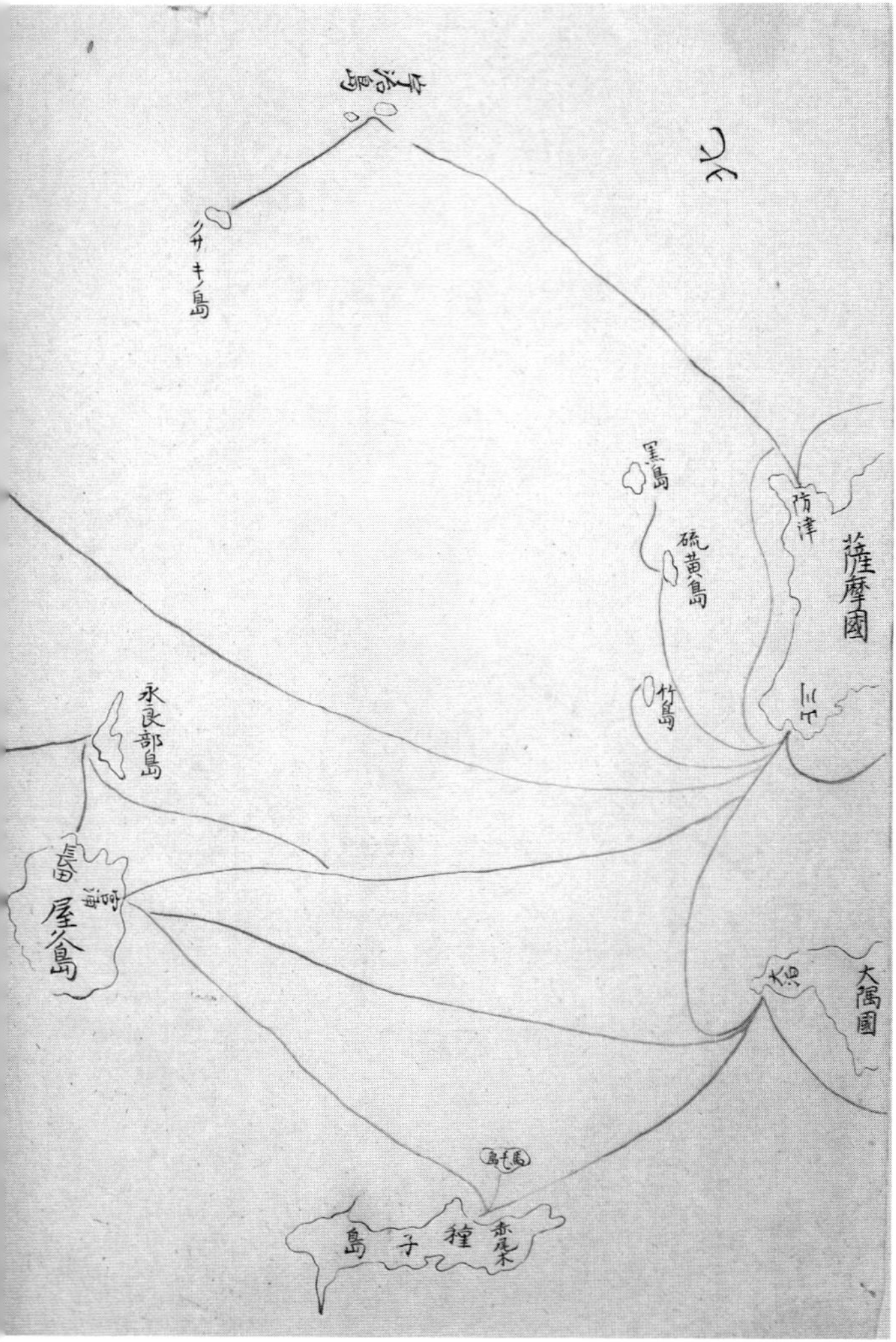
薩摩國
防津
黒島
硫黄島
竹島
永良部島
屋久島
大隅國
種子島

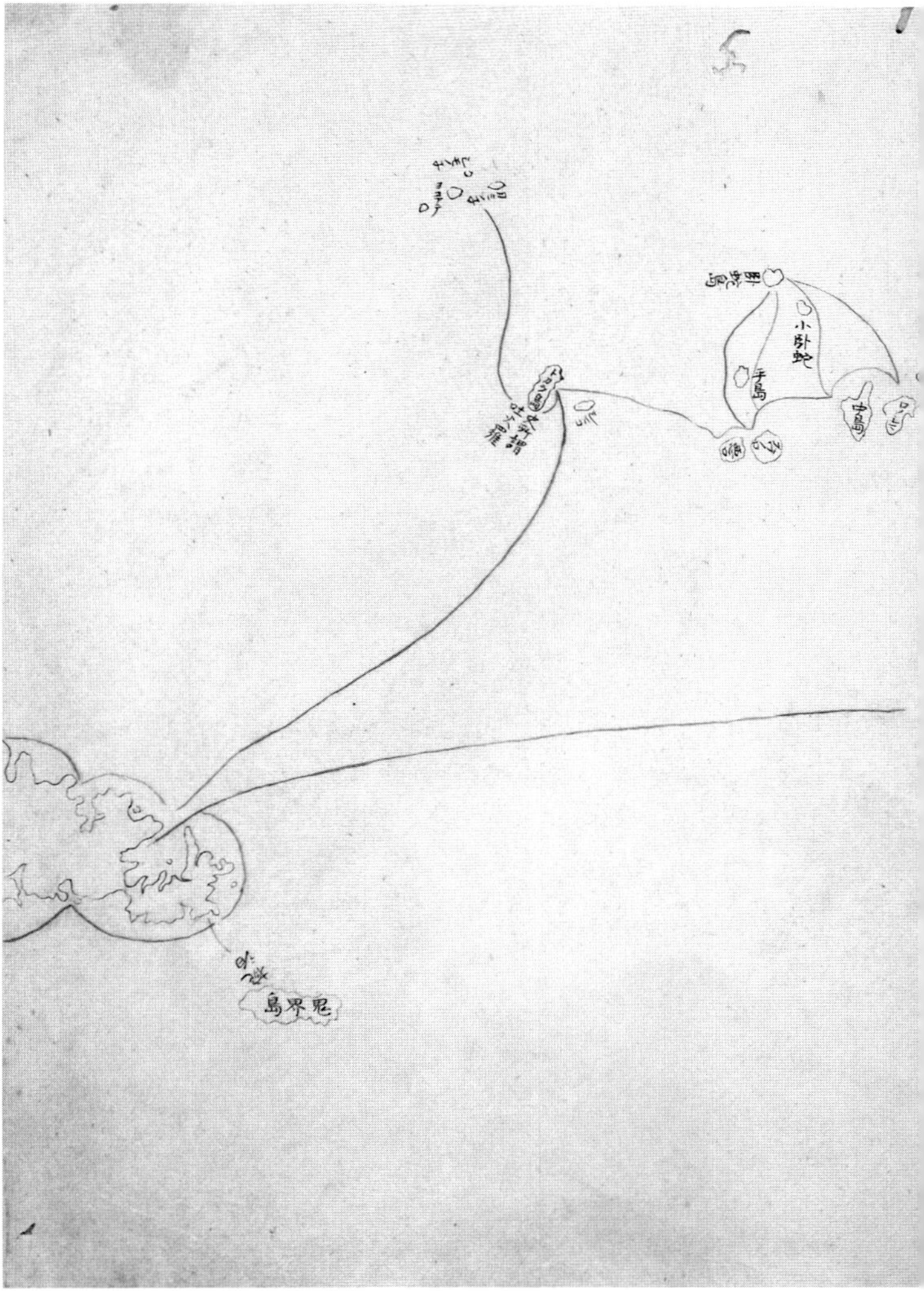
小臥蛇
中島
鬼界島

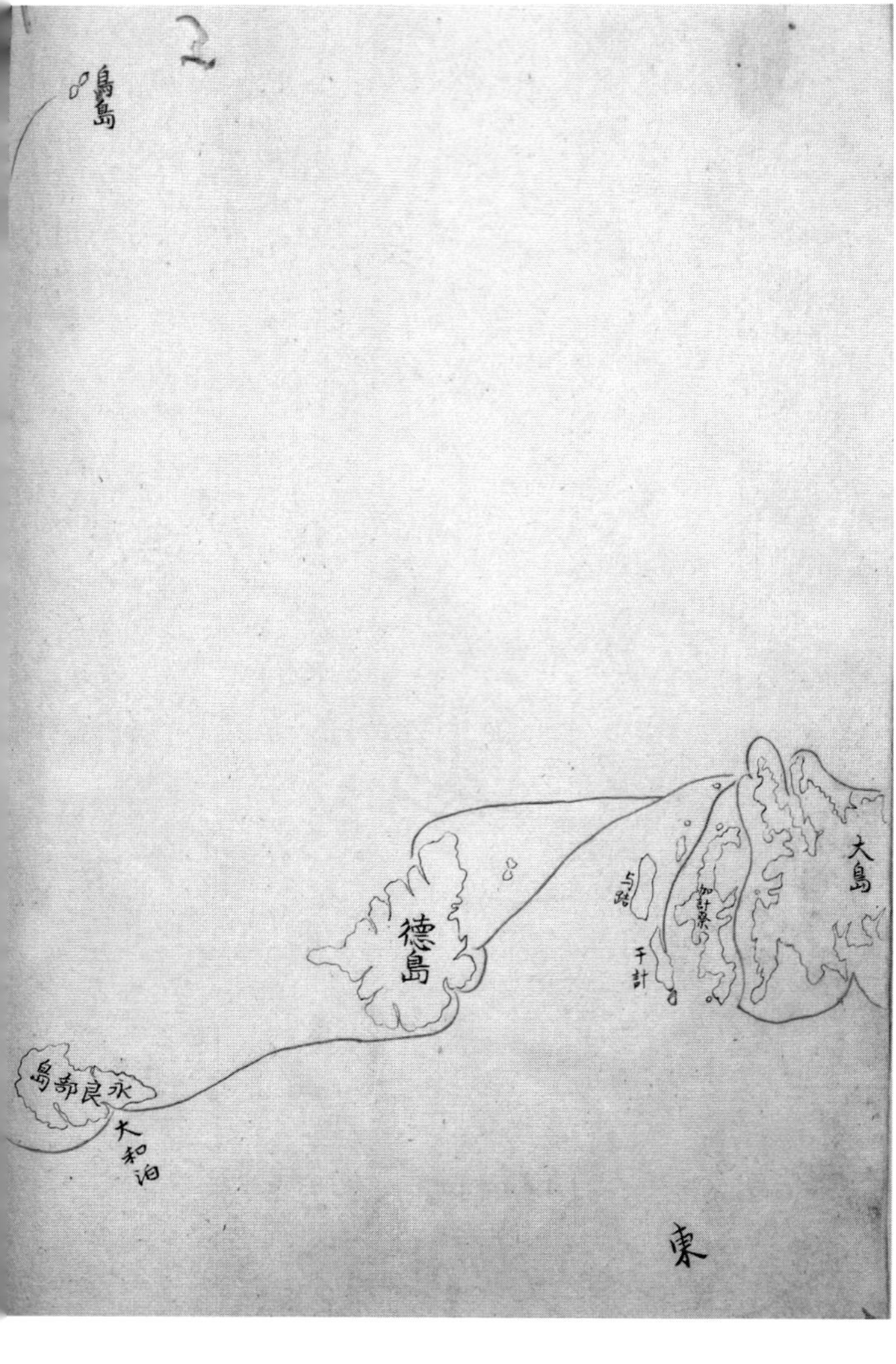

鳥島
徳島
大島
与路
加計呂
干計
大和泊
永良部島
東

粟島
沖縄島
与論島

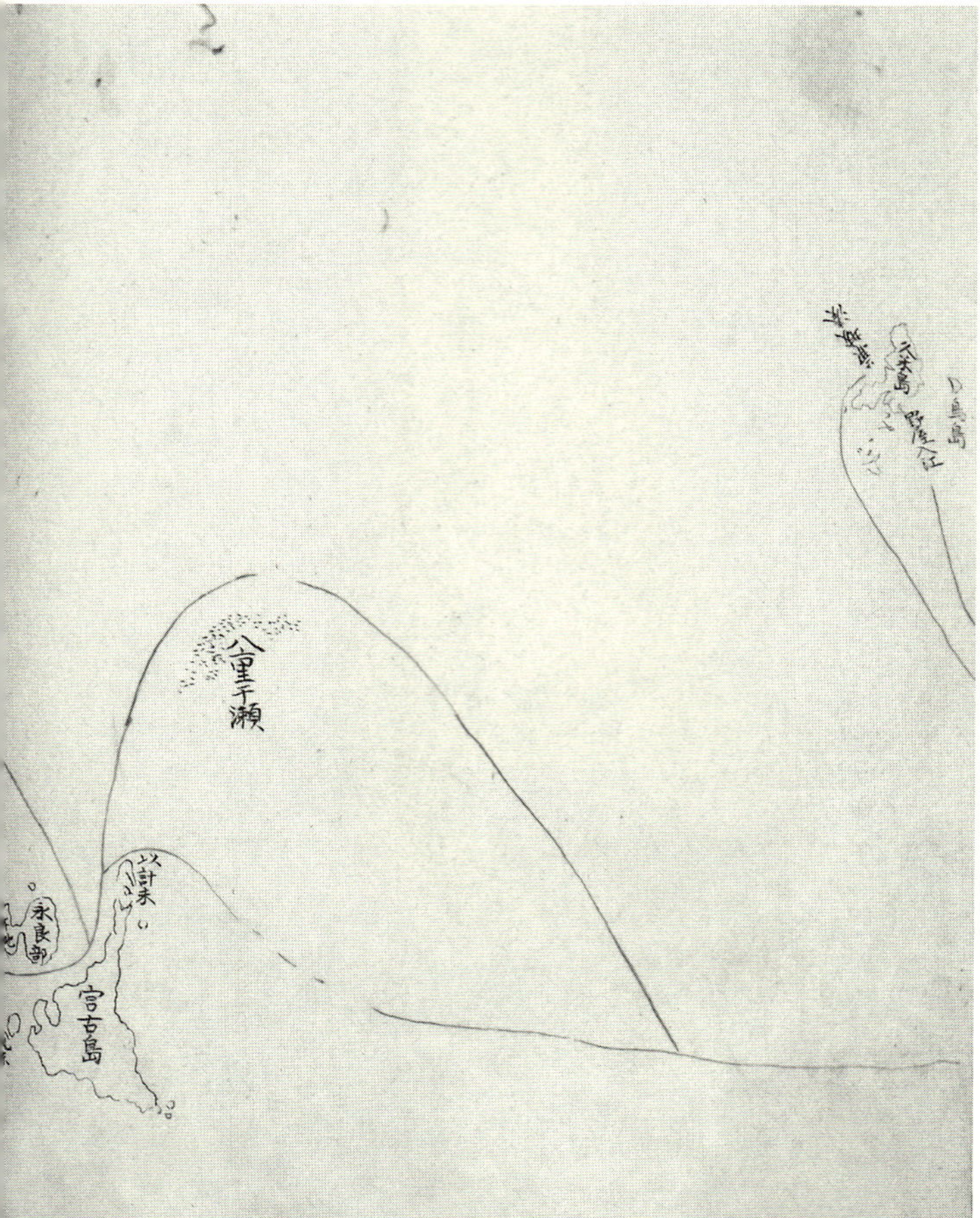
鳥島
久米島
八重干瀬
永良部
宮古島

鳩間
入表島
石垣島
小濱
黒嶋
上離
下離
堂計止美

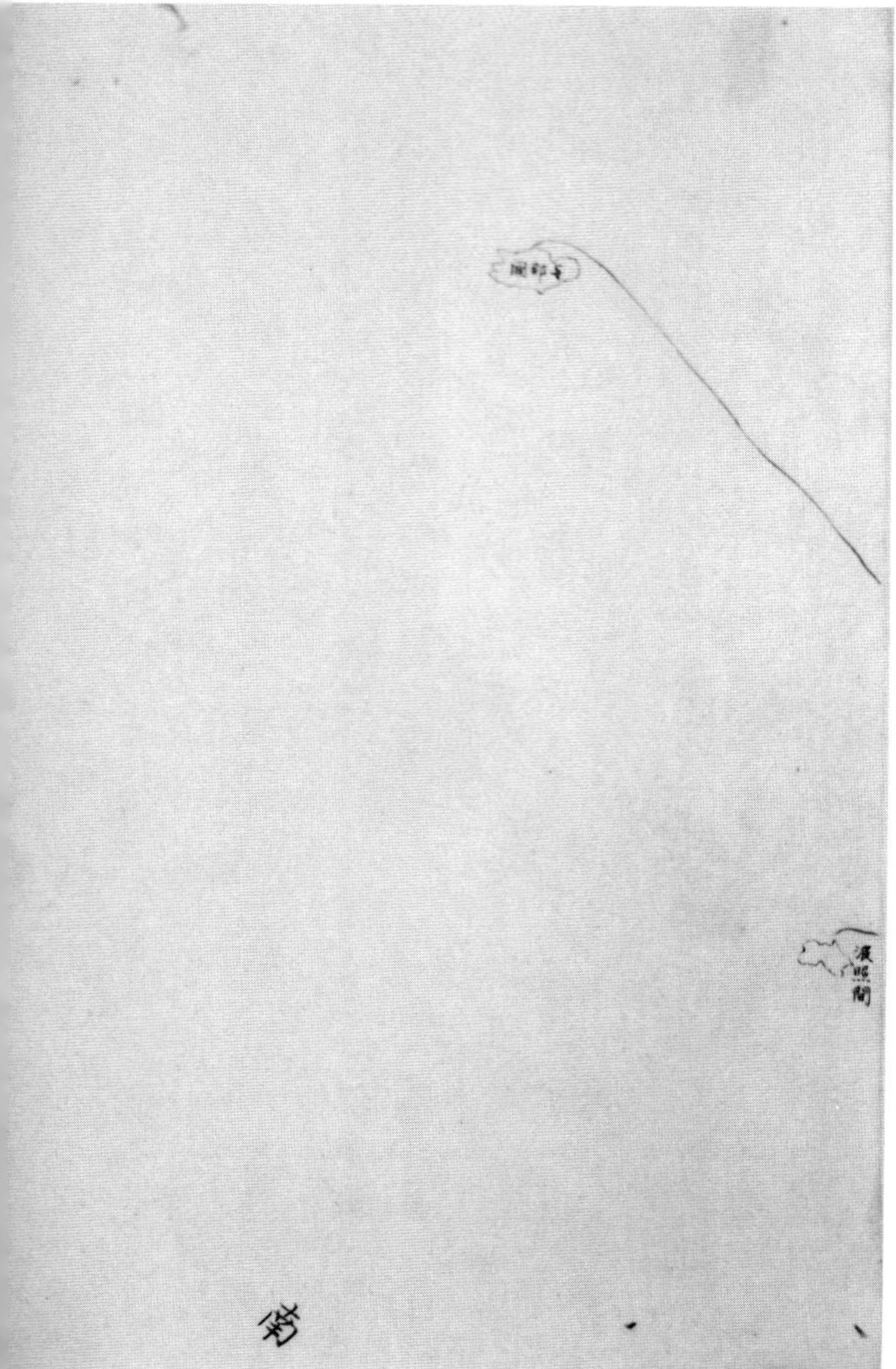
波照間
南

琉球各嶋圖

（朱印写＝玉縄）

大島
ウラ村
クシケ村
古見間切
瀬名沖
クス子村
住用湊
住用間切
カトツ村
セツメ村
阿麻弥岳
世徒多沖

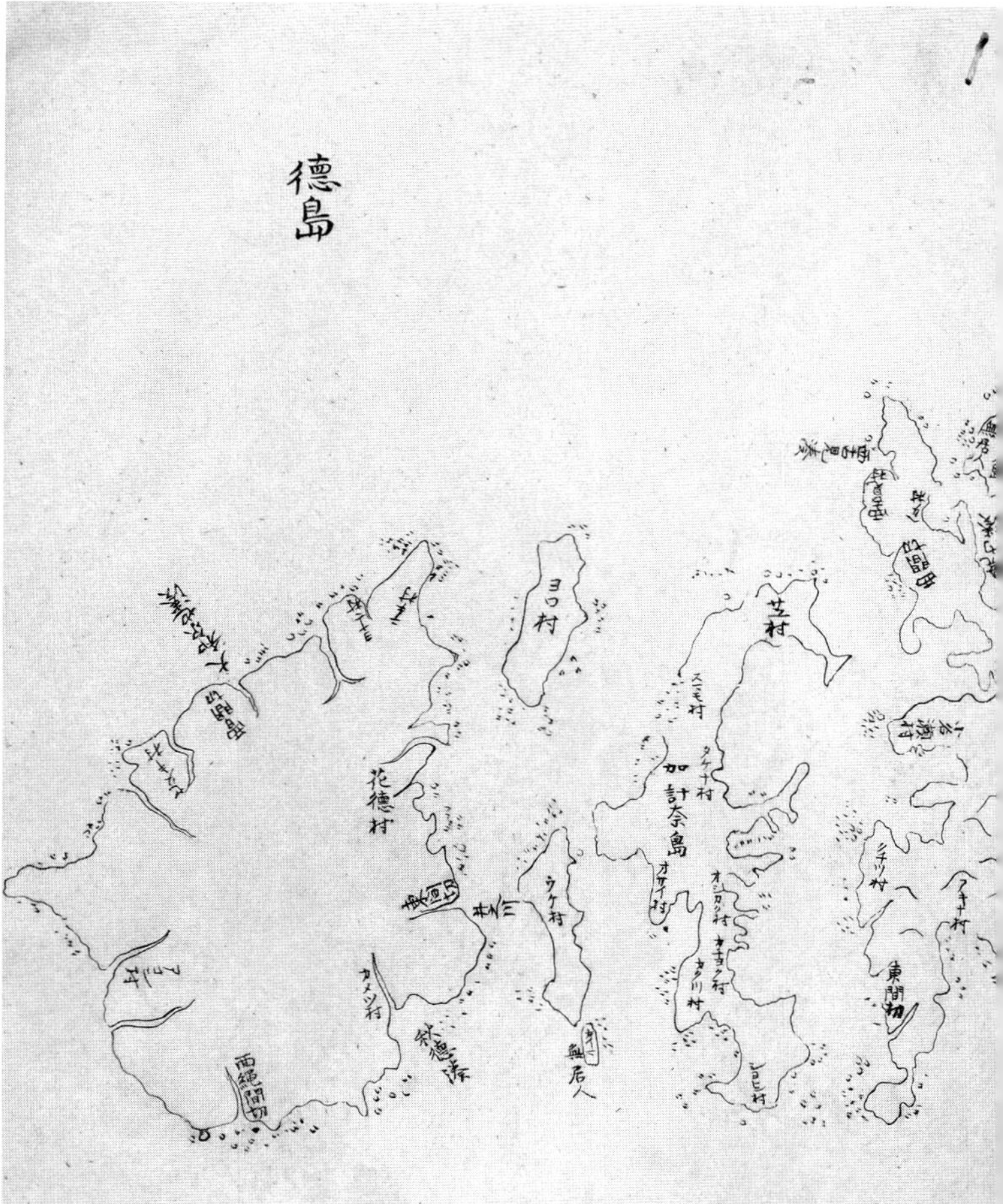
德島
ヨロ村
芝村
加計奈島
花徳村
ウケ村
無居人
カメツ村
東間切

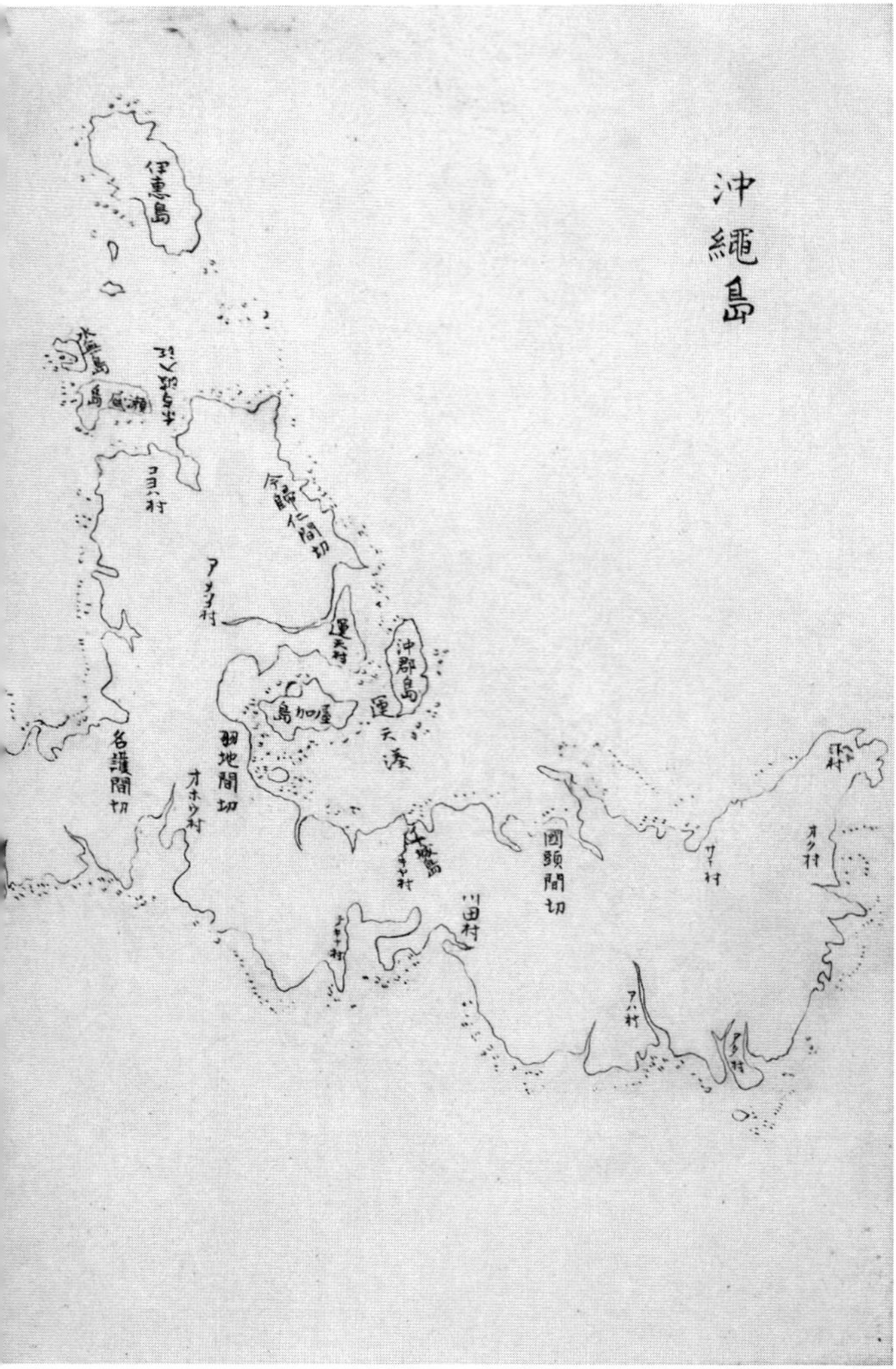
沖縄島
伊恵島
今帰仁間切
運天村
運天湊
名護間切
羽地間切
國頭間切
川田村
オク村
アハ村

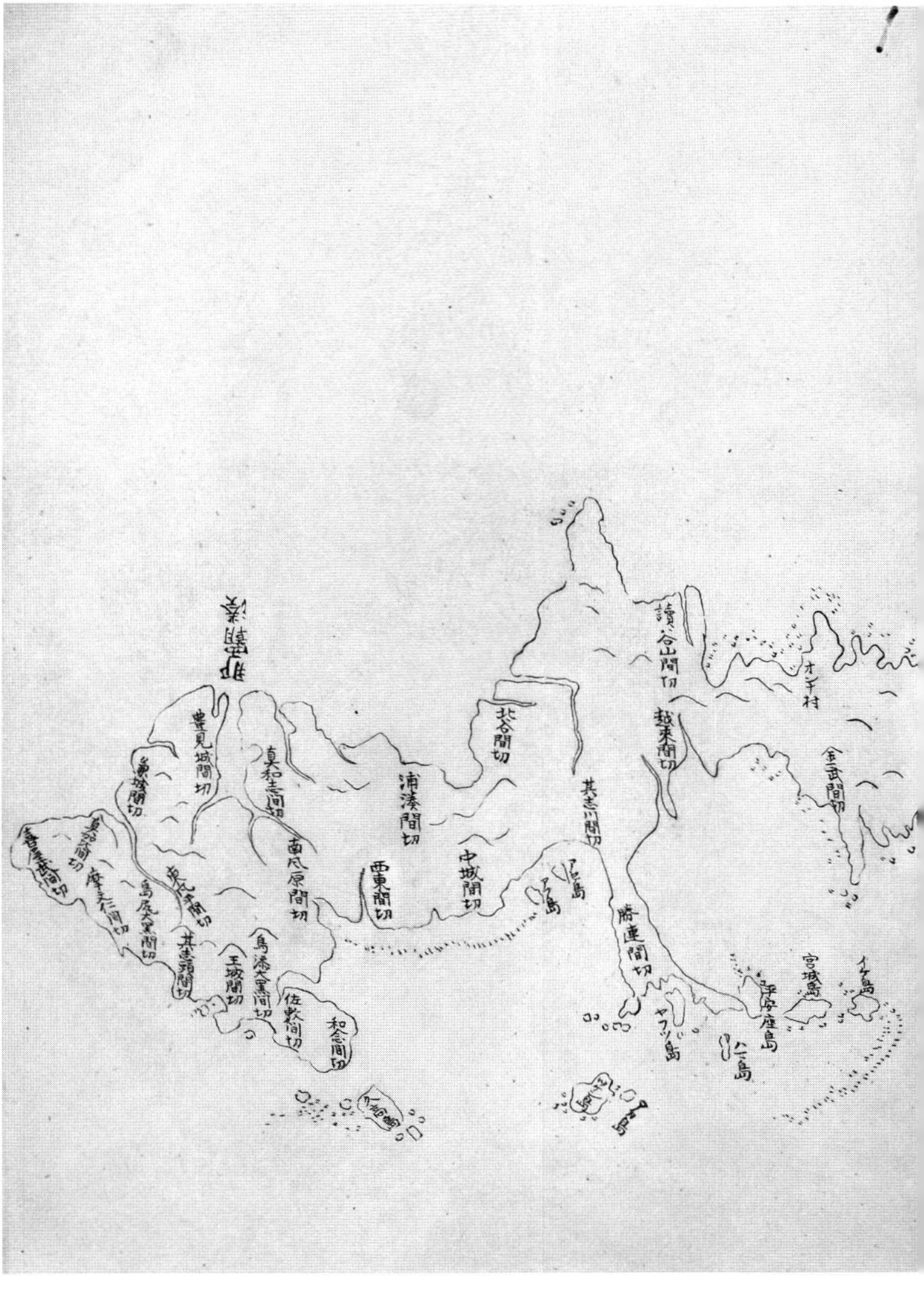
豊見城間切
真和志間切
南風原間切
北谷間切
読谷山間切
越来間切
其志川間切
中城間切
勝連間切
金武間切
島尻大里間切
其志頭間切
王城間切
佐敷間切
和念間切
宮城島
平安座島

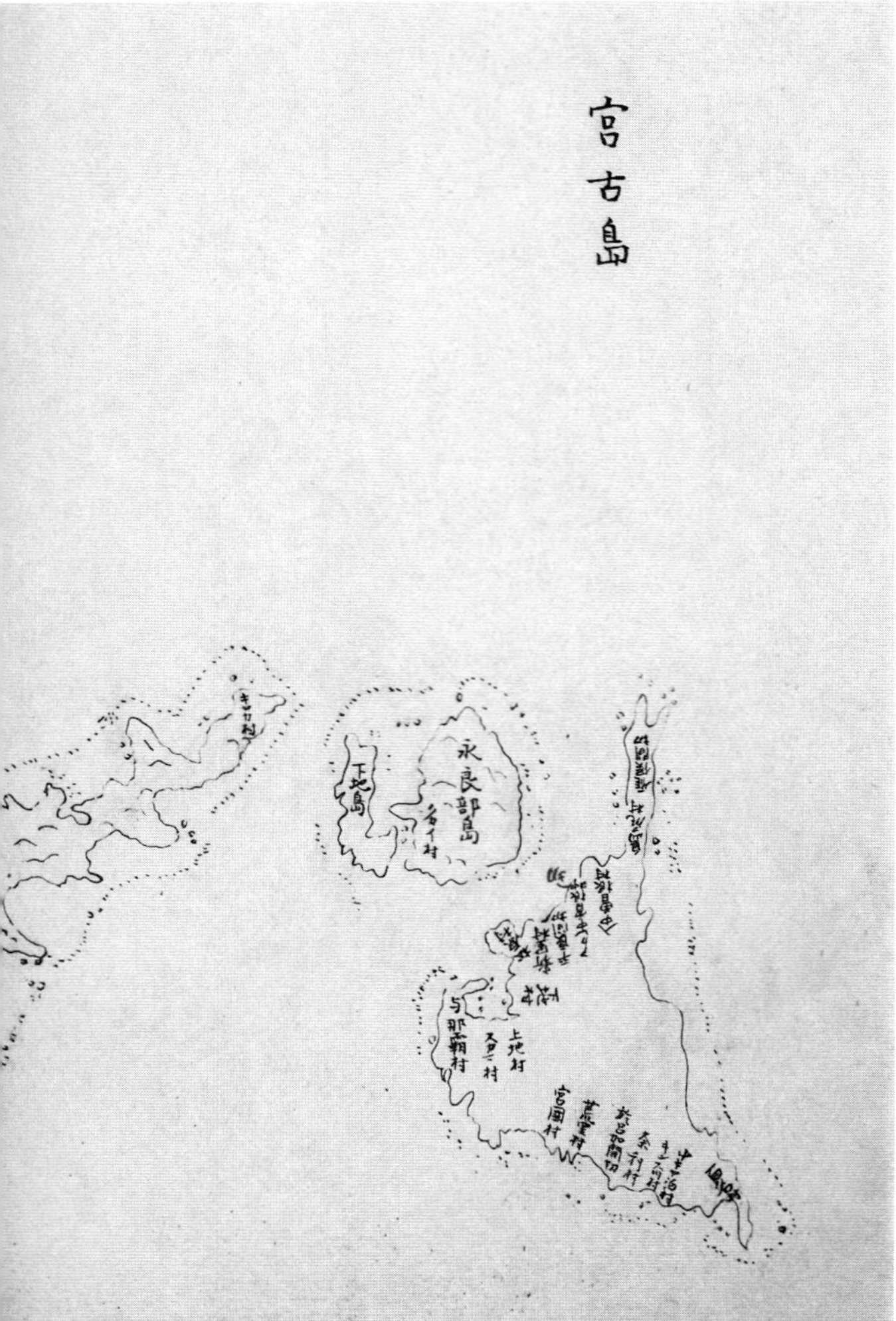
宮古島
永良部島
下地島
与那覇村
上地村
宮國村

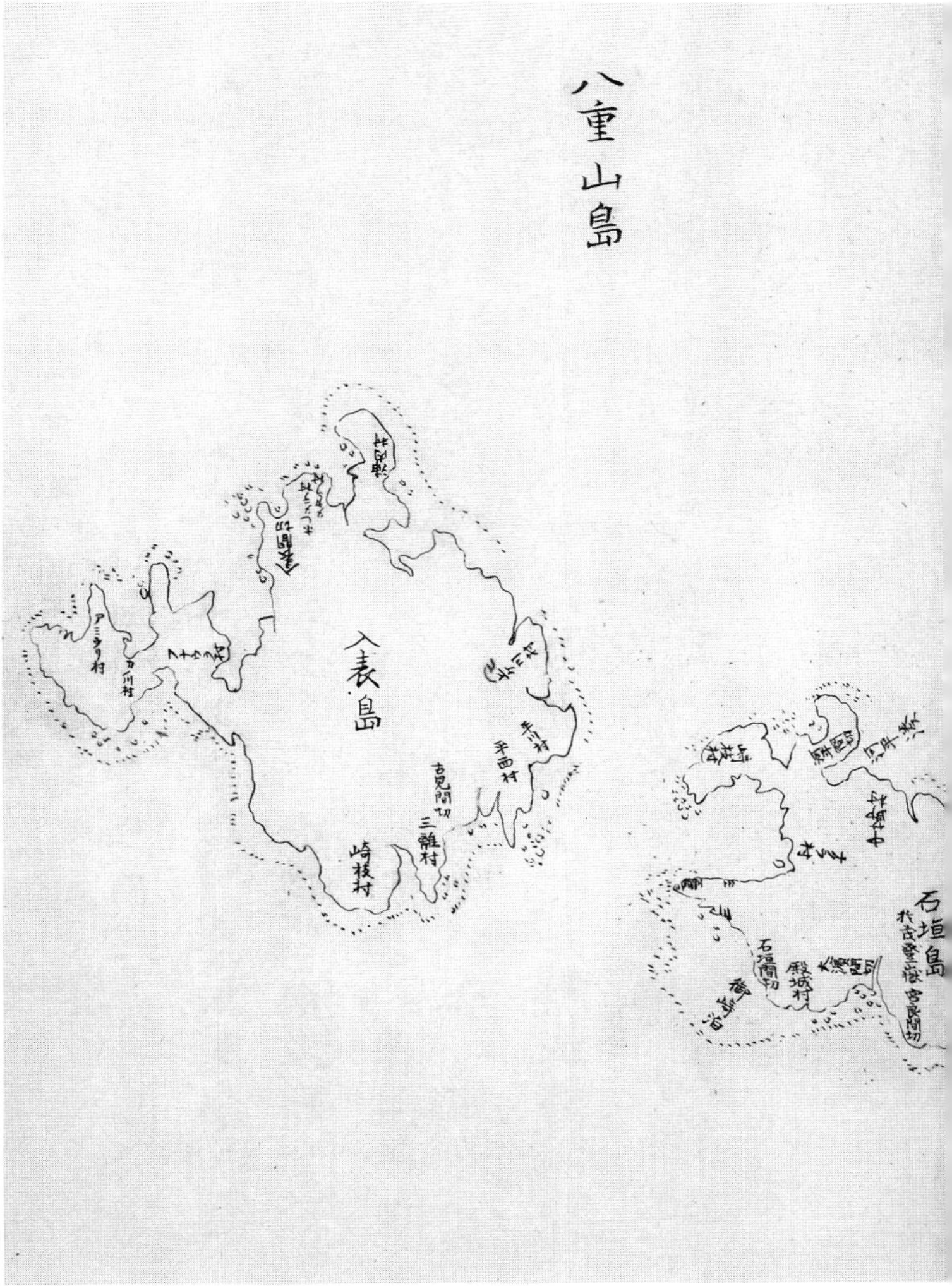
八重山島
入表島
崎枝村
三離村
古見間切
平西村
平川村
石垣島
石垣間切
殿城村

『南島志』教授館本地図文字

琉球国全図

〈一四六頁〉
（右上）北
薩摩国—坊津・山川
大隅国—大泊
（島名：右から左へ順）
黒島　硫黄島　竹島　馬毛島　種子島—赤尾木　宇治島　クサキノ島　永良部島　屋久島—長田・宮浦
〈一四七頁〉
（島名：右から左順）
ロノシマ　中島　小臥蛇　臥蛇島　平島　スワノロ　悪ロ　シマコ　トカラ島　史所謂吐火羅
カミノネ　シモノネ　ヨコアテ　鬼界島—椀泊
〈一四八頁〉
（右下）東
（島名：右から左へ順）
大島　加計奈　于計　与路　徳島　永良部島—大和泊　鳥島

〈一四九頁〉
（左上）西
（島名：右から左へ順）
与論島　恵平屋島　具志河　伊是　柳葉　沖縄島　伊恵島　粟島　戸無島　天未奈　ケイ　大イ
フ　黒嶋　座間味計羅摩　赤島　ヤカヒ　コハ　ウルマ　モナラマ　前計羅摩

〈一五〇頁〉
（島名：右から左へ順）
鳥島　久米島―野屋入江・兼城湊　八重干瀬　以計末　宮古島　永良部―下地　久礼末

〈一五一頁〉
（島名：右から左へ順）
美徒奈　太良満　石垣島　堂計止美　宇也末　小浜　黒島　上離　下離　鳩間　入表島　外離
内離

〈一五二頁〉
（左下）南
（島名：右から左へ順）
波照間　与那国

琉球各嶋図（※は宝玲文庫本の表記）（以下：まず島名を示して地名を時計回りの順とする）
〈一五四頁〉
大島（見出し）
（大島）スマ村　ウケン村　焼内間切　ナラン村　クセン村　大和馬場湊　ユンマ村（※ユカシカマ村）奈瀬湊　奈瀬間切　カトリ村　深井浦湊　ウラ村　笠利間切　ウスク村　阿麻弥岳
セツメ村　世徒多浦　カシケン村　瀬名浦　古見間切　クネク村　住用湊　住用間切　カトク村
〈一五五頁〉
（大島続き）アキヤ村　東間切　クチツ村　小名瀬村　コシ村　西間切　西古見村　西古見湊
ヘタ村　焼内湊　イタラク島（島名）居人無　加計奈島（島名）芝村　タケナ村　オシカク村
カチヨク村　シヨトン村　カク川村　オサイ村　スマモ村　ヨロ村（島名）ウケ村（島名）カ
イマ（島名）居人無
徳島（見出し）
（徳島）テテ村　花徳村　東間切　井之川　秋徳湊　カメツ村　面縄間切　アコン村　セタキ村
西日間切（※西目間切）大和爾也湊　ヨナマ村
〈一五六頁〉
沖縄島（見出し）
（沖縄島）幸喜村　名護間切　コヨハ村　ホ与波入江　瀬底島　水無島　伊恵島　今帰仁間切
アメソコ村　運天村　沖郡島　運天湊　屋加島　羽地間切　トノキヤ村　イナ城島　国頭間切

サテ村　下（朱字訂正→ヘト）村　オク村　アタ村　アハ村　川田村　テキナ村　オホウ村　コチヤ村
〈一五七頁〉
（沖縄島続き）金武間切　越来間切　平安座島　宮城島　イケ島　ハマ島　ヤフツ島　アカ島　ツケン島　勝連間切　其［※具の誤］志川間切　アセ島　アフ島　中城間切　西東間切　南風原間切　久高島　知念間切　佐敷間切　島添大黒（※里）間切　王［※玉の誤］城間切　其（※具）志頭間切　島尻大黒（※里）間切　摩文仁間切　喜屋武間切　真加比間切　東風平間切　兼城間切　豊見城間切　那覇湊　真和志間切　浦湊（※添）間切　北谷間切　読谷山間切　オンナ村
〈一五八頁〉
宮古島（見出し）
（宮古島）雁俣間切　島尻村　百名村　中キヤ泊村　キンス川村　奈［※友の誤］利村　於呂加間切　荒里村　宮国村　与那覇村　スカマ村　上地村　下地村　松原村　新里村　平良間切　アカシ中曽根村（朱字訂正→切）入中曽根村
永良部島（島名）クカイ村　下地島（島名）
（石垣島東部）キヤカ村
〈一五九頁〉
八重山島（見出し）
石垣島（島名：以下続き）於茂登嶽　宮良間切　大浜間切　殿城村　石垣間切　御崎泊　ナク

ラ村　崎枝村　河平間切　河平湊　中筋村
入表島（島名）浦内村　上（朱字訂正↓ヒ）ケ川村　平川村　平西村　古見間切　三離村　崎枝
村　アミウリ村　カノ川村　フナウラ村　入表間切　ホシタテ村　タカラ村

［新井白石先生著　南島志　全　甘雨亭叢書刊本］

南嶋志総序

琉球（※流求）国。古未レ有レ聞焉。始見レ於二隋書一。曰。大業元年。海師何蛮等。毎二春秋二時。天清風静一。東望依希似レ有二烟霧之気一。亦不レ知二幾千里一。三年。煬帝令二羽騎尉朱寛一入レ海。求二訪異俗一。何蛮言レ之。遂与レ蛮倶往。因到二流求国一。言不二相通一。掠二一人一而還。明年。復令三寛慰二撫之一。流求不レ従。寛取二其布甲一而還。時倭国使来。見レ之曰。此夷邪久国人所レ用也。

琉球*国、古えは未だ聞くこと有らず。始めて隋書*に見ゆ。曰く、大業元（六〇五）年、海師（海軍提督）の何蛮等《かばんら》は、春秋の二時、天の清《す》みて風の静かなる毎に、東望するに依りて、希《ま》れに烟霧の気有るに似たるも、また幾千里*かを知らず。三（大業三＝六〇七）年、煬帝《ようだい》*、羽騎《うき》尉《い》*の朱寛《しゅかん》*を海に入れ、異俗を求訪《きゅうほう》せしむ。何蛮の言うに、遂《とぐ》るに蛮（何蛮）と倶《とも》に往く。因て流求国に到るも、言は相通ぜず、一人を掠めて還る。明年にまた寛（朱寛）をして之れを慰撫《いぶ》せしむも、流求従わず。寛（朱寛）は其の布甲《ふこう》*を取りて還る。時に倭国の使*来りて之れを見て曰くに、此れ夷の邪久《やく》国*人の用うる所なり、と。

琉球　『隋書』巻八一列伝四六東夷に、「流求国」として「海島の中に居し、建安郡（福建省北部）の東に当る。水行五日にて至る。土に山洞多し」という記述があるが、あくまでも琉球とは中国側からの呼称で、これが沖縄をさすのか、台湾をさすのか定かではない。これに関して一九世紀には、中国文献や旅行記などを基礎としたヨーロッパ人による研究が行われ、両地域を総称して Ryukyu と呼んだと考えられていた（ルードヴィッヒ＝リース『台湾島史』後述の大琉球・小琉球参照）。なお元の脱脱等撰の『宋史』列伝二五〇外国七に「流求国」、明の宋濂等撰の『元史』列伝九七外夷三に「瑠求」などと見え、両書には、中国南海の東に位置し彭湖諸島に対すなどとあるところから、台湾の可能性が高いと考えられるが、水行の日程などに問題もあり、不明な点も多い。しかし白石は、本書に見えるように遣隋使などの証言から、南西諸島との関係を重視し、この『隋書』に登場する「流求」を沖縄と判断して、本書を叙している。ただその後も、『隋書』に見える「流求」については、さまざまな見解が提示されており、喜田貞吉・幣原坦《しではらたいら》・甲野勇・真境名安興《まじきなあんこう》・和田清・秋山謙蔵・伊波普猷《いはふゆう》・東恩納寛惇《ひがしおんなかんじゅん》などが議論を展開している。このうち伊波普猷は、初めはリースなどの説を支持していたが、やがて琉球語研究の成果を踏まえて、これを沖縄のことと考えるようになった（伊波「『隋書』に現れたる琉球」ほか同全集第二）。こうした Ryukyu に関しては、その後、清の張廷玉等撰の『明史』列伝二一一外国四に、「琉球」北山・中山・南山の三王が洪武初（元＝一三六八）年に朝貢した記事があり、琉球王府最初の正史『中山世鑑』によれば、洪武一六（一三八三）年に明から鍍金銀印を賜わり、これを契機として「流求を更《あら》めて琉球と曰う」としたとしており、印文銘を根拠とした記述と考えられる。その後、嘉靖一三（一五三四）年に琉球を訪れた陳侃《ちんかん》の『使琉球録』には、台湾のことを「小琉球」と記し、「大琉球・小琉球」を使い分けた『集事淵海』を引いている。おそらく、明への冊封を契機として、琉球を大琉球とみなし、台湾を小琉球と呼ぶようになったと考えられる。以後、ヨーロッパからも大琉球はレキオ＝グランデ、レキオ＝マヨール、小琉球はレキオ＝ペケニオ、レキオ＝ミノールなどと呼ばれて区別されるようになった。なお『中山世鑑』では、この『隋書』の記事を引いた上で、中国側からみて「虬《みずち》が水中に浮かんでいるように見えるから流虬と名付けた」としているが、これは夏子陽の『使琉球録』「付旧使録」原委の記事によるものにすぎない。また蔡鐸本『中山世鑑』巻一には、源為朝が「乾道年間（一一六五〜七三）、為朝、流れに随いて始めて流虬に至る。故に流虬と改め、名づけて流求と曰う。洪武一六（一三八三）年癸亥　皇帝勅して金印・章服を賜い、並びに流求を改めて、琉球の名を賜う」とある。なお『球陽』英祖王三二（一二九一）年条では「元の世祖、流求を改めて瑠求と曰う」としている。先の『元史』を意識してのことだろう。なお『明太祖実録』巻七一の洪武五（一三七二）年一月一六日条に、明は「楊載を遣わし詔諭を琉球国に持たしむ」とあり、『球陽』巻一察度王二三（一三七二）年条には、「太祖、瑠求の字を改めて琉球と曰う」と記されている。ちなみに日本の正史類には「琉球」もしくは「流求」と記したものはないが、正史以外では、空海の『性霊集』巻五に「留求」、『今昔物語集』巻一一第一二話に「琉球国」と見えるほか、淡海三船が著した『唐大和上東征伝』に、天平勝宝五（七五三）年に鑑真が来日の途中に「阿児奈波島」に漂着した旨が記されている（注「孝謙天皇天平勝宝後」一七五頁、「人を喰《くら》うの国」一七七頁）。なお長門本『平家物語』巻四硫黄嶋眺望事では、「きかいは、十二の嶋なれば、くち五嶋は、日本にしたがへり」とあるのに対して、「おく七嶋は、いまだ我朝にしたがはずといへり」とあり、このうちの一嶋として「おきなは」が見えるが、同じ『平家物語』でも、延慶本や流布本である覚一本には具体的な島名を欠き、「おきなは」の語はみあたらない。

隋書　隋の正史で、五帝紀・三〇志・五〇列伝の計八五巻からなる。唐初に、魏徴によって編纂が始められ、顔師古・孔穎達《くようだつ》・許敬などが撰述にあたった。当初は帝紀と列伝のみであったが、南朝の梁・陳、北朝の北斉・北周、隋の各王朝の正史にあたる『五代志』が六三六年に完成をみて『隋書』に三〇志として加えられ、五王朝すべてに関する記事が含まれるところとなった。巻八一列伝四六東夷「流求国」には「大業元年、海師何蛮等、毎春秋二時、天清風静、東望依希、似有烟霧之気、亦不知幾千里。三年、煬帝令羽騎尉朱寛入海求訪異俗、何蛮言之、遂与蛮倶往、因到流求国、言不相通、掠一人而返。明年、帝復令寛慰撫之、流求不従。寛取其布甲而還。時倭国使来朝、見之曰、此夷邪久国人所用也」とある。なお、この話の前後に、その民俗に関する記述もあるが、これについても台湾のものとするか沖縄のものとするか見解が分かれている。なお伊波普猷は、これを沖縄のものとしている（前掲「『隋書』に現れたる琉球」）。

幾千里　隋代の一里は約五三一メートルとされているので、千里で五三〇キロメートル強の距離となる。

煬帝　隋の第二代皇帝（在位六〇四〜六一八）、姓名を楊広といい、父の文帝・兄の皇太子を殺して即位した。宮殿や大運河の造築などに力を注いだほか、周辺諸国に対する関心も高く西域にも使者を送っており、外蕃を慰撫しようとする傾向が強かった。また三度に及ぶ高句麗遠征を行ったが、失敗して群衆の蜂起を招き、軍中で殺された。

羽騎尉　羽騎は近衛騎兵の意で、羽箭を帯びることにちなむ。尉も軍事・警察権を担当する官にあたるが、この場合は下格の近衛騎兵と思われる。

朱寛　生没年未詳。隋代の軍人。この「流求」遠征に功があった。なお『隋書』東夷伝には、この朱寛再征の記事のあとに、標騎将軍であった陳稜が、張鎮州（周）と兵万余を率いて義安から海に出て、流求国に入ったが、従わなかったために、これを撃ち主の歡斯《かんし》渇刺兜《かしと》を斬り男女数千人を捕らえて帰った旨が記されており、同様の記事が『隋書』巻六四列伝二九に大業六（六一〇）年のこととしてある（注「隋書に見ゆ・歡斯」二四〇頁参照）。

布甲　『隋書』「流求国」条には、「柠を編み甲《かぶと》と為す」とあり、繊維を用いた冑と考えられる。

倭国の使　この大業三（六〇七）年つまり推古天皇一五年には、『日本書紀』によれば七月三日に小野妹子が通事・鞍作福利とともに隋に派遣され、同一六年四月に帰国している。従って『隋書』で、翌大業四年の朱寛の再征の際に持ち帰った布甲について、「此れ、夷の邪久国人の用うる所なり」としたのは、小野妹子一行のことと判断される。

邪久国　これを「(中国もしくは日本からみた)夷の邪久国」とするか、「夷邪久《いやく》国」と読むかは、大きく見解が分かれる。ただ、次注の掖玖《やく》人に記したように、この時期に日本ではYakuの呼称は一定していたが、中国風の表記として「夷」を添えた可能性も考えられる。なお、これについては長い論争がある(山里純一著『古代日本と南島の交流』)。ちなみに狩谷棭斎の手写本『南島志』の書入れなど、古くは「夷の邪久国」とするものも少なくない。なお白石が次に述べるように、これに関わる記事は『日本書紀』などには見られない。

天朝史書。不レ紀二其事一。然拠二彼所レ書。則知二其国既通レ于レ斯矣。考二諸国史一。曰。推古天皇二十四年。棭(※掖)玖人来。南島朝献。蓋自レ此始。是歳実隋大業十二年也。曰邪久。曰掖玖。曰夜句。曰益久。曰益救。東方古音。皆通。此云二棭玖一。隋書以為二邪久一。即是流求也。又曰。天武天皇二十一年秋。所レ遣多禰島使人等。貢二多禰国図一。其国去レ京五千余里。居二筑紫南海中一。所レ謂多禰国。亦是流求也。

天朝(日本)の史書は、其の事を紀《しる》さず、然るに彼の書する所によれば、則ち其の国既に斯《か》く通ずるを知る。諸《もろもろ》の国史を考《こう》じて、曰く、推古天皇二十四(六一六)年掖玖《やく》*人来りて南島朝献す。蓋し此れより始まらんや。是の歳、実に隋の大業十二年なり。曰く邪久、曰く掖玖、曰く夜句、曰く益久、曰く益救、東方の古音皆通じ、此れ掖玖と云い、隋書以て邪久と為すは、即ち是れ流求なり。また曰く、天武天皇二十一（同一〇〔六八一〕年の誤）年秋、遣わす所の多禰島の使人*等をして、多禰国図を貢がす。其の国、京（飛鳥浄御原宮）を去ること五千余里、筑紫南海中に居す。謂う所の多禰国*また是れ流求なり。

掖玖人　朱寛の流求再征記事のほぼ一〇年後の『日本書紀』推古天皇二四（六一六）年条に「三月に、掖玖人三口、帰化《まうおもぶ》けり。夏五月に夜勾人七口、来《まうおもぶ》けり。秋七月に、亦掖玖人二十口来けり。前後、幷《あはせ》て三十人。皆朴井《えのうゐ》（和泉国神別榎井部もしくは大和国吉野郡榎井忌寸か）に安置《はべ》らしむ。未だ還るに及ばずして皆死《う》せぬ」とある。また同舒明天皇三（六三一）年二月一〇日条にも「掖玖人帰化《まうけ》り」と見える。

多禰島の使人　『日本書紀』天武天皇六（六七七）年二月条に「多禰嶋人等に飛鳥寺の西の槻《つき》の下に饗たまう」とあるほか、同一〇（六八一）年八月二〇日条に、「多禰嶋に遣し使人等、多禰国の図《かた》を貢《たてまつ》れり。其の国の、京を去ること、五千余里。筑紫の南の海中に居《あ》り。髪を切りて草の裳きたり。粳稲常に豊なり。一たび殖ゑて両たび収む。土毛は支子《くちなし》・莞子《かま》（藺）及び種種の海物等多《さわ》なり」とあるほか、同年九月一四日条にも「多禰嶋の人等に飛鳥寺の西の河辺に饗たまう。種種の楽を奏す」と見える。白石は、この多禰を南海諸島の総称とみて「流求」のこととした。そこに白石の「流求」論の核心があるが、この時期に琉球で稲作が行われていたと考古学的に考えることはできず、また次注の文武天皇大宝年中（七〇一〜〇四）の島名列挙記事からしても、多禰は種子島を中心とした南海の島々の総称とするのが妥当だろう。

多禰国　古代国家は、海辺の島を一国に準じた扱いとし、西海道の壱岐・対馬なども対外的・軍事的の要所として位置づけた。多禰人来朝の後に、『日本書紀』天武天皇一一（六八二）年七月二五日の記事に、「多禰人・掖玖人・阿麻彌人」への下賜が見えるほか、『続日本紀』文武天皇三（六九九）年七月一九日条にも「多褹《たね》・夜久・菴美・度感《とかん》」等の人が朝貢したとしている。その後、『続日本紀』大宝二（七〇二）年八月一日条に「薩摩・多褹、化《おもぶけ》を隔てて命に逆ふ。是に、兵を発して征討し、遂に戸を校《くら》べ吏を置く」とあるところから、この時期に多禰島司が置かれ、多禰国が成立をみたものと思われる。なお『続日本紀』和銅二（七〇九）年六月二八日条には、「薩摩・多禰の両の国司と国師の僧」と見えるほか、同七（七一四）年四月二五日条に「多褹嶋に印一面を給ふ」とあり、壱岐島・対馬島と並び、国に準ずる地方行政単位として機能するようになったことが窺われる。また『続日本紀』天平五（七三三）年六月二日条に、「多褹嶋熊毛郡大領外従七位下安志託《あした》ら十一人に多褹後国造の姓を賜ふ。益救郡大領外従六位下加理伽《かりか》ら一百卅六人には多褹直、能満郡少領外従八位上粟麿《あわまろ》ら九百六十九には居に因りて直の姓を賜ふ」とあり、熊毛《くまげ》・益《や》救《く》・能満《のま》の各郡の存在が知られるほか、馭謨《ごむ》郡も置かれていた。ちなみに、和銅二年の七月には蝦夷征討の大軍を出羽に派遣しており、この時期に活発な対外政策が採られている点にも注意が必要だろう。

当二是之時一。南海諸嶋。地名未レ詳。故因二其路所一レ由。而名二多禰島一。即路之所レ由。而後隷二大隅国一。一作二多褹一。唐書亦作二多尼一。多禰国即南海諸嶋。於レ後総而称二之南嶋一者是已。元明天皇和銅六年。南海諸嶋。咸皆内附。至二孝謙天皇天平勝宝後一。史闕不レ詳。初文武天皇大宝中。併三掖玖嶋於二多褹嶋一。置二能満益救二郡一。以為二太宰府所レ管三嶋之一一。及二仁明天皇天長初一。停二多褹嶋一。以隷二大隅国一。於レ是乎南嶋貢献。蓋既絶矣。

この時に当たりては、南海諸島の地名、いまだ詳らかならず。故に、其の路の由る所によらん。而して多禰島と名づくるは、即ち路の由る所にして、後に大隅国に*隷《つ》く。一に多褹*に作り、唐書*また多尼に作る。多禰国即ち南海諸島なり。後において総て之れを南島と称する者は、是れなるのみ。元明天皇和銅六（八〔霊亀元＝七一五〕年の誤）年南海諸島*咸《ことごと》く皆な内附（服従）す。孝謙天皇天平勝宝（七四九～五七年）後*に至りては、史闕《か》き詳らかならず。初め文武天皇大宝中*（七〇一～〇四年）に掖玖島を多褹島に併せ、能満*、益救*の二郡を置き、以て太宰府管する所の三島*の一と為す。仁明天皇天長の初め（元＝八二四年）に及び、多褹島を停《や》め*以て大隅国に隷《つ》く。是れにおいてか、南島の貢献（貢納）は蓋し既に絶ゆるや。

大隅国 古えの襲国《そのくに》にあたり、『日本書紀』天武天皇一一（六八二）年七月三日条に、隼人朝貢の記事として「大隅の隼人」と見える。その後、『続日本紀』和銅六（七一三）年四月三日条に、「日向国の肝坏《きもつき》・贈於《おそ》・大隅・姶【羅】《あいら》の四郡を割きて、始めて大隅国を置く」とあるが、やがて天長元（八二四）年九月三日の太政官奏（『類聚三代格』巻五所収）では「多禰嶋を停め大隅国に付くるの事」として、多禰島を大隅国の所属とすると同時に、能満郡を馭謨郡に、益救郡を熊毛郡に併せたとしているが、この記事には地理的な混乱があり、『倭名類聚抄』などに記載された郷名などから判断すれば、正しくは益救郡を馭謨郡に、能満郡を熊毛郡に併せたものと考えられている（後注「能満」「益救」参照）。

一に多褹 注「多禰国」（一七二頁）参照。

唐書 『蝦夷志』注「唐書」（二二頁参照）。『新唐書』列伝第一四五東夷の日本の項の末尾に、東海の島々として「邪古、波邪、多尼」に「三小王」がいたとし、同書は別に琉球の項を設けているところから、多禰などの東海諸島を日本とし、琉球とは別物と認識している。注「唐書」（二四二頁）参照。

元明天皇和銅六年南海諸島 和銅六年は、前注「大隅国」で見たように、南島に関する記事は大隅国の設置のみで、「南海諸島」の内附については、『続日本紀』和銅八（霊亀元＝七一五）年正月一日条に「陸奥・出羽の蝦夷、幷せて南島の菴美（奄美大島）・夜久（屋久島）・度感《とかん》（徳之島）・信覚

（石垣島）・球美《くみ》（久米島）等、来朝《まう》きて各方物を貢《たてまつ》る」とあり、八世紀初頭に古代国家が南北からの貢納を強く望み正月儀礼に従わせていたことが窺われる。

孝謙天皇天平勝宝後　『唐大和上東征伝』（注「琉球」一六六頁参照）によれば、天平勝宝五（七五三）年には、唐僧・鑑真の乗った第二船の遣唐使船が多禰・益救島に寄った旨が見えるほか、『続日本紀』翌六年一月一七日条では、吉備真備の乗った第三船の遣唐使船が前年一二月七日に益久島に着いた記事があるが、ほかに南島に関する記載はみあたらない。

文武天皇大宝中　大宝年中には、先の注「多禰国」（一七二頁）で見た大宝二（七〇二）年の「薩摩・多褹」における反乱を契機に多禰国が成立をみたことを推測させる記事しかみあたらない。

能満　多禰国二郡のうちで種子島・屋久島を中心とした地域。前注「大隅国」で見た天長元年の太政官奏で、多禰国が大隅国に編入された際に、隣接していた屋久島・上屋久町・屋久町・南種子町・中種子町を中心とした熊毛郡に併合されたと考えられる。現在の熊毛郡中種子町の中心部にあたる野間が、その遺称地とされている。

益救　多禰国二郡のうち屋久島二郡の一つとされ、屋久島・口永良部島を中心とした地域にあたる。同じく前注「大隅国」で見た天長元年の太政官奏で、多禰国が大隅国に編入された際に、かつては屋久島の一部であった馭謨郡に併合されたと考えられる。現在の上屋久町宮之浦にある益救神社が、その遺称地とされている。

太宰府管する所の三島　壱岐島・対馬島・多禰島のことで、白石の指摘するように、かつて多禰島は南海諸島の総称として用いられていた。

多褹島を停め　前注「大隅国」参照。

而此間之俗亦称レ之。以為二流求一。且謂（二脱）其俗啖レ人之国。（一脱）殊不レ知此昔時所レ謂南嶋也。至三後又名曰二鬼嶋一。則遂併二流求之名一而失レ之矣。既而其国称二藩中国一。且通三市舶於二我西鄙一。流求之名。復聞レ於レ此。以迨レ于レ今。按流求古南倭也。南倭北倭。並見二山海経一。而南倭（※島）復見二海外異記一。二書蓋皆後人所レ作。雖レ然。其書並出二魏晋之際一。如二其所レ伝。亦既尚矣。美嘗按東方輿地。経短緯長。限レ之以レ海。莫レ有下海内可三以容二南北倭一者上。

而して此の間（日本）の俗は、また之れを称し以て流求と為す。且つ其の俗、人を啖《くら》うの国*と謂う。殊に知らず此れ昔時に謂う所の南島なり。後にまた名づけて鬼島*と曰うに至る。則ち遂に流求の名に併せて、之れを失う。既にして其の国は藩《まがき》*を中国と称し、且つ市舶を我が西鄙*に通じて、流求の名、また此れにおいて聞き、以て今に迨《およ》ぶ。按ずるに、流求古えは南倭*なり。南倭、北倭は、並びて山海経*に見え、南倭また海外異記*に見ゆ。二書、蓋し、皆な後人の作る所ならんか。然りと雖も、其の書、並びて魏、晋の際に出で、其の伝うる所の如くして、また既に尚《ふる》し。美（君美＝白石）嘗て按ずるに、東方の輿地は、経《たて》短く緯《よこ》長く、之れを限るに海を以てし、海内に以て南北の倭を容《い》るべき者有ること莫《な》し。

人を啖《くら》うの国　『隋書』「流求国」中には「闘死者を収取し、共に聚《あつま》りて之れを食う」とあり、これを台湾とするか沖縄とするかは意見が分かれるが、いわゆる「流求」の習俗として人を食うと考えられていた。その後、日本の記録にも、延喜二（九〇二）年に三善清行が著したという『智証大師伝』には、唐に至る途中の仁寿二（八五二）年八月一三日に漂着した島について「所謂流梂国喫人之地」と記されており、これを承けたと思われる虎関師錬の『元亨釈書』円珍伝には、流求に流れ着いた時に、良暉という僧侶が悲嘆にくれて「我等は当《まさ》に流求に啖《くら》わる所と為るべし。如何と為すか。蓋し流求は海島の人を啖うる国なり」と円珍に訴えた旨が見える。また九世紀頃の空海の『性霊集』巻五「大使福州の観察使に与うるが為の書」では、越前国太守藤原賀能達の渡海時の話として「凱風朝に扇いで肝を耽羅（済州島）の狼心に摧《くだ》く、北気夕に発つて胆を留求の虎性に失う」としている。また寛元二（一二四四）年成立の『漂到流球国記』に、上陸した漂流者が住居の炉中に人骨を見て肝を冷やし、これによって流球国に来たことを実感したとあるほか、「争《い》かでか鬼国の凶啖を遁れむか」という記述などから、鎌倉期においても恐ろしい人食いの島として知られていたことが窺われる。

鬼島　現在の喜界島のことで、鬼界ヶ島・貴賀ガ島とも書いた。一一世紀中期の成立と考えられる『新猿楽記』に、商人の首領である八郎真人の広汎な活動範囲の説明として「東ハ俘囚ノ地ニ臻《いた》リ、西ハ貴賀ガ島ニ渡ル」とあり、中世においては、東は津軽外ヶ浜から西は貴賀ガ島までが日本と考えられていた。また『平家物語』巻二大納言死去では、謀反の罪で俊寛が流された「薩摩潟鬼界が嶋」の記述として、人の風貌も日本とは異なり、米穀の類を作らず殺生を業《なりわい》として暮らしている旨が記されているが、これについては薩摩硫黄島の可能性が高い。なお『吾妻鏡』文治四（一一八八）年五月一七日条によれば、鎮西奉行の天野遠景が「貴賀井嶋」を平定したとしており、鬼界ヶ島が南島の総称的に用いられていたことが窺われる。さらに一五世紀後半に朝鮮の申叔舟が記した『海東諸国紀』には、琉球国の図のうちに「鬼界島　属琉球」とある。ちなみに近年、喜界島の城久《ぐすく》遺跡が発掘され、九世紀頃における日本勢力の最前線基地で、ここを起点に琉球へ雑穀農耕などが広まり、グスク時代の基礎が築かれたと考えられている（安里進「7～12世紀の琉球列島をめぐる3つの問題」『国立歴史民俗博物館研究報告』一七九集）。注「野史」（一八七頁）参照。

藩　藩は屛と同義で、藩屛をめぐらせて守護することから、属領の意となり、地方の属国・外藩を指す。注「琉球」（一六六頁）参照。

西鄙　日本の西の辺鄙な地域の意で、屋久島一帯をさすか。

南倭・山海経　この問題に関しては、『蝦夷志』の注「北倭・山海経」（一三頁）参照。

海外異記　四庫全書などには収められておらず不明の書とされるが、『古今図書集成』によれば、『曆象彙編歳功典』などに張騫《ちょうけん》の書として『海外異記』の名が見える。張騫のことを記した司馬遷の『史記』第六三「大宛列伝」によるものか。

若二彼流求蝦夷之地一。接二我南北一。相去不レ遠。蓋此其所レ謂者也。且如二後漢倭国列伝所一レ載。光武中元二年。倭奴国奉レ貢朝賀。以為二倭国之極南界一也。魏晋已前。天朝未レ有下通二中国一者上。所レ謂我極南界。即是古南倭也。其伝併二（一脱）載夷洲澶洲一。而鮮卑伝亦有下檀石槐東撃二倭人国一。得二千余家一之事上焉。

若し彼の流求、蝦夷の地のごとくんば、我が南北に接し、相い去て遠からず。蓋し、此れ其の謂う所の者ならんや。且つ後漢倭国列伝*に載する所の如くんば、光武中元二（五七）年、倭の奴国貢を奉じて朝賀し、以て倭国の極南界と為すなり。魏、晋已前、天朝は未だ中国に通ずる者有らず、謂う所のわが極南界は即ち是れ古えの南倭なり。其の伝（『後漢書』）は、夷洲*、澶洲《たんしゅう》*を併載す。而して鮮卑伝*に、また檀石槐*、東して倭人国を撃ち、千余家を得るの事有り。

後漢倭国列伝　『後漢書』巻一一五東夷伝・倭の項に、「建武中元二年、倭の奴国、奉貢朝賀す。使人自ら大夫と称す。倭国の極南界なり。光武、賜うに印綬を以てす」とある。ちなみに、この印綬とは、一八世紀に志賀島で発見された「漢委奴国王」の金印をさすが、その真贋をめぐっては論争がある（三浦佑之著『金印偽造事件』）。

夷洲・澶洲 『後漢書』同項には、「会稽の海外に、東鯷人あり、分かれて二十余国と為る。また夷洲および澶洲あり」と見え、蓬萊の神仙を求めて派遣された徐福の一団は、入手できなかったため怖れて還らず、この洲に留まった旨が記されている。また澶洲については、これに続けて「会稽の東冶の県人、海に入りて行き風に遭いて流移し、澶洲に至る者あり。所在絶遠にして往来すべからず」とあり、耽羅島つまり済州島とも考えられている（石原道博編注『中国正史日本伝〔1〕』）。なお夷洲に関しては、三世紀頃に呉の武将・沈瑩《しんえい》が記した浙江臨海郡の地方志『臨海異物志』に記事があり、これが台湾に関する世界最初の記述だとされている。

鮮卑伝 『後漢書』巻九〇烏桓鮮卑《うがんせんぴ》列伝。『蝦夷志』注「鮮卑」（一五頁）参照。

檀石槐 『蝦夷志』注「檀石槐」（一五頁）参照。

呉志又曰。大帝黄龍二年。遣二将軍衛温、諸葛直等一。率二甲士万人一。浮レ海。求二夷洲及澶洲一。澶洲所レ在絶遠。卒不レ得レ至。但得二夷洲数十（※千）人一還。

呉志*、また曰く、大帝黄龍二（前四八）年、将軍衛温*、諸葛直*等を遣わし、甲士（武装した兵士）万人を率い、海に浮びて、夷洲及び澶洲を求む。澶洲は在る所は絶遠にして、卒《つい》に至るを得ず。但し夷洲の数十（千ヵ）人を得て還る、と。

呉志　晋の陳寿撰にかかる『三国志』のうち呉志二〇巻。同書巻二には、「遣将軍衛温・諸葛直将甲士万人、浮海求夷洲及亶洲。亶洲在海中。長老伝に言うに、秦始皇帝方士徐福を将として童男童女数千人を海に入らしめ、蓬萊神山及び仙薬を求めしむるも此の洲より還らず。……会稽東県人海に行きてまた風に遭い流れて移り至る。亶洲者所在絶遠。卒不可得至。但得夷洲数千人還」とある。

衛温・諸葛直　ともに呉の武将で、孫権の命により、夷洲・澶洲の調査に向かったが、澶洲へは至らず、帰国後に目的が果たせなかったとして、両名とも処刑された。

是時亦莫レ有下異邦之人。来擾二我辺境一者上。

是の時、また異邦の人、来りて我が辺境を擾《わずら》わせる者有ること莫し。

拠二西洋所レ刻万国全図一。本邦及流求蝦夷。並在二海中洲嶋之上一。或絶或連。以為二東方一帯之地一。其他可二以為レ国者。如二弾丸黒子一。亦未レ有レ之也。然則鮮卑所レ撃者古北倭。後所レ謂蝦夷。

西洋刻む所の万国全図*によれば、本邦及び流求、蝦夷、並びて海中洲嶋の上に在り。或いは絶え或いは連なり、以て東方一帯の地を為す。其の他、以て国と為すべきは、弾丸、黒子の如し（非常に狭く小さな土地）。また未だ之れ有らざるなり。然らば則ち鮮卑の撃つ所の者は、古えの北倭、後に謂う所の蝦夷なり。

万国全図　『蝦夷志』八五頁注「万国図」参照。

而呉人所レ至者。亦是古南倭。後所レ謂流求而已。若二彼二国一。方俗雖レ殊。然方言頗与二此俗一同。如二其地名一（。脱）与二此間一。不レ異者往往在焉。

而して呉人至る所の者は、また是れ古えの南倭にして、後に謂う所の流求のみ。若し彼の二国のごとくんば、方俗（地方の風俗）殊なると雖も、然して方言*頗る此（日本）の俗と同じ。其の地名の如く、此の間と異ならざる者往々にして在り。

方言　アイヌ語は、主語＋目的語＋動詞など、基本的な文型は日本語に似ており、語義の借用関係が多いなどの類似点はあるが、二つの言語間に共通性は認められない。またアイヌ語は文字を持たず、系統や語族に関しても不明点が多く、孤立した言語と考えられている。また琉球語は、日本語と系統は同じくするものの、琉球語内部でも地域差が著しく、大きくは奄美群島と沖縄諸島の方言と先島諸島の方言とに分かれる。全体としては、琉球語を琉球方言とする立場と琉球諸語とみなす立場とがある。なお琉球語と日本語の間には、母音・子音に一定の対応関係が見られる。また文字については、琉球では室町時代初期頃から、和僧によって「いろは」文字が伝えられ、固有名詞の表記に平仮名が用いられたほか、閩人が登用され明の国子監（二七九頁注「大学」参照）に留学する者もあったことから、漢字が伝えられ、やがて公文書では漢字・平仮名交じり文が使用されるようになった（東恩納千鶴子『琉球における仮名文字の研究』）。

且夫後漢魏晋以来。歴世史書。並伝二我事一。而有二与レ我不レ合者一。蓋与二彼南北二倭一相混而已矣。世之人。概以為二其懸聞之訛一。非二通論一也。初隋人名曰二流求一。其所レ由未レ詳。

且つ夫れ後漢、魏、晋以来、歴世の史書、並びて我が事を伝う。而《しか》れども我れと合わざる者有り。蓋し、彼の南北二倭と相い混じるのみならん。世の人、概ねを以て其の懸聞（虚しく聞く）の訛《あやま》りと為す。通論に非ざるなり。初め、隋人名づけて流求と曰う。其のよる所は詳らかならず。

曰自㆓義安㆒浮㆑海。到㆓高華嶼㆒。又東行二日。到㆓黿鼊嶼㆒。又一日。便到㆓流求㆒。義安即今潮洲。高華嶼。後俗謂㆓之東番㆒。即今台湾。黿鼊嶼。即今其国所㆑謂恵平也嶋。明人以謂㆓熱壁山㆒。又謂㆓葉壁山㆒。古今方音之転耳。拠㆑此而観㆑之。流求本是其国所㆑称。而隋人因㆑之。亦不㆑可㆑知也。

（『隋書』に）曰く、義安*（広東省潮州市付近）より海に浮び、高華嶼《こうかしょ》*に到る。また東行すること二日、黿鼊嶼《げんへきしょ》*に到り、また一日を便《つい》で流求に到る、と。義安は即ち今の潮洲なり。高華嶼は後の俗に之れを東番*と謂う。即ち今の台湾なり。黿鼊嶼は、即ち今其の国に謂う所の恵平也嶋（伊平屋島）なり。明人以て熱壁山*と謂い、また葉壁山*とも謂う。古今の方音の転のみ。此れによりて之れを観るに、流求、本は是れ其の国称する所にして、隋人は之れによる。また知るべからざるなり。

義安　広東省潮州市付近をさし、隋代には大業三（六〇七）年の郡制施行に伴い、潮州は義安郡と改称され下部に一五県を管轄した。

高華嶼・黿鼊嶼　このうち黿鼊嶼について『隋書』は「黽鼊嶼」とするが、『大明一統志』などは「黿鼊嶼」としている。『隋書』巻六四列伝二九「流求国」の項には、陳稜が征軍した時の記事として、「義安より海に浮び之を撃つ。高華嶼至り、又東行二日して黽鼊嶼に至る。又一日を便《つい》で流求に至る」とある（注「隋書に見ゆ・歓斯」（二四〇頁）参照）。白石は、このうち高華嶼を台湾としているが、黿鼊嶼については、これを伊平屋島としている。しかし伊波普猷は、音韻関係を根拠とする幣原坦の説を承け、地理的・地形的見地などから、これを久米島のこととしている（『隋書』の流求についての疑問」同全集二巻）。注「恵平屋島」（二一六頁）参照。

東番　台湾の少数民族。中村惕斎の寛文六（一六六六）年刊『訓蒙図彙』巻四人物に「東番、今按、たかさご東番夷也」とある。

熱壁山　伊平屋島のこと。地名としての山は島に同じ。陳侃の『使琉球録』「使事紀略」に「此れ熱壁山也、亦本国に所属す。但し本国を過ぐること三百里、此に至らば、以て無憂とすべし。若し更に従いて東すれば、即ち日本矣」とあり、葉壁山に同じで伊平屋島のことと考えられる。なお『広輿図』の琉球国図には移山嶴《いざんおう》（伊江島）の北に「熱壁山」のみが見え、「彭湖島」「高英嶼」と並んで最東部に「黿鼊嶼」も記されている。注「恵平屋島」（二一六頁）参照。

葉壁山　伊平屋島のこと。「閩書《びんしょ》」（二一五頁注参照）巻一四六島夷志「琉球国」に「東北に硫黄（鳥島）、葉壁、灰堆（不明）、繇奴《ようぬ》（与論島）、野刺普（沖永良部島）、吉佳（喜界島）、七島（トカラ列島）有り、雑《くさぐさ》に紫菜、魚鼈、海貝の諸物を出す。黿鼊等の嶼、彭湖等の島、蓋し其の大なる者は、樹に鳳尾蕉有りて、四時凋《お》ちず」とある。注「恵平屋島」（二一六頁）参照。

国人之説曰。永万中。源為朝浮レ海。順レ流求而得レ之。因名二流求一。明洪武中。勅改二今字一。

国人の説*に曰く、永万中（一一六五～六六年）、源為朝海に浮び、流れに順い求めて之れを得る。よりて流求と名づく。明、洪武中*（一三六八～九八年）、勅して今の字に改む、と。

国人の説　琉球人の説の意。一六六頁注「琉球」で引用したように為朝来琉の記事がある。

洪武中　注「琉球」（一六六頁）「藩」（一七八頁）参照。

蓋不レ然也。隋世既有二流求之名一。而元史亦作二瑠求一。且拠二野史一。為朝始至二鬼嶋一。其地生二萑葦之大者一。因名曰二葦嶋一。明人又以謂於レ古為二流虬一。地界二万濤一。蜿蜒若三虬浮二水中一。因名。後転謂二之琉球一。〈出二世法録一。〉

蓋し然らざらんや。隋世、既に流求の名有りて、元史また瑠求に作る。且つ野史*によれば、為朝始めは鬼島に至り、其の地、萑葦《すいい》（アシ）の大なるもの生うるにより名づけて葦島と曰う。明人、また以て謂うは、古えに於いては流虬と為す。地は万濤に界《かい》し、蜿蜒《えんえん》（龍蛇などのうねり行く様子）として、虬《みずち》（龍）の水中に浮ぶが若くによりて名づく。後に転じて之れを琉球と謂う、と。〈世法録*に出づ。〉

野史　民間で撰述された史伝の意で、ここでは『保元物語』をさす。同書下「為朝鬼島ニ渡ル事幷最後ノ事」に、源為朝が八丈島を出て一日一夜船で走って着いた島について、「此島ニ名ハ無カト云ヘバ、鬼島ト云。（この島には昔は鬼がいたが、今はいないので）鬼島トハ云フベカラズトテ、葦ノイクラモ生タリケレバ、葦島トコソ申ケレ」とあり、先に見た鬼界ヶ島ではなく「八丈ガ島ノ脇ノ島」という説明がなされているが、これが琉球に渡る為朝伝説として肥大する間に、どこかで鬼界ヶ島との混同が生じた可能性も考えられる。注「鬼島」（一七七頁）参照。

世法録　陳仁錫撰の『皇明世法録』九二巻のことで、明の太祖から神宗の万暦年間までの記事が収録されている。同書巻八〇の琉球の項には、「於古為流虬。地界万濤蜿蜒、若虬浮水中、因名。後転謂之琉球」とある。なお琉球王府の中国における在留通事などとして活躍し、琉球使節として白石とも面談した程順則の『雪堂燕遊草』は、福建で刊行した漢詩集であるが、同書を正徳四（一七一四）年に京兆書林奎文館の瀬尾源兵衛が刊行した際に、巻末に『皇明世法録』巻八〇の琉球関係部分が「琉球考〈見明陳仁錫世法録〉」として収められ、広く読まれるところとなった。白石も、これを利用した可能性も考えられる。

蓋亦不レ然也。其国未二之前聞一也。隋人始至以為二琉（※流）求一。且謂国無二文字一。豈有レ取下虬浮二水中一之義上也哉。不三強求二其説一可也。其国風俗。隋書所レ載最詳。後之説者。因所レ述焉。

蓋し、また然らざらんや。其の国、未だ之れの前聞をしらざるなり。隋人、始めて至るを以て琉（※流）求と為す。且つ謂うに、国に文字無く、豈に虬の水中に浮ぶの義を取るに有るなりとせんや。強く其の説を求めざるべしなり。其の国の風俗は、隋書載する所にもっとも詳しく、後の説はよりて述ぶる所なるや。

明嘉靖中。給事中陳侃与二行人高澄一。往封二其国一。及レ還上二使琉球録二巻一。言従前諸書。亦多二伝訛一。乞下二所レ録史館一。詔従レ之。後人遂以二陳氏之書一。為レ得二其実一也。

明嘉靖中（一五二二〜六六年）、給事中*の陳侃《ちんかん》*、行人*の高澄*と往きて其の国を封じ、還るに及びて使琉球録二巻を上《たてまつ》る*。言うには、従前の諸書*はまた伝訛多く、乞いて録す所を史館*に下す、と。詔して之れに従い、後人は遂に陳氏の書を以て其の実を得んと為すなり。

給事中　古代中国の官名で、かつては宮中の奏事務を担当して天子の左右に侍したが、唐・隋の代には、主命を下達する要職となった。明・清においては、天子に直属する行政の六部（吏・兵・戸・刑・礼・工）のもとに、それぞれ六科給事中が置かれ、各部の監察にあたった。

陳侃　明代浙江省の人で、字《あざな》は応和、嘉靖五（一五二六）年に殿試に合格して進士となり、同一三（一五三四）年、刑科給事中の時に、尚清王の冊封正使として来琉。同年五月八日に福建の梅花所を出帆し、伊平屋島に漂着した後、同二六日に那覇港に入った。約四ヶ月の滞在中に、琉球各地を調査・見聞し、冊封使による詳細な最初の記録となる『使琉球録』を著した。帰国復命後、南京大僕少卿となって卒した。

行人　古代中国の官名で、賓客のもてなしを司った。すでに周代から秋官に属して大行人・小行人とがあった。漢代になると大鴻臚に属したが、明代には行人司に属して、天子の使者を担当し、冊封礼においては副使に充てられた。その後清代には廃止された。

高澄　中国明代順天固安の人で、字は粛卿。嘉靖八（一五二九）年に進士となり、行人司行人の時に、陳侃とともに尚清王の冊封副使として来琉。その記録に、『臨水夫人記』『操舟記』があるが伝本せず、前者が蕭崇業の『使琉球録』に、後者が夏子陽の『使琉球録』に、それぞれ逸文が収められている。

使琉球録二巻　琉球に来訪した冊封使たちは、それぞれに復命書を残しているが、まとまった記録としては、嘉靖一三（一五三四）年の陳侃『使琉球録』が、もっとも古く、白石が『南島志』で引く『使琉球録』とは本書をさす。本書は、尚清王の冊封正使として来琉した時のもので、「自序・詔勅・諭祭文・使事紀略」までを上巻とし、下巻に「群書質異・天妃霊応記・夷語・夷字・題奏・後序」を収める。なお冊封使録は、歴代の冊封使たちが、数多くの記録を残し、『明史』や『明実録』の琉球関係記事も、その一部と考えられる。陳侃以後のものとしては、郭汝霖『使琉球録』（嘉靖四一＝一五六二年）、蕭崇業『使琉球録』（万暦七＝一五七九年）、夏子陽『使琉球録』（万暦三四＝一六〇六年）、張学礼『使琉球記』（康熙三＝一六六四年）、汪楫『使琉球雑録』（康熙二二＝一六八三年）、徐葆光『中山伝信録』（康熙五八＝一七一九年）、李鼎元『使琉球記』（嘉慶五＝一八〇〇年）、何紹基『冊封琉球賦』（道光一八＝一八三八年）などがある。なお比較的まとまった『中山伝信録』の著者・徐葆光が来琉したのは、『南島志』成立と同年であった。

従前の諸書　陳侃は、『使琉球録』の執筆にあたり、「自序」で次のような事情を述べている。彼は任務に赴く琉球について調べようとしたが、尚清王の父・尚真王が王位継承してから、すでに五〇余年が経ち、前の冊封使に関する記録が消失しており、いくつかの琉球関係書を参考とした。しかし、それぞれに食い違うところもあり、信頼に足らないので、陳侃は、自らが琉球の実情を詳しく、かつ客観的に調べて、それらの群書の誤りを正したいとする。同書のうちでも、とくに「群書質異」が、これに相当する部分で、『大明一統志』『贏虫録《らちゅうろく》』『星槎勝覧』『集事淵海』『通典』『使職要務』『大明会典』に登場する琉球記事の検討を行っている。

史館　『使琉球録』の「題奏」では、「本部、まさに進《まいら》する所の『使琉球録』、これを史館に付し、以て他日の史館の採集に備う」としている。なお史館とは、唐代の貞観三（六二九）年に、それまで修史事業を担当していた秘書省著作局に代って、新たに門下省に設置された歴史編纂所。宰相が兼任する監修と四名の修撰とによって事業が進められ、これを令史・楷書・写国史楷書・楷書手・典書・亭長・掌固・熟紙匠など計六七名が補佐した。修史の基本史料となる起居注・時政記・行状や官庁の記録などが、ここに送付され、各王朝における歴史編纂事業の拠点となった。

なお明代には翰林院と称した。

前者。宝永正徳之際。中山来聘。美毎蒙二教示一。得下見二其人一。采中覧異言上。因知下陳氏所レ駁。未二必尽得レ之。而従前諸書。未中必尽失上レ之也。

前者（先頃）、宝永（七＝一七一〇年：家宣襲職の慶賀使）、正徳（四＝一七一四年：家継襲職の慶賀使）の際、中山*来聘し、美（君美）毎《そのおりごと》に（将軍の）教示（許可）を蒙り、其の人*（琉球使節）に見《まみえ》て異言を采覧するを得る。よりて、陳氏駁する所*は、未だ必ずしも尽くすに之れを得ずして（充分とは言えないこと）、従前の諸書も、未だ必ずしも尽くすに之れを失わざる（価値がないわけではないこと）を知るなり。

中山　グスク時代後期の一四世紀初期から一五世紀初期にかけて、沖縄本島では中部に中山、北部に北山（山北）、南部に南山（山南）という三つの国が成立していた。これらの国々は、それぞれ明と冊封関係にあったが、中山の尚巴志が宣徳四（一四二九）年に三山を統一して琉球王朝を樹立したことから、中山は琉球全体をさすところとなった。

其の人（琉球使節）　宝永七（一七一〇）年、琉球王尚益が将軍徳川家宣に遣わした慶賀使・謝恩使（庚寅使人）で、正使は美里王子尚来と豊見城王子尚祐であった。正徳四（一七一四）年には、同じく尚敬が徳川家継に慶賀使・謝恩使（甲午使人）を遣わしており、正使は与那城王子尚監と金武王子尚永泰であった。とくに正徳の使節の従官に宮里親方（程順則）、玉城《たまぐすく》親方親雲（朝薫）、砂辺親雲（漢姓名＝曽暦）などがおり、なかでも白石は程順則から、琉球に関する多くの知識を得ている（東恩納寛惇「「『白石先生琉人問対』について」を読む」同全集四）。なお通訳にあたったのがのちに組踊りの創作者として知られる玉城朝薫であったろうとされている。また白石は、この時の質疑録を『白石先生琉人問対』にまとめており、本書および『琉球国事略』などに活用している（宮崎道生著『新井白石の洋学と海外知識』）。注「玉城親雲上」（三三一頁）参照。

陳氏駁する所　注「従前の諸書」（一九一頁）参照。

蓋自ㇾ隋至ㇾ明。歴㆓十世㆒之間。其国沿革。復有ㇾ不ㇾ同。而君長之号。国地山川之名。与㆓其風俗語言㆒。古今殊異。豈能得ㇾ無ㇾ訛㆔謬於㆓其間㆒哉。雖ㇾ然美嘗摭㆓国史㆒。考㆔之於㆓隋及歴代之書㆒。証以㆓其国人之言㆒。古之遺風余俗。猶存ㇾ于ㇾ今者。亦不ㇾ少矣。乃細（※紬）㆓（‐欠）繹旧聞㆒。以作㆓

南嶋志一。庶幾後之観レ風詢レ俗。以有レ所レ考焉。

享保己亥。十二月戊午。源君美序。

蓋し、隋より明に至るに、十世を歴《かぞ》うるの間、其の国の沿革、また同じからざる有りて、君長の号、国地山川の名、其の風俗を語る言とともに、古今、殊異す。豈に、能く其の間において訛謬無きを得んや。然りと雖も、美（君美）嘗て国史により、之れを隋及び歴代の書において考うるに、其の国人（琉球使節）の言を以て証し、古えの遺風、余俗、なお今に存するは、また少なからずや。乃ち旧聞を紬繹《ちゅうえき》（糸口を探し演繹する）して、以て南島志を作り、庶幾《しょき》してのちの風を観じ俗を詢《と》い、以て考うる所有り。

享保己亥（四＝一七一九年）十二月戊午（二〇日）。源君美序す。

南嶋志目録

上巻

下巻

南島志上巻　東都　新井君美在中著

地理第一

琉球在㆓西南海中㆒。依㆓洲島㆒為㆑国。建国以来。不㆑知㆓其代数㆒云。蓋古之時。厥民各分散。洲島自有㆓君長㆒。然莫㆓能相壱㆒。迨㆑于㆓中世㆒。始合而為㆑一。未㆑幾其地亦分。為㆓中山山南山北之国㆒。既而中山遂併㆓南北㆒。以㆑迄㆑今。三山分㆑域。亦皆未㆑詳。而今按㆓其地図㆒。校㆓其計書㆒。曩者鼎立之勢。略可㆓得而見㆒矣。因作㆓地理志㆒。

琉球は西南海中に在り。洲島《しゅうとう》に依て国を為す。建国以来、其の代数を知らずと云う。蓋し、古えの時、厥《そ》の民 各《おのおの》分散し、洲島自ずと君長有り、然れども能く相壱（統一）すること莫《な》からんや。中世に迨《およ》びて、始めて合わせて一と為すも、未だ幾《おわら》ずして其の地また分かれ、中山、山南、山北の国を為す。既にして中山遂《つい》に南北を併せ、今に迄《ま》で以て、三山域を分かつも、また皆な、未だ詳らかならずして、今、其の地図*を按じ、其の計書*を校するに、曩《むかし》は鼎立の勢、略《ほぼ》得て見べんや。よりて地理志を作る。

其の地図　『蝦夷志』注「万国図」（八五頁）で記したように、白石は三種の西洋図を見ていたが、そのほかにも朝鮮の申叔舟『海東諸国紀』琉球国図、中国の胡宗憲『籌海図編』や王圻『三才図会』所収の琉球図、あるいは鄭若曾『琉球図説』などを参照していた可能性が高い。より正確な地図としては、幕府が作成した『正保国絵図』『元禄国絵図』を利用しており、本書所収の「琉球国全図」（一四五〜一五二頁）「琉球各島図」（一五三〜一五九頁）は、これによっている。

其の計書　計書は報告書の意味であるが、ここでは先の二つの国絵図に対応する『正保郷帳』『元禄郷帳』など、薩摩藩の作成にかかる帳簿類を意識したものと思われる。

沖縄島。○即中山国也。其地南北長。東西狭。而周廻凡七十四里。〈是拠二此間里数一而言。凡六尺為レ間。六十間為レ町。三十六町為レ里。後皆倣レ此。〉

沖縄島*。○即ち中山国なり。其の地南北長く東西狭くして、周廻*凡そ七十四里。〈是れ此の

間（日本）の里数*によりて言う。凡そ六尺を間と為し、六十間を町と為し、三十六町を里と為す。後、皆な此れに倣う。〉

沖縄島 沖縄の呼称については、琉球が異国つまり外側からの呼称であったのに対し、「おきなわ」つまり「うちなは」は大きな漁場の意で、自称であったとされており（外間守善著『沖縄の歴史と文化』）、注「琉球」（一六六頁）を参照のこと。なお近世においては琉球という表記が、国名としては一般的であった。ただ『正保国絵図』は全三舗からなるが、それぞれ「琉球国大嶋図」「琉球国悪鬼納嶋絵図」「琉球国八重山嶋絵図」と題されているように、島名として沖縄本島をさしていたことが、この白石の用法からも明らかとなる。ちなみに沖縄本島を中山国としているのは、「世系」本文〔二七二頁〕において、琉球使節の話では、今帰仁《なきじん》以北を山北、大里以南を山南としているにもかかわらず、白石は、与論島以北を山北、先島を山南として考えていたためで、この論法からすれば沖縄本島が中山国となる。なお正保段階では、「悪鬼納」の表記が採られていたが、年未詳一〇月一六日付の嶋津主計宛の嶋津勘解由覚（尚古集成館所蔵文書／『琉球国絵図史料集 第二集』所収）には、「琉球国の異名悪鬼納嶋と沖縄嶋と両様に之れ有り候に付、段々申越候趣之れ有り、貴聞に達せられ候処、此節は沖縄之文字を用申す可き旨、仰出され候由」とあり、元禄期以降は「沖縄」と記されるようになった。『元禄国絵図』では「沖縄島外七島」のうちで高六万二一九九石・村数四五。

周廻　以下、『南島志』における各島の周廻および港の広深に関して、これら全てを白石は、『元禄国絵図』によっているので、その数値に関しては、諸本に脱落や異本に誤記があっても、これらを同国絵図から補ったことから、敢えて異同を示さない。

里数　『蝦夷志』注「里」（二八頁）にも記したように、日本の一里は三九二七メートルであるが、中国の一里は、明代で五五九・八メートル、清代で五七六メートル、現代では五〇〇メートルとなるが、白石は日本の里数に換算している。

国頭居レ北為レ首。島尻居レ南為レ尾。王府在二西南一。曰二首里一。蓋古翠麗山地。今作二首里一。方音之転也。〈翠麗山。見二星槎勝覧一。〉城方一里。東西距レ海。各二里許。至二于北岸一二十九里。去二其南岸一五里。凡諸島地。山谿崎嶇。罕レ有二寛曠之野一。其人浜二山海一而居。各自有二分界一。謂二之間切一。間切者。猶レ言二郡県一也。

国頭《くにがみ》北に居し首を為す。島尻南に居し尾を為す。王府西南に在り、首里*と曰う。蓋し、古え翠麗山*の地、今、首里に作り、方音の転ならんや。〈翠麗山、星槎勝覧*に見ゆ。〉城方一里にして、東西海を距て各《おのおの》二里許り、北岸に至ること二十九里、其の南岸を去ること五里。凡そ諸島の地、山谿は崎嶇《きく》（険しい）にして、寛曠の野有るは罕《まれ》なり。其の人山海に浜《ひん》して居す。各《おのおの》自ずから分界有り。之れを間切《まぎり》＊と曰う。間切はなお郡県を言うがごときなり。

首里　一四世紀頃から明治一二（一八七九）年まで、琉球王国の首都であり、政治・文化の中心地として栄えた。現在の那覇市北東部の台地部に位置して、「シュイ」「スイ」とも呼ばれ、南部の高台に首里城が置かれた。もともとは真和志《まわし》・南風原《はえばる》・西原《にしはら》の三間切を王家の直領としていたが、近世には、この三間切を首里外とし、台地上の首里を真和志平《ひら》等・南風平等・西平等の三平等に区分し、王都の区域として自治を認めた。なお海に臨む低地部の西村・東村・泉崎町・若狭町からなる那覇四町と対称された。

翠麗山　白石が述べるように、『星槎勝覧』後集「琉球国」に「其処の山形は、抱き合いて生ず。一山曰く翠麓、一山曰く大崎、一山曰く斧頭、一山曰く重曼、高く叢林聳え田沃にして穀さかんなり」と詠われているが、「翠麗」ではなく「翠麓」である点に注意。ただ同書の検討を試みた陳侃の『使琉球録』では、同書を引用しつつも、これを「翠麗」と誤記した上で、「琉球国、山形、南北をなすと雖も一帯にして生る、甚だ抱き合わず、亦た翠麗等の四山の名無し、且つ、形勢卑小にして高く聳えず、材木樸樕《ぼくそく》（小木）にして密に茂らず、その田砂礫にして、肥饒ならず」という解説を加えているが、この方が琉球の実態に近いものと思われる。従って翠麗が首里に転訛したとするには無理があろう。

星槎勝覧　明の費信の著で、正統元（一四三六）年完成。費信は、永楽年間（一四〇三〜二四）に成祖の命をうけて東南アジアなどに遠征した鄭和の随員で、各地を実見して本書を著したが、前集が見聞に基づいたものであるのに対して、後集は伝訳部分にあたり、琉球に関する記述には信頼性が薄く、むしろ台湾との混同が見受けられる。

間切　古琉球時代から明治四〇（一九〇七）年まで置かれた行政区画単位で、現在の沖縄の町村区画にもほぼ引き継がれている。生活の場としての村であるシマを複数統合したもので、初期段階の按司《あじ》（二四六頁注参照）に主導される小支配地域を母体とし、それぞれに一定の地域性が認められる。最終的な納税負担単位でもあり、一七世紀に間切の再編が行われ、間切数は増加した。間切内で、その間切と同名の村を間切同村と呼び、間切の番所が置かれることが多い。間切番所には、地頭代や捌理《さばくり》などの地方役人が詰めて行政にあたった。間切全体を領有する者を両総地頭（按司地頭＝按司や王子クラス・総地頭＝親方や上級士族クラス）と呼び、間切内の村を有する者を脇地頭（下司・平士クラス）と称した。王府の指導で間切内法が作成され、民衆の生活を規定しており、領主である地頭層は、基本的に町方に住していた。

201　南島志

王府領㆓間切二十七㆒。曰㆓国頭㆒、曰㆓名護㆒、曰㆓羽地㆒、曰㆓今帰仁㆒。〈旧作㆓伊麻奇時利㆒。〉曰㆓金武㆒。〈旧作㆓鬼具足㆒。〉曰㆓越来㆒。〈旧作㆓五欲㆒。〉曰㆓読谷山㆒。曰㆓具志河㆒。曰㆓勝連㆒。〈旧作㆓賀通連㆒。〉曰㆓

北谷一。曰二中城一。〈旧作二中具足一。〉曰二西原一。曰二浦添一。〈旧作二浦傍一。〇已上在二都城東北一。〉曰二真和志一。曰二豊見城一。曰二兼城一。曰二喜屋武一。曰二摩文仁一。曰二真賀比一。〈已上在二都城西一。〉、曰二南風原一。曰二島添大里一。曰二佐敷一。曰二知念一。曰二玉城一。〈旧作二玉具足一。〉曰二具志頭一。曰二東風平一。曰二島尻大里一。〈旧作二島尻一。〇已上在二都城南一。〉

王府は間切二十七を領す。曰く国頭《くにがみ》（国頭村）、曰く名護《なご》（名護市）、曰く羽地《はねじ》（名護市）、曰く今帰仁《なきじん》（今帰仁村）〈旧くは、伊麻奇時利《いまきじり》*に作る〉、曰く金武《きむ》（金武町）〈旧くは、鬼具足《きぐすく》*に作る〉、曰く越来《ごえく》（沖縄市コザ）〈旧くは、五欲《ごよく》*に作る〉、曰く読谷山《よみたんさん》（読谷村）、曰く具志河《ぐしかわ》（うるま市）、曰く勝連《かつれん》（勝連町）〈旧くは、賀通連*に作る〉、曰く北谷《ちゃたん》、曰く中城《なかぐすく》〈旧くは、中具足*に作る〉、曰く西原《にしはら》（浦添市）、曰く浦添《うらそえ》（浦添市）〈旧くは、浦傍*に作る。〇已上、都城の東北に在り。〉、曰く真和志《まわし》（那覇市）、曰く豊見城《とみぐすく》（豊見城市）、曰く兼城《かねぐすく》（糸満市）、曰く喜屋武《きゃん》（糸満市）、曰く摩文仁《まぶに》（糸満市）、曰く真賀比《まかい》（糸満市真壁）〈已上、都城の西に在り。〉、曰く南風原《はえばる》（南風原町）、曰く島添大里《しまそえおおさと》（南条市大里）、曰く佐敷《さしき》（南条市）、曰く知念《ちねん》（南条市）、曰く玉城《たまぐすく》（南条市）〈旧くは、玉具足*に作る〉、曰く具志頭《くしかみ》（八重瀬町）、曰く東風平《こちんだ》（八重瀬町）、曰く島尻大里（糸満市大里）〈旧くは、島尻*に作る。〇已上、都城の南に在り。〉

伊麻奇時利　朝鮮通信使として日本に赴いた申叔舟が、成宗二（一四七一）年に著した『海東諸国紀』琉球国図には、「伊麻奇時利城」が見え、今帰仁城の古名とされる。以下、白石が「旧くは」としている地名は『海東諸国紀』の同図によったものと考えられる。なお今帰仁は、『中山世鑑』巻一にアマミキョが創った琉球開闢伝説七嶽のうちの二番目として「今鬼神ノカナヒャブ」が見えるほか、『琉球神道記』第五に「中ゴロ、鎮西ノ八郎為伴（朝）、此国ニ来リ、逆賊ヲ威シテ、今鬼神ヨリ、飛礫ヲナス」とある。さらに『琉球渡海日々記』慶長一四（一六〇九）年三月二七日の記事にも「今キジンノ城アケノキ候」などと見える（『那覇市史』資料編一―二）。これに関して伊波普猷は、今帰仁の古称を「新来者統治《いみやきじり》」と考え、それが転訛して「伊麻奇時利《いまきじり》」とした上で、今帰仁を中心とした北山について、「最初大和よりの侵入者を中心として組織した国」と考えても強《あなが》ち無理な憶測ではないだろうとする説を展開している（「あまみや考」『日本文化の南漸』伊波全集五）。

鬼具足　『海東諸国紀』琉球国図には「鬼具足城」が見え、白石は金武町に比定するが、東恩納寛惇は、中城城よりも南に記されることから、『おもろさうし』四二四番の「おもろ音揚《ねや》がりや　鬼ぐすく　気合わせ」を引き、鬼を単なる美称としている（東恩納「黎明期の海外交通史」同全集三）。

五欲　『海東諸国紀』琉球国図には「五欲城」が見え、沖縄市越来で、方言では「グイク」と称したとする（前掲東恩納論文）。

賀通連　『海東諸国紀』琉球国図には「賀通連城」が見え、永楽一六（一四一八）年に朝鮮に交易を求めた中山王次男・賀通連が、勝連の地の領主であったとされている（前掲東恩納論文）。『おもろさうし』一一三三番には「勝連わ　てだ（太陽）向て　門　開けて　真玉　金　寄り合う　玉の御内」などとある。

中具足　『海東諸国紀』琉球国図には「中具足城（異本により中貝・貴足とある）」が見え、中城のこととされる。『おもろさうし』五三番には「中城　根国　根国　在つる　隼（船の美称）」などとある。

浦傍　『海東諸国紀』琉球国図には「浦傍城」が見え、浦添のことで『おもろさうし』一〇七一番に「聞ゑ浦添《うらおそい》や　按司の孵《す》（育ち守護するの意）で親国……主の孵で親国」などとある。伊波普猷は、かつて浦添は浦襲と称し、浦々を襲うつまり国々を支配したことの意で、この地に舜天王が王権を樹立し、次の英祖王や察度王も、浦添城を居城としたとする（「浦添考」『古琉球』伊波全集一）。第一尚氏の王墓である浦添ようどれがある。

玉具足　『海東諸国紀』琉球国図には「玉具足城」が見え、『中山世鑑』巻一に、アマミキョが創った琉球開闢伝説七嶽のうちとして「玉城アマツヅ」があり、英祖王統の玉城王のかつての居城と伝えられる。

島尻　『海東諸国紀』琉球国図には「島尾城」が見え、これを「トオビグスク」と読めば、豊《と》見城《みぐすく》の可能性も考えられるが、同書は「具足」と「城」を使い分けているところからも、白石の記述通り、位置的には島尻大里のこととすべきだろう（前掲東恩納論文参照）。なお島尻大里には、南山グスク（大里グスクとも称する）があり、島尻一帯を支配した南山王・承察度の居城とされている。

海港二所。其在二東北一。曰二運天湊一。湊者水上人所レ会。而此間海船所レ泊也。〈運天湊。旧作二運見泊一。在二今帰仁間切一。湊者此間古言曰二水門一也。港深一里二十七町。闊二町。大船五六十隻。可二以栖泊一。○去レ此東北行。至二与論島一二十里。〉在二西南一曰二那覇港一。去二都城一里余。此間及海外諸州船所二輻湊一也。〈那覇港。旧作二那覇津一。港深二十二町。闊一町二十間。堪レ泊二大船三十隻一。去二長崎一三百里。去二朝鮮一四百里。去二塔加沙古東南海角一。四百八十里云。塔加沙古。即今台湾也。〉港口四邑。居民蕃盛。置二那覇港官四員一分治焉。迎恩亭天使館。亦在レ于レ此。迎二接中国使人一之所也。

海港二所、其れ東北に在り、運天湊《うんてんのみなと》*と曰う。湊は水上に人会う所にて、此の間の海船泊まる所なり。〈運天湊、旧くは、運見泊に作る。今帰仁間切に在り。湊は此の間にて、古言に水門と曰うなり。港は深さ一里二十七町、闊《ひろ》さ二町にして、大船五、六十隻は、以て栖泊《せいはく》すべし。○ここを去りて東北に行くに、与論島に至ること二十里。〉西南に在る那覇港《なはこう》*と曰うは、都城を去ること里余。此の間及び海外諸州の船、輻湊する所なり。〈那覇港、旧くは、那覇津に作る。港は深さ二十二町、闊さ一町二十間にして、大船三十隻の泊に堪うる。長崎を去ること三百里、朝鮮を去ること四百里、塔加沙古《たかさご》（高砂）東南の海角（岬）を去ること四百八十里と云う。塔加沙古は即ち今の台湾なり。〉港口四邑、*居民蕃《おお》く盛んにして那覇港に官四員*を置き、分治す。迎恩亭、*天使舘、*またここに在りて、中国使人を迎接するの所なり。

運天湊　古宇利《こうり》島と屋我地《やがじ》島とに囲まれた今帰仁村の良港で、ここに源為朝が上陸したと伝えられるほか（注「伊麻奇時利」（二〇三頁）参照）、薩摩藩琉球侵攻の際の上陸地であるなど、古くから日琉通交の重要拠点とされた。『海東諸国紀』琉球国図には、「雲見泊　要津なり」と見えるが、「雲見」と記すのは同書のみで（前掲東恩納論文）、白石はあくまでも「運見」としている。なお『おもろさうし』一〇二七番には、「運天　着けて　小港着けて……鎧　濡らちへ　又　大和の軍《いくさ》　山城の軍」などとあり、これを薩摩藩琉球侵攻を詠ったものとする説もあるが、伊波普猷は、この時には雨は降っておらず、為朝の上陸時が暴風雨であったことなどから、これを為朝のオモロだとしている（「南島の歌謡に現はれたる為朝の琉球落」『琉球古今記』同全集七）。

那覇港　『海東諸国紀』琉球国図には、「那覇皆渡」と見え「湾口　江南、南蛮、日本商船所泊」の注記があるように、琉球王朝最大の国際的貿易港であった。もともと安里《あさと》川・久茂地《くもじ》川・国場《くにば》川からの土砂が形成した小島で浮島とも称し、『おもろさうし』七五三番に「首里　おわる　てだ（太陽）こが　浮島は　げらへて（造営させて）　唐　南蛮　寄り合う　那覇泊」と詠われている。なお尚金福三（一四五二）年には、安里（崇元寺）橋から那覇港まで、長虹堤と呼ばれる海中道路を造築した。

港口四邑　注「首里」（二〇〇頁）の那覇四町のことで、那覇にはほかに久米村と泊村があった。

那覇港に官四員　近世首里王府で外交・文教を担当した鎖之《さすの》側《そば》の下に置かれた役職で、康熙二（一六六三）年に国王に上覧された『琉球国由来記』によれば、那覇を監督する那覇里主と、その下役に那覇大筆一人と脇筆者一員が置かれたほかに、里主と同格扱いの御物城がおり、これには「那覇里主と倶《とも》に那覇中を主《つかさ》どる也」と記されており、これらの四員が確認できる。

迎恩亭　冊封使の上陸地点であった那覇港に臨む通堂崎の突端にあった冊封使専用の休憩所で、通堂屋と呼ばれた。歓迎の意味を示す「迎恩」の扁額が掲げられていた。陳侃の『使琉球録』「使事紀略」には「是日登岸す。岸上に翼然たる亭有り。扁に曰く迎恩」とある。

天使館　冊封使たちは、迎恩亭を出ると現在の那覇市東町にあった宿泊施設である天使館に向かった。迎恩亭から一里（五七六メートル）ほどの位置にあり、これについて『中山伝信録』巻二は、「南に面して屋宇は皆、中国の衙署の如し。外柵四周し、柵内の東西門、房は各々四楹、竿上に冊封の黄旗二を施す」と記している。

計羅摩島。〈旧作二計羅婆島一。〉〇明人称謂二鶏籠嶼一。即此。〈鶏籠嶼。見二崑山鄭士若琉球国図一。按二皇明実記所レ載鶏籠淡水。一名二東番一。非レ謂二此島一也。其名偶同耳。〉去二那覇港一。西行七里。而至レ于レ此。其周廻三里。座間味島赤島隷焉。旁近小島凡八。土壌狭少。皆非下有二民居一者上。〈座間味島。周廻二（※一）里二十四町。赤島。周廻一里十八町。国人云。中国人称二馬歯山一者。即此。〉去レ此西往。先島。〈南海諸島。総称曰二先島一。〉海中砂礁。其国称曰二八重干瀬一者。南北五里。東西里半。〈使琉球録所レ謂古米山。水急礁多。舟至レ此而敗者。即此。〉或曰二礁東一。或曰二礁西一。両路均是七十五里。而至二宮古島針孔之浜一也。

計羅摩《けらま》島*（慶良間島）〈旧くは、計羅婆島に作る。〉〇明人、称して鶏籠嶼*と謂う。即ち此れなり。〈鶏籠嶼、崑山鄭士若の琉球国図*に見ゆ。按ずるに、皇明実記*に載する所の鶏籠（基隆）と淡水*は東番（台湾）の一名なり。此の島の謂いに非ざるなり。其の名偶《たまたま》同じにすぎず。〉那覇港を去り西行七里にしてここに至る。其の周廻三里、座間味島、赤島（阿嘉島）を隷《したが》う。旁近（近く）の小島凡そ八、土壌狭少にして、皆な民居を有する者に非ず。〈座間味島、周廻一里、二十四町。赤島、周廻一里十八町。国人云く、中国人馬歯山と称するは即ち此れなり、と。〉ここを去り西往すれば、先島*なり。〈南海諸島、総称して先島と曰う。〉海中砂礁、其の国に称して八重干瀬《やえびし》*と曰うは、南北五里、東西里半なり。〈使琉球録の謂う所の古米山*、水急にして礁多く、舟此れに至りて敗《そこな》うとは、即ち此れなり。〉或いは礁東（東航路）と曰い、或いは礁西（西航路）と曰うは、両路均《ひと》しく是れ七十五里にして宮古《みやこ》島針孔《じまはりみず》（漲水＝平良市平良港）の浜に至るなり。

計羅摩島　那覇市の西方二〇〜四〇キロメートルにあたり、渡嘉敷島・座間味島・阿嘉島・慶留間島などの総称であるが、慶良間島という島はない。『海東諸国紀』琉球国図には、「計羅婆島即百島」と見えるように周囲には無数の無人島がある。中国の琉球使たちからは馬歯山と呼ばれ、『中山伝信録』巻四には、「正西三島」のうちとされ「馬歯二山、中山の正西一百三十里に在り。東馬歯山は、大小五島にして、……西馬歯山は大小四島にして、座間味、渡嘉敷等の間切有り」と記されている。『球陽』英祖王五（一二六四）年条には、「久米・慶良間・伊比屋等の島、皆始めて入貢す」とある。『元禄国絵図』では「沖縄島外七島」のうちで「計羅摩嶋」と見え、高二〇三石・村数三。

鶏籠嶼　これに関しては、白石が指摘するように、音が似ているだけで、琉球使たちから馬歯と呼ばれてきた慶良間諸島のこととすることはできない。『明史』列伝二一一外国四「呂宋」の項に「鶏籠山は彭湖嶼の東北にあり。故に北港と名づく。又、東番とも名づく」と見え、台湾基隆《キールン》港の東北部にある基隆膵島《すいとう》のことで、これを古くは鶏籠嶼と称しており、鶏籠は基隆の古名とされている。明では、これと慶良間を混同したものと思われる。次注参照。

崑山鄭士若の琉球国図　鄭士若は、明代の崑山の人で鄭若曽のこと。彼の琉球国図は、羅洪先の著書『広輿図』に収められている（伊波普猷「隋書の琉球」補遺　同全集二）。同書は、もともとは元の朱思本の原図を、明の羅洪先が改変したものであるが、その「琉球図」については「崑山監生鄭子若曾考著」とあり、崑山から国子監に来ていた学生時代に作成を担当したことが窺われる。ただし同図は、はなはだ正確さを欠き、小琉球（台湾）から那覇に至るまでの島々として、花瓶嶼・鶏籠嶼・釣魚嶼・古米山（久米島）・馬歯山（慶良間）が記されているが、位置関係はかなりデフォルメされている（原田禹雄編『明代琉球資料集成』所収）。なお地名としての山は島に同じ。

皇明実記　本書は、俗に皇明実録ともいい、『明太祖実録』をはじめとする『明実録』三〇六八巻のことである。しかし『明神宗実録』万暦四四（元和二＝一六一六）年一一月六日条には「鶏籠・淡水二島……今倭船分犯す。狡謀測り叵《がた》し」とあるのみで、白石は、この部分を『皇明世法録』巻八〇にみえる「四十四年五月、中山王尚寧、通事の蔡廛（纏）を遣して報ずるに、倭戦艦五百余を造し、鶏籠山島の野夷を脅し取らんとす。鶏籠、淡水洋は一名東番という」という記述から採っている。なお、この記事は同年に起きた長崎奉行・村山等安が、次男・秋安に一三艘の船団で台湾を侵攻させた事件をさしている。

淡水　台湾北西部の都市で、淡水河の河口東岸に位置し、古くからの商港として知られる。一六四二年には、スペイン人がマニラから進出してサン＝ドミンゴ要塞を築き、のちにはオランダも、ここを拠点とするなど、基隆と並ぶ台湾の主要港であった。

先島　宮古諸島と八重山諸島の総称で、沖縄本島から宮古島までは約三〇〇キロメートル隔たっており、琉球文化圏のうちでも独自の歴史と文化を有している。なお琉球処分の最終段階では、この先島を分島して清国に割譲しようとする案で妥結をみたが、清朝政府が調印を拒んだために効力を発揮せず、幻の条約に終わった。

八重干瀬　宮古諸島の池間島北方約一六キロメートルに位置する大規模な礁原で、干潮時期には重要な漁場となったが、大型船には座礁の難所でもあった。『元禄国絵図』には礁原として描かれ、「八重干瀬　南北五里　東西壱里半」と記されている。

使琉球録の謂う所の古米山　久米島のこと。注「久米島」（二一三頁）参照。陳侃は、『使琉球録』「使事紀略」に「（五月）十一日夕古米山を見る。……山麓に泊らんと欲す、下には険石乱伏す。謹みて之れを避け遠のく、敢えて近づかず」と書き、さらに同書「群書質異」の『大明一統志』の項にも、「昨、古米山を見る、水、急にして礁多し、聞くに舟ここに至り敗るる者有り。また落漈の険に亜《つ》がざるならんや」と記している。ここはあくまでも宮古島付近の八重干瀬に関する記述であるが、これを陳侃のいう落漈と比較する意図で、敢えて古米山の難所の記事を、ここに登場させたものと思われる（注「落漈」二二八頁参照）。

戸無島。○島在㆓那覇港西北二十六里㆒。周廻一里六町。側近小島曰㆓天未奈㆒。其地甚狭。無㆓人住者㆒。

戸無島《となしま》＊（渡名喜島）。○島は那覇港の西北二十六里に在り。周廻は一里六町にして、側近の小島は天未奈《てそな》と曰い、其の地甚だ狭く、人住む者無し。

戸無島　渡名喜島のこと。那覇の北西約五六キロメートルに位置する高島で、『中山伝信録』巻四には、「西北五島」として「度那奇山　訳して渡名喜島という。姑米（久米）山に近く、山に牛多し」とある。また『元禄国絵図』では「沖縄島外七島」のうちで「戸無嶋」と見え、高四五石余・村数一。また「側近の小島」である「天未奈」は、渡名喜島北西部にある入砂島のこと。

久米島。〈旧作二九米島一。〉○在二那覇港。及計羅摩島西一。周廻六里二十町。所レ属間切二。曰二中城一。曰二具志河一。港二。其南曰二兼城湊一。〈港深一（※二）町。濶五十間。可レ泊二大船四五隻一。〉其東曰二町屋入江一。〈其港浅狭。船隻難レ泊。〉並皆去二那覇港一。四十八里。国史所レ謂球美。〈見二続日本書紀一。〉明人以称二古米一。即此。〈見二使琉球録一。及広輿図等一。〉閩人三十六姓之後所レ居也。直北五里。有二鳥島者一隷焉。〈即謂二久米鳥島一者。〉

久米島＊。〈旧くは、九米島に作る。〉○那覇港及び計羅摩島の西に在り。周廻は六里二十町。属する所の間切は二、曰く中城《なかぐすく》、曰く具志河。港は二、其の南は兼城《かねぐすく》湊と曰う。〈港深さ一町、闊《ひろ》さ五十間、大船四、五隻泊すべし。〉其の東は町屋《まちや》入江と曰い〈其の港浅く狭くして、船隻泊し難し。〉並《とも》に皆な那覇港を去ること四十八里。国史に謂う所の球美《くみ》。〈続日本書紀に見ゆ。*〉明人以て古米と称するは即ち此れなり。〈使琉球録及び広輿図等に見ゆ。*〉閩人三十六姓の後（後裔）の居する所なり。直北五里に鳥島《とりしま》なる者有りて隷《したが》う。〈即ち久米鳥島と謂う者なり。〉

久米島　沖縄本島の西約九四キロメートルに位置する高島で、『海東諸国紀』琉球国図には「九米島」と見える。古代には「球美」（注「元明天皇和銅六年南海諸島」一七四頁参照）と見え、『球陽』英祖王五（一二六四）年条に「久米・慶良間・伊比屋等の島、皆始めて入貢す」とある。また『中山伝信録』巻四には「正西三島」として「姑米山　馬歯山の西に在り。……安何具志川、仲里の二間切在り。閩中より国に至るに、必ず針、此の山を取りて準となす」とある。また『元禄国絵図』では「沖縄島外七島」のうちで「久米嶋」と見え、高三六七七石余・村数三。注「使琉球録の謂う所の古米山」（二一一頁）参照。

使琉球録及び広輿図等に見ゆ　『使琉球録』の記述については、注「使琉球録の謂う所の古米山」参照。なお『広輿図』については「古米山」に「此山下水下ること急にして礁なり」とあり、陳侃の記述に対応している。

粟島。〇島在二戸無島北一。其周廻二（※三）里十二町。去二那覇港一西北三十里。

粟島《あわしま》＊（粟国島）。〇島は戸無島の北に在り。其の周廻二里十二町。那覇港を去ること西北に三十里。

粟島　粟国島のこと。那覇の北西約六一キロメートルに位置する低島で、『海東諸国紀』琉球国図には「粟島」と見える。また『中山伝信録』巻四には「西北五島」として「安根岾《あこに》山　訳して粟国島と曰う　又安護仁《あごに》と為す。度那奇と倶に姑米に近し。語言も又姑米と相類す。……山に豕多し」とある。また『元禄国絵図』では「粟嶋」と見え、高七二七石・村数一。

伊恵島。〈旧作二泳島一。〉〇即明人所レ称移山澳。〈見二使琉球録。及広輿図。閩書等一。〉五島相接。而至二今帰仁西北港口一。〈港名曰二爾与波入江一。〉島去二港口一。約可二二里一。其周廻四里七町。

伊恵《いえ》島＊（伊江島）。〈旧くは、泳島に作る。〉〇即ち明人称する所の移山澳《いざんおう》（港）なり。〈使琉球録及び広輿図、閩書＊等に見ゆ。〉五島相接して今帰仁西北の港口に至る。〈港名づけて爾与波《によは》入江と曰う。〉島港口を去り、約《およ》そ二里ばかり。其の周廻四里七町。

215　南島志

伊恵島　伊江島のこと。沖縄本島本部半島の北西約五キロメートルに位置する低島で、『海東諸国紀』琉球国図には、「泳島　人居有り」と見える。また『中山伝信録』巻四には「西北五島」として「椅《い》山も亦、椅《い》世《し》麻《ま》と曰い、亦伊江島と曰う。中山、北山の間の一小石山（城山）なり。……稲田有り。稷《きび》・豆・麦を産す。民頗る富饒なり」とある。また『元禄国絵図』では「伊恵嶋」と見え、高三六四三石余・村数一。『使琉球録』『群書質異』『大明一統志』の項に、山川のうち北にある山として「移山」が見え、『広輿図』琉球図には「移山嶴」が「熱壁山」と「灰堆山」の間に描かれている。なお『閩書』巻一四六島夷志「琉球国」には、「灰堆山」は登場するが、「移山」は見えない。

閩書　明代の晋江の人・何喬遠が、福建省に関して著した地誌物産誌。全一五四巻で、琉球国や日本に関する記事は、巻一四六「島夷志」に収められている。崇禎四（一六三一）年の序を有する。なお巻一五〇・一五一の「南産志」は、福建省一帯の物産を詳述したもので、日本でも『閩書南産志』上下二巻の和刻本として出版されている。

恵平屋島〈旧作二恵平也島一。〉○隋書作二黿鼊嶼一。明人以謂二熱壁山一。或謂二葉壁山一。〈熱壁。見二使琉球録。及広輿図一。葉壁。見二閩書一。按広輿図。分二載黿鼊嶼。熱壁山一者訛。〉周廻二十六町。在二

今帰仁間切㆒。正北十里。其南小島。名曰㆓乃保㆒。即隷㆑于㆑此。〈乃保島。周廻二十三町。去㆓恵平屋島㆒五町。〉

恵平屋島《えへや》*（伊平屋島）。〈旧くは、恵平也《えへや》島に作る。〉〇隋書、黿鼊嶼に作る。明人以て熱壁山と謂い、或いは葉壁山とも謂う。〈熱壁は使琉球録及び広輿図に見え、葉壁は閩書に見ゆ。按ずるに、広輿図、黿鼊嶼と熱壁山を分載するは訛《あやま》りならんや。〉周廻二十六町、今帰仁間切に在り。正北十里、其の南小島、名づけて乃保《のほ》（野甫）と曰う。即ち此れに隷《したが》う。〈乃保島周廻二十三町、恵平屋島を去ること五町。〉

恵平屋島　伊平屋島のこと。沖縄本島本部半島の北約三〇キロメートルに位置する高島で、『海東諸国紀』琉球国図には「恵平也山」と見える。『球陽』英祖王五（一二六四）年条に「久米・慶良間・伊比屋等の島、皆始めて入貢す」とある。また『中山伝信録』巻四には「西北五島」として「葉壁山、土名伊平屋島にして……米を産して最も佳なり。亦、麦・稷・粱・豆・綿花・蕉糸、海胆、毛魚等の物有り」とある。なお『元禄国絵図』では「沖縄島外七島」として「伊平屋嶋」と見え、三五四一石余・村数一で、「恵平屋嶋之内　のほ嶋　人居有」とある。また第一尚氏の開祖となる思紹王の父・佐銘川大王は、伊手屋島の屋蔵大王の息子とする伝承がある。『隋書』『使琉球録』『広輿図』に関しては、注「高華《こうか》嶼《しょ》・黿鼊嶼」「熱壁山」「葉壁山」（一八五～一八六頁）参照。

伊是那島。○島在二恵平屋島南里余一。周廻二里十八町。所レ隷二島。其南曰二具志河一。其北曰二柳葉一。並皆狭小。非下有二居人一者上。

伊是那《いぜな》島＊（伊是名島）。○島は恵平屋島の南里余に在り。周廻二里十八町、隷う所の二島、其の南（北の誤）を具志河（具志川）と曰い、其の北（南の誤）を柳葉（屋那覇）と曰う。並《とも》に皆な狭小にして居人有る者非ず。

伊是那島　伊是名島のこと。沖縄本島本部半島の北約二二キロメートルに位置する高島で、『海東諸国紀』琉球国図には「伊是那」と見える。また『中山伝信録』には登場せず、『広輿図』に熱壁山のみが見え、葉壁山が記されていないのは、明人たちには、熱壁山と葉壁山との間に、伊平屋島と伊是名島とに関わる何らかの混同があった可能性も考えられる。なお『元禄国絵図』では「沖縄島外七島」として「伊是那嶋」と見え、高七五〇石余・村数一で、「伊是那嶋之内　具志川嶋　人居なし……やなは嶋　人居なし」とある。また島内の伊是名グスクを築き、当地を治めたのは佐銘川大王だとするほか、第二尚氏の祖・尚円王は、もと金丸《かなまる》といい、伊是名島の農民であったとする伝承がある。

鳥島。○島在二恵平屋島東北五十余里一。周廻二十四町。厥土産二硫黄一。明人所レ謂硫黄山。即此。〈見二使琉球録。及広輿図。閩書等。一〉
以上九島。古中山之地。

鳥島《とりしま》*。○島は恵平屋島の東北五十余里に在り。周廻二十四町。厥の土、硫黄を産す。明人の謂う所の硫黄山は即ち此れなり。〈使琉球録及び広輿図、閩書等に見ゆ。〉
以上九島は、古くは中山の地なり。

鳥島 久米島から約二〇〇キロメートル東北の東シナ海に位置し、久米島のうちで硫黄鳥島とも呼ばれる。『使琉球録』「群書質異」『大明一統志』には「北に硫黄山、熱壁山、灰堆山、移山、七島有り」と記されるほか、『広輿図』では、熱壁山の南に灰堆山・移山と並んで「硫黄山」が見える。また『閩書』巻一四六島夷志「琉球国」には「東北に硫黄（鳥島）、葉壁、灰堆（不明）、繇奴《ようぬ》（与論島）、野刺普（沖永良部島）、吉佳（喜界島）、七島（トカラ列島）有り」とあるほか、『海東諸国紀』琉球国図は「鳥島　此の島の硫黄は琉球国の採る所なり。琉球に属す」としている。また『中山伝信録』には「西北五島」のうちに「硫黄山……姑米山と南北相峙《そばだ》つ……相近きに、灰堆山、尤家埠、移山愚有り」とあり、『元禄国絵図』では「沖縄島外七島」のうちに「鳥嶋　人居有」と見える。

与論島。〈旧作㆓輿論島。㆒〉○明人称㆓繇奴島。㆒在㆓沖縄島東北。㆒而其北接㆓永良部島。㆒〈繇奴見㆓閩書。㆒〉周廻三里。所㆑属村二。曰㆓武幾也。㆒曰㆓阿賀佐。㆒其港曰㆓阿賀佐泊。㆒泊即謂㆘可㆓泊船㆒之所也。㆖去㆑自㆓運天湊。㆒東北行二十里。而至㆑于㆑此。〈港口浅狭。大船未㆑易㆓出入。㆒〉

与論島《よろん》。＊〈旧くは、輿論島に作る。〉○明人繇奴《ようぬ》島と称し、沖縄島の東北に在りて、其の北は永良部島に接す。〈繇奴は閩書に見ゆ。〉周廻三里、属する所の村は二。曰く武幾也《むきや》（麦屋）、曰く阿賀佐《あかさ》。其の港は阿賀佐泊《とまり》（茶花港）と曰い、泊は即ち泊船すべきの所を謂うなり。運天湊より去りて、東北行二十里にして此れに至る。〈港口浅狭にして、大船未だ出入り易からず。〉

与論島 沖縄本島の北約二五キロメートルに位置し、奄美群島最南西部にあたる島で、古くから琉球と関係が深いが、近世には薩摩藩直轄領。『海東諸国紀』琉球国図には「琉球を去ること十五里」(ただし朝鮮の一里は四二〇メートル)と見える。また『中山伝信録』巻四には、「東北八島」の冒頭に「由論　中山の東北五百里に在り。芭蕉を産し、蕉実を結ぶ。樫木多し」(注「里数」(一九九頁)参照)とある。なお『おもろさうし』八六八番や九二九・九三〇番などに「かゑふた」と詠われているのは、与論島のこととされている。『元禄国絵図』では「大島外四島」のうちで「与論島」とみえ、高一二七二石余・村数二。なお『閩書』巻一四六島夷志「琉球国」には、東北の島として、「繇奴」が見える。

永良部島。〈旧作二恵羅武島一。〉○在二与論島北一。而其北接二徳島一。明人称二野刺普一。即此。〈見二閩書一。南島名二永良部一者凡三。隷二大隅国一。謂二之口永良部一。隷二八重山一。謂二之奥永良部一。名義未レ詳云。〉周廻十里十八町。所レ属間切三。曰二木比留一。曰二大城一。曰二徳時一。其港曰二大和泊一。去レ自二与論島一。東北行十三里。而至レ于レ此。〈港深二町二十間。濶二町四十間。大船未レ易二出入一。〉

永良部《えらぶ》島＊(沖永良部島)。〈旧くは、恵羅武島に作る。〉○与論島の北に在りて、其の北は徳《とくの》島に接す。明人野刺普と称するは即ち此れなり。〈閩書に見ゆる南島に、永良部と名づくるは、凡そ三。大隅国に隷《したご》うは、之れを口永良部（鹿児島県屋久島町）と謂い、八重山に隷うは、之れを奥永良部（伊良部島＝沖縄県宮古島市）と謂う。名義未だ詳らかならずと云う。〉周廻十里十八町、属する所の間切は三。曰く木比留《ちびる》（喜美留）、曰く大城《おおぐすく》、曰く徳時《とくとき》。其の港は大和泊（和泊の誤）と曰い、与論島より去り、東北行十三里にして此れに至る。〈港深さ二町二十間、闊《ひろ》さ二町四十間、大船未だ出入り易からず。〉

永良部島　沖永良部島のこと。奄美群島南部に位置し、近世には薩摩藩直轄領。白石は、『閩書』巻一四六島夷志「琉球国」に、「東北に硫黄（鳥島）、葉壁、灰堆（不明）、緜奴（与論島）、野刺普（沖永良部島）、吉佳（喜界島）、七島（トカラ列島）有り」とあるうちの「野刺普」すなわち「永良部」について、同名の三島を考察している。『海東諸国紀』琉球国図には「小崎恵羅部島……琉球に属す」と見え、『中山伝信録』巻四には、「東北八島」として「永良部　訛して与闌埠と為す」とある。なお、『おもろさうし』八六八番に「せりよさ・せりゆさ」と詠われているのは永良部島の古名とされる。『元禄国絵図』では「大島外四島」として「永良部嶋」と見え、高四一五八石余・村数八。

徳島〈旧作㆓度九島㆒。〉〇国史所㆑謂度感島。〈見㆓続日本書紀㆒。〉在㆓永良部島北㆒。而其東北接㆓大島㆒。周廻十七里三町。所㆑属間切三。曰㆑東。曰㆑西目。曰㆓面縄㆒。港三。其東曰㆓秋徳港㆒。〈港深一町。濶□（二）町。可㆑泊㆓大船三隻㆒。〉去㆑自㆓永良部島㆒。東北行十八里。而至㆑于㆑此。其西曰㆓大和爾也泊㆒。其北曰㆓井之川㆒。西北二港。並皆浅狭。大船未㆑易㆓出入㆒。

徳島《とくの》＊（徳之島）〈旧くは、度九島に作る。〉〇国史に謂う所の度《と》感《かん》島なり。〈続日本書紀に見ゆ。〉永良部島の北に在りて、其の東北大島に接す。周廻十七里三町、属する所の間切は三。曰く東、曰く西目、曰く面縄《おもなわ》、港は三。其の東は秋徳《あきちゅ》（亀徳）港と曰う。〈港深さ一町、闊《ひろ》さ（二）町、大船三隻は泊すべし。〉永良部島より去り、東北行十八里にして此れに至る。其の西は大《おお》和爾《わに》也泊《やとまり》（湾屋港）と曰い、其の北を井之川《いのかわ》と曰う。西北の二港、並《とも》に皆な浅狭にして大船未だ出入り易からず。

徳島　徳之島のこと。奄美群島の中部に位置し、近世には薩摩藩直轄領。「国史の謂う所の度感」については、注「元明天皇和銅六年南海諸島」（一七四頁）参照。『海東諸国紀』琉球国図には「度九島……琉球に属す」と見え、『中山伝信録』巻四には、「東北八島」として「度姑　訳して徳島と曰う」とある。『元禄国絵図』では「大島外四島」として「徳之島」と見え、高一万九石余・村数九。なお徳之島の伊仙町阿三の東柳田地区で生産されたカムイ焼きは、一一〜一四世紀に作られた須恵器に似た土器で、南九州から石垣島まで南西諸島に広く分布し、南島の中世史を考える上で非常に重要な遺物として注目されている。

大島。○島在二徳島東北十八里一。琉球北界也。〈続文献通考所レ謂琉球北山是也。〉国史所レ謂阿麻弥島。或作二菴美一。或作二奄美一。並皆謂レ此。阿麻弥者。上世神人名也。其東北有レ山。乃神人所レ降。因名曰二阿麻美嶽一。島亦因得二此名一。地形稍大。後称以為二大島一。其周廻五十九里十町。所レ属間切七。曰二笠利一。曰二奈瀬一。曰二古見一。曰二住用一。曰レ東。曰レ西。曰二焼内一。港八。曰二西古見湊一。曰二焼内湊一。曰二大和馬場湊一。曰二奈瀬湊一。曰二深井浦一。曰二世徒多浦一。曰二瀬名浦一。曰二住用湊一。

大島《おおしま》*。○島は徳島の東北十八里に在り。琉球の北界なり。〈続文献通考*に謂う所の琉球北山是れなり。〉国史の謂う所の阿麻弥《あまみ》*島にて或いは菴美に作り、或いは奄美にも作る。並《とも》に皆な此れを謂う。阿麻弥は、上世の神人名なり。其の東北に山有り、乃ち神人降りる所なり。よりて名づけて阿麻美嶽《あまみ》と曰う。島またよりて此の名を得る。地形、稍《やや》大にして、後に称して以て大島と為す。其の周廻五十九里十町、属する所の間切は七。曰く笠利《かさり》、曰く奈瀬《なぜ》（名瀬）、曰く古見《こみ》、曰く住用《すみよう》、曰く東、曰く西、曰く焼内《やきうち》。港は八、曰く西古見《にしこみ》湊、曰く焼内湊、曰く大和馬場《やまとはばの》（大和浜）湊、曰く奈瀬湊、曰く深井《ふかいの》浦、曰く世徒多《せつたの》（節田）浦、曰く瀬名《せなの》浦（浦）、曰く住用湊。

大島　奄美大島のこと。奄美群島東北部に位置し、南に大島海峡（瀬戸内）を挟んで加計呂麻《かけろま》島があり、さらに請島《うけじま》水道を挟んで請島と与路島《よろじま》があり、いずれも近世には薩摩藩直轄領。広義の奄美には、奄美大島に加計呂麻島・与路島・請島を加えて、喜界島から徳之島・沖永良部島・与論島へ至る道之島（奄美群島）をさす場合があり、狭義では単に奄美大島の意に用いる。『球陽』英祖王七（一二六六）年条に「大嶋など皆始めて入貢する処なり」とあり、久米島などに遅れて入貢が始まったことが窺われる。『海東諸国紀』琉球国図には「大島　恵羅武を去ること一百四十五里なり。琉球に属す」と見え、『中山伝信録』巻四には「東北八島」として「大島　土名烏父世麻《うふしま》にして度姑の東北にあり……二百余の村県を分属す。其の島、孔廟無きも、四書、五経、唐詩等の書有り。自ら小琉球と称す」とある。また『元禄国絵図』には「大島外四島」として「大嶋」と見え、高一万四五五石余・村数四〇。

続文献通考　明代の上海の人である王圻《おうき》が、馬端臨の『文献通考』を承けて、南宋末から明の万暦初年までの制度・文物に関する記録を集めた書。全二五四巻で、万暦一四（一五八六）年の成立。清朝の康熙年間（一六六二〜一七二二年）に、朱奇齢が『続文献通考補』四八巻を著し、本書の増補を行ったが、さらに乾隆四九（一七八四）年に、これらを改編して全二五〇巻の『続文献通考』が完成をみた。『続文献通考』巻二三五「東南夷　琉球」に「薩摩開船（ママ）四日にて琉球北山に至るべし。延袤《えんぼう》（連なり続く）三百余里日本琉球の界」とある。

阿麻弥　『日本書紀』天武天皇一一（六八二）年七月条に「多禰人・掖玖人・阿麻弥人に禄を賜う」とあり、『続日本紀』和銅八（七一五）年正月条にも「南嶋の菴美」などが、方物を貢納した旨がみえる。なお『日本書紀』斉明天皇三（六五七）年七月条には、「覩貨邏国」の人々が「初め海見《あまみの》嶋《しま》」で漂流した記事がある。奄美群島は、島々によって事情は異なるが、基本的に中世には「琉球国」とは区別された「貴海国」として認識されており、鎌倉期には北条得宗家の所領で、得宗被官の千《ち》竈《かま》氏が支配を行っていた。その後、琉球王国の侵攻によって、その領土となったが、近世になると薩摩藩が奄美群島を割譲させて直轄地とした。ただし名目上は琉球王国の一部として扱われていた。阿麻弥《あまみ》嶽は、琉球の開闢神話に登場するアマミキョとシネリキョが、天下りして島造りをした山だとする神話が奄美に伝わる。これを宇検《うけん》村の湯湾岳とする説もあるが、遺跡などの存在から笠利町の大刈山などの笠利山地付近とすべきで、『元禄国絵図』「大島外四島絵図」には、笠間間切の地に「あまみ嶽」が見える。なお白石の言うように、奄美の語原をアマミキョとする説もあるが、文献史料による裏付けは難しい。ただ近年の喜界島喜界町城久遺跡の発掘成果などを考慮すれば、むしろ奄美人の南下をアマミキョの来訪とする見方も成り立つかもしれない。

〈西古見湊。港深五十間。濶三十間。可レ泊二大船五六隻一。此去到レ于二徳島一。有二両路一。其一。正南行十八里。可三以抵二井之川一。其一。西南行十八里。可三以抵二大和泊一。焼内湊。在二其東□（三）里一。港深三里。濶三十町。可レ泊二大船二百隻一。其東七里。即大和馬場湊。港深五町。濶三町。可レ泊二大船五六隻一。又其東五里。即奈瀬湊。港深十二町。濶五町。可レ泊二大船十四五隻一。又其東北□（三）里。即深井浦。深三十町。濶四町。可レ泊二大船三十隻一。其東南八里。即世徒多浦。此嶴浅狭。不レ可レ泊レ船。其南四里。即瀬名浦。亦不レ可レ泊レ船。其西南四里半。即住用湊。港深三町。濶二町。可レ泊二大船七八隻一。自レ此南去。而転二西北一。抵二西古見湊一。約十三里。〉

〈西古見湊、港深さ五十間、闊《ひろ》さ三十間、大船五、六隻泊すべし。此れを去り徳島に到るに両路有り。其の一は正南行十八里、以て井之川に抵《いた》るべし。其の一は西南行十八里、以て大和泊（湾屋港）に抵るべし。焼内湊、其の東三里に在り、港深さ三里、闊さ三十町、大船二百隻は泊すべし。其の東七里、即ち大和馬場湊なり、港深さ五町、闊さ三町、大船五、六隻泊すべし。また其の東五里、即ち奈瀬湊なり、港深さ十二町、闊さ五町、大船十四五隻泊すべし。また其の東北三里、即ち深井浦なり、深さ三十町、闊さ四町、大船三十隻泊すべし。其の東南八里、即ち世徒多浦なり、この砮《おう》（港）は浅狭にして船、泊すべからず。其の南四里、即ち瀬名浦なり、また船、泊すべからず。其の西南四里半、即ち住用湊なり、港深さ三町、闊さ二町、大船七、八隻泊すべし。此れより南に去りて、西北に転ずれば、西古見湊に抵ること約十三里。〉

去レ自二深井浦一。西北行三十五里。至レ于二七島一。〈島之大小十余。錯在二海中一。総称二七島一。隷二薩摩国一。使琉球録。及閩書所レ謂七島者。即此。〉其海潮常向レ東而落。乃是元史所レ謂落漈。水趨下而不レ回者也。凡諸島相離中間。所レ謂落漈者。往往在焉。〈使琉球録以為（二脱）落漈（一脱）不レ知レ所レ在。謂下遠去二琉球一。而非二経過之処一也上者非。〉又去レ此北行七十里。至レ于二大隅国一。永良部島。俗謂二之阿麻弥洲之度（※渡）一。蓋古遺言也。所レ隷三島。曰二加計奈一。〈周廻十五里。〉曰二于計一。〈周廻四里九町。〉曰二与路一。〈周廻三里二十町。〉並皆在二大島之南一。

深井浦より去ること西北行三十五里にて、七島*（トカラ列島）に至る。〈島の大小十余、錯して海中に在り、総じて七島と称す。薩摩国に隷《したが》う。使琉球録及び閩書に謂う所の七島は即ち此れなり。〉其の海潮、常に東に向いて落つ。乃ち是れ元史に謂う所の落漈《らくさい》*にして、水趨下して回《かえ》らざる者なり。凡そ諸島相い離るる中間に、謂う所の落漈は、往々にして在るなり。〈使琉球録は、以て落漈を為すに、在る所を知らず、遠く琉球を去りて経過の処に非ざるなり、と謂うは非なり。〉また此れを去り、北行七十里にして、大隅国に至る。永良部島*（口永良部島）は、俗に之れを阿麻弥洲《あまみず》の渡《わた》りと謂う。蓋し古えの遺言ならんや。隷うる所は三島。曰く加計奈《かけな》（加計呂麻島）〈周廻十五里〉、曰く于計《うけ》（請島）〈周廻四里九町〉、曰く与路《よろ》（与路島）〈周廻三里二十町〉、並《とも》に皆な大島の南に在り。

七島　薩南諸島のうちで、吐噶喇《とから》列島の口之《くちの》島・臥蛇《がじゃ》島・中之島・平《たいら》島・諏訪之瀬《すわのせ》島・悪石《あくせき》島・宝《たから》島（小宝島を含む）の七島をさし、川辺七島・吐噶喇七島とも称す。薩摩国川辺郡のうちで、古くは十二島のうちとされ、一三世紀前半に十二島地頭職は、守護薩摩氏の所領とされてきたが、一五世紀以降、島津氏から七島の一部が、伊集院氏や種子島氏などに与えられている。なお朝鮮出兵に際しては、七島からも兵を出しており、島津氏の琉球侵攻では七島衆が案内役を務めたりしている。近世には薩摩藩の直轄領となった。『使琉球録』『群書質異』『大明一統志』には「北に硫黄山、熱壁山、灰堆山、移山、七島有り」と見え、『閩書』巻一四六島夷志「琉球国」にも「東北に硫黄（鳥島）、葉壁、灰堆（不明）、緜奴（与論島）、野刺普（沖永良部島）、吉佳（喜界島）、七島有り」とある。

落漈　『元史』巻二一〇列伝九七「瑠求」に、「西南北岸皆水にして、彭湖に至りて漸く低く、瑠求に近くして即ち之れを落漈と謂ふ、漈は水勢下りて回《かえ》らざる也。……落漈に漂流すれば、回える者は百に一なり」とあり、陳侃も『使琉球録』『群書質異』『大明一統志』では、ほぼ同様の記述を行っており（ただし同書は「回える者は百に一、二も無きなり」としている）、先の七島の記述に続けて、「落漈は所在を知らず、殆ど遠く琉球を去りて、経過するの処に非ざるなり」とし、久米島付近の難所（注「使琉球録の謂ぅ所の古米山」〔二一一頁〕参照）は落漈ほどではない旨を記している。ただ七島付近は、古くから潮の速い難所として知られ、天保一四（一八四三）年に薩摩藩が完成させた地誌『三国名勝図会』巻二八「薩摩国河辺郡七島」には、「落漈」の項が設けられており、「潮水常に東に注ぎ、迅速なること急流の如し。屋久島と口島との間は、特に迅速にして、其勢甚だ壮んなり。往来の舟船、其順風の時は、急流を過ぎ得るといへども、風なきときは、必ず急流の為に東に落つること数十里にして、後止むといふ。是を七島灘と号して、舟人恐怖せざるはなし。琉球往来第一危険の処とす。唐土の書籍、此海潮東流危険の状を載せて、落漈と名づく」とある。なお白石は、「謂ぅ所の落漈は、往々にして在るなり」と記したように、落漈を固有名詞とは考えておらず、『南島志』の記述からは、七島と宮古島と西表島付近の三ヶ所（あるいは久米島付近も含めれば四ヶ所）に、海流が急速に東へと向かうところがあり、これらをすべて落漈と認識していたことが窺われる（大島〔二二七頁〕・宮古島〔二三二頁〕・入表島〔二三七頁〕・計羅摩島〔二〇八頁〕の項参照）。ちなみに、これらは『元禄国絵図』のそれぞれ「七嶋之内とから嶋よりふかい（深井）か浦湊迄、海上三拾五里巳之方ニ当ル、此渡昼夜共ニ潮東へ落ス」、「宮古嶋はり水よりたらま嶋迄、海上三拾五里申酉ノ間ニ当ル、此渡昼夜共ニ潮東へ落ル」、「入表嶋之内そなひ村より与那国嶋迄、海上四拾八里酉ノ方ニ当ル、此渡昼夜共ニ潮東へ落ル」という記載によっている。

永良部島　大隅諸島のうちで、口永良部島のこと。屋久島の北西一二キロメートルに位置し、屋久島の属島とされており、近世には薩摩藩直轄領。阿麻弥洲《あまみず》の渡についてでは『元禄国絵図』「大島外四島絵図」に、「あまみすが渡　大隅国之内口之永良部嶋より大嶋之内ふかいか（深井）浦湊迄、海上七里午ノ方ニ当ル」とある。注「永良部島」（二二一頁）参照。

鬼界島。○島在ニ大島東南七里一。〈自ニ世徒多浦一。東南行七里。至ニ鬼界島椀泊一。〉周廻六里二十四町。所レ属間切五。曰ニ志戸浦一。曰レ東。曰ニ西目一。曰レ椀。曰ニ荒本（※木）一。其港在レ西。曰ニ椀泊一。乃是明人所レ称吉佳。〈見ニ閩書一。〉琉球国東北極界也。〈国人云。小琉球蓋此未レ知ニ是否一。〉

以上、五島。古山北之地。

鬼界島。*○島は大島東南七里に在り。〈世徒多浦より東南行七里にて、鬼界島の椀（湾）泊に至る。〉周廻六里二十四町、属する所の間切は五。曰く志戸浦、曰く東、曰く西目、曰く椀、曰く荒木。其の港、西に在りて椀泊と曰う。乃ち是れ明人の称する所の吉佳なり。〈閩書に見ゆ。〉琉球国の東北極界なり。〈国人云う、小琉球は蓋し此れか。未だ是否を知らず。〉

以上、五島は古くは山北*の地なり。

鬼海島　喜界島のこと。奄美群島のうちで、大島の東部約二五キロメートルに位置する低島。『海東諸国紀』琉球国図には、「鬼界島　琉球に属す」とあり、袋中の『琉球神道記』巻五「八幡大菩薩事」には「国王五代尚泰久ノ時、諸嶋ヲ平グ、後ニ兵ヲ遣シテ、鬼界ガ嶋ヲ討ニ、彼レ小嶋タリト云ヘ共、堅ク持ツ」とある。ただし喜界島を攻めたのは、尚泰久王ではなく、尚徳王で成化二（一四六六）年のことである。なお近世の薩摩侵攻後は、薩摩藩直轄領となり、はじめ大島奉行のち喜界島代官の支配下に置かれた。『中山伝信録』巻四には、「東北八島」として「奇界、亦鬼界と名づく……琉球東北最遠の界と為す」とある。また『閩書』巻一四六島夷志「琉球国」に「東北に硫黄（鳥島）、葉壁、灰堆（不明）、綵奴（与論島）、野刺普（沖永良部島）、吉佳（喜界島）、七島（トカラ列島）有り」と見える。なお喜界島を小琉球とするものはなく、小琉球は大島をさす場合もあるが、基本的には台湾の呼称。注「鬼島」（一七七頁）・「大島」（二二四頁）・「琉球」（一六六頁）参照。

山北　白石は、奄美諸島を山北すなわち北山とみなしているが、これは誤り。一九八頁注「沖縄島」参照。

宮古島。○島即明人所レ謂大（※太）平山也。〈見二広輿図一。按星槎勝覧云。琉球有二大奇山一。島夷志云。大崎山極高峻。夜半登レ之。望二暘谷日出一。紅光燭レ夭（※天）。山頂為レ之倶明。或此。〉在二計羅摩島西南七十五里一。周廻十一里。所レ属間切四。曰二於呂加一。曰二下地一。曰二平良一。曰二雁股一。〈此島無二可レ泊レ船之所一。〉所レ隷六島。曰二以計米（※末）一。〈周廻一里八町。〉曰二久礼末一。〈周廻一里。〉曰二永良部一。〈即是奥永良部島。周廻四里二十町。〉曰二下地一。〈周廻□里。〉曰二太良満一。〈周廻四里。〉曰二美徒奈一。〈周廻一里。〉去レ此西南行五十二里。至二八重山一。其海潮亦常向レ東而落。乃所レ謂落漈者。〈去二宮古島針孔浜一。向二西南一行三十五里。至二太良満島一。又去西至二石垣島平窪崎一十八里。〉

宮古《みやこ》島。* ○島は即ち明人の謂う所の太平山なり。〈広輿図に見ゆ。按ずるに、星槎勝覧に云う、琉球大奇山有りと、島夷志*（『島夷誌略』）に云う、大崎山は極めて高峻にして、夜半之れに登り暘谷に日出《いづ》るを望めば、紅光天を燭し、山頂之れを為して倶に明しと、或いは此れならんか。〉計羅摩島の西南七十五里に在り。周廻十一里、属する所の間切は四。曰く於呂加《おろか＝うるか》（砂川）、曰く下地《したち＝しもじ》、曰く平良《ひら＝ひらら》、曰く雁股《かりまた》（狩俣）。〈此の島、船を泊すべきの所無し。〉隷《したが》うる所は六島。曰く以計《いけ》末《ま》（池間）〈周廻一里八町〉、曰く久礼末《くれま＝くりま》（来間）〈周廻一里〉、曰く永良部《えらぶ》（伊良部）〈即ち是れ奥永良部島なり。周廻四里二十町〉、曰く下地《したち＝しもじ》〈周廻□里（『元禄国絵図』記載なし）〉、曰く太良満《たらま》（多良間）〈周廻四里〉、曰く美徒奈《みつな》（水納《みんな》）〈周廻一里〉。此れを去り、西南行五十二里にて、八重山に至る。其の海潮、また常に東に向いて落つ。乃ち謂う所の落漈《らくさい》なる者なり。〈宮古島の針孔（漲水）浜を去り、西南に向いて行くこと三十五里、太良満島に至る。また西に去れば、石垣島平窪《ひらくぼ》（平久保）崎に至ること十八里なり。〉

宮古島　先島諸島のうちで、沖縄本島からは宮古海峡を隔てて、南西約二九〇キロメートルに位置する低島。『中山伝信録』巻四には、「南七島」として「太平山、一に麻姑山と名づく。始、宮古と為し、後、迷姑と為す。今は麻姑と為す……産畜五穀牛馬甚だ多し。棉布、麻布、草蓆、紅酒を出す。太平酒と名づく。毎年五月、貢税を中山に帰す」とあり、池間島については「伊奇麻、訳して伊喜間と曰う。太平山の東南（北西）に在り」、来間島については「姑李麻、訳して古裏間と曰う。太平山の正西（西南）に在り」、伊良部島については「伊良保、太平山の西南（正西）に在り」、多良間島については「達喇麻、太平山の正西に在り」、水納島については「面那、太平山の西南（正西）に在り」とあるほか、『南島志』では落ちている大神《おおがみ＝うがん》島については「烏噶弥《うがみ》、太平山の西北（北東）に在り」などと記されている。『広輿図』琉球図には、沖縄本島の首里城の南に「太平山」が描かれている。『星槎勝覧』後集には「琉球国」に続く「三島」の記事として「其処、琉球大崎山之東」とある。しかし『島夷志略』では、これに相当する「三島」の山は「大奇山」で、むしろ「琉球」の項に、白石の引用とはやや異なるが、「大峙、其の峙山、極めて高峻にして彭湖より、之れを望む。甚だ近余にして、此の山に登れば……夜半に則ち暘谷之れに紅光出《いづ》るを望めば、天を燭し、山頂之れを為して倶に明し」と記されている。なお『元禄国絵図』には、「八重山外一島」として「宮古嶋」と見え、高一万二四五八石余・村数二〇。

島夷志　前注の『島夷志略』のこと。元の航海家・王大淵の撰になる地誌で、南海諸国の地理・物産・風俗などの見聞を記した書。全一巻。至正一一（一三五一）年に完成。四庫全書珍本に収められている。

八重山島。〇石垣入表二島之地。総称以為二八重山一。国史称二信覚一。〈見二続日本書紀一。〉星槎勝覧。称二重曼山一。蓋皆謂二此石垣一。乃是信覚之転耳。石垣島。周廻十六里十七町。所レ属間切四。曰二河平一。曰二宮良一。曰二大浜一。曰二石垣一。其港二。在二西北一曰二河平湊一。〈去二宮古島針孔浜一。五十八里半。港深六町三十間。濶一町。大船二三十隻。以可二収一（ママ）泊。〉在レ南曰二御崎泊一。港口浅狭。不レ可レ泊レ船。唯其西南要津耳。堂計止美島。黒島。波照間島等隷焉。〈堂計止美島。在二御崎泊西一里二十八町一。周廻一里三十町。黒島。在二堂計止美島西南一里二十町一。周廻亦二里二十町。其所レ管二島。曰二上離島一。周廻二十町。曰二下離島一。周廻二十七町。並在二黒島西南一。波照間島。周廻三里二十町。去二黒島一十四里許。乃是琉球南界也。〉

八重山島《やえやま》＊。○石垣《いしがき》＊、入表《いりおもて》二島の地なり。総称し以て八重山と為す。国史は信覚《しがく》と称す。〈続日本書紀に見ゆ。〉星槎勝覧は重曼山と称す。蓋し、皆な此れ石垣の謂いにして、乃ち是れ信覚の転のみならんや。石垣島、周廻十六里十七町、属する所の間切は四。曰く河平《かわひら＝かびら》（川平）、曰く宮良《みやら》、曰く大浜、曰く石垣。其の港は二。西北に在るを河平（川平）湊と曰う。〈宮古島針孔浜を去ること五十八里半、港深さ六町三十間、闊《ひろ》さ一町、大船二、三十隻、以て収泊すべし。〉南に在るを御崎《みさきの》泊（石垣港）と曰う、港口は浅狭にして船、泊すべからず。唯だ其れ西南の要津なるのみ。堂計止美《たけとみ》（竹富）島、黒《くろ》島、波照間《はてるま》島等を隷《したが》う。〈堂計止美島は、御崎泊の西一里二十八町（『元禄国絵図』では一里二十六町）に在り、周廻一里三十町。黒島は、堂計止美島の西南二里二十町に在り、周廻また二里二十町。其の管する所は二島。曰く上離島《かみばなり》（新城上地島）、周廻二十町、曰く下離島《しもばなり》（新城下地島）、周廻二十七町。並《とも》に黒島の西南に在り。波照間島、周廻三里二十町、黒島を去ること十四里許り。乃ち是れ琉球の南界なり。〉

八重山島　「やいま」とも称す。八重山島という島はなく、八重山群島の総称。『中山伝信録』巻四には、「西南九島」として「八重山、一名北木山。土名は彝師加紀《いしかき》、又爺馬《やま》と名づく。太平山の西南四十里に在り。……明の洪武中、中山王察度始めて中朝に通ず、時に二大島中山に来貢す。即ち八重山、太平山なり。山、太平に較ぶるに尤も饒給なり。……牛馬、螺石を産し、麻布、棉布、海参、紅酒を出す。密林酒と名づく。……毎年五六月、太平山と来り中山に貢す」とある。なお『元禄国絵図』には、「八重山外一島」として「八重山嶋」と見え、高六六三七石余・村数三〇。

石垣島 先島諸島のうちで、宮古島の南西約九〇キロメートルに位置する高島。『続日本紀』和銅八（七一五）年正月条に「陸奥・出羽の蝦夷、幷せて南嶋の菴美（奄美大島）・夜久（屋久島）・度感（徳之島）・信覚（石垣島）・球美（久米島）等、来朝《まう》きて各方物を貢《たてまつ》る」とある。また『星槎勝覧』後集には「琉球国」の記述として「一山重曼と曰う叢林高く聳え田沃にして穀盛んなり」とみえる。『中山伝信録』巻四には、「南七島」として、竹富島については「達奇度奴《たけとぬ》、訳して富武と為す。八重山の西、姑弥《こみ》（西表島）の東に在り」、黒島については「姑呂世麻《くろしま》、訳して久里島と為す。八重山の西少し北（南）に在り」、新城島については「阿喇姑斯古《あらくしこ》、訳して新城と曰う。八重山の西（西南）に在り」、波照間島については「巴梯呂麻《はてろま》、訳して波照間と曰う。八重山の極西北（西南）に在り」などと記されている。

入表島。在二石垣島西南一。〈石垣島有レ山。曰二於茂登嶽一。此島在二彼山之南一。故名曰二伊利於茂登島一。方言凡深奥之所。謂二之伊一（ママ）利一。伊利即入也。表者。於茂登之語訛耳。〉周廻十五里。所レ属間切二。曰二古見一。曰二入表一。亦有二小浜。鳩間。内離。外離等島一而隷焉。〈小浜在二堂計止美西二里一。其周廻三里。小浜之北。有二宇也末島一。狭小而無二人住者一。鳩間島。在二入表西北一。海上二里半。内外離島。在二入表西南海湾一。三島亦皆狭小。非下有二民居一者上。〉去レ此以西。路過二落漈一。而行四十八里。至二与那国一。其地周廻五里十町。乃是琉球西界也。〈与那国。亦隷二入表島一焉。〉

以上二嶋。古山南之地。

入表島*は、石垣島の西南に在り。〈石垣島、山有りて於茂登《おもと》嶽*と曰う。この島、彼の山の南に在り。故に名づけて伊利於茂登島と曰う。方言、凡そ深奥の所にして、之れを伊利と謂う。伊利は即ち入り（西）なり。表は於茂登の語の訛なるのみ。〉周廻十五里、属する所の間切は二。曰く古見、曰く入表。また小浜、鳩間《はとま》、内離《うちばなり》、外離等の島有りて隷う。〈小浜は堂計止美の西二里に在り。其の周廻三里、小浜の北に宇也末《うやま》島（嘉弥真《かやま》島）有り。狭小にして人住する者無し。鳩間島は入表の西北に在り。海上二里半。内外離島は入表の西南海湾に在り。三島また皆な狭小なり。民居を有する者に非ず。〉此れを去り、以て西に路し、落漈を過ぎて行くこと四十八里、与那国《よなぐに》に至る。其の地の周廻五里十町、乃ち是れ、琉球西界なり。〈与那国、また入表島に隷う。〉

以上二島は、古くは山南*の地なり。

入表島　西表島のこと。先島諸島のうちで、石垣島の西方約一六キロメートルに位置する高島。中国からは、島東部の地名である古見の転訛で姑弥《こみ》と呼ばれた。『中山伝信録』巻四には、「南七島」

として、「姑弥、八重山の西南（ほぼ西）に在り。他島に較ぶるに大と為す」とあるほか、小浜島については「烏巴麻《うはま》、訳して宇波間と曰う。八重山の西南（ほぼ西）に在り」、鳩間島については「巴度麻《はとま》、訳して波渡間と曰う。八重山の西南（ほぼ西）に在り」、与那国については「由那姑呢《よなぐに》、八重山の西南（正西）に在り。以上、四島、皆台湾に近し」とある。なお年未詳一〇月一六日付の嶋津主計宛の嶋津勘解由覚（尚古集成館所蔵文書／『琉球国絵図史料集 第二集』所収）には、「琉球国入表嶋之内、与那国嶋之儀、今度之御帳ニハ別立候様ニ可有之哉之旨申越候」とあり、与那国島を西表島から独立させようとする動きがみられるが、『元禄国絵図』では「琉球国八重山外一島」のうちに「西表島之内、与那国嶋」とあり、村高は三二二石となっている。

於茂登嶽 石垣島西部の石垣市川平にある沖縄県内最高峰の山で標高五二五メートル。『琉球国由来記』巻二一の八重山島名蔵村白石御嶽《うたき》の項には、大和から沖縄に渡った三姉妹のうち、長女が首里の弁ヶ嶽に住み、次女と末女は久米島に住んだが、末女の住んだ山が、次女の山よりも高かったので、次女は「八重山嶋へ御移リ、オモト嵩ト云フ高山ニ垂跡、諸神大アルジト仰ガレ、当島守護神」として、島人を教導したという。この伝承は、琉球王府が八重山に侵攻した時に、久米島のノロである君南風《ちんべー》が先導役を務めたので、これに関連させたものと推定されるが、八重山の中心的な山岳で、古くから信仰の対象となっていたことに疑いはない。

山南 白石は、先島諸島を山南すなわち南山とみなしているが、これは誤り。注「沖縄島」（一九八頁）参照。

世系第二

琉球。古南島也。琉（※流）求之名。始見二隋書一。曰。王姓歓斯氏。不レ知二其由来有レ国代数一也。按二諸国史。及中山世譜（※纘）。世系等書一。蓋其国非二自レ古有一レ王。而其由来代数。不レ可二得而知一也。未下始有中王二其国一。可三以紀二其由来代数一者上也。国在二海中洲嶼之上一。或絶或連。壌地不レ接。諸島各有二君長一。而莫二能相一一。隋書以謂其国有レ王。又有二小王一。乃拠三其君長所レ統地。有二小大一而言也。〈隋書所レ謂王及小王。猶レ言三唐書曰二邪古波邪多尼王一。小王乃謂二諸島酋帥一也。〉拠二国史一。南島朝貢者。凡以レ十数。而授二其位一。賜二其禄一。各有レ差。亦以下其所レ統大小。各有二差等一之故上耳。隋書以二歓斯一為二王姓一者非也。歓斯即其君長之称。後称曰二按司一。曰二王子一。皆是古遺言也。自レ有レ王以来。代数歴年。可二得而記一者。以序二其略一云。

琉球、古えは南島なり。流求の名、始めて隋書に見ゆ。* 曰く、王姓歓斯《かんし》*氏、其の由来、国の有る代数を知らざるなり、と。諸国史（『日本書紀』『続日本紀』）及び中山世纘*、世系*

（図）などの書を按ずるに、蓋し、其の国古えより王有るに非ず。而《しか》れども其の由来、代数を得て知るべからざるなり。未だ始めて其の国に王として以て其の由来、代数を紀《しる》すべきもの有らざるらんや。国は海中洲嶼《しまじま》の上に在り。或いは絶え、或いは連なり、壌地（土地）接せず、諸島に各《おのおの》君長有りて、能く相一（統一）すること莫《な》し。隋書以て謂う*は、其の国王有り、また小王有り。乃ち其の君長統《す》べる所の地に小大有るによりて、との言なり。〈隋書の謂う所の王及び小王は、なお唐書*に邪古（屋久）、波邪（隼人）、多尼（種子）王と曰う言にして、小王乃ち諸島酋帥と謂うがごときなり。〉国史によれば、南島の朝貢*は、凡そ十を以て数えて、其の位を授け、其の禄を賜わる。各差《おのおのしな》（品）有るは、また其の統べる所の大小、各差など有るの故を以てするのみ。隋書、歓斯を以て王姓と為すは非なり。歓斯は、即ち其の君長の称にして、後に称して按司と曰い、王子と曰う。皆な是れ古えの遺言なり。王有りてより、以て来る。代数歴年して、得て記すべきは、以て其の略を序して云う。

隋書に見ゆ・歓斯　『隋書』巻八一列伝第四六「流求国」の項に、「其の王姓歓斯氏、名は渇刺兜《かしと》、其の由来と国に代数有るを知らず。彼の土人之れを呼ぶに可老羊《かろうやん》と為す。妻は多抜茶《たばと》と曰う。居る所を波羅檀《はらだん》洞と曰う。塹柵三重にして、環《まわ》りに流水を以てす。……国に四五帥有りて、諸洞を統《すべ》る。洞に小王有り。往往に、村有り。村に鳥了帥有り」とある。また同書列伝巻二九「陳稜」の項にも、朱寛の琉球再征（一六九頁）後の大業六（六一〇）年に、標騎将軍であった陳稜が琉球を攻めた記事があり、「其の主歓斯渇刺兜兵を遣わし拒みて戦う。鎮周頻撃して之れを破る。稜進みて檀洞を低没するに至る。其の小王と歓斯老模、兵を率いて拒みて戦う。稜撃ちて之れを敗り、老模を斬る」とある。これらの記述からすれば、琉球の王であった歓斯の下には、準国主クラスの小王がおり、さらに村々を治める鳥了帥が存在していたことが窺われる。なお白石が指摘するように、歓斯を王姓とみなすよりも、王としての称号とすべきだろう。また鳥了《うらう》帥は、鳥了帥《すい》の誤で、浦襲いの意となるところから、地域の支配者をさすとされている（伊波普猷「『隋書』の流求に就いての疑問」同全集二）。

中山世纘　これは『世鑽図』のことと思われる。『中山世鑑』の巻頭には「中山王舜天以来世纘図」が掲げられているが、『中山世譜』では「中山万世王統之図」が置かれるのみである。英祖の項目における圏点云々の記述（二六五頁）からも、おそらく「中山王舜天以来世纘図」の元となった『中山世纘図』なる独立した書物があったと思われる。また汪楫『中山沿革志』や周煌『琉球国志略』には、引用書として『世纘図』が見える。なお「纘」を「譜」とする本もあり、これを琉球の正史の一つ『中山世譜』のことと解することもできるが、白石の旧蔵本（教授館本・宝玲文庫本）はともに「纘」としており、やはり『中山世鑽図』とすべきだろう。ちなみに『中山世譜』には、蔡鐸本と蔡温本の二種があり、本書では後者を用いた。すでに尚質三（一六五〇）年には、琉球最初の正史『中山世鑑』が書かれていたが、史書としては不備があるとされており、これを蔡鐸が漢訳補訂したのが蔡鐸本で、正巻五巻・薩摩関係一巻・付録一巻からなる。また蔡温本は、蔡鐸本を訂正・補足したもので、尚敬一三（一七二五）年に完成をみた。その後、書き継がれて尚泰二九（一八七六）年にまで筆が及び、最終的に正巻一四巻・附巻七巻となった。

世系　『中山世鑑』の巻頭には「先国王尚円以来世系図」が掲げられ、『中山世譜』にも同様に「中山万世王統之図」が置かれているが、そのもととなった『中山世系図』なる独立した書物があったものと思われる。

隋書以て謂うは　同書列伝第四六東夷「流求国」の「其の王姓歓斯氏……国に四五帥有り、諸洞を統べる。洞に小王有り。往往に、村有り。村に鳥了帥有り。並《とも》に善戦する者を以て之れと為す。自ずから相い樹立し、一村の事を理《おさ》む」を承けての記述と思われる。

唐書　『新唐書』列伝第一四五東夷の日本の項の末尾に、「其東海嶼中、又有邪古、波邪、多尼三小王」とある。そして琉球については、項を改めた上で「流鬼京師を去ること五千里……三面皆海に阻《はば》まる」と記しており、多禰などの奄美諸島は琉球とは別物だと認識しているが、あくまでも白石は、この部分を無視している。

南島の朝貢　『日本書紀』推古二四（六一六）年三月条：南島人来朝、同舒明天皇三（六三一）年二月一〇日条：南島人来朝、同天武天皇六（六七七）年二月条：南島人饗応、同一〇（六八一）年八月二〇日条：南島人国図献上、同一一（六八二）年七月二五日条：南島人朝貢、『続日本紀』文武天皇二（六九八）年四月一三日条：南島人招撫、同三（六九九）年七月一九日条：南島人朝貢、同慶雲四（七〇七）年七月六日条南島人授位、同和銅七（七一四）年四月二五日条：南島授印、同年一二月五日条：南島人入京、同和銅八（七一五）年正月一日条：南島人朝貢、同養老四（七二〇）年一一月八日条：南島人授位、同神亀四（七二七）年一一月八日条：南島人叙位、同天平五（七三三）年六月二日条：南島人国造姓授与、同天平勝宝六（七五四）年二月二〇日条：天平七年南島樹牌再建などの記事がある。

鴻荒之世。有二二神一。而降レ于二炎海之洲一。一男一女。因生二三子一。其一為二君長之始一。其二為二女祝之始一。其三為二民庶始一。邃古闊遠。歴世綿邈。国無二史書一。厥詳莫レ聞。

鴻荒《こうこう》（太古）の世、二神*有りて、炎海の洲《しま》に降りるは一男一女なり。よりて三子生まれ、其の一は君長の始めと為《な》り、其の二は、女祝（ノロ）の始めと為り、其の三は民庶の始めと為る。邃古闊遠《かつえん》（古く遠い）、歴世綿邈《めんぼう》（何代も昔）にして、国に史書無く厥《か》けて詳を聞くこと莫《な》し。

二神　僧・袋中の『琉球神道記』巻五「（梵字）《キンマモン》事」として「昔此国初、未ダ人アラザル時、天ヨリ男女二人下リシ、男ヲ（梵字）《シネリキュ》ト、女ヲ（梵字）《アマミキュ》ト云。……遂ニ三子ヲ生ズ、一リハ所所ノ主ノ始ナリ、二リハ祝《ノロ》ノ始、三リハ土民ノ始、時ニ国ニ火ナシ、龍宮ヨリ、是ヲ求テ、国成就シ、人間成長シテ、守護ノ神現ジ給フ、（梵字《キンマモン》）ト称ジ上ル」とある。

〈慶長間。僧袋中南遊。輯二録異聞一。其略如レ此。中山世系図序云。大荒之世。有二一男一女一。因生二三男二女一。長男為二君王之始一。号曰二天孫氏一。中男為二按司之始一。少男為二蒼生之始一。長女為二女君之始一。少女為二内侍之始一。天孫氏世世伝統。一万八百余年。其代数不レ詳。二説皆出レ於二其国所一レ伝。而本無レ所レ稽。雖レ然袋中所レ聞。考二諸国史及隋書一。或庶幾焉。今姑従レ此。君長乃按司也。女祝乃女君也。其書又述二上世之事一。且記二二神之名一。其男曰二之弥（禰の誤カ）利幾遊（※シネリキュ）一。其女曰二阿末三幾遊（※アマミキュ）一。他皆荒唐之言。不レ足レ徴也。〉

〈慶長の間（一五九六〜一六一五年）、僧袋中*、南遊して異聞を輯録《しゅうろく》す。其の略、此くの如し。中山世系図序*に云うは、大荒の世に一男一女有り、よりて三男、二女を生む。長男は君王の始めと為り、号して天孫氏*と曰う。中男は按司《あじ》*の始めと為り、少男は蒼生（人民）の始めと為る。長女は女君*の始めと為り、少女は内侍の始めと為る。天孫氏、世々を伝統すること一万八百余年にして、其の代数詳しからず。二説皆な其の国伝うる所に出で、而して本に稽《とど》むる所無し、と。然りと雖も袋中聞く所は、諸国史及び隋書を考うるに、或いは庶幾（事実に近似する）なり。今、姑《しばら》く此れに従う。君長は乃ち按司なり。女祝は乃ち女君なり。其の書、また上世の事を述べ、且つ二神の名を記す。其の男、之《し》禰《ね》利《り》幾《きゅ》遊と曰い、其の女、阿《あ》末《ま》三《み》幾《きゅ》遊と曰う。他は皆な荒唐（荒唐無稽）の言にして、徴するに足らざるなり。〉

袋中　天文二一～寛永一六（一五五二～一六三九）年。琉球にはじめて浄土宗をもたらした僧。江戸の増上寺で浄土宗白旗流の法灯を相伝し、広く内外の典籍に通じた。五二歳の時に中国への渡航を企てたが、果たせず尚寧一五（一六〇三）年に琉球に入り、尚寧王の信仰を得て、那覇に桂林寺を建立し住持となった。国王の要請を受け『琉球神道記』（輯録した異聞とは本書をさす）を著したが、ほかにも『琉球往来』などの著作がある。三年ほど滞在し、薩摩を経て京都に戻り逝去した。

中山世系図序　『中山世系図』なる書は現存しないが、『中山世譜』巻一「歴代総紀」に「時に一男一女有り、大荒の際に生ず、男志仁礼久と名づけ、女阿摩弥姑と名づく、……三男二女を生み、長男を天孫氏と為す、国君の始め也。二男を按司の始めと為す、三男を百姓の始めと為す。長女を君君の始めと為す。次女を祝祝の始めと為す」とある。

天孫氏　古伝に基づく琉球国最初の王統で、『琉球神道記』や『中山世系図序』などに登場するような天地開闢から語り起こされる神話的王権であるところに特色がある。史書によれば、天孫氏の王統は二五代続き、一万八〇〇〇余年続いたことになる。その末期に利勇という逆臣が現れ、滅亡の危機に瀕したが、これを倒した舜天王が新たな王位に就いた。『中山世鑑』をはじめとする琉球の正史は、天孫氏以後の王統として、舜天王統、英祖王統、察度王統、さらには第一・第二尚氏王統へと続く形で叙述されている。

按司 原始的な琉球社会のなかから生まれた地域の武人的な存在で、はじめは地域的な統率者を意味し、各地のグスクの支配者たちをさしたが、琉球王府が成立すると、国王が按司を任命するようになった。注「按司」(三二〇頁)も参照。

女君 琉球には、古くからオナリ神という信仰があり、男の女姉妹が、その守り神になると信じられている。つまり王を武力的な支配者とするなら、女君はそれを守護する宗教的な支配者となる。琉球国王と聞得大君《きこえのおおきみ》が、この関係にあたり、政教分離という観点からすれば、日本の伊勢斎宮に近い。ただ聞得大君は琉球の神女《のろ》組織の頂点に位置する存在となる。

及二 推古天皇十五年一。遣二小野臣妹子一購二書海外一。因聘レ于レ隋。是歳煬帝大業三年。遣二羽騎尉朱寛等一入レ海求二訪異俗一。因到二流求一。言不二相通一。掠二一人一而還。明年復令三寛慰二撫之一。国人不レ従。寛取二其布甲一而還。時我使者至。見レ之以為此夷邪久国人所レ用也。隋遣二武賁郎将陳稜。朝請大夫張鎮州一。率レ兵浮レ海撃レ之。虜二其男女数十(※千)人一。載二軍実一而還。国遂与レ隋絶。

推古天皇十五（六〇七）年*に及び、小野臣妹子を遣わし、書を海外に購う。よりて隋に聘す。是の歳、煬帝大業三年*、羽騎尉朱寛等を遣わし、海に入り異俗を求訪す。よりて流求に到る。言、相い通ぜず、一人を掠めて還る。明年、また寛（朱寛）をしてこれを慰撫せしむ。国人従わず、寛、其の布甲を取りて還る。時に我が使者至り、之れを見るに、以て為すに此れは夷の邪久国の人の用うる所なりと。隋、武賁郎将陳稜、朝請大夫張鎮州を遣わし、兵を率いて海に浮びて之れを撃つ。其の男女数千人を虜《いけど》り、軍実（戦利品）を載せて還る。国、遂に隋と絶つ。

推古天皇十五年　『日本書紀』同年七月三日条に、「大礼小野臣妹子を大唐（隋）に遣わす」とあり、翌一六年四月に隋の使者・裴世清らを伴って帰国した旨が見える。なお『隋書』列伝第四六東夷「倭国」には、「大業三年、其の王多利思比孤、使を遣わし朝貢す」とあり、その後に「其の国書に曰く、日出る処の天子、書を日没する処の天子に致す。恙なきや云々」の記事が続く。

煬帝大業三年　『隋書』列伝第四六東夷「流求」には、大業元（六〇五）年に海師・何蛮が琉球らしき島を発見した記事に続けて、「三年、煬帝令羽騎尉朱寛入海求訪異俗、何蛮言之、遂与蛮俱往、因到流求国、言不相通、掠一人而返。明年、帝復令寛慰撫之、流求不従。寛取其布甲而還。時倭国使来朝、見之曰、此夷邪久国人所用也。帝遣武賁郎将陳稜、朝請大夫張鎮州率兵自義安浮海撃之。……遣人慰諭之、流求不従、拒逆官軍。稜撃走之、進至其都。頻戦皆敗。焚其宮室、虜其男

女数千人、載軍実而還。自爾遂絶」とある。注「隋書」（一六八頁）参照。

其後六年。而掖玖人来朝。〈掖久。即邪久也。〉是歳。春秋之間。相継而至者。凡三十人。皆レ未レ及レ還而死。後十五年。掖玖人来朝。是歳。欽明天皇三年也。後四十六年。多禰島人来朝。是歳。天武天皇六年也。八年冬。遣二倭馬飼造連 上村主光欠等一。使二多禰島一。十年秋。連等率二多禰国人一。来二献其地図一。

其の後、六年して（推古二四＝六一六年）、掖玖人来朝す*。〈掖久、即ち邪久なり。〉是の歳、春秋の間、相い継ぎて至る者、凡そ三十人。皆な未だ還るに及ばずして死す。後に十五年して、掖玖人来朝す。是の歳、欽明（正しくは舒明）天皇三（六三一）年なり。後に四十六年して、多禰島人来朝す*。是の歳、天武天皇六（六七七）年なり。八年冬、倭、馬飼造連《うまかいのべのみやつこむらじ》、上村主《うえのすぐり》光欠《こうぶ》（『日本書紀』では光父）等を遣わし、多禰島に使して、十（六八一）年秋に連等、多禰国人を率い、其の地図を来献す。

掖玖人来朝　注「掖玖《やく》人」（一七一頁）参照。

多禰島人　注「多禰島の使人」（一七一頁）・「多禰国」（一七二頁）参照。

〈多禰島。多禰国。義見二総序一。日本書紀云。其国去レ京五千余里。居二筑紫南海中一。切髪草裳。粳稲常豊。一芸両収。土毛支子莞草。及種種海物等多。〉

〈多禰島、多禰国の義は総序に見ゆ（一七一頁注「多禰島の使人」参照）。日本書紀に云う、*其の国京を去ること五千余里、筑紫南海中に居《あ》り、切髪して草裳し、粳稲《いね》常に豊かにして、一芸して両収す、土毛は支子《くちなし》、莞草《かんぞう》（藺草）及び種々の海物等多し、と。〉

日本書紀に云う　同書天武天皇一〇年八月二〇日条に「其の国の、京を去ること、五千余里。筑紫の南の海中に居《あ》り。髪を切りて草の裳きたり、粳稲常に豊《ゆたか》なり。一たび殖えて両《ふた》たび収む。土毛は支子《くちなし》、莞子《かま》及び種種の海物等多《さわ》なり」とある。

十一年。多禰。掖玖。阿麻弥人等朝貢。賜レ禄各有レ差。〈多禰。掖玖。後隷二大隅国一。唐書以謂二多尼。邪古。即此。阿麻弥。即今大島。詳見レ于レ前。〉後十三年。遣二文忌寸博士訳語諸田等一。使二多禰国一。

十一（六八二）年に、多禰、掖玖、阿麻弥人等、朝貢して禄を賜う。各《おのおの》差《しな》有り。〈多禰、掖玖は、後に大隅国に隷う。唐書、以て多尼、邪古と謂うは、即ち此れなり（注「唐書」［一七四頁］参照）。阿麻弥、即ち今の大島なり。詳しくは前に見ゆ。〉後に十三年して（持統天皇九＝六九五年）、文《ふみの》忌寸博士《いみきはかせ》＊、訳語、諸田等を遣わし、多禰国に使す。

文忌寸博士　『日本書紀』持統天皇九（六九五）年三月二三日条に、「務《む》広弐《こうに》文忌寸《ふみのいみき》博勢・進広参下《しんこうさんしも》訳語《のおさの》諸田等を多禰に遣して、蛮《ひな》の居所を求めしむ」と見え治安上の問題が起こっていることを窺わせており、さらに『続日本紀』文武天皇二（六九八）年四月一三日条に、「務広弐文忌寸博士ら八人を南嶋に遣わして国を覓《もと》めしむ」とあることから、覓国使《くにまぎのつかい》を派遣して、武力で南島の招撫にあたったものと思われる。

其後三年。文忌寸博士等八人。率レ兵以至二南島一慰二撫之一。明年。多禰。掖久。菴美。度感人等。〈菴美。即阿麻弥。度感。即今徳島。〉随二博士等一。来二献方物一。授レ位賜レ禄。各有レ差。是歳。文武天皇三年也。後三年。薩摩多禰人等方レ命。南路隔絶。乃発レ兵伐而平レ之。遂校レ戸置レ吏。是歳。大宝二年也。

其の後、三年して（文武天皇二＝六九八年）、文忌寸博士等八人、兵を率い以て南島に至り、之れを慰撫す。明年、多禰*、掖久、菴美、度感《とかん》人等、〈菴美、即ち阿麻弥なり。度感、即ち今の徳島（徳之島）。〉博士等に随い方物（地方の物産）を来献す。位を授け禄を賜う。各《おのおの》差《しな》有り。是の歳、文武天皇三（六九九）年なり。後に三年して、薩摩*、多禰人等、命に方《さから》い、南路隔絶するに、乃ち兵を発し伐《う》ちて之れを平らぐる。遂に戸を校《はか》り吏を置く。是の歳、大宝二（七〇二）年なり。

多禰……『続日本紀』文武天皇三年七月一九日条に、「多褹・夜久・菴美・度感らの人、朝宰に従いて来りて方物を貢る。位を授け物賜うこと各差あり。その度感嶋、中国（日本の意）に通うこと、是れに始まる」とある。

薩摩……注「多禰国」（一七二頁）参照。

其後五年。詔二太宰府一。授三位賜四禄於二南島人一。各有レ差。是年慶雲四年也。後六年。南島奄美。信覚。球美等五十二人。随二大（※太）朝臣遠建治一。来二献方物一。是歳。元明天皇和銅六年也。〈奄美。即菴美。信覚。即今八重山。球美。即今久米島。〉後七年。授二（一脱）位南島一。凡二百三十二人。各有レ差。是歳。元正天皇養老四年也。後七年。南島人百三十二人来朝。叙レ位有レ差。是歳。聖武天皇神亀四年也。

其の後、五年して、太宰府に詔して、*南島人に授位し賜禄す。各《おのおの》差《しな》有り。是の年、慶雲四（七〇七）年なり。後に六（七の誤）年して、南島の奄美、信覚、球美等*の五十二人、太朝臣遠《とおの》建治《たけじ》に随い、方物を来献す。是の歳、元明天皇和銅六（七の誤＝七一四）年なり。〈奄美、即ち菴美なり、信覚、即ち今の八重山なり、球美、即ち今の久米島なり。〉後に七年して、南島に授位*するもの凡そ二百三十二人。各《おのおの》差《しな》有り。是の歳、元正天皇養老四（七二〇）年なり。後に七年して、南島人百三十二人*来朝し、位に叙すに差《しな》有り。是の歳、聖武天皇神亀四（七二七）年なり。

太宰府に詔して　『続日本紀』慶雲四年七月六日条に、「使を太宰府に遣わして、南嶋の人に位を授け物賜うこと各差有り」とある。

南島、奄美、信覚、球美等　『続日本紀』和銅七年一二月五日条に、「少初位下太朝臣遠建治《たけじ》ら、南嶋の奄美・信覚・球美等の嶋の人五十二人を率いて、南嶋より至る」とある。

南島に授位　『続日本紀』養老四年一一月八日条に、「南嶋の人二百卅二人に位を授くること各差有り。遠人を懐《なづ》けむとなり」とある。

南島人百三十二人　『続日本紀』神亀四年一一月八日条に、「南嶋の人百卅二人、来朝《もう》く、位を叙すること差有り」とある。

後七年。太宰大弐小野朝臣老遣㆓高階連牛養㆒。植㆓牌南島㆒。以誌㆓所在地名里数。及泊船取水等処㆒。是歳。天平七年也。後十九年。詔令㆔太宰府重修㆓建南島之牌㆒。是歳。孝謙天皇天平勝宝六年也。自㆑是之後。史闕不㆑詳。〈按延喜式太宰府別貢。有㆓南島方物㆒。蓋養老天平間。以㆓南島㆒隷㆓太宰府㆒。故史亦略不㆓尽挙㆒而已。〉

後に七年して、太宰大弐小野朝臣老、*高階連牛養を遣わし、牌を南島に植え、以て所在、地名、里数及び泊船、取水等の処を誌《しる》す。是の歳、天平七（七三五）年なり。後に十九年して、詔して太宰府に重ねて南島の牌を修建せしむ。是の歳、孝謙天皇天平勝宝六（七五四）年なり。是れよりの後、史闕《けつ》して詳らかならず。〈按ずるに、延喜式*太宰府別貢に、南島の方物有り。蓋し、養老〜天平間（七一七〜七四九年）、南島を以て*太宰府に隷《したがわ》するが故に、史また略して尽《くわし》くは挙げざらんのみか。〉

太宰大弐小野朝臣老　『続日本紀』天平勝宝六（七五四）年二月二〇日条に、「去ぬる天平七年、故大弐従四位上小野朝臣老（岑忠）、高橋連牛養を南嶋に遣わして牌《ふだ》を樹《た》てしむ。而るに、その牌年を経て、今既に朽《く》ち壊《こぼ》てり。旧に依りて修め樹て、牌毎に、着ける嶋の名、幷せて船泊《は》つる処、水有る処と、去来する国の行程とを顕し、遥《はるか》に嶋の名を見て、漂い着く船をして帰向う所を知らしむべし」とあり、すでに天平七（七三五）年に、南島に標識を建てて、船舶の航行に便を図っていたことが分かる。なお、この制は、その後も引き継がれたようで、『延喜式』雑式に「凡太宰、南嶋に牌を樹て」として、ほぼ同文の規定が残されている。

延喜式　『延喜式』巻二三民部下「年料別貢雑物」の太宰府条に、「赤木南嶋進《まい》らする所なり。其の数、得るに従う」とあり、赤木が重要な産物であったことがわかる。

南島を以て　天長元（八二四）年九月三日の太政官奏（『類聚三代格』巻五所収）では、「多禰嶋を停め大隅国に付くるの事」として「件の島（多禰）は海中に南居し、人兵乏しく弱し、国家に於いて在るにも良き扞城にはあらず、また島司の給物は準稲三万六千余束なり。其の島の貢調は鹿皮一百余を領するのみ、更に別物無し。有名無実にして多損少益なりと謂うべし」という理由を挙げている。なお注「南島の朝貢」（二四二頁）に見られるように、七〜八世紀には南島からの朝貢が続いたが、しかし九世紀に入ると、『日本紀略』天長元年一〇月一日条に、「多褹嶋司を停め、大隅国に隷わしむ」とあるように、以後、南島との関係が放棄されるようになった。また同年には遣渤海使の回数を減らしたり、国内の新羅人を移住させて東北の経営に充てたりするなど、対外関係を抑制の方向へと転換する政策が進められたことが窺われる。ちなみに養老〜天平年間に、白石が指摘するような記事はみあたらない。

後四百二十八年。而王舜天。当二其国一。先レ是保元之乱。故将軍源朝臣義家孫廷尉為義子為朝竄二伊豆州一。及二平氏擅レ権。朝政日衰。常憤憤欲レ復二祖業一。因浮二海上一。略二諸島之地一。遂至二南島一。為朝為レ人魁岸絶力。猨臂善レ射。南島人皆以為レ神。莫二不レ服者一。乃狥二其地一而還。居未レ幾。官兵襲二攻之一。竟自殺。

後に四百二十八年、而して王舜天*、其の国に当たる。是れに先だちて保元の乱*あり。故に将軍源朝臣義家*の孫廷尉為義*、その子為朝*伊豆州に竄《のが》る。平氏権を擅《ほしい》ままにするに及び、朝政日に衰え、常に憤々として、祖業を復さむと欲し、よりて海上に浮び、諸島の地を略して、遂に南島に至る。為朝の人と為《な》りは、魁岸（大きくて逞しく）絶力（並外れて力が強い）、猨臂《えんぴ》にして射を善くす。南島人、皆な以て神と為して服せざる者莫《な》し。乃ち其の地を徇《したが》えて（伊豆大島に）還る。居するに、未だ幾ばかりかせずして、官兵之れを襲攻し竟《つい》に自殺す。

舜天　乾道二～嘉熙元（一一六六～一二三七）年。尊敦《そんとん》とも称し、浦添按司となったという。天孫氏王統二五代の時の悪臣・利勇を倒して、舜天王統を開いたとされる人物で、来琉した源為朝と大里按司の妹との間に生まれたという伝説をもつ。ただし舜天王統に関しては、日本や中国側の史料に登場せず、『おもろさうし』にも該当する王が登場しないことなどから、向象賢が『中山世鑑』を編纂した際に、天孫氏とともに日本との関係を意識して登場させた王統だとする説がある（宮城栄昌「沖縄歴史に対する疑問」『南島史学』六）。

保元の乱　保元元（一一五六）年に京都で起こった内乱。皇位継承をめぐって崇徳上皇・藤原頼長と後白河天皇・藤原忠通とが激しく対立し、崇徳上皇側は源為義・平忠正らを、後白河天皇側は源義朝・平清盛らを招いて交戦した。崇徳上皇側が敗れて、上皇は讃岐国（香川県）に配流され、源為朝の父・為義が捕らえられて殺された。武士の実力が注目され、その中央政治進出の契機となった。

源朝臣義家　長暦三～嘉承元（一〇三九～一一〇六）年。八幡太郎の異名をもち、天下第一の武勇を誇った。前九年の役・後三年の役の鎮圧に活躍して、源氏が東国に起こる基盤を築いた。

為義　永長元～保元元（一〇九六～一一五六）年。源義家の孫で、為朝の父。源氏の家督を継ぎ、検非違使（廷尉）となり、六条判官とも呼ばれたが、保元の乱で、崇徳上皇側に就き、敗れて捕らえられ死罪となった。

為朝　保延五～嘉応二（一一三九～七〇）年。源為義の第八子で、身体強大・性気剛気で、弓の名手であった。一三歳の時に九州へ追われ鎮西八郎と称し、九州に支配力をもった。保元の乱では父に従い、崇徳上皇側として奮戦したが、敗れて伊豆大島に流され、のち狩野茂光に攻められ三二歳（一説に三三歳）で自殺した。なお為朝は、伊豆を脱出し琉球に逃れて舜天を生んだという伝説が生まれ、近世後期に滝沢馬琴は、この為朝伝説をテーマに読本『椿説弓張月』を書いて大好評を得た。

有㆔遺孤在㆓南中㆒。母大里按司妹。育㆑于㆓母氏㆒。幼而岐嶷。有㆓乃父之風㆒。及㆑長。衆推為㆓浦添按司㆒。方㆓是時㆒。諸島兵起。戦闘不㆑息。按司年二十二。乃率㆓其衆㆒。一匡清㆑乱。挙国尊称。以為㆑王。舜天王是已。是歳。文治三年也。

遺（遺児）孤《ひと》り南中に在る有りて、母は大里按司妹なり。母氏に育ち、幼くして岐嶷《きぎょく》（立派に育つ）す。乃ち父の風有り。長ずるに及び、衆推して浦添按司と為る。是の時、方《まさ》に諸島の兵起りて、戦闘息《やま》ず。按司の年は二十二、乃ち其の衆を率い、一匡（一つに正し治める）して乱を清《しず》める。挙国して尊称し、以て王と為す。舜天王是れなり。是の歳、文治三（一一八七）年なり。

〈宋淳熙十四年也。事出二中山世系図序一。拠二保元紀事。及世系図序一。永万元年春。為朝年二十八而至二南島一。明年。舜天生。是歳。仁安元年也。嘉応二年夏。為朝自殺。年三十三。大里。浦添。並是中山地名。○東鑑云。文治四年夏五月。貴賀井島降。先レ是源頼朝欲レ撃二貴賀井島一。衆諫レ之。乃已。是歳春三月。鎮西人藤信房献二島地及海路図一。且請レ撃レ之。遂命二西海鎮将藤遠景及信房等一。率レ兵撃レ之。島人乃降。按貴賀井。蓋鬼界也。其事適当二舜天為レ王之初一。而東鑑所レ載止レ此。不レ得二其詳一以俟二後考一。〉

〈宋の淳凞（熙）十四（一一八七）年なり。事、中山世系図の序に出づ。保元紀事*及び世系図の序によるに、永万元（一一六五）年春、為朝年二十八にして、南島に至り、明年舜天生まる。是の歳、仁安元（一一六六）年なり。嘉応二（一一七〇）年夏、為朝自殺す、年三十三。大里、浦添、並《とも》に是れ、中山の地名なり。〇東鑑*（吾妻鏡）に云く、文治四（一一八八）年夏五月、貴賀井島（喜界島）降《くだ》る。是の先に源頼朝*、貴賀井島を撃たんと欲す。衆、之れを諌《いさ》め乃ち已む。是の歳春三月、鎮西人藤信房*、島地及び海路の図を献じて、且つ之れを撃つことを請う。遂に西海鎮将藤遠景*及び信房等に命じ、兵を率いて之れを撃ち、島人乃ち降《くだ》る、と。按ずるに、貴賀井は蓋し鬼界ならんや。其の事、適《まさ》に舜天の王と為るの初めに当たる。而れども東鑑載する所、此れに止《とど》まる。其の詳らかなるを得ず。以て後考を俟つ。〉

保元紀事　伝世本を確認できないが、無窮会神習文庫に雑史『保元紀事或問』なる写本がある。また明治一〇（一八七七）年刊の伊地知貞馨著『沖縄志』は、引用書目に『保元平治物語』（『保元物語』『平治物語』）に続けて『保元紀事』を挙げている。ただし『保元物語』下には「為朝鬼島ニ渡ル事幷ビニ最後ノ事」があるが、ここでは「鬼島」（青ヶ島とする説がある）に渡ったとあるだけで、琉球へ行った旨は記されておらず、為朝の首は都へ届けられたことになっている。注「野史」（一八七頁）参照。琉球へ渡ったとする為朝伝説を記した文献は中世には存在しない。これらの記述は、『中山世鑑』巻一「中山王世継総論」および「舜天即位記」と『中山世譜』巻三「舜天王　附記」によるものか。

東鑑　『吾妻鏡』文治四（一一八八）年五月一七日条に、「遠景已下御使等、貴賀井嶋に渡り、合戦を遂げ、彼所已に帰降の由、言上の所也。而して宇都宮所衆の信房殊に勲功を施せりと云々」とあるが、すでに同三年九月二二日条には、「所衆信房〈宇都宮所と号す〉、御使として鎮西に下向す。是れと天野藤内遠景相い共に貴海島を追討すべきの旨、厳命を含むに依るなり。古来船帆を飛ばすの者なきなり」として、かつて平家の時代には、薩摩国の住人・阿多平権守忠景が勅勘《こうむ》を被り、鬼界ヶ島に逃げていたので、これを追討しようとしたが、いろいろ意見を聞いてみると、その島を攻めるには風雨が強いなど困難が多いので、これを思い止まった旨が記されている。しかし同書文治四年二月二一日条には、現地に詳しい天野遠景が鬼界ヶ島に渡って形勢を窺っており、さらに所衆信房も加わった旨が見えるが、ここでは「彼の嶋境は、日域太《はなは》だ其の故実を測り難し。将軍士の為に定めて煩い有りて益無き歟」とある部分が注目される。さらに翌三月五日条には、「所衆信房、去月の比《ころ》、鎮西より書状を進《まい》らせ、……海路の次第、之れを画図にせしめ、献覧す」とあり、これを見た頼朝は、無理をすることはないと判断したが、信房はその制圧に成功して大功をたてた旨が記されている。

源頼朝　久安三〜正治元（一一四七〜九九）年。源義朝の三男。平治の乱で捕らえられ伊豆に配流されていたが、治承四（一一八〇）年に挙兵して平氏を倒したのち、不和となった弟・義経の追捕を名目に、朝廷から守護・地頭設置の許可を得て、武家支配を強化し、鎌倉幕府の初代将軍となった。

鎮西人藤信房　宇都宮信房のこと。保元元〜文暦元（一一五六〜一二三四）年。宇都宮宗円の孫で、平家追討に功をたて、蔵人所衆となる。九州に地頭職を得て勢力を振るい、薩摩守などに任じられた。

西海鎮将藤遠景　天野遠景のこと。鎌倉前期の武将で、生没年不明。平家追討に大功をたて、鎮西奉行となり太宰府に関与し実権を握った。

在（レ脱）位五十年。以二嘉禎三年一卒。享年七十二。〈宋嘉熈（※熙の誤）元年。○宋史流求国列伝曰。国在二泉州之東一。有二海島一。曰二彭湖一。烟火相望。淳熈（※熙の誤）間。国之酋豪。嘗率二数百輩一。猝至二泉之水澚囲頭等村一。肆行二殺掠一。喜二鉄器及匙筋一。人閉レ戸則免。但刓二其門圏一而去。擲以二匙筋一。則傾（※頫・頩・頻、頫の誤）拾レ之。見二鉄騎一則争刓二其甲一。駢レ首就レ戮。而不レ知レ悔。臨レ敵用二標鎗一。繫レ縄十余丈為二操縦一。蓋惜二其鋏一。不レ忍レ棄。不レ駕二舟楫一。唯縛レ竹為レ筏。急則群舁レ之。泅レ水而遁。按流求去二澎湖一五百里。豈是烟火相望之地哉。而海路険悪。舟楫之制。非二其堅厚一。則不レ可レ渉矣。且其喜二鉄器一。縛レ竹為レ筏。皆是巴旦之俗。其国亦去二澎湖一。不二甚相遠一。蓋宋人誤認之言耳。雖レ然其事亦当二舜天之世一。因附二于此一。〉

位に在ること五十年、嘉禎三（一二三七）年を以て卒す。享年七十二。〈宋の嘉熙元年。○宋史流求国列伝*に曰く、国、泉州*の東に在り。海島有り、彭湖《ほうこ》*と曰う。烟火（竈の煙と火）相い望む。淳熙間（一一七四～九〇年）、国の酋豪、嘗て数百の輩を率いて、猝《にわ》かに、泉（泉州）の水澚や囲頭《いとう》等の村に至り、肆《つら》ねて殺掠を行う。鉄器及び匙筋（箸カ）を喜ぶに、人、戸を閉ざし則ち免《のが》る。但《た》だ、其の門圏を刓《けず》りて去る。擲するに匙筋を以てすれば、則ち頫《うつむ》きて之れを拾う。鉄騎を見れば則ち争いて其の甲を刓る。首を駢《なら》べ戮《りく》（屍を曝す）に就く。而れども悔するを知らず。敵に臨みては標鎗《ひょうそう》を用い、縄を繋ぐこと十余丈にして操縦を為す。蓋し、其の銕《てつ》を惜しみ棄つるを忍びざらんや。舟楫に駕《の》らず、唯だ竹を縛《ばく》して筏《いかだ》と為す。急がば則ち群がりて之れを舁《か》（担ぎ）き、水に泅《およ》ぎて遁る、と。按ずるに、流求は澎湖《ほうこ》を去ること五百里にして、豈に是れ烟火の相い望むの地ならんや。而して海路険悪にして、舟楫の制、其の堅厚なるに非ず。則ち渉るべけんや。且つ其の鉄器を喜び、竹を縛して筏を為すもの、皆な是れ巴旦*（バタン島）の俗なり。其の国、また澎湖を去るに甚だ相い遠からず。蓋し、宋人の誤認の言のみならんや。然りと雖も其の事、また舜天の世に当たる。よりてここに付す。〉

宋史流求国列伝　『宋史』列伝第二五〇外国七に「流求国、在泉州之東。有海島曰彭湖、烟火相望。……淳熙間、国之酋豪嘗率数百輩、猝至泉之水澳、囲頭等村、肆行殺掠。喜鉄器及匙筋、人閉戸則免、但刓其門圏而去。擲以匙筋則頫拾之、見鉄騎則争刓其甲、駢首就戮而不知悔。臨敵用標槍、繫縄十余丈為操縦。蓋惜其鉄不忍棄也。不駕舟楫、唯縛竹為筏。急則群舁之泅水而遁」とある。ただし白石は、「旁らに毗舎邪国有り、語言通ず。袒《はだぬ》ぎ裸にして盱《めをみひらき》て睢《にら》む。殆ど人類に非ず」と

いう部分を中略しているが、これが毗舎邪国（フィリピンのビサヤ諸島）に近いとするところから
も、この「流求国」に関する記述を巴旦のものとした判断は正しかろう。後注「巴旦」参照。

泉州　中国福建省南東部の台湾海峡に注ぐ晋江下流の港湾都市。宋・元代には、中国南部最大の貿易港として繁栄をみた。

彭湖　台湾の西方約五〇キロメートルの台湾海峡上に位置する膨湖諸島のこと。九〇からなる島嶼群で、高島ではあるが、周囲には珊瑚礁が付着している。温暖ではあるが、風が強くて降水量に恵まれず、土地は痩せている。

巴旦　バタン島は、台湾とフィリピンのルソン島の中間に位置する火山島で、周囲には南北に連なる島々と多数の岩礁がある。フィリピンバタネス州に属する。波丹・馬丹・婆鞮とも書く。「尾州大野村船漂流一件」によれば、寛文八（一六六八）年に同村の商船がバタン島に漂流し、さまざまな苦難を経て同一〇年に帰国するという事件があったが、その島民ははなはだ「鉄類」を好んだとしている（『日本庶民生活集成』五）。

長子舜馬順凞《(ママ)》嗣立。在レ位十一年。享年六十四。宝治四年卒。〈宋淳祐八年也。〉長子義本嗣。在レ位十一年。而歳荒荐饑。疫疾並行。国有下称二天孫氏一者上。民皆帰レ之。義本因遜レ位焉（○脱）時年五十一。是歳弘長二年也。〈宋景定三年。〉

長子舜馬順熙、*嗣立す。位に在ること十一年。享年六十四。宝治四（二の誤、一二四八）年卒す。〈宋、淳祐八年なり。〉長子義本嗣ぐ。*位に在ること十一年。而して歳荒れ荐《しき》りに饑《う》えて、疫疾並行す。国に天孫氏と称する者有り。民、皆な之れに帰す。義本、よりて位を遜《ゆず》りぬ。時に年五十一。是の歳、*弘長二（一二六二）年なり。〈宋の景定三年。〉

舜馬順熙　淳熙一二～淳祐八（一一八五～一二四八）年。舜天王統二代目の王で、嘉熙二（一二三八）～淳祐八年の在位とされるが、略歴などは不明で、実在が疑問視されている。

義本　開禧二（舜天二〇＝一二〇六）年の生まれとされるが没年は不明。舜天王統三代目の王で、淳祐九（一二四九）～開慶元（一二五九）年の在位というが、実在が疑問視されている。即位後に、飢饉や疫病で人民の半数が死亡したが、群臣の勧めで英祖に国政を執らせたところ災難が収まったので、自らの徳の足らざるを悟り、英祖に王位を禅譲したという。その後の消息は不明であるが、義本の墓と称されるものが、北中城村仲順や国頭村辺戸《へと》など数ヶ所にある。

是の歳　義本の英祖への禅譲について、白石は弘長二（一二六二）年としているが、琉球の正史では、すべて文応元（景定元＝一二六〇）年となっている。

英祖天孫氏之後。受レ譲当レ国。闢レ地始広。〈出ニ世纘図一。按世系図。英祖上加レ圏。而刪ニ去天孫氏之後数字一。蓋彼人不レ欲三告レ我以二舜天氏絶レ統耳。又拠二世纘図一。以為二英祖当レ国闢レ地始広一。則知先世未レ有二統一之主一也明矣。世系図所レ謂天孫氏世為下王二其国一者上。果其非レ実也。〉

英祖、*天孫氏の後に、譲り受け国に当たりて地を闢《ひら》き始めて広ぐる。〈世纘図*に出づ。按ずるに、世系図、英祖の上に圏（○印）を加えて、天孫氏の後の数字を刪去（削り取る）す。蓋し、彼の人（琉球使節）、我に*告ぐるに、舜天氏の統の絶ゆるを以てするを欲せざらんのみならんや。また世纘図によるに、以て英祖、国に当たりて地を闢き始めて広ぐるを為す、と。則ち知る先世、未だ統一の主有らざるなること明らかなり。世系図の謂う所の天孫氏、世に其の国の王たる者と為すは、果して其れ実（事実）に非ざるなり。〉

英祖　紹定二〜大徳三（一二二九〜九九）年。英祖王統初代の王で、景定元（一二六〇）〜大徳三年の在位。浦添按司恵祖の子で、神号を「えそのてだこ」と称した。二五歳で義本の摂政を務め、七年後に禅譲を受けた。即位後の景定二（一二六一）年には、各地を巡視して地方を掌握し、各村に掟を配って農業生産を高め、貢租体系を確実なものとした。至元元（一二六四）年には、久米・

慶良間・伊平屋などの島々が入貢し、翌々年には奄美諸島も入貢するようになって、泊村に泊御殿を建てて貢納物を管理させた。また浦添グスクを王統の居城とし、浦添ようどれを王陵として、地内に極楽寺を建立した。

世纘図 注「中山世纘」（二四一頁）参照。

我に 舜天が為朝の子とされていることから、琉球使節は、白石に舜天王統が絶えていないように見せかけるために、こうした配慮を加えたものと考えられる。

初隋兵来レ犯。歴二唐五代宋元数世一。不下与二中国一通上。及二元至元二十八年一。世宗遣二海船万戸楊祥。福建人呉忠斗等一。捧レ詔而行。詔曰。朕収二撫江南一。已十七年。海内諸蕃。罔レ不二臣属一。惟琉（※流）求密二邇閩境一。（一脱）未三嘗会二帰附一。議者請（二脱）即加レ兵。（一脱）朕惟祖宗立レ法。凡不庭之国。先遣レ使招降。来則安堵如レ故。否則必致二征討一。今命レ使宣二諭汝国一。果能慕レ義来朝。存二爾国統一。保二爾黎民一。若不レ効レ順。自恃二険阻一。舟師奄及。恐貽二後悔一。爾其慎択レ之。

初めに隋兵、犯し来る。唐五代宋元まで数世を歴《へ》て、中国と通ぜず。元の至元二十八（一二九一）年*に及びて、世宗*、海船万戸*の楊祥、福建人呉忠斗などを遣わし、詔を捧げて行く。

詔に曰く、朕、江南を収撫《しゅうぶ》（支配し治めて）して已《すで》に十七年、海内の諸蕃、臣として属さざるは罔《な》し。惟《おも》うに、流求は閩境に密邇（極めて近い）するに、未だ嘗て帰附に会せず。（これを臣下で）議する者は、即ち兵を加えることを請う。朕、惟うに、祖宗（祖先が）法を立てて、凡そ不庭（来朝しない）の国は、先ず使を遣わして招降し、来れば則ち安堵するは故《ならわ》しの如くなるに、否めば則ち必ず征討を致す。今、使に命じて汝国を宣諭せしむ。果して能く義を慕いて来朝すれば、爾《なんじ》の国統を存し、爾の黎民（一般の人民）を保つ。若し順《したが》い効《いた》さずんば、自ら険阻を恃《たの》みて、舟師奄及（直ちに攻撃）し、恐れらくは後悔を貽《おく》る。爾、其れを慎みて之れを択《えら》べ、と。

至元二十八年　以下の記述は『元史』列伝第九七外夷三「瑠求」記事からの引用で長文となり、重複するところから紹介を略す。ただし、この部分については珍しく白石の誤記が多いので、以下に示す。「海船万戸」は「海船副万戸」、「呉忠斗」は「呉志斗」、「海内諸蕃」は「海外諸蕃」であり、次々注の「世宗」も「世祖」が正しい。なお元貞三（一二九七）年の元の襲来についてのみは、年次は一年異なるが、『球陽』英祖王三七（一二九六）年条に、「元の成宗（二六九頁注参照）、省都鎮撫張浩等を遣わし、軍を率いて国に抵《いた》らしむ。時に我が国臣民深く王化に沐す。……国人力を合せ拒《ふせ》ぎ戦いて降らず。張浩、計の施すべき無く、卒に一百三十人を擄《りょ》にして返る」とある。

海船万戸　元代には、各地に万戸府を置いて軍隊を管轄させた。上万戸府は七〇〇〇以上、中万戸府は五〇〇〇以上、下万戸府は三〇〇〇以上の軍をそれぞれ擁していた。海船万戸は海軍の意。

世宗（世祖の誤）　太祖一〇～至元三一（一二一五～九四）年。元の初代皇帝で、ジンギス＝ハーンの孫フビライ＝ハーンのこと。至元一六（一二七九）年に南宋を滅ぼして中国を統一し、大帝国を築くとともに版図拡大をめざして周辺諸国を攻略した。

明年三月。祥主（※至）二其国一。先令下軍官劉閏。二百人以二小舟一載二軍器一。領二三嶼人陳煇者一登上岸。国人不レ解二三嶼人語一。為二（ママ）其殺死一（ママ）者三人。遂不レ将二其命一而還。成宗元貞三年。復遣三福建省都鎮撫張浩新軍万戸張進赴二其国一。禽二生口百三十人一。後三年。英祖卒。在位四十年。享年七十二。是歳正安二年也。〈元大徳四年。〉

明年（一二九二年）三月、祥（楊祥）、其の国に至り、先ず軍官劉閏、二百人、小舟を以て軍器を載せ、三嶼*人陳煇なる者を領（頭）として岸に登らしむ。国人、三嶼人の語を解せず、為に其の殺死する者三人。遂に将に其の命をなさずして還る。成宗*の元貞三（一二九七）年、また福建省都鎮撫*の張浩、新軍万戸*の張進、其の国に赴き遣わし、生口百三十人を禽《とら》うる。後

に三年して、英祖卒す。* 位に在ること四十年。享年七十二。是の歳、正安二（一三〇〇）年なり。〈元の大徳四年。〉

三嶼人　三嶼は、彭佳嶼、棉花嶼、花瓶嶼の三島のことか。『元史』列伝九七外夷三には「瑠求」の次に「三嶼」があり、「三嶼国、瑠求に近し。世祖至元三十年、命じて人を選び之れを招誘す。……この国之民二百戸に及ばず」と見える。

成宗　至元二〜大徳一一（一二六五〜一三〇七）年。元の第二代皇帝で、フビライの孫テムル。ビルマ征討のほか、帝国内の反乱の平定を行った。

都鎮撫　元代には、各地に治安維持を担当する鎮撫司を設け、その長を鎮撫と称して軍事を担当させた。

新軍万戸　元代に占領地の投降兵を編成したのが新軍で、これによって編成された万戸府の長をさす。

英祖卒す　英祖の没年に関して、琉球の正史である『中山世譜』『中山世鑑』は、ともに元の大徳三（正安元＝一二九九）年としており、享年は七一である。

子大成嗣。〈世纘図作二大城一。〉在レ位九年。以二延慶元年一卒。享年六十二。〈元至大元年。〉其次子英慈嗣。在レ位五年、以二正和二年一卒。享年四十六。〈元皇慶二年。〉其第四子玉城嗣。不徳国乱。山南山北。分而為レ三。玉城拠二于中山一。二十三年。以二延元元年一卒。享年四十一。

子の大成*嗣ぐ。〈世纘図、大城に作る。〉位に在ること九年、延慶元（一三〇八）年を以て卒す。享年六十二。〈元の至大元年。〉其の次子英慈*嗣ぐ。位に在ること五年、正和二（一三一三）年を以て卒す。享年四十六。〈元の皇慶二年。〉其の第四子玉城*嗣ぐ。不徳にして国乱る。山南、山北に分かれて三を為す*。玉城、中山によること二十三年。延元元（一三三六）年を以て卒す。享年四十一。

大成　淳祐七～至大元（一二四七～一三〇八）年。英祖王統の二代目の王で、大徳四～至大元（一三〇〇～〇八）年の在位。『中山世鑑』所収の「中山王舜天以来世纘図」では「大成」となっているが、『世纘図』によったと思われる汪楫の『中山沿革志』では、「大城」とし「先王廟（崇元寺）の神主は大成に作る」と注記した上で「英祖の子大城位を嗣ぐ」としている。

英慈　至元五～皇慶二（一二六八～一三一三）年。英祖王統の三代目の王で、至大二～皇慶二（一三〇九～一三）年の在位。大成の次男であるが、詳細は不明。

玉城　元貞二～至元二（一二九六～一三三六）年。英祖王統の四代目の王で、延祐元～至元二（一三

一四〜三六）年の在位。英慈の四男で、即位後に、酒色にふけり狩猟を好んで政務を顧みなかったために、国が乱れて三山が分立する結果となったとされている（次注参照）。沖縄本島南部の玉城グスクを居城としたと伝える。

山南、山北に分かれて三を為す　もともと琉球の地には、大小多数の按司が割拠し、グスクを築いて勢力を争っていたが、それが山南（南山）・中山・山北（北山）の三勢力として鼎立するようになって、それぞれが中国から冊封を受けるに至った。なお『中山世鑑』「玉城王御即位」の項には、「此時ヨリ世衰ヘ政廃シテ、朝覲会同ノ礼モ、日ニ衰ヘ、内色ニ荒ミ、給ケル間、諸侯皆朝セズシテ、列国兵争ス。国分レテ三ト為リ、中山王・山南王・山北王トゾ申ケル。先ヅ山南王ト申ハ、大里按司、首里ニソムイテ、佐鋪・知念・玉城・具志上・東風平・嶋尻・大里・喜屋武・摩文仁・真壁・兼城・豊見城、以上十一（ママ）国ヲ討従ヘ……山北王トハ、今帰神按司也。是モ、首里ニ背テ、羽地・名護・国頭・金武・伊江・伊平也ノ、数国ヲ討従ヘ……中山トハ、首里ノ王城ナリ。惟《ただ》、中山王ニ、付順タル国トテハ、那覇・泊・浦添・北渓・中城・越来・読谷山・具志川・勝連・首里三平等ノ数国也」とある。そもそも『中山世譜』『中山世鑑』など琉球正史の記述では、はじめに統一的な王朝があり、これが玉城王の時代に分かれて三山になったとされているが、もともと地域的な勢力が琉球の内部に分立しており、それが玉城王の頃に、北山・中山・南山という三つの勢力圏が形成されたと考えるべきだろう。それ以前の王系については、それが中山の遠祖だとする認識が、正史編纂者にあったものと思われる。

〈元後至元二年。〇美問二甲午使人一。以二三山分域一。対曰。今帰仁以北之地。称二山北一。山北王在二今帰仁城一。大里以南之地。称二山南一。山南王在二大里城一。美窃疑レ之。蓋事未二講究一。而臆断以置レ対而已。三山割拠。壌地雖レ小。各自立レ国。百有余年。乃就二一島南北之地一而言可乎。嘗観二其地図一。沖縄島地。南北稍長。東西甚狭。皆極レ乎レ海。其周廻僅七十四里。若如二其言一。今帰仁以北。属二于山北一。大里以南。属二于山南一。則中山地。南北十三里。東西五里。山南地。南北三里。東西五里。真是蛮触国耳。設使下先島以南。皆属二山南一。与論以北皆属中山北上。而中山摂二于其間一。足レ食足レ兵。幾何。可三以敵二南北一也。即今拠二其計帳一。凡諸島地分隷。以為二三等一。其一則沖縄及其西北小島。其二則与論以北。其三則先島以南。是則所レ因古三山疆域。而鼎足之勢。判然分矣。其歳租亦各自及レ供二軍国之用一也。〉

〈元、後の至元二（一三三六）年。〇美（君美）、甲午（正徳四＝一七一四年）使人*（琉球使節）に、三山分域を以て問う。対して曰く、今帰仁以北の地、山北と称し、山北の王、今帰仁城に在り。大里以南の地、山南と称し、山南の王、大里城に在り、と。美（君美）、窃《ひそ》かに之れを疑う。*蓋し、事、未だに講究せずして、臆断し以て対し置くのみ。三山割拠して、壌地小たりと雖も、各自国を立つこと百有余年。乃ち一島南北の地に就きての言べけんや。嘗て其の地図を観るに、沖縄島の地、南北は稍《や》や長く、東西は甚だ狭し。皆な海に極まり、其の周廻僅かに七十四里。若し其の言の如くんば、今帰仁以北は山北に属し、大里以南は山南に属す。則ち中山の地、南北十三里、東西五里。山南の地、南北三里、東西五里。真に是れ蛮触の国（取るに足らない小さな国）なるのみ。設《も》し、先島以南、皆な山南に属すとし、与論以北皆な山北に属せしめて、中山、其の間において摂《おさ》むるとすれば、食足り兵足ること幾何《いくばかり》ぞ。以て南北に敵すべきなるか。即ち今、其の計帳*によるに、凡そ諸島の地を分隷して、以て三等と為す。其の一は、則ち沖縄及び其の西北の小島なり。其の二は、則ち与論以北なり。其の三は、則ち先島以南なり。是れ則ちよる所は、古えの三山の疆域にして、鼎足の勢、判然と分かつや。其の歳租、また各自軍国の用を供するに及ぶなり。〉

甲午使人　注「其の人（琉球使節）」（一九三頁）参照。

美、窃かに之れを疑う　ここで白石は、琉球使節の話を聞きながらも、山北は与論島以北で、山南は先島以南の地とするのではないかという見解を披瀝している。しかし白石の仮説は、農本主義的な見地から国土の大小を念頭においたもので、歴史的にも無理というほかはない。

其の計帳　『元禄郷帳』を念頭においたものであるが、その琉球国分は現存しない。しかし『元禄国絵図』や『天保郷帳』などでは、大島・沖縄本島・八重山諸島（宮古）の三つに区分して、絵図や郷帳が別個に作成されているところから、おそらく『元禄郷帳』も同様であったものと思われ、それぞれを白石は北山・中山・南山の支配地域と考えたのであろう。

長子西威嗣。在（レ脱）位十三年卒。享年二十三。是歳貞和五年也。〈元至正九年。〉中山王察度立。察度者故浦添按司之子。〈世纘図云。王城長子西威在レ位十四年。至正十年。察度即二王位一。察度者不レ知レ所二自始一。其父為二浦添按司一。按世系図云。西威在レ位十三年。元至正十年卒。年二十三。又加三一圏於二察度上一。以分二其統一耳。蓋世纘図拠二其実一而言。然察度之立。其故不レ詳。始舜天以二浦添按司一即二王位一。察度父亦称二浦添按司一者。蓋其苗裔乎。而今不レ可二得而考一。〉

長子西威*嗣ぐ。位に在ること十三年にして卒す。享年二十三。是の歳、貞和五（一三四九）年なり。〈元の至正九年。〉中山王察度*立つ。察度なる者は、故浦添按司の子なり。〈世纘図に云く、王城長子西威は、位に在ること十四年。至正十年、察度王位に即《つ》く。察度なる者は、自ら始むる所を知らず、其の父は浦添按司為《な》り。按ずるに、世系図に云う、西威の位に在ること十三年、元の至正十年卒し、年二十三とし、また一圏を察度の上に加うるは、以て其の統を分かつのみか。蓋し、世纘図、其の実によりて言うに、然らば察度の立つ其の故は詳しからざらんや。始め舜天は浦添按司を以て王位に即く。察度の父も、また浦添按司を称するは、蓋し其の苗裔なるや。而して今、得て考

すべからず。〉

西威　致和元?～至正九?（一三二八?～四九?）年。英祖王統の五代目で、至元三～至正九（一三三七～四九）年の在位。玉城の長男で一〇歳頃に王位を嗣いだが、父の代以来、余りにも政治が乱れていたため、西威の死後、国人は世子を廃して察度を立てたところから、英祖王統は五代九〇年で滅んだ。

察度　至治元～洪武二八（一三二一～九五）年。浦添を拠点とする察度王統の初代王で、至正一〇～洪武二八（一三五〇～九五）年の在位。父は浦添按司と称する奥間大親《うふや》で、母は羽衣伝説に登場する天女とされており、神号を大真《うふま》物《もの》と称した。家は貧しかったが、運良く金銀や鉄を手に入れることができ、これらをもとに貧者に衣食を与えたほか、農民に鉄を渡して農具を作らせたことで人心を得て、中山王に推されたと伝える。明の冊封を受けるとともに、南蛮貿易を開始したり、高麗や李朝との朝鮮貿易を進めるなど、海外交易を盛んにして、国力を増した。また中国へ留学生を送るなど、文化面においても新たな政策を推し進めた。

是時元既亡。明主即二帝位一。洪武五年。其行人楊載齎レ詔往諭二其国中山王察度山南王承察度山北王怕尼芝一。皆遣レ使朝貢。十五年賜二中山王山南王鍍金銀印文綺一。使還言。三王争レ権相攻。

十六年。賜二山北王一。如二中山山南之例一。因詔令二罷レ兵息レ民。始自三文武天皇授二位南島人等一。六二百一八一十一余一年一於レ此。而三王受三封於二外国一焉。〈三王受レ封。蓋此永徳年間也。〉

是の時、元、既に亡ぶ。明主、* 帝位に即く。洪武五（一三七二）年、* 其の行人楊載、詔を齎《もち》て、往きて其の国の中山王察度、山南王承察度、* 山北王怕《は》（※帕）尼芝《にし》*（羽地）に諭す。皆な使を遣わして朝貢す。十五（洪武：以下同＝一三八二）年、中山王、山南王、鍍金銀の印と文綺（彩った絹）を賜う。使、還りて言う、三王、権を争い相い攻める、と。十六年、山北王に賜うこと、中山、山南の例の如し。よって詔して、兵を罷《やす》め民を息《やす》ましむ。始め、文武天皇、* 位を南島人等に授けしより六百八十余年、此こにおいて三王外国に封を受けぬ。〈三王封を受くるは、蓋し此れ永徳年間（一三八一～八四年）ならんや。〉

明主　朱元璋のこと。致和元～洪武三一（一三二八～九八）年。廟号は太祖、諡名は髙皇帝、在世年号から洪武帝とも呼ばれ、洪武元～三一（一三六八～九八）年の在位。貧しい農民から身を興こし、紅巾軍の武将となって長江一帯を平定して南京で即位。強力な独裁体制を築いた。

洪武五年　『明太祖実録』巻七一の洪武五（一三七二）年一月一六日条には、明は「楊載を遣わし詔諭を琉球国に持たしむ。……使を外夷に遣わし、朕意を播告するに、使者至る所の蛮夷・酋長、臣と称して入貢す。惟うに、爾《なんじ》琉球は中国東南遠処の海外に在りて、未だ報知に及ばず。茲に特に使を遣わし往きて諭す」とあるだけで、三山の王名に関する記事はない。ただ中山に関しては、同書同年一二月一七日条に、楊載の使に応じて、「瑠球国中山王察度」が弟の泰期などを遣わして朝貢した記事があり、その後、洪武一六年正月一日条に、中山王察度と「山南王承察度」が、それぞれ明に朝貢した後に、ともに鍍金銀の印と絹織物を賜った旨が見える。そして同じく三日条に、「琉球三王互いに争う」という記事があり、「北山王帕尼芝」の名も見えるが、彼らを太祖が諭して争いを収めさせたとしている。なお、この部分に関して、白石は『明太祖実録』からではなく、『皇明世法録』巻八〇からの引用によっており、両書には若干の異同がある。

山南王承察度　生没年不明であるが、白石は永楽二（一四〇四）年の没とする。島尻大里城（一説には島添大里城）によった南山王国の初代王。ウフサトと読み、大里にちなむとされる。なお『李朝実録』太祖三（一三九四）年九月九日条に、中山王察度が朝鮮に使を遣わし、亡命中の南山王の世子承察度の引き渡しを請うた記事が見えるが、これを南山王・承察度だとする説がある（伊波普猷「南山王の朝鮮亡命」同全集七）。

山北王帕尼芝　生年不明で洪武二五（一三九二）年の没かとされている。帕尼芝とも書き、ハニシと読み、羽地にちなむとされている。羽地按司で今帰仁城によった北山王国の初代王であるが、その子孫も帕尼芝を名乗った可能性が高い。

文武天皇　注「多禰国」（一七二頁）参照。

二十一年。明以㆓所㆑獲元主次子地彌奴発〔※発の傍線＝甘雨亭本の誤〕㆒居㆓琉球㆒。二十五年。中山王遣㆓其子侄及陪臣子弟㆒入㆓大学㆒。明主礼遇独優。賜㆓閩人三十六姓。善操㆑舟者㆒。令㆓往来朝貢㆒。二十八年。中山王察度卒。享年七十五。在㆑位凡四十六年。〈世纘図世系図皆云。察度元至正十年。即㆓王位（一脱）。在㆑位四十六年。而明人諸書。以為中山王察度。永楽二年卒。蓋誤以㆓山南王承察度㆒。為㆓中山王察度㆒也。〉

二十一（一三八八）年、明、獲する所の元主*の次子地彌奴《てぼぬ》［地保奴*の誤］を発し以て、琉球に居せしむ。二十五年、中山王、其の子の侄（甥）及び陪臣の子弟を遣わし大学*（国子監）に入れしむ。明主の礼遇は独り優れ、善く舟を操る者閩人三十六姓*を賜う。往来させ朝貢せしむ。二十八年、中山王察度卒す。享年七十五。位に在ること凡そ四十六年。〈世纘図、世系図、皆な云く、察度元の至正十年、王位に即き位に在ることは四十六年なり、と。而して明人の諸書、以て為す中山王察度を永楽二（一四〇四）年の卒*と。蓋し誤りて、山南王承察度を以て、中山王察度と為すや。〉

元主　トグス・テムル、天元帝のこと。至正二〜天元一〇（一三四二〜八八）年。モンゴル帝国第一七代大ハーンで、天元元〜一〇（一三七九〜八八）年の在位。洪武元（一三六八）年に明が成立した後、第一四代大ハーンのトゴン・テムルは、北方のモンゴル高原に逃れて元を維持したことから、これを北元（韃靼）と称した。フビライ以来の元王朝の最後の大ハーンで、明に大敗を喫した後、西モンゴル高原に勢力を有していたイェスデルの軍に捕らえられ殺害された。子にテポヌ（天保奴）とテボヌ（地保奴）がいる。

地保奴　『明太祖実録』洪武二一（一三八八）年七月五日条に、「地保奴、是（藍玉の諫言により妃が自殺したこと）に由って怨言有り……護送し至り往きて琉球に居す。仍て厚く遺資之れに遺す」とあり、明に捕らえられていた北元のトグス・テムルの次子地保奴が、太祖の怒りを買って琉球に住せられた旨が見える。しかし琉球側には該当する史料はなく、あるいは小琉球つまり台湾のことか。なお白石は、この部分も『皇明世法録』巻八〇からの引用を行っているが、同書も「地保奴」を「地儞保」と記している。

大学　『明太祖実録』洪武二五（一三九二）年五月二日条には、「琉球国中山王察度及び其の子武寧、その使を遣し……従子の日孜毎・濶八、馬寨官（按司）の子仁悦慈、国学に入り読書す」とある。大学とは、皇帝の建てた学校のことで、中国の最高学府であり、文教行政にも関与した南京の国子監のこと。古くは漢代の太学の流れを汲み、隋代に国子監が置かれ、以後、貴族の子弟の教育にあたった。明代には国学と呼ばれたが、清代に再び国子監と称された。この部分も『皇明世法録』巻八〇による。

閩人三十六姓　『明太祖実録』には該当する記事はないが、『皇明世法録』巻八〇には、「礼遇特に厚く其の国の往来、朝貢を以て、閩人善く舟を操る者三十六姓を賜う」と見え、白石の記述は、これによっている。なお『中山世譜』巻三察度王洪武二五年条では、「更に閩人三十六姓を賜い、初めて音楽を節し、礼法を制して、番俗を改変す。而して文教同風の盛を致す」としている。閩人つまり福建省からの渡来人で、久米村に住んだため久米三十六姓とも呼ばれ、琉球王府の外交・貿易などに関わる職能集団として、大きな役割を果たした。三十六姓は数多くの意で、その子孫とされる人々のほかに、首里・那覇の士族で移り住んだ者もいる。

永楽二年の卒　『明太宗実録』同年（一四〇四）二月二一日条には、「中山王世子武寧、姪の三吾良亹等を遣わし、以て其の王察度の卒を来たりて告訃す」とあるが、これを白石は誤りとする。なお同年四月一二日条に、「汪応祖を詔封して琉球国山南王となす。応祖は故琉球国山南王承察度の従弟、承察度に子なく、臨終するに応祖に命じて国事を摂《と》らせしむるに、能く其の国人を撫で、歳ごとの職貢を修む」とある。

世子武寧嗣。永楽二年。山南王承（※承に傍線あり）察度卒。無レ子。令三従弟汪応祖摂二国事一。応祖遣レ使請レ命。乃賜二冠服一。嗣二山南王一。〈山南王承察度。或作二承察一非。或以二汪応祖一為二承察度弟一亦非。〉

世子武寧*嗣ぐ。永楽二年、山南王承察度卒す。子無く、従弟汪応祖*に国事を摂《と》らしむ。応祖使を遣わして命を請う。乃ち冠服を賜い、山南王を嗣ぐ。〈山南王承察度、或いは承察に作るは非なり、或いは汪応祖を以て承察度の弟と為すもまた非なり。〉

武寧　至正一六～永楽三（一三五六～一四〇五）年。察度王統二代目の王で、洪武二九～永楽三（一三九六～一四〇五）年の在位。神号は中之《なかの》真《ま》物《もの》。察度の長男で、琉球で初めて冊封を受けたとされ、進貢貿易に力を入れたが、尚巴志に滅ぼされ察度王統最後の王となった。なお武寧の最期について『中山世鑑』は永楽一九（一四二一）年とし、『球陽』は永楽八（一四一〇）年とするが、ここでは白石にならって『中山世譜』の永楽三年説を採った。

汪応祖　生年不明で永楽一一（一四一三）年没。南山王国二代目の王で、永楽元～一一（一四〇三～一三）の在位。南京留学の経験もあり、進貢貿易に積極的で文化面にも力を入れたが、兄の達勃期に妬まれて殺された。注「永楽二年の卒」（前頁）参照。

三年。中山王武寧卒。在レ位十年。〈世系図云。享年不レ詳。〉尚思紹嗣。〈世纘図云。察度卒。子尚思紹嗣。自レ是以レ尚為レ姓。而其所レ紀中山代序。止レ乎レ此。世系図。又加三一圏於二尚思紹上一。二書並皆可レ疑。拠二聞書一。永楽中。思紹所レ献表。有二臣祖察度之語一。又皇明世法録云。察度世子。武寧嗣。武寧卒。子思紹嗣。由レ是観レ之。世纘図。誤脱二武寧一世一。不レ可レ疑也。世系図加三圏於二思紹上（一脱）。蓋其以為二尚氏之始一故乎。抑亦尚思紹以二武寧兄弟之子一。入継二其統一乎。姑存レ疑以俟二後考一。〉在レ位十六年。以二永楽十九年一卒。〈世系図云。享年不レ詳。聞書以為二宣徳初。思紹卒一。与二世系図一不レ合。〉

三（一四〇五）年、中山王武寧卒す。位に在ること十年。〈世系図に云う、享年詳らかならず、と。〉尚思紹*嗣ぐ。〈世纘図に云う、察度卒し、子尚思紹嗣ぐ、是れより尚を以て姓と為す。而して其の紀する所の中山代序、ここに止む、と。世系図、また一圏を尚思紹の上に加う。二書、並《とも》に皆な疑うべし。聞書によれば、永楽中（一四〇三～二四）、思紹献ずる所の表*に、臣の祖の察度の語有り。また皇明世法録*に云く、察度の世子武寧嗣ぎ、武寧卒して子思紹嗣ぐ、と。是れに由り之れを観るに、世纘図、誤りて武寧の一世を脱すること、疑うべからざるなり。*世系図、圏を思紹の上に加うるは、蓋し、其の以て尚氏の始めと為す故ならんか。抑もまた尚思紹、武寧の兄弟の子を以て入れ其の統を継がさんや。姑く疑を存し以て後考を俟つ。〉位に在ること十六年、永楽十九（一四二一）年を以て卒す。〈世系図に云く、享年詳らかならず。聞書、以て宣徳初（一四二六年～）を思紹の卒*と為

すは、世系図と合わず。〉

尚思紹　生年不明で永楽一九（一四二一）年没。第一尚氏王統の初代王。永楽四〜一九（一四〇六〜一四二一）年の在位。神号は君志真物《きみしまもの》。父は佐銘川《さめかわ》大王で、妹は馬天ノロくもい。永楽四年に、尚巴志は中山王武寧を滅ぼすと、父である思紹を奉じて中山王とした。『明太祖実録』永楽五年四月一一日条には、「中山王世子思紹、使の三吾良亹を遣わし、馬及び方物を貢ず。別に使を遣わし、来りて其の父中山王武寧卒するを告ぐ……思紹を封じ琉球国中山王を嗣ぐ」とある。父の佐銘川大王は、伊平屋島の出身で、佐敷間切の馬天に移り、大城按司にみいだされて一男一女をもうけた。その長男が思紹で南条市佐敷の苗代《なわしろ》村に住んだことから苗代大親《うふや》とも呼ばれた。そして佐敷に住む美里之子の娘との間に生まれたというのが尚巴志で、これらは『佐銘川大ぬし由来記』に詳しい。ちなみに尚姓を名乗るようになるのは『中山世鑑』以降のことである。

思紹献ずる所の表　『閩書』巻一四六島夷志「琉球国」には、「（永楽）九（一四一一）年、……（中山王思紹の）表に言う……輔臣の祖の察度歴年する所多くして、職を懈《おこた》らず」とある。

皇明世法録　同書巻八〇「琉球」に「永楽二年中山王察度卒。詔封世子武寧嗣王。是後嗣封」とある。注「世法録」（一八八頁）参照。

疑うべからざるなり　甘雨亭本には「也」の頭注に「不恐乎　属上句」とあるが、教授館本・宝玲文庫本に異同はない。頭注のごとく読んでも文意に大きな変化はないのでママとした。

宣徳初を思紹の卒　『閩書』巻一四六島夷志「琉球国」には「宣徳初、思紹卒、子巴志嗣封を請う。三（一四二八）年、内監（宦官）柴山を往き遣わし、是れより、遣使を以て冊封を故事と為す」とある。ただし『明仁宗実録』では、洪熙元（一四二五）年二月一日条に、「中官柴山を遣わし、琉球国に往きて勅を齎《もたら》し、故中山王思紹の世子尚巴志に中山王を嗣ぐを命ず」としている。

世子尚巴志立。請レ封。宣徳三年。勅二内監柴山一。往封二巴志一嗣王。是後遣レ使冊封。以為二故事一。巴志賢而施レ仁。衆皆悦服。山南山北。遂帰レ于レ一矣。〈続文献通考。及閩書。以為景泰元年尚志（※思）達遣レ人朝貢。未レ幾。山南山北為二中山所一レ並。世法録以為景泰五年。尚泰久嗣。先レ是山南王汪応祖為二其兄達勅（※勃）期所一レ弑。尋与二山北一。併レ於二中山一。袋中所レ録。亦謂尚泰久之世。諸島悉平。諸説皆与二国人之言一不レ合。惟其袋中所レ録。蓋謂二尚金福卒。復国乱（一脱）。尚泰久嗣レ封。以定二其乱一而已。〉在位十八年。以二正徳〔※正統の誤〕四年一卒。享年六十八。

世子尚巴志*立つ。封を請け、宣徳三（一四二八）年、内監（宦官）柴山に勅して、往きて巴志を封じて嗣王とす。是の後、使を遣わして冊封し、以て故事と為す。巴志、賢にして仁を施し、衆皆な悦びて服す。山南、山北遂に一に帰すなり。〈続文献通考*及び閩書*、以て為すに、景泰元（一四五〇）年、尚思達*、人を遣わし朝貢すに、未だ幾ばくならずして、山南、山北を、中山に並《とも》う所と為《な》る、と。世法録*、以て為すに、景泰五年、尚泰久*嗣ぐ。是れに先んじ、山南王汪応祖、其の兄達勃期《たぼき》の紂する所と為り、尋《つい》で山北とともに中山に併せらる、と。袋中録する所*に、また謂う、尚泰久の世、諸島悉く平《たい》らぐる、と。諸説、皆な国人の言と合わず。惟うに、其の袋中の録する所、蓋し、尚金福*の卒してまた国乱るを謂い、尚泰久封を嗣ぎて、以て其の乱を定《おさ》むるのみならんや。〉（尚巴志は）位に在ること十八年、正徳［正統の誤］四（一四三九）年を以て卒す。享年六十八。

尚巴志　洪武五～正統四（一三七二～一四三九）年。第一尚氏王統の二代目の王で、永楽二〇～正統四（一四二二～三九）年の在位。神号は勢治高真物《せじたかまもの》。尚思紹の長男で、二一歳の時に佐敷按司となった。そして中山王武寧から人心が離れたのに乗じて、察度王統を断絶させ、父の思紹を中山王として首里を王都とした。また北山を攻め滅ぼし、思紹に代わって王位を嗣いだ後に、南山を滅亡させて三山の統一を実現させた。盛んに土木工事を起こし、サトウキビや芋類などの栽培を奨励するとともに、進貢貿易のみならず南蛮・朝鮮・日本との交易にも力を注いだ。

続文献通考　同書巻二三五に「景泰元年、中山王尚思達遣人朝貢。未幾、山南、山北為中山所弁」とある。

閩書　同書巻一四六島夷志「琉球国」には、「景泰元年、中山王思達遣人朝貢。三王嗣封、皆請於朝。既而、山南、山北悉為中山所兼」とある。

尚思達　永楽六〜正統一四（一四〇八〜四九）年。第一尚氏王統四代目の王で、正統一〇〜一四（一四四五〜四九）年の在位。神号は君日《きみてだ》。尚忠の長男で、在位中には海外貿易や進貢をめぐってさまざまな事件が起こり多難であった。

世法録　『皇明世法録』巻八〇「琉球」に、金福の死後のこととして「弟布里与子志魯争立。失其印、次弟尚泰久馳奏、命給泰久印嗣王。時景泰五年也。先是山南王汪応祖、為其兄達勃期所弑、尋与山北併於中山」とある。

尚泰久　永楽一三〜天順四（一四一五〜六〇）年。第一尚氏王統六代目の王で、景泰五〜天順四（一四五四〜六〇）年の在位。神号は那之志与茂伊《なのしよもい》。越来《ごえく》を領して越来王子と称したが、先王尚金福の死により、世子志魯と王弟布里とが争い、両者が滅んだことから、王弟として王位を継いだ。この王位継承をめぐる争いで国内は大いに乱れ、王城も焼けて中国から下賜された鍍金銀の印なども失い、明に願い出て再交付を許された。また天順二（一四五八）年には、中城城や勝連城によった護佐丸《ごさまる》・阿麻和利《あまわり》の乱が起こったが、諸国との交易にも力を入れたほか、多くの寺院の建立にも尽力した。

袋中録する所　袋中の『琉球神道記』巻五「八幡大菩薩事」には「国王五代尚泰久ノ時、諸嶋ヲ平グ」とあるが、注「鬼海島」（二三一頁）で述べたように泰久は喜界島までは攻めていない。

尚金福　洪武三一〜景泰四（一三九八〜一四五三）年。第一尚氏王統五代目の王で、景泰元〜四（一四五〇〜五三）年の在位。神号は君志《きみし》。甥である先王尚思達の死後、嗣子がなかったことから、王位を継いだ。その勢力範囲は、トカラ列島にまで及んだが、喜界島を服属させることはできなかった。

初三山。称レ蕃（※藩）。朝貢不レ時。至二中山併一南北一。遂令二二年一貢一。毎船百人。多不レ過二百五十人一。即福建南台外。置二蕃使館一。〈即今流球館也。〉使至館穀。逓入二京師一。〈中山朝貢。続文献通考。以為初三山毎二二年一朝貢一次。至二尚志（ママ）達時一。南北倶為レ所レ併。遂令二三年一貢一。閩書以為思達時。令二三年一貢一。世法録以為成化七年。尚円嗣。十一年。貢使還。至レ閩恣二殺掠一。詔着令二間歳一貢一。諸説頗有二異同一。按大明会典云。祖訓。琉球朝貢不レ時。国有二三王一。後惟中山王至。諭令二一（※二）年一貢一。蓋得レ之矣。国係二之巴志一。以俟二後考一。〉

初め三山、蕃*（※藩）を称し朝貢するに時せず（不定期にして）、中山南北を併するに至りて、遂に二年一貢とせしむ。毎船に百人、多くも百五十人を過ぎずとし、即ち福建南台外*に蕃使館*を置く。〈即ち今の流球館なり。〉使、至れば館穀（泊めて食事を供す）し、逓（馬継ぎ）して京師（都）に入る。〈中山の朝貢*、続文献通考、以て為すに、初め三山、二年毎に朝貢一次とす。尚思達の時に至りて、南北倶《とも》に併する所と為り、遂に三年一貢とせしむ、と。閩書、以て為すに、思達の時、三年一貢とせしむ、と。世法録、以て為すに、成化七（一四七一）年、尚円嗣ぎて、十一年、貢使還るに、閩に至りて殺掠を恣《ほしいまま》にす。詔、着して間歳一貢とせしむ、と。諸説、頗る異同有り。按ずるに、大明会典*に云く、祖訓（皇明祖訓）に琉球の朝貢時せず、国に三王有るも、後に惟《た》だ中山王至るのみに、諭して二年一貢とせしむ、と。蓋し之れを得んや。国、之れ巴志に係わるに、以て後考を俟つ。〉

蕃　注「藩」（一七八頁）参照。

南台　福建省閩侯県南九里の南台山。

蕃使館　正統年間（一四三六～四九）に、琉球からの来貢船を限るとともに、福建省南台の外に成化五（一四六九）年に柔遠駅（進貢工柔遠駅）を建設し、使節の宿泊を目的とした。はじめは単なる省庁の宿館であったが、やがては琉球人が独占使用したことから、琉球館とも呼ばれるようになった。明朝から清朝末期まで、中国における琉球の朝貢貿易の拠点となった。

中山の朝貢　『続文献通考』巻二三五は「朝貢自是三王嗣封皆請于　朝毎二年朝貢一次、毎船一百人、多不過百五十人……景泰元年、中山王尚思達遣人朝貢。未幾、山南、山北為中山所幷、遂令三年一貢」とあり、『閩書』巻一四六島夷志「琉球国」は「景泰元年、中山王思達遣人朝貢。三王嗣封、皆請於朝。既而、山南、山北悉為中山所兼、遣使朝貢、三年一至」とし、『皇明世法録』巻八〇には「成化七年、子尚円嗣。十一年、貢使還至閩恣殺掠。詔著令、間歳一貢」と見える。

大明会典　『明会典』ともいう。明の総合行政法典で、洪武二六（一三九三）年に太祖が、『唐六典』

にならって編纂を命じた。正徳四（一五〇九）年刊の『正徳会典』全一八〇巻と、それを増修して万暦一五（一五八七）年になった『万暦会典』全二二八巻の二種類がある。『万暦会典』巻一〇五礼部六三に、「祖訓、大琉球国朝貢不時……小琉球国不通往来……琉球国有三王……後惟中山王、至中山王世称尚氏、諭令二年一貢」とある。

世子尚忠嗣。在㆑位五年。以㆓正統九年㆒卒。享年五十四。世子尚思達嗣。在㆑位五年。以㆓正統十四年㆒卒。享年四十二。尚忠弟尚金福嗣。在㆑位四年。以㆓景泰四年㆒卒。享年五十四。弟布里与㆓子志魯㆒争㆑立国乱。失㆓其印綬㆒。次弟尚泰久馳奏。命給㆓泰久印㆒嗣王。景泰五年。泰久嗣㆑封。克㆓定四方㆒。在㆑位七年。以㆓天順四年㆒卒。享年四十六。子尚徳嗣。以㆓成化五年㆒卒。享年二十九。在㆑位九年。尚円嗣。在㆑位七年。以㆓成化十二年㆒卒。享年六十二。

世子尚忠*嗣ぐ。位に在ること五年、正統九（一四四四）年を以て卒す。享年五十四。世子尚思達嗣ぐ。位に在ること五年、正統十四年を以て卒す。享年四十二。尚忠の弟尚金福嗣ぐ。位に在ること四年、景泰四（一四五三）年を以て卒す。享年五十四。弟布里、子志魯*と立ちて争い、国乱れ、其の印綬を失う。次で弟尚泰久、（明に）馳せ奏じ、命をえて泰久印を給い、嗣王す。景泰五年、泰久封を嗣ぎ、四方を克定す。（治める）位に在ること七年、天順四（一四六〇）年を以て卒す。享年四十六。子尚徳*嗣ぐ。成化五（一四六九）年を以て卒す。享年二十九。位に在ること九年。尚円*嗣ぐ。位に在ること七年、成化十二（一四七六）年を以て卒す。享年六十二。

尚忠　洪武二四～正統九（一三九一～一四四四）年。教授館本、宝玲文庫本などの諸本は、尚忠を単に忠と記す。第一尚氏王統三代目の王で、正統五～九（一四四〇～四四）年の在位。神号や生い立ちについては不詳であるが、尚巴志の第二子で、北山滅亡後に初代の北山監守となり、今帰仁城に派遣され今帰仁王子と称した。

弟布里、子志魯　『明英宗実録』景泰五（一四五四）年二月一八日条に、「琉球国掌国事、王弟尚泰久、使を遣わし来りて朝貢す。長兄国王金福薨じ、次で兄布里、侄志魯と立ちて争い、府庫を焚焼す。両傷して俱に絶え、将に原に賜うところの鍍金銀印を鎔壊して、今に存すること無し……乞いて鑄換を賜わんとす」とあり、その後に改めて泰久の要求に応じて印を与えた旨が記されている。

尚徳　正統六～成化五（一四四一～六九）年。第一尚氏王統七代目の王で、天順五～成化五（一四六一～六九）年の在位。神号は八幡之按司《はちまんのあじ》または世高王《せだかおう》と称した。尚泰久の第三子で、成化二（一四六六）年に喜界島の征討を果たし、この時に安里《あさと》八幡宮を創建したという。なお『中山世鑑』巻三は、尚徳に関して「君ノ徳ヲバ脩メ給ワズ。朝暮漁猟ニ心ヲ荒ミ、暴虐無道ノミ事トシテ、民ヲ傷害スル事、桀紂ニモスギタリ」などと記しているが、これは第一尚氏王統に代わって、次王となる尚円の正統性を、敢えて強調するための記述と考えられる。

尚円　永楽一三〜成化一二（一四一五〜七六）年。第二尚氏王統の初代王で、成化六〜一二（一四七〇〜七六）年の在位。神号は金丸按司《かにまるあじ》添続之《おそいすえつぎの》王仁子《おうにせ》。伊是名島の農民の子と伝え、俗称を金丸と称した。伊是名島を出て国頭から首里に上がって、越来王子（尚泰久）の家人となり、その信頼を得て泰久王のもとで、御物城御鎖之側官《おものぐすくおくさり》（貿易長官）となって、王命を取り次ぐなど主要な政務を果たしたが、泰久の後を嗣いだ尚徳との折り合いが悪く一時隠棲した。しかし尚徳の死後、群臣たちが世子の相談をしていた時に、安里大親の金丸を王とすべきとの提言によって、琉球国世主として認められ王として即位した。尚徳もしくは尚忠の第二子とするなどは、第二尚氏側の作為によるもので、白石の文章や次注（「閩書・世法録」〔二九三頁〕参照）などの中国史書の記述が合致せず不正確なのは、そうした理由による。つまり第一尚氏王統が途絶えたことになると、中国側も冊封を見直さねばならなくなるので、金丸は尚氏の姓と系統を引く形で大義名分を保ったのである。ちなみに『中山世鑑』巻四は「成化六年庚寅ノ秋、尚円公ヲ尚徳ノ世子トシテ、大明へ請襲封ノ使者アリ」と記している。ただ白石が、本文の割注で「世系図、また圏を尚円の上に加う」と記したのは、明らかに王統が切れているためで、尚円以下の王を第二尚氏王統と称している。

〈世系図。又加三圏於二尚円上一。因考二（ママ）閩書一（ママ）云。察度後五伝至二尚円一。尚円者。尚徳之仲子也。世法録云。尚徳嗣二父泰久一立。卒。子尚円嗣。按世系図。泰久卒。時四十六歳。子尚徳嗣。在レ位九年。二十九歳卒。尚円嗣。在レ位七年。六十二歳卒。然則尚円与二尚泰久一同二甲子一。長レ於二尚徳一二十六歳。是非下為二泰久之子一者上。而況為二徳之子一者也乎。閩書尚徳之徳。当レ作レ忠。蓋誤写而已。初忠世子思達卒。忠弟金福立。金福卒。弟布里与二金福子志魯一争レ立。明主命二金福次弟泰久一嗣王。泰久卒。世子徳嗣。卒。而無レ子。国人立二思達弟円一以為二其君一。故曰。察度後五伝至二尚円一。又曰。尚円者。尚忠之仲子也。雖レ然。世系図。略而不レ詳。姑存二其疑一。以俟二後考一。又按。閩書及世法録。以為尚円。成化十五年卒。亦誤。五当レ作レ二耳。〉

〈世系図、また圏を尚円の上に加う。よって考うるに、閩書*に云く、察度の後の五伝、尚円に至る。尚円なる者は尚徳の仲子（第二子）なり、と。世法録*に云く、尚徳、父泰久を嗣ぎて立つ。卒して子尚円嗣ぐ、と。按ずるに、世系図、泰久の卒、時に四十六歳。子尚徳嗣ぐ。位に在ること九年、二十九歳にして卒し、尚円嗣ぐ。位に在ること七年、六十二歳にて卒す。然れば則ち、尚円、尚泰久と甲子を同じくし、尚徳に長ずること二十六歳なり。是れ泰久の子為る者に非ずして、況んや徳の子為る者ならんや。閩書、尚徳の徳、当《まさ》に忠に作るべし。蓋し誤写なるのみか。初め忠の世子思達卒するに、忠、弟金福を立つも、金福卒して、弟布里、金福の子志魯と立ちて争う。明主、金福の次弟泰久に命じ嗣王す。泰久卒し、世子徳嗣ぐも卒して子無し。国人、思達の弟円を立て、以て其の君と為す。故に曰く、察度の後、五伝して尚円に至る、と。また曰く、尚円なる者は、尚忠の仲子なり、と。然りと雖も、世系図、略して詳らかならず。姑く其の疑を存し、以て後考を俟つ。また按ずるに、閩書及び世法録は、以て為すに、尚円、成化十五（一四七九）年に卒す、と。また誤れり。五は当に二（成化十二＝一四七六年）に作るべきにすぎず。〉

閩書・世法録　『閩書』巻一四六島夷志「琉球国」には、「自察度後、五伝乃至尚円。尚円者、尚徳之仲子也。……成化十五年、円卒」と見え、『皇明世法録』巻八〇には、「天順七年、尚徳嗣父泰久立。卒。成化七年、子尚円嗣。……十五年、尚真父円を嗣ぎて立つ」とある。以下、白石が「泰久卒し、世子徳嗣ぐも卒して子無し。国人、思達の弟円を立て、以て其の君と為す」と記したのは『世系図』によったものとも思われるが、詳細は不明。

世子尚宣威（※歳）立。六月而卒。〈閩書以㆓宣威㆒為㆓尚徳之長子㆒者非。〉仲子尚真嗣。在㆑位五十年。以㆓嘉靖五年㆒卒。享年六十二。世子尚清嗣。在㆑位二十九年。以㆓嘉靖三十四年㆒卒。享年五十九。

世子尚宣威*立つも六月にして卒す。〈閩書*、宣威を以て尚徳の長子と為すは非なり。〉仲子尚真*嗣ぐ。位に在ること五十年、嘉靖五（一五二六）年を以て卒す。享年六十二。世子尚清*嗣ぐ。位に在ること二十九年、嘉靖三十四年を以て卒す。享年五十九。

尚宣威　宣徳五～成化一三（一四三〇～七七）年。第二尚氏王統二代目の王で、成化一二（一四七六）年六月から翌一三年二月まで半年間の在位。神号は西之《にしの》世主《よのぬし》。尚円の弟で、尚円没後、世子の尚真が幼かったという理由で王位に就いたが、諸神の託宣によって、王位を尚真に譲ったとされている。

閩書　同書巻一四六島夷志「琉球国」には、「尚円なる者は、尚徳の仲子なり。長子宣威位を嗣ぐ」とある。

尚真　成化元～嘉靖五（一四六五～一五二六）年。第二尚氏王統三代目の王で、成化一三～嘉靖五（一四七七～一五二六）年の在位。神号は於義也嘉茂慧《おぎやかもい》。尚円の子で、童名を真加戸《まかと》樽金《だるかに》と称した。一三歳で即位し五〇年間、王の座にあった。この間に中央集権的な政策を打ち出し、強固な王国を創出した。久米島や八重山諸島の征討を行い、完全に手中に収めるとともに、聞得大君を頂点とする神女（ノロ）組織を間切単位で創り上げた。また全島の諸按司を首里に集住せしめ、それぞれの領地には代官を派遣して統治させた。

尚清　弘治一〇～嘉靖三四（一四九七～一五五五）年。第二尚氏王統四代目の王で、嘉靖六～三四（一五二七～五五）年の在位。神号は天続之《てんつぎの》按司《あんじ》添《そい》。尚真の五男で、童名を真仁《まに》尭樽金《きよたるがに》と称した。奄美大島での反乱を鎮圧し、倭寇に対する圧力・防備に力を入れるなど軍事面での強化がみられた。一〇名の王子がおり、死後に王位継承をめぐって争いが起こった。

世子尚元嗣。是歳嘉靖三十五年夏。海寇徐海敗レ于レ浙。直有下逃二入琉球境一者上。尚元発レ兵邀撃殲焉。得二所レ掠金坤等六人一。遣レ使送帰。〈時汪直徐海等。亡二命海島之中一。嘯二聚逋逃一。入三寇于二沿海諸郡一。明人号曰二倭寇一。〉賜レ勅奨諭。厚賚二金幣一。隆慶六年。尚元卒。享年四十五。在レ位十七年。世子尚永嗣。在レ位十六年。以二万暦十六年一卒。〈世系図云。享年不レ詳。〉

世子尚元嗣*ぐ。是の歳、嘉靖三十五（一五五六）年夏*、海寇の徐海*、浙（浙江省）にて敗れ、直ちに琉球の境に逃げ入る者あり。尚元、兵を発し邀撃《ようげき》して殲《みなごろしに》す。掠《かす》める所の金坤等六人を得る。使を遣わし送り帰す。〈時に汪直*、徐海等、海島の中へ亡命し、逋逃《ほとう》（追われ逃げて）して嘯聚《しょうしゅう》（呼び集まる）し、沿海の諸郡に入寇す。明人、号して倭寇と曰う。〉（明から）勅を賜いて奨諭し、厚く金幣を賚《たま》う。隆慶六（一五七二）年、尚元卒す。享年四十五。位に在ること十七年。世子尚永*嗣ぐ。位に在ること十六年、万暦十六（一五八八）年を以て卒す。〈世系図に云く、享年詳らかならず、と。〉

尚元　嘉靖七～隆慶六（一五二八～七二）年。第二尚氏王統五代目の王で、嘉靖三五～隆慶六（一五五六～七二）年の在位。神号は日始按司添《てだはじめあんじおそい》。尚清の次男で、童名を金千代兼《かねちよがね》、のちに鶴千代兼と称した。王位継承に際して異論もあったが、尚清の遺志という形で王位に就いたという。薩摩からの使者の接待問題で、その外交関係に陰りが生じた。

嘉靖三十五年　この事件に関しては『明世宗実録』嘉靖三五（一五五六）年四月六日条に、「奸商王直毛海峯等、近年の海禁大厳なるを以て、謀利を遂げず、故に島夷を勾引し、寇を為す者」と見え、同二三日条に「倭寇万余、浙江皁林《そうりん》等の処に趨《はし》る。将軍宗礼撃を佐《たす》け、帥兵九百人、之れを嵩徳三里橋に禦《まも》り、三戦倶に捷《か》つ、斬首三百余級、賊徐海等、皆辟易す」とあるほか、同三七年正月一四日条にも、「是れより先に、三十五年、倭寇浙より敗れて直ちに入海して還り、琉球国境に至るの上は、中山王世子尚元、兵を遣し邀撃《ようげき》して悉く之を殲《みなごろしに》して、中国被虜人金坤等六名を得る」などと記されている。次注「海寇の徐海・汪直」参照。

海寇の徐海・汪直（王直とも書く）　嘉靖年間（一五二二～六六年）に中国大陸沿岸部および日本・朝鮮・南洋方面を、倭寇が荒らし回っていた。倭寇といっても、日本人は二〇～三〇パーセントほどで、大部分は中国の密貿易者であったとされる。とくに嘉靖三二（一五五三）年以降に活発化し、それを嘉靖の大倭寇と呼んでいる。なかでも徐海と王直が首謀者として有名で、徐海は王直の腹心・徐銓の甥にあたる。王直は、貿易商人であったが、日本の博多商人たちと密貿易を行い海賊集団を組織した。自ら徽王と称して日本の平戸にも居館を構え、日本への鉄砲伝来にも大きな役割を果たしたが、明の総督・胡宗憲によって捕らえられ、嘉靖三八（一五五九）年に処刑された（田中健夫『倭寇と勘合貿易』）。また徐海は、もとは僧侶であったが、海賊の頭目となり、大隅の日本人・辛五郎などを配下として活発な倭寇活動を行った。嘉靖三五（一五五六）年に、数万の勢力を擁して浙江省を攻撃したが、戦闘の過程で重傷を負い、同じく胡宗憲によって滅ぼされた（石原道博『倭寇』）。

尚永　嘉靖三八～万暦一六（一五五九～八八）年。第二尚氏王統六代目の王で、万暦元（一五七三）～一六年の在位。神号は英祖仁耶添按司添《えぞにやそえあじおそい》または日豊操王《ていだとよむとり》。尚元の第二子で、即位前は阿応理《あおり》屋恵《やえ》王子と称した。

世子尚寧立。時関白平秀吉命㆓薩摩州㆒。徴㆔貢於㆓中山㆒。万暦十八年春。尚寧遣㆓僧天龍　桃菴等㆒来聘。〈事見㆓続文献通考㆒。但其以為㆔事在㆓万暦二十年㆒者非。両朝平壌録。以為㆓万暦十七年事㆒。蓋得㆑之矣。中山使人。以㆓天正十八年春㆒至㆑此。此即是万暦十八年也。〉

世子尚寧立つ。* 時の関白平秀吉、* 薩摩州に命じて、中山に徴貢せしめんとす。万暦十八（一五九〇）年春、尚寧、僧天龍桃菴* 等を遣わして来聘す。〈事、続文献通考* に見ゆ。但し、其れを以て事を万暦二十年に在ると為すは非なり。両朝平壌［※攘の誤］録* 、以て万暦十七年の事と為す。蓋し之れを得るや。中山の使人（天龍、桃菴等）、天正十八（一五九〇）年春を以て、此れ（日本）に至る。此れ即ち、是の万暦十八年なり。〉

尚寧　嘉靖四三～泰昌元（一五六四～一六二〇）年。第二尚氏王統七代目の王で、万暦一七（一五八九）～泰昌元年の在位。神号は日賀末按司添《てだがすえあじそい》。尚真の長子・尚懿《しょうい》の子で、母が尚永の妹であったことから、嗣子のなかった尚永を継いで王となった。万暦三七（慶長一四＝一六〇九）年、薩摩軍の琉球侵攻により、捕らえられて鹿児島に移送され、駿府の徳川家康と江戸の将軍・秀忠に謁見し、二年後に帰国を許された。その間に琉球で検地が行われて、奄美群島を除いた知行目録が与えられ、薩摩の附庸国とされた。なお遺言によって尚寧は、第二尚氏歴代の陵墓である玉陵《たまうどん》ではなく、英祖王統の陵墓である浦添ようどれに葬られた。

関白平秀吉　次注の琉球国王尚寧書状に対して、豊臣秀吉は、天正一八（万暦一八＝一五九〇）年二月二八日に、琉球国王尚寧に書状（『続善隣国宝記』所収）を送り、全国を統一したことを強調して、その政化を異域に広め、四海を一家とすべき旨を伝えている。このため同年八月二一日の島津義久書状（琉球薩摩往復文書案／『那覇市史』資料篇一—二）は、尚寧に、秀吉の関東平定を賀して方物を送るべきだとしている。さらに同年九月の同じく義久書状（同前）には、島津の取りなしで、琉球には戦闘のため薩摩と琉球に対して一万五〇〇〇人の軍役を求めたが、豊臣秀吉は朝鮮出兵の経験がないところから、軍隊の出動を免じ、代わりに七〇〇〇人分の兵糧一〇ヶ月分と肥前名護屋城築城の賦役負担を命じた旨を伝えている。ちなみに蝦夷地でも、『新羅之記録』によれば、この年の一二月二九日、のちに初代松前藩主となる蠣崎慶広は、京都に赴き聚楽第で初めて秀吉に謁見し、「狄の嶋の為体《ていたらく》共、忝《かたじけな》き恩問に預」ったという。

天龍桃菴　ここで白石は、尚寧の琉球天龍寺僧桃菴派遣について、諸書を検討し天正一八年のこととしている。これに関して万暦一七（天正一七）年五月二七日に豊臣秀吉に宛てた琉球国王尚寧書状（『続善隣国宝記』所収）では、島津義久が薩摩大慈寺西院和尚を琉球に遣わして、全国を平定した秀吉の命を伝えたことに対する礼として、天龍寺和尚の桃菴を遣わす旨を伝えている。おそらく桃菴が秀吉に謁見したのは翌天正一八年のことと思われ、前注のような秀吉書状が作成されたが、そのなかで委細を桃菴に伝えたとしている。

続文献通考　同書巻二三五には「（万暦）二十年、世子（尚寧）、僧天龍などを着けて日本に到らせ関白に二百蕉布等の物を送る。関白、琉球北山を討つに屯兵を要《もと》む」などとある。

両朝平攘録　諸葛元声の著で、全六冊五巻。明とその周辺地域との対外関係を記した書で、万暦三四（慶長一一＝一六〇六）年刊。同書巻四に「万暦十七年三月、関白和尚を差《さ》して琉球に到らせ、説いて奉朔し献地せしむ」とある。

明年。関白大徴二諸州兵一。欲下道二朝鮮一入上于二燕京一。是年夏。尚寧遣レ使請レ封。其相鄭礼密以二関白情由一報聞。明年春。関白遂発レ兵。入二犯朝鮮一。明主令二其使者。自齎レ詔帰一。冊封使能勿レ達。歴二十余年一。朝鮮師鮮（※解）。尚寧堅請如二故事一。明主嘉三其為二不レ（ママ）叛之臣一。乃命二兵科給事中夏子陽一。行人王一禎一。往封焉。

明年、関白、大いに諸州の兵を徴し、朝鮮を道《とお》りて燕京（北京）に入らんと欲す。是の年夏、尚寧、*使を遣わし封を請く。其の相の鄭礼、*密かに関白の情由（深い事情）を以て（明に）報聞す。*明年春、*関白、遂に兵を発して朝鮮に入犯す。明主（神宗）、其の使者に自ら詔を齎《もたら》して帰せしむ。冊封使、能く達することなし。十余年を歴《へ》て、*朝鮮、師解《しかい》（軍隊を解く）す。尚寧、堅く（明に）請う故事の如し。明主、其れを不叛の臣*と為して嘉《よ》しとす。乃ち兵科給事中の夏子陽、*行人王一禎*［士禎の誤］に命じ、往きて封じぬ。

尚寧　尚寧は万暦一七（天正一七＝一五八九）年に即位している。しかし、その勅封に関しては、『中山世譜』巻七の尚寧万暦一九（一五九一）年に「正議大夫鄭礼、使者馬良臣等」を遣わして入貢せしめ、尚永の訃報を伝えたとしている。しかし「国方多事」のため封を受けるに至らず、同二七年にも襲封を請うて、翌二八年に冊封使派遣が決定されている。しかし秀吉の朝鮮出兵のため海上交通が危険だったことから、冊封使・夏子陽が来島し、冊封礼が行われて正式に明から中山王と認められたのは、即位から一八年目の万暦三四（慶長一一＝一六〇六）年のことであった。

鄭礼　白石は、のちに『琉球国事略』で、これを「琉球の相鄭迵《ていどう》」として「南島志には鄭礼とあり。今《（ママ）》ま諸書を参考し迵に従う。蓋し鄭礼は別に其人あり」という注記を施している。なお鄭迵は、薩摩侵攻時の三司官で、謝名《じゃな》親方のこと。久米村の出身で、南京の国子監にも留学し、進貢使として数回にわたって明に渡っている。慶長一六（一六一一）年の尚寧帰国にあたって求められた起請文への連判を拒否し斬首された。

報聞す　『明神宗実録』万暦一九（一五九一）年八月一〇日条に、「福建巡撫趙参魯の奏に称す。琉球貢使、倭警を預報す」と見え、同翌一一日条には「礼部の題に、朝鮮倭奴の声息を供報す。琉球と報ずる所と相い同じ」とある。

明年春　文禄元（一五九二）年の朝鮮出兵である。『明神宗実録』万暦二〇（一五九二）年五月一〇日条に、「朝鮮国王の咨に称す。倭船数百、直に釜山を犯す。房屋を焚焼し、勢い甚だ猖獗す」とある。

十余年を歴て　『明神宗実録』万暦二八（一六〇〇）年四月一七日条に「兵科給事中桂有根題す。……鮮兵を撤し、また勅の下るを乞いて会議す。其れ関白殁《し》すると雖も、清正、行長なお存す。彼国のやや定まるを俟ちて、我が兵尽《ことごと》く還る」とある。

不叛の臣　道に逆らわぬ家臣の意。

夏子陽・王一禎　夏子陽は、尚寧王の冊封正使で、王士禎（一禎とするは誤。なお『閩書』も一禎とする）が副使。万暦三四（慶長一一＝一六〇六）年に来琉し、共著で『使琉球録』を残した。

初中山与二薩摩州一。世有二隣好一。此歳以来。二国交悪。使命遂絶。州守源朝臣家久以告二我　神祖一。乃発レ兵撃レ之。前鋒進取二北山之地一。斬レ首百余級。水陸鼓行。並入二那覇港一。中山之兵。連戦皆敗。王城遂陥。尚寧出降。師起四十余日。宗社失レ守矣。

初め中山、*薩摩州と世に隣好有り。此の歳（慶長一一＝一六〇六年）以来、二国交悪して、使命（使者）遂に絶ゆ。州守源朝臣家久（島津家久）、以て我が　神祖（徳川家康）に告げ、乃ち兵を発し*之れを撃つ。前鋒進みて北山の地を取る。首を斬ること百余級、水陸に鼓行し並《とも》に那覇港に入る。中山の兵、連戦に皆な敗れ、王城、遂に陥ち尚寧出て降す。師《いくさ》起りて四十余日、宗社*の守を失えり。

初め中山　嘉吉元（一四四一）年四月一三日、室町将軍足利義教は、島津氏に対し琉球を恩賞として与える旨を約したというが（『史料綜覧』七）、実態はない。ただこのことを承けて、以後、薩摩は琉球を付庸国として、支配下におこうとしていった。また琉球は、薩摩に対して随時、紋船使《あやぶねし》を派遣し、島津氏に対して公式の乗船を送り、独自の立場で通交を行うようになった。

兵を発し　明から正式な冊封を受けた慶長一一（一六〇六）年、島津家久は徳川家康に出兵を請い許可を得た。そして同一四年二月に、樺山久高を総大将とし、三〇〇〇の兵と一〇〇艘の船を出して、琉球侵攻を開始した。奄美大島・徳之島・沖永良部島を攻略し、三月二五日に沖縄本島の運天港に上陸して、四月三日に首里城を攻撃し五日には琉球を降伏させた。

宗社　宗廟と社稷《しゃしょく》つまり国家の意。

明年秋八月。家久率二尚寧及王親陪臣等一来。神祖乃命二王尚寧一。使レ帰二其国一。以附三庸於二薩摩州一。善継二前好一。敬承二先祀一。於レ是則古南島地。復二旧域一矣。〈二国兵端。略見二南浦文集。及続文献通考閩書等一。按始自三三山称二蕃中国一。乃至レ此凡二百卅年。〉明年。尚寧得レ還。乃遣レ使修三貢於二中国一。以報。中山王業已帰レ国。且欲三代レ我以請二互市一。是歳明万暦四十年也。海道参政石崑玉等。験二貢物一。雑二我産一。請三阻回俟二勢定一。中丞丁継嗣。直指陸夢祖。因具レ疏謂。緩二外貢一。修二我内備一。明主従レ之。令三貢使無二入朝一。量二収方物一給賞。

明年（慶長一五＝一六一〇年）秋八月＊、家久、尚寧及び王親、陪臣等を率いて（駿府に）来る。神祖（家康）、乃ち王尚寧に命じ、其の国に帰せしむ。以て薩摩州に附庸し、善く前好を継ぎ、敬して先祀を承けんと。是れにおいて則ち、古えの南島の地、旧域に復せん。〈二国の兵端、略《おおよ》そ南浦文集＊及び続文献通考、閩書等に見ゆ。按ずるに、始め三山より蕃として中国を称して、乃ち此れに至ること凡そ二百卅年。〉明年、尚寧還るを得る。乃ち使を（明に）遣わし、貢を中国に修め、以て報ず。中山の王業は、已に国に帰す。且つ（日本が）我に代り以て互市を請わんと欲す、と。是の歳、明の万暦四十（一六一二）年なり。海道参政＊の石崑玉等、貢物を験《けん》する（調べる）に、我（日本）が産の雑《ま》じれば、（貢使の上京を）阻み回《さけ》て、（天子の）勢定（判定）を俟つを請う。中丞＊の丁継嗣、直指＊の陸夢祖、よりて疏（天子への上書）を具して謂く、外貢を緩め、我が内備を修めん、と。明主、之れに従い、貢使の入朝を無からしめ、方物を量収し給して賞す。

秋八月　『徳川実紀』慶長一五年八月一四日条には、「島津陸奥守家久、中山王尚寧を引きつれ駿城にまうのぼる（参上する）。大御所御直衣にて大広間の上段に出まし其拝を受給ふ。家久太刀一振、銀千枚を献じ、琉球国を賜わりしを謝す」とあり、一八日には二人を駿府城に召して饗宴を催し猿楽を見せたとしている。

南浦文集　南浦文之の詩文集。彼は安土桃山期から江戸前期にかけての臨済宗の僧で、文之玄昌とも称し、雲興軒・時習斎とも称した。島津義久・家久の帰依を受け、薩摩藩の明や琉球との外交問題を司《つかさど》っていた。『南浦文集』下巻「討琉球詩序」には、「大明皇帝、皇帝之を賜い……爾来、世に中山王と称し、王称また今に至るに絶えざる矣。数十世之先は、我が　薩隅日三州太守嶋津氏附庸の国として、歳輪を我が州に貢献す」とある。なお『続文献通考』『閩書』については、すでに中山との関係に触れてきたので該当部分を省略。

海道参政　福建巡海道の行政官で、長官にあたる承宣布政使司の下に左右の参政が置かれ、諸道の行政を司って、食料の管轄などを担当した。

中丞　御史中丞の略称。巡撫・巡察などを司る役職の次官で、省の民治や兵制を担当した。

直指　直指使者の意で、直接に天子から指揮を受けて地方へ赴く官職。明代には巡按御史とも称し、省の民部兵制を監察した。

〈出㆓閩書及皇明世法録等㆒。按皇明三大征考云。万暦三十七年。倭並㆓琉球㆒虜㆓其王㆒。撃取㆓雞籠淡水㆒。侵㆓閩広㆒。皇明実紀（※記）又云。万暦四十年十一月。日本冒㆓琉球貢海上㆒。福建巡撫丁継嗣奏言。倭将明檄㆓琉球㆒。挟㆑其代㆓請互市㆒。又閩越亡命郭国安等。寄㆓書其家㆒。暗指㆓入犯之期㆒。其檄与㆑書。語多二狂悖一。倭将謂二薩摩州守一也。檄二琉球一。謂四州守令三尚寧遠（※遣）二書福建軍門一也。其書見二南浦文集一。郭国安閩人。流二寓薩摩州一。州人称二汾陽氏一者。即其子孫也。暗指二入犯之期一。即所レ謂撃取二雞籠淡水一。備（※倭の誤）二閩広一事也。世法録云。万暦四十四年五月。中山王尚寧遣二通事蔡纏一。報下倭造二戦艦五百余一。脅中取雞籠山島野夷上。並是三大征考所レ謂丙辰倭犯二南麾（※麈、麂の誤）外洋一。閩来告レ急。已而寂然是已。即非三我実有二此事一也。美（傍線脱）嘗聞二薩摩州人之言一曰。初尚寧受二州守之命一。代レ我以請二互市一。明人量二収方物一。又使二十年一貢一。事皆如二閩書世法録所レ載者一。中山自請二朝貢一如二故事一。乃聴二五年一貢一。厥後亦請不レ已。久レ之復レ旧云。〉

〈閩書及び皇明世法録*等に出づ。按ずるに、皇明三大征考*（『万暦三大征考』）に云く、万暦三十七（一六〇九）年、倭、琉球を並《ともな》え、其の王を虜とし、撃ちて雞籠、淡水を取り、閩広を侵す、と。皇明実紀*にまた云く、万暦四十年十一月、日本、琉球の貢を海上に冒す。福建巡撫の丁継嗣、奏言して、倭の将、明らかに琉球に檄し、其れを挟みて互市を代請す。また閩越に亡命せし郭国安等*、書を其の家に寄せ、暗に入犯の期を指《しめ》す。其の檄と書ともに、語るに狂悖《きょうはい》（理屈に合わない言動）多し、と。倭の将とは、薩摩州守*を謂うなり。琉球に檄するとは、州守、尚寧をして書を福建の軍門に遣せしむを謂うなり。其の書*、南浦文集に見ゆ。郭国安は閩人にして、薩摩州に流寓す。州人に汾陽《かわみなみ》氏と称する者は、即ち其の子孫なり。暗に入犯の期をさすとは即ち、謂う所の撃ちて雞籠、淡水を取り、閩広を侵す事なり。世法録に云く、＊万暦四十四（一六一六）年五月、中山王尚寧、通事蔡纏《さいてん》を遣わし、倭、戦艦五百余を造り、雞籠山島の野夷を脅取するを報ず。並《とも》に、是れ三大征考＊に謂う所は、丙辰（万暦四四）倭南麑《なんじ》［麂の誤］外洋を犯し、閩来りて急を告ぐるも、已《すで》に寂然として是れ已《や》む、と。即ち我（日本）にて実に此の事有らざるなり。美（君美）嘗て薩摩州の人の言に聞くに曰く。初め尚寧、州守（藩主）の命を受け、我に代り以て互市を請う。明人、方物を量収（検収）し、また十年一貢に使する事、皆な閩書、世法録に載する所＊の者の如し。中山自ら朝貢を請うは、故事の如し。乃ち五年一貢を聴《ゆる》し、厥《そ》の後、また請いて已まず。之れを久しくして旧に復す、と云う。〉

閩書及び皇明世法録　『閩書』巻一四六には、「其の国王、果して日本の執る所と為り、且つ代りて日本貢を我に求めんと欲す。中丞定継嗣、直指陸夢祖、よりて疏を具し外貢を緩やかにするを請う。我が内備を修めて、之れを許す」と見え、『皇明世法録』巻八〇には「上、部議に従い、貢使をして入朝なく方物を量収するを賞し給う」とある。

皇明三大征考　『万暦三大征考』全一巻のことで、茅瑞徴の著、天啓元（一六二一）年の成立。明の万暦年間（一五七三〜一六二〇）に起きたボパイの乱・朝鮮の役・楊応龍の乱の三つの戦争の顚末を記している。同書「倭下」には「是歳倭並琉球、虜其王。声取鶏籠、淡水、侵閩広」とある。

皇明実紀　『大明実録』のこと。『明神宗実録』万暦四〇（一六一二）《（ママ）》年一一月一二日条に、「巡撫疏中言、倭将、明檄琉球、挟其代請互市、又閩・浙亡命郭安国亦寄書其家、語多狂悖、不敢上聞」

とある。

郭国安　福建人であったが、倭寇に拉致されて薩摩に渡来し、島津義久に抱えられて、朝鮮出兵時には、その参謀格となった。日本名として汾陽《かわみなみ》理心を名乗った。

薩摩州守　島津家久のこと。父義弘が関ヶ原の戦いで、西軍に与《くみ》したため窮地に追い込まれたが、井伊直政らの助力で、三男であった家久に旧領が安堵され、初代薩摩藩主となった。家久は、慶長一一（一六〇六）年六月に家康から琉球侵攻の内諾を得て、同一四年二月に出兵を敢行し、中山国王尚寧を鹿児島に拉致した上、八月には尚寧を伴って家康・秀忠に謁した。

其の書　『南浦文集』巻中に収められている「与大明福建軍門書」のこと。「琉球国王尚寧上書」として「大明国福建軍門老大人閣下」宛となっている。慶長一八（一六一三）年のもので、日本の商船を明へ入港させ、明の商船が琉球へ来港するような交易を提案している。これが実現すれば、倭寇の被害はなくなるはずで、これに従わなければ日本から数万の軍を侵攻させるとしている。

世法録に云く　『皇明世法録』巻八十には、「(万暦) 四十四年五月。中山王尚寧遣通事蔡廛報倭造戦艦五百余。脅取雞籠山島野夷雞籠淡水洋一名東番云」とある。

三大征考　『万暦三大征考』「倭下」に「又三年丙辰、倭犯南麂外洋、閩来告急。已而寂然」とある。なお南麂は中国浙江省温州市南麂列島のことで、『明神宗実録』万暦四四（一六一六）年一一月六日条には、「倭大小船二隻を以て、寧区を犯す。海洋に一戦して、風に乗りて去る。……及び倭寧台より追逐し洋に出で、畢《つい》に温（温州）に大船六、小船二十余を集め、夜に灯を懸けて鼓吹す。以て南麂に遇し、我が兵連綜死戦す」とあり、この事件をさすか。

閩書、世法録に載する所　三〇七頁注「閩書及び皇明世法録」参照。

尚寧在レ位凡三十二年。以二元和六年一卒。享年五十七。是歳明泰昌元年也。世子尚豊嗣。在レ位二十年。以二寛永十七年一卒。享年五十一。是歳明崇禎十三年也。世子尚賢嗣。当二是之時一。明既亡。韃靼入二中国一。建レ号曰レ清。紀レ元曰二順治一。順治三年。閩平。明年。清主遣レ使招二撫琉球一。是歳正保四年。尚賢卒。在レ位七年。享年二十二。尚質嗣。〈按世系図。賢二十二歳卒。時質年十九。質非二賢之子一。未レ聞二厥詳一。〉

尚寧、位に在ること凡そ三十二年、元和*六（一六二〇）年を以て卒す。享年五十七。是の歳、明の泰昌元年なり。世子尚豊*嗣ぐ。位に在ること二十年、寛永十七（一六四〇）年を以て卒す。享年五十一。是の歳、明の崇禎十三年なり。世子尚賢*嗣ぐ。当に是の時にあたりて明、既に亡ぶ*。韃靼*、中国に入り号を建てて清と曰く。元《はじめ》に紀《しる》すは順治*と曰う。順治三（一六四六）年、閩（福建地方）を平《へい》し、明年、清主、使を遣わして*、琉球を招撫す。是の歳、正保四（一六四七）年、尚賢卒す。位に在ること七年。享年二十二。尚質*嗣ぐ。〈按ずるに、世系図、賢（尚賢）二十二歳にして卒す。時に質（尚質）の年十九。質は賢の子に非ざるか。未だ厥《そ》の詳を聞かず。〉

元和 大義名分を重んずる白石は、琉球が冊封を行ってからは中国年号を用いてきたが、尚寧が薩摩に服したことから、これ以後は日本年号に改めている。

尚豊 万暦一八～崇禎一三（一五九〇～一六四〇）年。第二尚氏王統八代目の王で、天啓元～崇禎一三（一六二一～四〇）年の在位。神号は天喜也末按司添《てんぎやすえあじそい》。尚元の第三子・大金武朝公（追贈して尚久）の第四子で、即位前は佐敷王子朝昌と称した。国質として薩摩に在住したが、摂政となって帰国し、やがて尚寧の後を嗣いだ。

尚賢 天啓五～順治四（一六二五～四七）年。第二尚氏王統九代目の王で、崇禎一四（一六四一）～永暦元年の在位。尚豊の三男で、即位前は久米中城王子と称し、童名は思松金《うみまちがね》。即位後、明に請封を願うが、中国では明と清の交替期で、改めて清に冊封使の派遣を請うが、明の勅書と印綬の返還を求められ、冊封を受ける前に逝去した。

明、既に亡ぶ 明末期には、北方からは後金（女真族＝清）の侵攻を受け、内部でも飢饉や反乱が続いていたが、農民の指導者であった李自成は、崇禎一七（一六四四）年北京を陥落させて崇禎帝を自殺に追い込み、自ら順王朝（大順）を建国して皇帝を称した。しかし同年、後金は万里の長城を越えて侵攻し李自成を破った。これを機に瀋陽から北京への遷都を果たし、清による中国支配を宣言した。その後、中国南部に逃れていた皇族と官僚たちが後明を建てて抵抗を続けたが、やがて清軍の攻撃を受けて永暦一六（一六六二）年、永暦帝を最後に明は完全な滅亡に至った。

韃靼　万暦四四（一六一六）年、満洲に住んでいた女真族の統一を進めたヌルハチ（太祖）は、明から独立して後金を建国した。そして同四七（一六一九）年に、サルフの戦いで明軍を破ると、その勢力は遼河の東方全域に及び、さらにヌルハチの子ホンタイジ（太宗）は山海関以北の明の領土と南モンゴルを征服し、北元（韃靼）のリンダン＝ハーン皇帝から元王朝に伝わる玉爾を受ける形で、中国の支配者となり、後金を改めて清を号した。このため後金を韃靼と呼んでいる。なお、ちなみに白石は、韃靼をユーラシア大陸北東部の地と認識しており、満洲付近を韃靼と考えていたが、それが近世前期における日本人の韃靼観でもあった。注『蝦夷志』「韃靼」（二六頁）・「越前国新保の人」（六三頁）参照。

順治　清朝第三代の皇帝で、太宗ホンタイジの第九子。廟号を世宗と称し、崇禎一六～順治一八（一六四三～六一）年の在位。太宗の死後、その弟・睿親王ドルゴンに擁立されて五歳で即位。明を制覇し北京に遷都して清朝最初の中国皇帝となった。軍事・政治・文化面で中国支配の基礎を築いた。

清主、使を遣わし　『清世祖実録』順治四（一六四七）年六月八日条に、「初めて琉球・安南・呂宋三国へ、各使を遣わす……仍って各勅諭を給わり、遣わして本国に赴き、国王を招諭す。琉球国に諭して勅に曰く……古より以来、世世中国に臣事し、使を遣わして朝貢す。業は往例有り。今故に人を遣し爾国に勅諭す」とある。

尚質　崇禎二～康熙七（一六二九～六八）年。第二尚氏王統一〇代目の王で、永暦二～康熙七（一六四八～六八）年の在位。尚豊の四男で尚賢の弟にあたり、童名は思徳金《うみとくがね》。清より冊封を受けるが、従弟とされる向象賢を摂政に起用し、薩摩との協調関係を築いて、琉球王国の近世的政治体制を確立させた。

後六年。清主復遣レ使。繳二納前朝所レ賜印綬一。尚質乃遣レ使齎送。因請二其封一。是時海寇縦横。路梗不レ通。清主既殂。太子即位。改二元康熈一。康熈二年。遣レ使冊封。如二前朝故事一。尚質遣レ使表謝。明年。復奉レ表。賀二即位一。五年。始勅以二両年一貢一為レ例。尚質在レ位。凡二十一年。以二寛文八年一卒。享年四十。是歳康熈七年也。

後に六年して、清主、また使を遣わし*前朝に賜う所の印綬を繳納《きょうのう》（返し納める）せしむ。尚質、乃ち使を遣わし齎送《せいそう》（持たせ送る）す。よりて其の封を請けんと。是の時、海寇*縦横するに路梗《ろこう》（路が塞がれて）し通ぜず。清主、既に殂《ゆ》きぬ。*太子即位し、康熙と改元す。康熙二（寛文三＝一六六三）年、使を遣わして冊封*す。前朝の故事の如し。尚質、使を遣わし表をして謝す。明年、また表を奉じ、即位を賀す。（康熙）五年、始めて勅し両年一貢を以て例と為す。尚質、位に在ること凡そ二十一年、寛文八（一六六八）年を以て卒す。享年四十。是の歳、康熙七年なり。

清主、また使を遣わし　『清史稿』列伝三一三属国一「琉球」に、「明年（順治一一＝一六五四）、再び貢使を遣わし、兼て前朝（明）の敕印を繳して、封を請うに、之れを允《ゆる》して詔して曰く……世子尚質……旧き詔敕印を繳上す。朕、甚だ之を嘉す……封じて琉球国中山王と為さしむ」とある。

海寇　鄭成功のこと。明代の軍人・政治家で、明を擁護し清への抵抗を続けた。日本の平戸で、中国人・鄭芝龍と日本人田川マツとの間に生まれ、福松とも称した。父は密貿易に携わっていたが、福建省泉州で院試に合格し地方役人となった。南明に仕えて重用され明の国姓・朱を与えられて国姓爺とも呼ばれた。台湾を占拠していたオランダ人を追放し、独自の政権を打ち立てて、台湾開発の祖ともされている。

太子　康熙帝のこと。清朝第四代の皇帝で、順治帝の第三子。廟号を聖祖と称し、順治一八～康熙六一（一六六一～一七二二）年の在位。三藩の乱を鎮圧して中国全土に強力な支配体制を確立したほか、外征を行って内モンゴルを支配下に置き、チベットも保護下に収めた。文教面にも力を入れ、清朝の最盛期を迎えた。

冊封　『清史稿』列伝三一三属国一「琉球」には、康熙元（一六六二）年の記事として、「琉球国世子尚質、恩を慕いて化に向い、使を遣わして入貢す。世祖章皇帝、乃《なんじ》が誠を抒《の》ぶるを嘉し、特に恩賚を頒ち、命じて兵科副理官張学礼等をして、勅と印を捧げ齎らし、封じて爾を琉球王と為さしむ」とあるが、『中山世譜』巻八では、康熙二年条に、「聖祖、張学礼等を遣わし、勅及び印を奉詔し……故王尚豊を諭祭し、世子尚質を封じて、中山王となす」として、『清史稿』と同様の記事を引いている。さらに同年冬に、尚質は王舅の向国用と紫金大夫金正春等を遣わして、表を奉じ方物を献じて襲封の恩を謝しており、翌三年春にも、王舅英常春と正議大夫林有才等を遣わし同様に表を奉じた旨を記している。

世子尚貞嗣。在レ位四十一年。以二宝永六年一卒。享年六十五。是歳康煕四十八年也。世子先卒。嫡孫尚益嗣。在レ位四年。以二正徳三年一卒。享年三十五。是歳康煕五十二年也。世子尚敬嗣。年甫十五。始自四中山称三蕃於二中国一。凡王卒。則世子訃告。以請襲レ封。冊封使至。則先祭三前王於二寝廟一。寝廟在二国門外一。唯有二諭祭一。而無二贈諡一。故歴世未レ得レ有レ諡云。

世子尚貞*嗣ぐ。位に在ること四十一年、宝永六（一七〇九）年を以て卒す。享年六十五。是の歳、康熙四十八年なり。世子先に卒す。嫡孫尚益*嗣ぐ。位に在ること四年、正徳三（一七一三）年を以て卒す。享年三十五。是の歳、康熙五十二年なり。世子尚敬*嗣ぐ。年甫《はじ》めは十五。始めて中山、蕃（藩）を中国に称してより、凡そ王卒すれば、則ち世子訃告し、以て請うて封を襲《つ》ぐ。冊封使至り、則ち先ず前王を寝廟に祭る。寝廟、国門（歓会門）の外に在り。唯だ諭祭*有りて、贈諡《ぞうし》（諡号を贈る）すること無し。故に歴世未だ諡有ることを得ずと云う。

尚貞　順治二～康熙四八（一六四五～一七〇九）年。第二尚氏王統一一代目の王で、康熙八～四八（一六六九～一七〇九）年の在位。尚質の子で、童名は思五郎金《うみぐらあがね》。尚質と同じく向象賢を重用し、国相として国務にあたらせ、薩摩の支配を背景とした政治体制を構築した。

尚益　康熙一七～五一（一六七八～一七一二）年。第二尚氏王統一二代目の王で、康熙四九～五一（一七一〇～一二）年の在位。尚貞の世子であった尚純（のちの追贈）の長子で、童名は思五郎金。佐敷王子として薩摩へ上国するなどして、三三歳で王位を嗣いだが三年後に逝去。

尚敬　康熙三九～乾隆一六（一七〇〇～五一）年。第二尚氏王統一三代目の王で、康熙五二（一七一三）～乾隆一六年の在位。尚益の長男で、童名は思徳金。三司官の蔡温など優秀な人材を抱え、政治・経済・文化などの各方面において、近世沖縄のもっとも充実した時代を迎えた。

諭祭　中国皇帝が使いを遣わして先王を祀らしめることをいう。国王が没すると、世子は王位にのぼるが、これを中国皇帝に告げ、冊封を請う。これを承けて冊封使が派遣され、諭祭文・冊封の詔勅・儀物などを持参する。冊封使は来琉すると、まず崇元寺で新王や三司官とともに、先王の葬儀にあたる諭祭の礼を行う。

南島志　巻上（ママ）　終

南島志　巻下《（ママ）》　東都　新井君美在中著

官職第三

古時流求（※琉球）諸島地。各有二君長一。若二隋書所レ謂王小王島（※鳥）了師（※帥）一。因二其所レ統大小一。而所レ称亦不レ同。至二其諸島君長一。咸皆内二－附　天朝一。授レ位亦各有レ差。天平勝宝後。史闕不レ詳。厥後六百三十余年。中山山南山北。皆称二藩中国一。受二其封－爵一。王妃王姪。国相寨官。亦各賜二冠服一。乃是中山品官制所二由起一也。其文武職名。始見二嘉靖使琉球録一。蓋所レ謂奉二正朔一。設二官職一。被服冠裳。夷習稍変。有二華風一焉者也。因録レ所レ聞。畧記二官名一焉。

古時、流求諸島の地、各《おのおの》君長有り。若し隋書に謂う所の*王、小王、鳥了帥のごとくんば、其の統《す》べる所の大小によりて、称する所また同じからず。其の諸島の君長に至るまで、咸《ことごと》く皆な天朝*(日本の朝廷)に内附(従って位をもらう)す。位を授くるにまた各差《しな》有るも、天平勝宝(七四九〜五七年)後、史闕《か》けて詳らかならず。厥《そ》の後、六百三十余年、中山、山南、山北、皆な蕃として中国を称す。其の封爵を受け、王妃、王姪、国相、寨官《さいかん》(地方を支配する長官)、また各《おのおの》冠服を賜う。乃ち是れ中山品官の制に由起する所なり。其の文武の職名*は、始めて嘉靖(一五二二〜六七)の使琉球録に見ゆ。蓋し、謂う所の正朔を奉じ*、官職を設け、被服、冠裳、夷習稍《やや》変じ、華風有る者ならんや。よりて聞く所を録し、略《あらまし》官名を記さん。

隋書に謂う所　注「隋書に見ゆ・歓斯」(二四〇頁)参照。

天朝　「南島の朝貢」(二四二頁)「南島に授位」「南島人百三十二人」(二五三頁)参照。

文武の職名　これに関しては、陳侃の『使琉球録』にまとまった記述が存在するわけではなく、「使事紀略」「群書質異」などの各所に部分的に登場するほか、同書「夷語附」に官名などが若干羅列されている。そもそも琉球の王号や官位は、中国の冊封を受けてから整えられたもので、もともとは王と称さず、世の主もしくは按司などと呼ばれていた。なお冊封以前の王号は、史書の編纂に際して付されたにすぎない。ちなみに琉球の身分は、王族と士族と平民(百姓)に分けられる。

正朔を奉じ　古代中国では、王が替わると暦を改めたところから、これが王の統治に服従し、臣民となることを意味する。

中山品官制。正従各九品。正一品則王子。従一品則按司。正二品則三司官親方。従二品則親方。三品至二七品一則親雲上。正従八品則里之子。正従九品筑登之。皆是国中所レ称也。王子官号也。王之同姓。及異姓。凡有二分封一者。皆称二某地王子一。雖レ曰二王子弟一。亦未レ受レ封者。不レ得レ称二王子一。按司猶レ言二郡守一也。王子之子。有二分封一者。称二某地按司一。

中山品官の制、正従各九品《ほん》にして、正一品は則ち王子。＊従一品は則ち按司。＊正二品は則ち三司官＊親方。従二品は則ち親方《うえーかた》＊。三品より七品に至るは則ち親雲上《ぺーちん》＊。正従八品は則ち里之子《さとのぬし》＊。正従九品は筑登之《ちくどん》＊。皆な是れ国中にて称する所なり。王子は官号なり。王の同姓及び異姓にして、凡そ分封有る者は、皆な某地の王子を称す。王子の弟と曰うと雖も、また未だ封を受けざる者は、王子を称するを得ず。按司はなお郡守を言うごときなり。王子の子、分封有る者は、某地の按司を称す。

王子　琉球の官名。王叔・王子・王弟の称号で、かつては王の血族関係を意味したが、やがて臣下としての最高の位階名となり、高い功績のある家臣に王子位を賜わることもある。王子は一間切を領し、間切名を冠した王子名で呼ばれる。

按司　琉球の官名。もともとは地域的な支配者の意味で、主《あるじ》の転訛とも考えられる。地域的な統合が進むと大按司が生まれ、王に繋がる歴史性をもつに至った。そして冊封後に、王号が使用され官職が整えられると、按司は王子に次ぐ地位が与えられ、地方豪族の首長を指したり、王の一族の称号としても用いられたりした。しかし時代が下ると、地方豪族であった諸按司の子孫は、その下の身分の親方に降格され、按司は王族が独占するところとなり、国王家の分家的な存在となっていった。二四六頁注「按司」参照

三司官　琉球の官名。国政を司る三人の宰相で、それぞれに事務を管掌するほか、政務を協議し国王の裁可を受けた。形式的には上に摂政がいるが、政治の実権は三司官が握っていた。近世には、親方のなかから選挙し、薩摩藩の承認を受けた上で任命された。

親方　琉球の官名。王子・按司に次ぐ位で、正一品から従二品までの上級士族。地域豪族の系譜を引く按司が任ぜられたり、士が出世してなる場合がある。王子・按司とともに王府の要職に就いた。三司官の親方・三司官座敷の親方・ただの親方の三種があり、位は異なるが、等しく紫《かなそめ》冠《はちまき》を冠し、紫巾官とも称した。

親雲上　琉球の官名。かつては王子・按司に次ぐ親方の敬称で、正三品から従七品までの中級士族をさすが、地頭として領地を有する者は「ぺーくみ」と称され、無地の者は「ぺーちん」と呼ばれ、白石は前者を「牌古米」、後者を「牌金」と表記している。お役をもつ者を意味する「おおやくもい」が原義とされ、大親・大屋子などとも称したが、近世の官制では、親方の下位で里之子

の上位に位置づけられた。黄冠を帯することを許された。

里之子　地頭職を有する士族の嗣子の家格で、領地をもたない上位の一般士族。里之子家（里之子筋目）と呼ばれ、子（譜代の子弟で無位の者）から里之子さらに里之子親雲上そして親雲上へと出世するが、功績がなければ、筑登之家に降格される。里之子は正八品、里之子佐は従八品に相当する。赤冠を帯することができた。

筑登之　里之子に次ぐ家格で、領地をもたない下位の一般士族。筑登之家（筑登之筋目）と呼ばれ、同じく子から筑登之さらに筑登之親雲上そして親雲上へと出世し、功績を積めば里之子家に昇格する。筑登之は正九品、筑登之佐は従九品に相当する。青冠を帯することができた。なお筑登之の下に仁屋《にやー》という身分があり、新参の士族の子弟で無位の者をさし、これには緑冠が許された。

至㆓尚巴志㆒。始並㆓三山㆒。各地按司。皆賜㆓第宅㆒。不㆑得㆑就㆓其封㆒焉。三司者天曹司。地曹司。人曹司。各一員。猶㆓漢三公㆒。即所㆑謂国相也。親方者。尊親之称。凡任㆓其官㆒者。皆附㆓宗籍㆒。親雲上親近也。雲上殿上也。猶㆑言㆓堂上官㆒也。俗称㆓親雲上㆒。曰㆓牌古米㆒。或曰㆓牌金㆒。其義不㆑詳。里之子。本為㆓邑宰之子㆒者。任㆓此官㆒。即今非㆓其人㆒亦任㆑之。筑登之義。亦不㆑詳云。

尚巴志に至り、始めて三山を並《ともな》い、各地の按司、皆な第宅を賜う。*其の封に就く（領地に住むこと）を得ざれり。三司なる者は、天曹司*、地曹司*、人曹司*、各一員。なお漢の三公*のごとし。即ち謂う所の国相*なり。親方なる者は、尊親の称にして、凡そ其の官に任ずる者は、皆な宗籍（家譜の意ヵ）を附し、親雲上は親近なり。雲上、殿上なり。なお堂上の官を言うがごときなり。俗に親雲上と称す。牌古米《ぺーくみ》と曰い、或いは牌金《ぺーきん》と曰う。其の義詳らかならず。里之子、本は邑宰の子の為る者にて、此の官に任ず。即ち今、其の人に非ずして、また之れに任ず。筑登之の義も、また詳らかならずと云う。

各地の按司、皆な第宅を賜う　これは尚巴志の政策ではなく、尚真の時代になって、中央集権化が進み、各地に勢力を振るっていた按司たちを首里に集住させるよう制度が改められたことをさす。代わりに地方には、按司掟《あじうっち》と呼ばれる代官を派遣し実務にあたらせた。これによって按司は、その性格を地方豪族から都市貴族へ変貌させられた。

天曹司　三司官のうち、用意方とも呼ばれる御礼儀方にあたり、儀式等に関わる各役所や諸川のことを管轄する長。漢名は天曹法司典礼正卿。

地曹司　三司官のうち、給地方とも呼ばれる御検地方にあたり、給地に関わる各役所や杣山《そま》（用材林）のことを管轄する長。漢名は地曹法司司農正卿。

人曹司　三司官のうち、所帯方とも呼ばれる御物座方にあたり、所帯方に関わる各役所と諸島のことを管轄する長。漢名は人曹法司司元正卿。

漢の三公　中国周代に始まるという最高位の三つの官職をさし、秦や前漢では行政を司る丞相（大司徒、後漢以降は司徒）、軍事を司る太尉（大司馬、後漢以降は太尉）、監察・政策立案を司る御史大夫（大司空、後漢以降は司空）の三官を三公と称した。

国相　琉球の国相は王相とも称し、中国明代の王相府の制にならって設けられたもので、もっぱら外交に従事し、初めは中国からの渡来人を充てた。これと前後して摂政も置かれ、国相・王相とも呼ばれたが、後には王子や按司のなかから任じられるようになった。しかし重要な政務は三司官が行っていたので、摂政の役割は大きくはなかった。

〈出レ于二庚寅甲午使人等所レ記中山官制一。蓋其以二王子一為二官号一。以二按司一為下王子之子上。有二分封一者上。並拠二今制一而言。非レ古也。古時所レ称按司。即其君長之称也。拠二中山世系図序一。初舜天為二衆所レ推。為二浦添按司一。後遂称レ王。舜天本非下爲二王子之子一者上。厥後凡王之親戚。尊次二其王一者。称為二王子一。其為二君長之称一。亦猶二古時一也。隋書以為二歓斯一。是已。三品至二七品一。称謂二牌古米一。九品称謂二筑登之一。亦皆古之遺言也。里之子者。里主之転語也。袋中所レ録古時有下称二里主一者上。而今猶（レ脱）有二那覇里主之職名一。明人以為二察度官一。即此。察度方言所レ謂里也。〉

〈庚寅（宝永七＝一七一〇年）、甲午（正徳四＝一七一四年）の（琉球の）使人等の記す所の中山官制*に出づ。蓋し、其れ王子を以て官号と為し、按司を以て王子の子の分封有る者と為すは、並《とも》に今の制によりての言にて、古えは非ざるなり。古時、称する所の按司は、即ち其の君長の称なり。中山世系図の序によるに、初め舜天は衆の推すところと為り、浦添按司と為りて、後に遂に王を称す。舜天、本は王子の子為《た》る者に非ざる者なり。その後、凡そ王の親戚にして、尊きこと、其の王に次ぐ者なるに、称して王子と為し、其れを君長の称と為す。またなお古時のごときなり。隋書に以て歓斯と為すが是れなり。三品より七品に至るは、称して牌古米と謂い、九品は称して筑登之と謂う。また皆な古えの遺言なり。里之子は、里主の転語なり。袋中録する所*は、古時、里主と称する者有りて、今なお那覇に里主の職名有るがごとし。明人以て察度官*と為すは、即ち此れなり。察度は方言にして謂う所の里なり。〉

中山官制　甲午の使人であった程順則のほか蔡応端、蔡鐸端が編纂した『琉球国中山王府官制』のことで、康熙四五（宝永三＝一七〇六）年の成立。

袋中録する所　『琉球神道記』巻五「波上権現事」には、「昔此崎山《サキヤマ》ニ即チ崎山ノ里主ト云者アリ」とある。

明人以て察度官　『使琉球録』「群書質異」（「大明一統志」）に、王親の下の法司官に続いて「次は察度官にして刑名なり」とある。

漢称謂二王親一。即王子。按司所レ謂王之下。則王親尊而不レ与レ政者也。法司官即三司也。察度官国称二那覇里主一。那覇港官。国称二御物城一。各有二二員一。分二治那覇四邑一焉。耳目官六員。即法司之属。猶二漢六卿一也。以上所レ謂士（※土）官。而為二武職一者也。

漢、称して王親と謂うは即ち王子なり。按司謂う所の王の下なり。則ち王親尊にても政《まつりごと》に与《くみ》せざる者なり。法司官即ち三司なり。察度官、国にて那覇里主*と称し、那覇港官、国にて御物城と称す。各《おのおの》二員有りて、那覇四邑を分治す。耳目官*六員、即ち法司の属にして、なお漢の六卿*のごときなり。以上、謂う所の土官*にして、武職を為す者なり。

那覇里主　二〇七頁注「那覇港に官四員」参照。

耳目官　『使琉球録』「群書質異」（「大明一統志」）に、那覇港官に続いて「次は耳目官にして訪問を司るなり。此れ皆土官（地方官）にして、武職たる者なり」とある。

漢の六卿　中国周代に始まる官職で、国政を担当するために置かれた六人の高級官僚。冢宰《ちょうさい》・司徒・宗伯・司寇・司馬・司空の六官の長。
土官　中国西南部の少数民族支配のために、元代以降、その有力者に官職を与えて、土民の統治を任せた、これを土司あるいは土官と称した。

大夫長吏通事等官。則専司二朝貢一。不レ与二政事一。皆為二文職一。明初所レ賜。閩三十六姓之後。読二書南雍一。帰即為二通事一。累二陞長吏大夫一。今僅存二七姓一。而食レ禄者百余人。凡朝貢事例。単年則正貢二船。以二耳目官一。充二正使一。正議大夫。充二副使一。並正三品官也。其属有二都通事。才府使。官舎使等職一焉。双年則接貢一船。接貢使。才府使。各一員。並従四品官也。〈即是近例。〉若有二中国大喪一。則以二正議大夫一充二進香使一。新天子登レ極。則以二法司官正議大夫各一員一。充二慶賀使一。其国嗣レ封。則以二法司官紫金大夫各一員一。充二謝恩使一。

大夫、長吏、通事*等の官は、則ち専ら朝貢を司り、政事に与せず。皆な文職為り。明初、賜う所の閩三十六姓の後、南雍（南京の国子監）に読書し、帰れば即ち通事と為り、陞《すすみ》て長吏、大夫に累《かさ》なる。今、僅かに七姓存して、禄を食む者、百余人。凡そ朝貢の事例、単年則ち正貢二船、耳目官を以て正使に充て、正議大夫*を副使に充つ。並《とも》に正三品官なり。其の属に都通事、才府使、官舎使等の職有り。双年則ち接貢一船。接貢使、才府使、各一員にして、並《とも》に従四品官なり。〈即ち是れ近例なり。〉若し中国に大喪有らば、則ち正議大夫を以て進香使に充つ。新天子、極に登れば、則ち法司官、正議大夫各一員を以て慶賀使に充つ。其の国封を嗣げば、則ち法司官、紫金大夫*各一員を以て謝恩使に充つ。

大夫、長吏、通事　『使琉球録』「群書質異」（「大明一統志」）に、耳目官に続いて「大夫、長史、通事等の官の若きは、則ち専ら朝貢の事を司る。設くるに定員有りて、文職を為す者なり」とある。

正議大夫　久米村人（二八〇頁注「閩人三十六姓」参照）に与えられる官位で、正四品上にあたり、中国への進貢の際に進貢正議大夫（進貢副使）となる。

紫金大夫　久米村人に与えられる最高の官位で、従二品の紫官の官職にあたり、正議大夫となった後に再度謝恩使、慶賀使の副使に拝命された者、あるいは、これと同等の功績ある者が任命される。

其官皆是所レ称二于異邦一也。古時国無二姓氏一。只因二所レ居之地一。而称レ之。中世以来。王親豪族。称レ之以二其食邑一。其余有レ職者。亦因下其所二自出一。及所レ居之地上。而称曰二某地某官一。其有二姓氏一者。閩人之後耳。雖レ然。其称レ於二国中一。猶二国人一也。而今国人皆有二漢姓一。亦有二漢名一。皆非レ古也。

其の官、皆な是れ異邦に称する所なり。古時、国に姓氏無く、只だ居する所の地によりて之れを称す。中世以来、王親、豪族之れを称するに、其の食邑を以てす。其の余の職に有る者は、また其の自ら出づる所、及び居する所の地によりて、称して某地某官と曰う。其の姓氏有る者は、閩人の後（末裔）のみ。然りと雖も、其（閩人の末裔）の国中において称するは、なお国人のごときなり。而して今、国人皆な漢姓有りて、また漢名有り。皆な古えには非ざるなり。

〈使琉球録云。国王姓尚氏。至レ於二陪臣一。則無二姓氏一。但以二先世及己所レ轄之地一。為レ姓。自二上世一以来。皆命レ名以二漢字一。按尚思紹之後。世称以二尚姓一。猶下以二王父子一為上レ氏。而非二古之所レ謂姓一也。国人称レ之以二先世及己所レ轄之地一。猶二因レ地命一レ氏。而非二古之所レ謂姓一也。陳氏以謂琉球不レ習二漢字一。又謂自二上世一以来。皆命レ名以二漢字一。何其謬之甚也。隋時猶伝三国無二文字一。而況於二其上世一乎。美嘗聞二之甲子使人一。曰。我王称二尚氏一。始レ於二思紹王一。然其用二尚姓一。不レ知レ所レ由也。国人各自有レ姓。

以二所レ轄地名一為レ姓。親雲上已下。雖レ曰二我王（※無地）一。亦有二其姓一。是又拠二陳氏之説一而言耳。其国本非二姓氏一也。王以レ尚為レ姓。蓋其俗所レ謂漢姓也。甲子慶賀使与那城王子知念親方。謝恩使金武王子勝連親方。其所レ称皆是某地某官也。其従官有下曰二宮里親雲上一者上。其所レ称亦是某地某官。而其姓程。名順則。字寵文。即閩人之後。文章之士也。又有下曰二玉城親雲上一者上。其名朝薫。亦自称曰。漢姓向氏。漢名受祐。又有下曰二砂辺親雲上一者上。不レ知二其名一。漢姓曰レ曽。漢名曰レ暦。並是国人。而有二漢姓漢名（一脱）者。〉

〈使琉球録に云く、* 国王の姓尚氏、陪臣に至れば、則ち姓氏無し。但し先世及び己《みずから》が轄する所の地を以て姓と為す。上世より以来、皆な名を命《さだ》むるに漢字を以てす、と。按ずるに、尚思紹の後、世に称するに尚姓を以てし、なお王父子を以て氏と為すがごとし。而して古えに謂う所の姓に非ざるなり。国人、之れを称するに、先世及び己《みずから》が轄する所の地を以てす。なお地によりて氏を命むるがごとし。而して古えに謂う所の姓に非ざらんや。陳氏、以て謂く、琉球漢字を習わざるなり、* と。また謂くに、上世より以来、皆な名を命むるに漢字を以てすとは、何ぞ其（陳氏）の謬の甚だしきならんや。隋時、なお国に文字無きと伝うるがごとし、而して況んや其の上世においてをや。美（君美）、嘗て之れを甲子［甲午の誤］の使人に聞くに、曰く、我が王、尚氏と称し、思紹王に始まる。然れど其の尚姓を用いるに、由る所を知らざるなり。国人、各自姓有り、轄する所の地名を以て姓と為す。親雲上已下、無地と曰う雖も、また其の姓有り、と。是れまた陳氏の説に拠りての言にすぎず。其の国、本は姓氏非ざるなり。王、尚を以て姓と為す。蓋し、其の俗、謂う所の漢姓なり。甲子（甲午）慶賀使与那城王子、知念親方、謝恩使金武王子、勝連親方、其の称する所、皆な是れ某地某官ならんや。其の従官に、宮里親雲上*と曰う者有り。其の称する所、また是れ某地某官にして、其の姓は程、名は順則、字《あざな》は寵文なり。即ち閩人の後（末裔）にして、文章の士なり。また玉城親雲上*と曰う者有り、其の名朝薫にして、また自称して曰く、漢姓は向氏、漢名は受祐なり。また砂辺親雲上と曰う者有り、其の名を知らず、漢姓は曽と曰い、漢名は暦と曰う。並《とも》に是れ国人にして、漢姓、漢名有る者なり。〉

使琉球録に云く　『使琉球録』「群書質異」（杜氏「通典」）に、「按ずるに琉球国嗣王、姓尚氏……自上世以来、皆命名以漢字……至於陪臣、則無姓氏。但以先世及巳（已の誤）所轄之地為姓名」とある。

琉球漢字を習わざるなり　『使琉球録』「題奏」に「蓋琉球不習漢字、原《もともと》志書無し……兼て以て夷語・夷字、恐らく人知らず。並《とも》に後に付す」とある。なお付録の「夷語・夷字」には、夷字としてイロハ文字（平仮名と万葉仮名）が記されている。

甲子（午）慶賀使　注「其の人（琉球使節）」（一九三頁）参照。

宮里親雲上　程順則のこと。尚質一六～尚敬二二（一六六三～一七三四）年。久米村程氏の七世で、紫金大夫となり、名護親方とも称された。福建の滞在歴が長く、詩才に長《た》けた文人として知られ、詩集に『雪堂燕遊草』『雪堂雑俎』がある。また慶賀使の従官として江戸を訪れ、白石と交流して琉球に関する知識を与え、白石からは本文にあるように「文章の士」と評された。さらに冊封副使として琉球を訪れ、『中山伝信録』を著した徐葆光との交流も深かった。注「其の人（琉球使節）」（一九三頁）参照。

玉城親雲上　玉城朝薫のこと。尚貞一六～尚敬二二（一六八四～一七三四）年。首里の儀保に生まれて行政官として出世し、たびたび薩摩へも渡ったほか、慶賀使の従官として江戸を訪れ、白石とも面談を交わすなど通訳として活躍した。大和の芸能にも興味を示してこれを学び、琉球芸能の創作活動に励んで、組踊りの創始者となった。朝薫の創作した組踊りは、『執心鐘入』『銘苅子』『孝行之巻』『二童敵討』『女物狂』の五番が、現在でも古典的な名作として人気がある。注「其の人（琉球使節）」（一九三頁）参照。

宮室第四

隋書曰。王所レ居舎。其大一十六間。彫二(一脱)刻禽獣一。民間門戸。必安二獣頭骨角一。使琉球録以謂殿宇朴素。亦不二彫レ禽刻レ獣以為レ奇。大抵琉球俗朴而忠。民貧而倹。富貴家。僅有二瓦屋二三間一。其余則茅茨土階。不レ勝二風雨飄揺之患一。人不レ善レ陶。雖二王屋一。亦無二獣頭一。況民間乎。伝者訛矣。陳氏蓋拠二其所レ見而言耳。唯其以二獣頭一為二鴟吻類一。亦訛。此土民間。亦以二牛馬頭骨一。掛二之門戸一。云是避二疫鬼一。古之遺俗也。今時之制。略述レ所レ聞。

隋書に曰く、*王居する所の舎は、其の大きさ一十六間、禽獣を彫刻し、民間の門戸、必ず獣頭の骨角を安《お》く、と。使琉球録以て謂うに、*殿宇朴素にして、また禽を彫り獣を刻み以て奇と為さず。大抵、琉球の俗朴にして忠なり。民貧にして倹《つづま》やかなり。富貴の家、僅かに瓦屋二、三間有り。其の余は則ち茅茨（萱葺き）の土階にして、風雨に飄揺するの患い勝えず。人、陶は善くせず、王屋と雖もまた獣頭無く、況んや民間においてをや。伝者の訛《あやまり》なり、と。陳氏、蓋し、其のみる所によりて言うのみならんや。唯だ其の獣頭を以て鴟《し》吻《ふん》（鴟尾）の類と為すもまた訛なり。此の土民の間に、また牛馬の頭骨*を以て之れを門戸に掛くる。云くに、是れ疫鬼を避くる。古えの遺俗なり。今時の制、略《ほぼ》聞く所に述《したが》う。

隋書に曰く　同書巻八一列伝四六東夷の「流求国」に「王所居舎、其大一十六間、琱刻禽獣」と見えるほか、「王の居する所、壁下に多く髑髏を聚め以て佳と為す。人間門戸上、必安獣頭骨角」とある。

使琉球録以て謂うに　同書「群書質異」（「大明一統志」）に「王之宮室、建山巓……殿宇朴素、亦不雕禽刻獣以為奇」と見えるほか、同じく（杜氏「通典」）に「大抵流求俗朴而忠、民貧而倹。富室貴家、僅有瓦屋二三間。其余則茅茨、土堦、不勝風雨飄揺之患。人不善陶。雖王屋亦無獣頭。況民間乎。伝者訛矣」とある。

牛馬の頭骨　琉球諸島には、シマクサラシあるいはカンカー——などと呼ばれる民俗が広く分布し、集落の入口に、動物の骨などを吊して、厄災を排除する儀礼があり、その原型をなすものと考えられる（宮平盛晃「南島におけるシマクサラシの性格」原田編『捧げられる生命』所収）。

王府之制。拠レ山為レ城。方各一里。畳レ石為レ基。繞以二流水一。城有二王（※三）門一。其西為二国門一。蓋以下天使館在二西南港口一之故上也。去二国門一西里許。有二牌房一座一。扁曰二中山一。国門曰二歓会一。府門曰二漏刻一。殿門曰二奉神一。毎門有レ扁。四周皆石壁。府門外有二小池一。泉自二石龍口中一噴出。名曰二瑞泉一。王府汲レ之供二飲食一。取二其甘潔一也。正殿巍然在二山之巓一。殿閣二層。南北八楹。其位向レ西。上以奉レ神。中為二朝堂一。下与二臣下一坐立。閣門倶五色珠為二簾櫳一。正中三門（※間）。略加二金碧一。旁有二側楼一。亦有二平屋一。皆覆以レ瓦。簾不レ遠レ地而階亦近レ除。凡正殿略倣二漢制一。至レ如二燕寝一。則皆如二此間之制一矣。

王府の制、山によりて城を為すこと、方各一里にして、石を畳《つ》みて基を為し、繞《かこ》むに流水を以てす。城、三門*有り、其の西は国門と為す。蓋し、天使館に西南港口在るの故を以てならんや。国門を去り西に里（一里）許りに牌房一座有り、扁（額）に中山と曰う。国門は歓会と曰い、府門は漏刻と曰い、殿門は奉神と曰い、毎門に扁有り。四周は皆な石壁なり。府門の外に小池有り。泉、石龍の口中より噴出し、名を瑞泉*と曰う。王府、之れを汲みて飲食に供す。其の甘潔なるを取るなり。正殿は巍然（高大なる風貌）にして、山の巓《いただき》に在り。殿閣二層にして、南北八楹（柱）なり。其の位、西を向く。上は、以て神を奉じ、中は、朝堂を為し、下は、臣下と坐立す。閣門、倶に五色にして、珠、簾櫳（窓のすだれ）を為す。正中は三間にして、略《ほぼ》金碧を加え、旁《かたがた》側楼*有り。また平屋*有り。皆な覆うに瓦を以てす。簾は地に遠からずして、階もまた除（聖なる階段）に近し。凡そ正殿、略《ほぼ》漢制に倣う。燕寝（王の居室）の如きに至りては、則ち皆な此間（日本）の制の如くなり。

国門を去り　以下の記述は、『使琉球録』によるもので、「使事紀略」に「五里（日本の里数では一里以下）の外に牌坊《ママ》（扉のない門）一座有り。扁して中山と曰う」と見えるほか（かつては守礼門の西に中山門があった）、「群書質異」（「大明一統志」）に「国門の扁を歓会と曰い、府門の扁を漏刻と曰い、殿門の扁を奉神と曰う。四圍皆石壁にして……門外に石砌有り。砌下に小池泉有り。石龍口中より噴出し、名づけて瑞泉と曰う。王府之れを汲みて飲食に供す。其の甘潔を取るなり」とあり、同じく（杜氏「通典」）に「閣は二層にして、上を寝室と為し、中を朝堂と為す、末に臣下と坐立す。凡そ閣門は、倶に五色の土珠を簾櫳と為し、中三間、略、金碧を加う。傍に側楼有り、また平屋有り。皆板を以て瓦に代う。簾は地に遠からずして、階もまた除に近し。僅かに中国公侯の宅の如く」とある。

瑞泉　樋川とも呼ばれ龍樋から良質な水を湧出する。ここにも瑞泉門あるいは樋川門という櫓門があり、歓会門と漏刻門との間に位置するが、これに関しては陳侃、白石とも記述の対象としていない。

側楼　議政殿とも称された北殿のことで、北御殿《にしうどん》とも呼ばれ、評定所が置かれたが、冊封使など国賓クラスの饗宴の場としても利用された。ちなみに幕末に訪れたペリーも、ここで接待を受けている。

平屋　御書院とも称された和風造りの南殿のことで、南風御殿《はえうどん》とも呼ばれ、薩摩藩への接待所として利用されたが、陳侃が来琉した時期には、登城してきた人々を取り次ぐ平屋の番所があっただけであった。

〈中山殿屋制。詳見二使琉球録一。曰。殿閣二層。上為二寝室一。屋皆以レ板代レ瓦。席レ地而坐。美嘗聞二之甲午使人一。曰。正殿上層。奉レ神之所。順治火後。屋皆陶瓦。楹塗レ之以二黒漆一。按殿門扁曰二奉神一。陳氏以二閣上一為二寝室一。非也。層閣之制。蓋由来久矣。袋中記云。昔者大世王之世。王畏二毒蛇一。乃起二高楼一以居。自謂無レ害。未レ幾毒蛇螫二王左手一。有二一国相一。急抽レ刀断二其臂一。亦断二己臂一以続レ之。其像見三在於二求［※末の誤］吉仏寺一矣。蓋其王楼居以避二蛇害一也。大世未レ詳。世纘図有二王大城一。世系図作二大成一。疑此人。使人曰。正殿及門墻庭階。皆倣二漢制一。其余一皆如二本朝制一。而有二広間書院玄関等所一。皆鋪レ地用レ板。坐設二畳席一。所レ謂席レ地而坐也。按正殿之制。為二冊使一而設也。如二其便殿一。則蓋古制也。但其所レ謂広間書院等所。我有二此制一。亦始レ自二近時一耳。〉

〈中山殿屋の制、詳しくは使琉球録*に見ゆ。曰く、殿閣二層にして、上は寝室と為し、屋は皆な板を以て瓦に代え、地に席《むしろ》して坐す、と。美（君美）、嘗て之れを甲午使人に聞く。曰く、正殿の上層は、神を奉る所なり。順治の火（順治一七＝一六六〇年の火災）後、屋、皆な陶瓦とし、楹、之れを塗るに黒漆を以てす、と。按ずるに、殿門の扁に奉神と曰うは、陳氏、閣上を以て寝室と為すに非ざらんや。層閣の制は、蓋し由来久しきなり。袋中記*（『琉球神道記』）に云く、昔は大世王*の世、王、毒蛇を畏れ、乃ち高楼を起し以て居とす。自ら謂うに、害無しと。未だ幾ばくもせず毒蛇、王の左手を螫《さ》す。一国相有りて、急ぎ刀を抽《ぬ》き、其の臂《ひじ》を断つ。また己の臂を断ちて、以て之れを続《つぐな》う。其の像、末吉の仏寺（万寿寺）に見在するなり、と。蓋し、其の王の楼居、以て蛇害を避くるならんや。大世、未だ詳らかならず。世纘図に、王大城有り、世系図は大成に作る。疑うらくは此人か。使人曰く、正殿及び門、墻、庭、階は皆な漢制に倣う。其の余は、一に皆な本朝の制の如し。而して広間、書院、玄関*などの所有り。皆な地に鋪《もう》け、板を用う。坐するに畳席を設くる。（『使琉球録』に）謂う所の地*に席《むしろ》して坐するなり、と。按ずるに、正殿の制、冊使の為めに設くるならん。其れ便殿*の如し。則ち蓋し古制ならんや。但し其の謂う所の広間、書院などの所、我（日本）に、此の制有るに、また近時より始むるにすぎず。〉

使琉球録　前注三三五頁「国門を去り」参照。

袋中記　『琉球神道記』巻五「（梵字《キンマモン》）事」に「又中比、此国王、大世ノ主ト申上ル。此毒蛇ヲ恐テ、高楼ヲ起テ、厚板ニシテ能囲ム。王誇テ云。毒蛇モ此ニハ来ベカラズト。時幾ナラザルニ、左手ヲ螫ル。時ニ三司官ノ一リ在シガ、即チ王ノ肱ヲ切去テ、我肱ヲ切継上ル。其御影、今ニ末好ノ寺ニ顕レタリ」とある。

大世王 『中山世譜』には、尚泰久の項に、「又大世王と称す」とある。末吉の万寿寺は、泰久の時代の景泰年間（一四五〇〜五七年）に創建された真言宗の寺院とされているが、その前身となる寺院が察度王・武寧王時代に勧請されていたともいわれており、同寺には万暦年間（一五七三〜一六二〇年）の火災まで、察度王の肖像画が掲げられていたという。むしろ、この説話は泰久ではなく察度のものと考えられている。

広間、書院、玄関 薩摩の侵攻後、首里城内に南殿のような和風の家屋が建てられるようになった。三三六頁注「平屋」参照。

謂う所の 『使琉球録』「使事紀略」に「蓋夷俗席地而坐、無燕享醻会之事、不知烹調和剤之味」とある。

便殿 行幸などの際に、天子が休息するために設けられた部屋や御殿。

王親以下。品官第宅。衆庶屋舎。亦皆如二我制一。板屋茅茨。随二其有無一。皆繞以二石垣一。其地多レ石故也。

王親以下、品官の第宅、衆庶の屋舎は、また皆な我が制の如く、板屋、茅茨（萱葺き）なり。其の有無に随い、皆な繞《かこ》むに石垣を以てす。其の地、石多き故なり。

冠服第五

隋書曰。流求用二鳥羽一為レ冠。装以二珠貝一。飾以二赤毛一。形製不レ同。織二闘楼（※鏤）樹皮。並雑色紵及雑毛一。以為レ衣。製裁不レ一。綴レ毛垂レ螺為レ飾。蓋是古制。即今不（レ脱）可二得而考一。

隋書に曰く*、流求、鳥羽を用い冠と為し、装するに珠貝を以てし、飾るに赤毛を以てす。形製同じからず。闘鏤樹*の皮並びに雑色の紵《からむし》及び雑毛を織り、以て衣と為す。製裁一ならず。毛を綴り螺を垂れて飾と為す、と。蓋し、是れ古制なり。即ち今、得て考うるべからず。

隋書に曰く　同書巻八一列伝第四六「琉球国」に「其男子用鳥羽為冠、装以珠貝、飾以赤毛。形製不同。婦人は羅紋白布を以て帽と為す。其の形は正方なり。織闘鏤皮並雑色紵及雑毛以為衣。製裁不一。綴毛垂螺為飾」とある。

闘鏤樹　『隋書』は、前注の前の部分で「多闘鏤樹、似橘而葉密、条織如髪、然下垂」と記しているが、ガジュマルのことかとされている。注「使琉球録以て謂うに」（四〇九頁）参照。

王及王親以下。品官章服制。明世冊封。錫以二皮弁玉圭麟袍犀帯一。眎二二品秩一。王侄王相寨官。賜以二公服一。明既亡。韃靼為二中国之主一。文武品官。皆編髪胡服。而中山君臣。猶依二旧制一。其王受レ冊。則皮弁服。正旦冬至。則烏紗折上巾。蟒衣玉帯。未レ襲レ封。則用二烏紗帽一。其臣三品以上。皆幞頭公服。其織成二花様一。文職用レ禽。武職用レ獣。革帯用二金銀鈎鰈一。其余品官冠服。皆如二其俗一。古俗用二色布一丈三尺一纏二其首一。王尚寧之世。其臣名分薙国。始製二今冠一。常服二（ー脱）用之一。王及王親用二五色一。謂二之五綵巾一。次用二紫色絹一。謂二之紫光巾一。次用二黄絹一。又次用二赤絹一。簪以二金銀一差等。其衣則広袖寛博。製如二道服一。腰束二大帯一。

王及び王親以下、品官の章服の制*は、明世の冊封にて、錫《たま》うに、皮弁*、玉圭*、麟袍*、犀帯*を以てし、二品の秩を眎《あら》わす。王侄（甥）、王相、寨官は、賜うに公服を以てす。明、既に亡ぶ。韃靼、中国の主と為り、文武の品官は、皆な編髪、胡服*なり。而して中山の君臣は、なお旧制に依るがごとし。其の王、冊を受くるに、則ち皮弁服にして、正旦、冬至は、則ち烏《う》紗《さ》*折上の巾*とし、蟒衣《もうい》*に玉帯す。未だ封を襲《つ》がざれば、則ち烏紗帽《うさんもー》*を用い、其の臣の三品以上は、皆な幞頭*して公服とす。其の織は花様を成し、文職は禽を用い、武職は獣を用いて、革帯は金銀鈎鰈（留め金）を用う。其の余の品官の冠服は、皆な其の俗の如し。古俗に色布一丈三尺を用い、其の首に纏う。王尚寧の世、其の臣の名、分薙国《わきなぐに》*、始めて今の冠を製し、常に之れを服用す。王及び王親は五色を用い、之れを五綵巾*と謂う。次《つい》で紫色絹を用い、之れを紫光巾と謂う。次で黄絹を用い、また次で赤絹を用う。簪*は、金銀を以て差す等、其の衣*、則ち広袖にして寛博なり。製、道服*の如くし、腰に大帯を束ぬ。

章服の制　章服とは縁取りや肩章など標識のある服の意で、身分を示す衣服。古代中国では、天子以下、品官に応じて、衣服の色や文様などが詳細に定められていた。

皮弁　古くは鹿皮の冠の意であるが、黄金・真珠・メノウ・アメジスト・サファイアなどの宝石で飾られた玉冠で、俗にタマンチャープイと呼ばれた。尚巴志の代に明の皇帝から下賜され、琉球国王の冠とされた。中国では冕《べん》に次ぐ冠とされた。なお明代までは、皮弁が下賜されていたが、清代になると停止されたため、これを琉球側で作製する必要が生じた。

玉圭　中国で天子が諸侯を封ずる時に、圭を半分に割り、片方を天子が、もう片方を諸侯に下賜した。将棋の駒を細長くした形状をもつ玉。

麟袍　袍は長衣の一種で、麒麟《きりん》の文様をもった絹織物。皮弁服として用いるためのもので、明は冠服そのものは下賜していない。

犀帯　犀《さい》の角を連綴させた石帯の一種。朝服用として腰に廻らせる皮製の帯で、これで腰を束ねて威容を整えることを束帯と呼ぶ。

編髪、胡服　満洲（女真）族の髪型で、弁髪《べんぱつ》ともいう。頭髪の一部を残して剃り上げ、残りを三つ編みにして後ろに垂らした。清朝では漢民族に対しても薙髪令を出して、これを強要した。また胡服は、中国の北方民族・胡人の衣服で、丸襟の筒袖を左衽とした上衣に、下衣のズボンを穿《は》く二部形式の衣服。

烏紗　黒い薄絹で作られた帽子。折上は竹ひごなどを使って空間を高くしたもの。もともと行事を観閲したり、賓客を迎える時に着用された。

巾　巾子《こじ》のこと。理髪した髻《もとどり》を収納し固定するもので、布帛で作られ冠に着けられている。

蟒衣　蟒は大蛇の意であるが、龍を描いた衣服の意で、明代には冊封国主や閹臣に下賜された。しかし清代になると、位階に関わらず典礼の時に使用されるようになったが、蟒の数は身分によって差があった。しかし明代では、琉球国王に龍衣や龍紋の織物が下賜された事例はなく、清代になって蟒緞が下賜されたことが指摘されている（原田禹雄「琉球国王の皮弁冠服」『沖縄文化研究』二七）。

烏紗帽　王の世子の冠で、濃紺色を帯びた黒色。雲紋のような地紋のある紗綾で作られる。

幞頭　朝服に用いる被り物の一種。唐代の士大夫などが着用した頭巾を模したもので、四本もしくは二本の纓《えい》と呼ばれる脚が着く。

分薙国　分薙国《わきなぐに》親雲上《ぺーちん》吉治のことで、南条市の旧大里村字稲嶺に属する集落に湧稲国《わきなぐに》がある。『琉球神道記』巻五「(梵字《キンマモン》)事」に「又、鉢巻トテ、本ハ一丈三尺ノ布ヲ以、頭ヲ纏。爾《これ》ヲ分薙国ト云人、今ノ冠ニ転ズ。賢コト也。時ハ尚寧王」とあり、布巻きから帽子に変った。

五綵巾　赤地金入五色浮織冠が最高のもので、『琉球国由来記』巻三「衣服門」には、「浮織帕〈聖主及世子・按司八巻。赤地・黄地・紫地・青地・黒地。皆五色を以て彩織する也〉……紫帕〈親方八巻〉黄帕〈御鎖側以下親雲上八巻〉赤帕〈鎖之大屋子・里之子・筑登之・諸士之子、未だ官位に叙せられざる者、及び諸間切設理《さばくり》・家来赤頭八巻〉青帕〈諸間切捉・螺赤八巻〉緑・黒帕〈是卑下者八巻〉」などとあり、いわゆる冠帽の制（帕《はちまき》の制）が定められていた。

簪　簪の制が定められていた。髪差しの本簪と押差しの副簪がある。国王以下按司までは本・副簪とも黄金、三司官は本簪が黄金で副簪は銀、親方は花黄金銀茎の本簪に銀の副簪、諸士は本・副簪とも銀、百姓は真鍮とされていた。

其の衣　『使琉球録』「群書質異」（「大明一統志」）に、「衣則袖寛博、製如道服。然腰束大帯、また各纏首の布の色に如《したが》いて、貴賤を弁ずるなり」とある。

道服　日本では、公家が殿上で普段着として着用した上衣で、袖が広く裾に襞《ひだ》が設けられた羽織状のものをさすが、この部分は『使琉球録』からの引用であるから、中国で道家の人々が着る衣服のこと。

〈庚寅使人所レ作図皆如レ此（○脱）甲午之冬。美請観二其王子冠服制一。烏紗帽麟袍象笏金帯。即是明世所レ賜二其王一也。当今為二王子章服一何也。纏首之制。見二使琉球録一。乃拠二其所レ見而言也。今制採二曲簿板一。被三色絹於二其上一。分薙国。或作二湧稲国一。〉

〈庚寅（宝永七＝一七一〇年）使人作る所の図、皆な此の如し。甲午（正徳四＝一七一四年）の冬、美（君美）、請いて其の王子の冠服の制を観るに、烏紗帽、麟袍、象笏、金帯にして、即ち是れ明世に其の王賜う所なり。当《まさ》に今、王子の章服と為すべきは何《いかん》なるや。纏首の制、使琉球録に見ゆ。乃ち其の見る所に拠りての言なり。今の制、簿板を採曲し、色絹を其の上に被する。分薙国は、或いは湧稲国に作るか。〉

庚寅使人　注「其の人（琉球使節）」（一九三頁）参照。

纏首の制　前頁注「五綵巾」の帕の制を参照。

使琉球録に見ゆ　同書「群書質異」（「大明一統志《こ》」）に「俱に色布を以て其の首に纏く、黄は貴、紅は之れに次ぐ、青緑はまた之れに次ぐ、白は斯れの下なり。王首また錦帕を纏く」とある。

童子結髻。簪用二金花四垂者一。凡俗。足著二草履一。入レ室則脱。読書号二秀才一者。亦戴二中国方素巾一。足不二草履一而鞋矣。

童子、結髻し、簪に金花の四垂する者を用う。凡そ俗は、足に草履を著《つ》け、室に入るに則ち脱ぐ。読書し秀才と号する者、また中国の方素巾*を戴き、足に草履せずして鞋（短靴）なり。

方素巾　四角形の白色無地の頭巾のことで、文人が好んだ。万暦七（一五七九）年に来琉した蕭崇業の『使琉球録』「群書質異」（「大明一統志」）には、「然るに頃年、読書し秀才と号する者は、また中国の方素巾を帯し、足に草履せずして、鞋を以てす」とある。

礼刑第六

隋書曰。流求国無㆓君臣上下之節。拝伏之礼㆒。父子同㆑牀而寝。大明一統志因而述焉。陳氏使琉球録。以謂諸書亦多㆓伝訛㆒。其君臣之分。雖㆑非㆓華夏之厳㆒。而上下之節。亦有㆓等級之弁㆒。隋書又曰。獄無㆓枷鎖㆒。唯用㆑縄縛。決㆓死刑㆒以㆓錍錐大如㆑筋。長尺余㆒。鑽㆑頂殺㆑之。使琉球録曰。国小刑厳。凡有㆓窃㆑物者㆒。即加以㆓劓刖之刑㆒。閩書曰。有㆓盗窃㆒。輒加㆓開腹劓刖之刑㆒。即今詢㆓其風俗㆒。礼楽刑政。其制寖備矣。

隋書に曰く、*流求国、君臣に上下の節、拝伏の礼無く、父子牀を同じくして寝る、と。大明一統志、*よりて述す。陳氏、使琉球録、以て謂うに、*諸書また伝訛多し、其の君臣の分、華夏の厳に非ざると雖も、而して上下の節に、また等級の弁有り、と。隋書、また曰く、*獄に枷鎖無く、唯だ縄を用いて縛す。死刑を決するに、錍錐《いすい》の大きさ筋の如きに長さ尺余を以てし、頂（頭）を鑽《き》りて（穴を開けて）之れを殺す、と。使琉球録に曰く、*国は小にして刑厳しく、凡そ物を窃《ぬす》む者有れば、即ち加うるに、劓（鼻削ぎ）、刖（足切り）の刑を以てす、と。閩書に曰く、＊盗窃有らば、輒《すなわ》ち開腹、劓、刖の刑を加う、と。即ち今、其の風俗に詢《はか》るに、礼楽、刑政、其の制、寖備（次第に整備する）せり。

隋書に曰く　同書巻八一列伝第四六「琉球国」に「無君臣上下之節、拝伏之礼。父子同牀而寝」とある。

大明一統志　同書巻八九外夷「琉球国」の風俗の項には、『太平寰宇記』からの引用として前注における『隋書』の記述がそのまま載せられている。『大明一統志』は、英宗の勅命によって李賢らが編纂した詳細な地理書で、全九〇巻。天順五（一四六一）年の成立。

使琉球録、以て謂うに　同書「題奏」には、「是の志（大明一統志）の載する所は、皆、訛なり……杜氏「通典」「集事淵海」「嬴虫録《らちゆうろく》」「星槎勝覧」等の書、凡そ琉球の事を載せるは、之れを詢るに百に一の実無し」とあるほか、同書「群書質異」（「大明一統志」）には「無君臣上下之節、拝伏之礼、父子同床而寝……其君臣之分、雖非華夏之厳、而上下之節、亦有等級之弁。……父の子に於ける少にして同寝すと雖も、長ずるに及びては室有れば則ち居を異にす」とある。

隋書、また曰く　同書巻八一列伝第四六「琉球国」に「獄無枷鎖、惟用縄縛、決死刑以鉄錐、大如筋、長尺余、鑚頂而殺之」とある。

使琉球録に曰く　同書「群書質異」（「大明一統志」）に「則其国小法厳、凡有窃物者即加以劓刖之刑」とある。

聞書に曰く　同書巻一四六島夷志「琉球国」に「有盗窃、輙加開腹劓刵之刑」とある。

朝会之礼。歳元旦冬至。凡大慶会。則王親以下。衆官具㆓冠服㆒。行㆓拝跪礼㆒。四時俗節朔望。亦皆冠服而朝。尊者親者。則延至㆓殿内㆒。賜㆑坐賜㆑酒。

朝会*の礼、歳の元旦、冬至*。凡そ大慶会は、則ち王親以下、衆官、冠服を具し、拝跪の礼*を行う。四時、俗節、朔望、また皆な冠服して朝す（登城する）。尊なる者*、親しき者は、則ち延《つらな》りて殿内に至り、坐を賜い酒を賜う。

朝会　朝廷で、諸侯や臣下が参集すること、またはその儀式をいう。

冬至　この日は、一年のうちで影がもっとも長く、太陽の力が衰えるとされていた。従って、この日を境に太陽が復活に向かうと考えられたことから、古くは、この日を年始として祝った。このため冬至は元旦と同等な日として扱われ、朝会が行われた。

拝跪の礼　跪《ひざまず》いて拝むことで、屈服もしくは拝礼を意味する儀式上の礼法。『琉球国由来記』巻一冒頭の「王城之公事」に、正月以下、毎月の重要な行事の式次第が詳細に示されている。

尊なる者　『琉球国由来記』巻一「王城之公事」には、正月の項に、朝拝御規式が終わり御照堂御拝の後に、南風御殿《はえうどん》で宴会が行われ、ここで「御残、世子・世孫・王子衆・三司官迄、之れ（御酒）を賜う」とある。

冠昏喪祭制。世子冠礼。蓋冠以二烏紗帽一。〈抛三世子未レ襲レ封。則用二烏紗帽一也。〉王子按司之子。冠レ于二朝堂一。王賜以二其冠一。其余有レ職者之子。冠亦皆拝レ朝焉。

冠昏喪祭（冠婚葬祭）の制、世子の冠礼、蓋し、冠は烏紗帽を以てするや。〈世子、未だ封を襲《つ》がざるは、則ち烏紗帽を用うによるなり。〉王子、按司の子、朝堂に冠し、王、賜うに、其の冠を以てす。其の余は、職に有る者の子、冠してまた皆な朝を拝す。

昏礼略与二此間俗一同。凡婦女子織レ紝組レ紃。学以二女事一。莫レ有二識レ字及飲レ酒者一。蓋防レ淫也。如二其親戚一。亦非二賀正一。不レ見二男子一。夫死無レ子無而不レ嫁。民間貧賤之女。亦罕レ有二再醮者一。閹人之後。男不レ為二国壻一。女不レ為二王妃一。王妃則立下国人有レ職者之女。為二嬪御一而有レ寵者上焉。

昏礼、略此《ほぼ》の間（日本）の俗と同じ。凡そ婦女子、紝（機）を織り、紃（丸紐）を組み、学ぶに女事を以てす。字を識り及び酒を飲む者有ること莫《な》し。蓋し、淫を防ぐならんや。其の親戚の如きも、また賀正に非ずんば、男子に見《まみえ》ず。夫死し、子無くしても、嫁がず。民間、貧賤の女、また再醮（再婚）する者有ること罕《まれ》なり。閹人の後（末裔）、男、国壻と為らず、女、王妃と為らず。王妃、則ち国人の職に有る者の女にして、嬪御《ひんぎょ》（女官）と為りて寵有る者を立つるなり。

国喪一皆如二大明集礼之制一。世子居レ喪。素衣黒帯。嗣レ封之日。冊使先祭二前王於寝廟一。世子憂服。北面立。礼畢。従レ吉。歳時祭。亦如二礼制一。臣庶之家。不二必如レ制。父母之喪。不レ喫レ肉。不レ飲レ酒。殯葬必謹。如二其七七日百日朞年再朞一。亦如二近世俗一。凡有レ職者。給レ暇五十日。起復就レ職。至レ如二公私慶賀燕会一。則皆不レ与焉。三年而後復レ初。

国喪、一に皆な大明集礼*の制の如し。世子、喪に居るに*、素衣*、黒帯とす。封を嗣ぐの日、冊（封）使、先ず前王を寝廟に祭り、世子、憂服にして、北面して立ち、礼をし畢《おはん》ぬ。吉に従い、歳時に祭る。また礼制の如し。臣庶の家、必ずしも制の如からず。父母の喪に、肉を喫せず、酒を飲まず。殯葬して、必ず謹む。其の七七日、百日、朞年（満一年）、再朞の如きも、また近世の俗の如し。凡そ職に有る者は、暇を給い、五十日を起きて、また職に就く。公私の慶賀、燕会（宴会）の如きに至りては、則ち皆な与《くみ》せざるなり。三年して後、初に復す。

大明集礼　『大明集礼』は、明の徐一夔らが勅命を受けて編纂した勅撰書で、洪武三（一三七〇）年に完成。吉・凶・軍・賓・嘉の五礼について記され全五三巻。巻三六〜三八が凶礼であるが、白石は、巻六の「品官家廟」と巻二八の「嘉礼」のほか、凶礼について抜き書きを行っており、その抄写本二冊が東洋文庫に伝存する。この部分における白石の記述は、あくまでも同書の要約で引用ではない。例えば「素衣」の語は同書に登場せず、すべて「素服」となっている。また「古、弔服家礼、凡そ弔は皆素服にして、幞頭に衫し帯皆白生絹を以て之れを為す」と白石自ら『大明集礼』の「弔服」部分を筆写しているにもかかわらず、本文では「素衣黒帯」とするなどの齟齬も見られる。むしろ、これは『使琉球録』「使事紀略」に、「龍亭を用て諭祭文を迎う。予等随行す。将に廟に至らんとするに、世子は素衣黒帯に門外に候《ま》つ。……世子は露台に出でて北面して謝恩す」とある部分を承けたものとすべきだろう。

世子、喪に居るに　『使琉球録』使事紀略には、諭祭文を迎える際のこととして「将に廟に至らんとするに、世子は素衣・黒帯にて門外に候つ。戚乎《いたむかな》其の容、儼然として憂服の中に在るが若し」とある。

素衣　素服ともいい、白地の服が喪服とされており、これに黒の角帯をする中国の習慣が採り入れられていた。

〈隋書曰。其死者。気将レ絶。挙至レ庭。親賓哭泣相弔。浴二其屍一。以二布帛一纏レ之。裹《つつ》以二葦草一襯レ土。而殯レ之。上不レ起レ墳。子為レ父者。数月不レ食レ肉。使琉球録曰。子為二親喪一数月不レ食レ肉。死者以二中元前後日一。渓水浴二其屍一。去二腐肉一収二其骸骨一。以二布帛一纏レ之。裹以二葦草一襯レ土而殯。上不レ起レ墳。若二王及陪臣之家一。則以レ骸匣三蔵於二山穴中一。仍以二木板一為二小牖戸一。歳時祭掃。則啓レ鑰視レ之。蓋恐二木朽而骨露一也。即今国人之言曰。殯後三年。蔵二尸石龕一。仍植二位牌一。蓋墓碑也。其説略与二陳侃之言一合。〉

〈隋書に曰く、*其の死者、気、将《まさ》に絶えんとするに、（皆なで）挙して庭に至り、親賓哭泣して相い弔う。其の屍を浴するに、布帛を以てし、之れを纏う。裹むに、葦草を以てし土に襯《ちか》づけて、*之れを殯《おく》る。上に墳を起こさず、子、父者の為に、数月肉を食らわず、と。使琉球録に曰く、*子、親喪の為に数月肉を食らわず。死者の中元前後の日を以て、渓水を其の屍に浴し、腐肉を去り、其の骸骨を収め、布帛を以て之れを纏う。裹《つつ》むに、葦草を以てし、土に襯づけて殯《おく》る。上に墳を起こさず。王及び陪臣の家の若《ごと》きは、則ち骸を以て山穴の中に匣蔵す。よりて木板を以て小牖（窓）戸と為す。歳時に祭り掃《はらいきよ》むる。則ち鑰《やく》（鍵）を啓《ひら》き、之れを視る。蓋し、木の朽ちて骨の露《あらわ》るるを恐るならんや、と。即ち今の国人の言に曰く、殯後三年にして、石龕《せきがん》に蔵尸《ぞうし》す。よりて位牌を植《た》つる、と。蓋し墓碑ならんや。其の説、略《ほぼ》陳侃の言と合す。〉

隋書に曰く　同書巻八一列伝第四六「琉球国」に「其死者気将絶、挙至庭、親賓哭泣相弔、浴其屍、以布帛纏之、裹以葦草、親土而殯、上不起墳、子為父者、数月不食肉」とある。

土に襯づけて　襯土は親土ともする。『大明一統志』および『使琉球録』は、次注のように、これを「襯土」とするが、親にも「ちかづく」の意があり、前注のように、『隋書』では「親土」としている。いずれも土に埋葬することを意味する。

使琉球録に曰く　同書「群書質異」（「大明一統志」）に「子為親喪、数月不肉食、亦其俗之可嘉、死者、以中元前後日、渓水浴其屍、去其腐肉、収其骸骨、以布帛纏之、裹以葦草、襯土而殯、上不起墳、若王及陪臣之家、則以骸匣蔵於山穴中、仍以木板為小牖戸、歳時祭掃、則啓鑰視之、蓋恐木朽而骨暴露也」とある。琉球の洗骨による葬法を示す。

凡燕会備レ楽。楽有二国中中国二部一。国楽。其唱曲則如二我里謡一。其器則三線子。中国楽。曰万年春。曰賀聖明。曰喜昇平。曰楽清朝。曰慶皇都。曰永太平。曰鳳凰吟。曰飛龍引。曰龍池宴。曰金門楽。曰風雲会。其明曲。則有二王者国。百花開。為人臣。為人子。楊香。寿星。(ママ)老(○脱)上。(ママ)蓬莱等曲一。其清曲。則有二天初暁。頌皇清。寿尊翁。正月四季歌等曲一。其器則嗩吶。横笛。管皷。銅鑼。三金三枝(※板)。二線三線。四線長線。胡琴琵琶。又有二路楽一。其器則両班銅鑼。喇叭。銅角。嗩吶。皷。

凡そ、燕会に楽を備うる。楽に、国中、中国の二部有り。国楽は、其の唱曲、則ち我が里謡の如し。其の器、則ち三線子《さんしん》なり。中国の楽は、曰く万年春《そうねんちゅん》、曰く賀聖明《ほうしんみん》、曰く喜昇平《きしょうへい》、曰く楽清朝《ろういんちょう》、曰く慶皇都《なんはんちょう》、曰く永太平《えいたいへい》、曰く鳳凰吟《ふうちゃんふん》、曰く飛龍引《ひりゅういん》、曰く龍池宴《りゅうちえん》、曰く金門楽、曰く風雲会。其の明曲は、則ち王者国、百花開、為人臣《ういじんしん》、為人子《ういじんつう》、楊香《やんひゃん》、寿星老《しうすんろう》、上蓬莱等の曲有り。其の清曲は、則ち天初暁《てんつうひょう》、頌皇清、寿尊翁《しうつふんおん》、正月《ちんつえ》、四季歌等の曲あり。其の器は、則ち嗩吶《つおな》（チャルメラ）、横笛《ほんてつ》、管皷《かんくう》、銅鑼《とんろう》、三金《さんきん》（打楽器の一種）、三板《さんば》（打楽器の一種）、二線《にせん》、三《さん》線《せん》、四線《しせん》、長線《ちょうせん》、胡琴《ふうぎん》、琵琶なり。また路楽*有り。其の器は、則ち両班《りゃんはん》（打楽器の一種）、銅鑼、喇叭《らっぱ》、銅角《どうかく》、嗩吶、皷《くう》なり。

路楽　路次楽とも称し、中国から伝来した道中楽のこと。打楽器や吹奏楽器が中心で、行列をする時に用いられた。なお、これらの楽曲・楽器については宮城栄昌「『江戸上り史料』中の芸能史料」（『沖縄文化研究』三）に詳しい。楽曲・楽器の訓みについては、宮城論文によった。

凡刑典。有二笞杖徒流大-辟絞斬梟-首等法一而不レ赦二謀反悪逆。不道不孝不義等罪一。若二其軽罪一間有二赦宥一焉。総而論レ之。則其俗朴而忠。其政簡而便。文レ之以二礼楽一。非二復曩者之陋一矣。

凡そ刑典は、笞、杖、徒、流、大辟（死刑）に、絞、斬、梟首等の法有りて、謀反、悪逆、不道、不孝、不義等の罪を赦さず。若し其の軽罪のごとくんば、間に赦宥（恩赦）有るなり。総じて之れを論ず。則ち其の俗、朴にして忠なり。其の政、簡にして便なり。之れを文《かざ》るに、礼楽を以てす。また曩者《のうじゃ》（昔）の陋（陋見）に非ざるなり。

文芸第七

琉球之学。自㆓中山王察度㆒始。厥後閩人従裔。世伝㆓其業㆒。雖㆑然洪永之間。賜㆔閩人於㆓其国㆒。以㆓比歳往来朝貢㆒。故賜㆓其善操㆑舟者㆒耳。察度始使㆓其子侄。及陪臣子弟㆒。入㆑于㆓大学㆒。如㆓閩人子弟㆒。家本在㆓内地㆒不㆑因。肄㆔業於㆓其郷先生㆒帰。即得㆑為㆓通事㆒。累陞㆓長史大夫㆒者。往往不㆑絶。於㆑今其文彬彬可㆓以観㆒者。則察度之化遠矣。

琉球の学、中山王察度より始まる。厥《そ》の後、閩人の従裔、世に其の業を伝う。然りと雖も、洪永（洪武～永楽年間：一三六八～一四二六年）の間、閩人を其の国に賜るは、比歳（連年）往来し朝貢するを以て、故に其の善く舟を操る者を賜うにすぎず。察度、始めて其の子《し》侄《しつ》（息子と甥）及び陪臣の子弟を使わし大学に入る。閩人の子弟の如きは、家、本は内地に在るによらず、（学）業を其の郷の先生に肄《なら》いて帰れば、即ち通事と為るを得、累《かさ》ねて長史、大夫に陞《のぼ》る者、往々にして絶えず。今において其の文、彬々《ひんぴん》（質が高く内実が備わる）たり。以て観るべき者は、則ち察度の化、遠（遠くまで及ぶ）なり。

国無二文字一。俗相伝云。昔有二天人降一。而教レ人以二文字一。其体如二古篆一然。〈出二袋中所レ録云。昔有二天人降一。而教レ人以二文字一。其地近レ于二中城一。厥後城間之人。凶日起レ宅。天人又降。召二問占者一。以レ不レ告二其凶一。対曰。彼人不レ問。故不レ告。即怒曰。汝知二其凶一。亦何不レ告。乃分二裂其書一而去。唯存二其半一。字猶百余。以占二凡事吉凶一。甚験。蓋此占卜書也。美嘗観レ（二の誤）干二（ママ）文（※支）字一。其体如二古篆一。古俗凡称二天人一。不レ係二此地之人一也。未レ知三其為二何国字一。〉

国に文字無し。俗に相い伝えて云く、昔、天人の降る有りて、人に教うるに、文字を以てす。其の体、古篆*の如く然り。〈袋中録する所*に出づ。云く、昔、天人の降る有りて、人に教うるに文字を以てす。其の地、中城《なかぐすく》に近し。厥の後、城間《ぐすくま》の人、凶日に宅を起す。天人また降りて占者を召し問うに、その凶なるを告げざるを以てす。対して曰く、彼の人問わず、故に告げずと。即ち怒りて曰く、汝、其の凶を知り、また何も告げずと。乃ち其の書分裂して去る。唯だ其の半ばを存す、と。字、なお百余あり。以て凡そ事の吉凶を占うに、甚だ験《しるし》あり。蓋し此れ占卜の書ならんや。美（君美）、嘗て干支の字を観るに、其の体、古篆の如し。古俗、凡そ天人と称すは、此の地の人に係わらざるなり。未だ其れ何国の字為るかを知らず。〉

古篆　篆書は漢字の字体の一種で、隷書・楷書のもとになったもの。古くは大篆と小篆があり、これを古篆と称する。大篆は周代に史籀《しちゅう》が作ったといい、小篆は秦代に大篆を丞相李斯が整理したとされている。

袋中録する所　『琉球神道記』巻五「（梵字《キンマモン》）事」に、「又昔、此国ニ天人下リ、文字ヲ教コトアリ。其字数百。其処ハ中城ノ近里ナリ。其後、城間ニシテ、悪日ニ屋ヲ作ル人アリ。天人現ジテ、所ノ占者ヲ呼テ云。何ゾ悪日ヲ示サザル。占者云。我ニ尋ネズ。天云。尋ネズ共行テ教ベキヲト嗔《イカリ》テ、其文字ノ書ヲ半分、分裂《ワケ》テ、天ニ上ル。故ニ、月日ノ撰定、今ハ半アリ。残ル分ニシテ物ヲ占ニ正キナリ。其字少少云」とあり、十干十二支の文字が書写されている。

中世以来。始伝二此間文字一。明初。其王察度請以二子侄及陪臣子弟一。入レ于二大学一。成化間。王尚真以二官生蔡賓等五人一。肄二業南雍一。学既成而還。即為二通事一。累二歴文職一。自レ是之後。凡章表文移。皆其所レ掌焉。国中所レ用文字。一如二此間之俗一。亦有下善レ於二歌詞一者上。

中世以来、始めて此の間（日本）の文字を伝うる、明初、其の王察度、請くるに、子侄及び陪臣の子弟を以て、大学に入る。成化の間（一四六五～八七年）、王尚真、官生*蔡賓等の五人を以て、（学）業を南雍（国子監）に肄《なら》わす。学、既に成りて還る。即ち通事と為り、歴文の職を累《かさ》ぬる。是れよりの後、凡そ章、表、文、移、皆な其の掌る所なり。国中、用うる所の文字、一に此の間（日本）の俗の如し。また歌詞を善くする者有り。

官生　中国では書記見習の意であるが、琉球では中国に派遣され、南京の国子監で学んだ留学生をさす。察度四三（一三九二）年に始まり、尚泰二一（一八六八）年まで総数一〇〇名の官生を送った。高官の子弟が親の品官によって郷試を受け留学した。帰ると通事となって、やがて高官への道を歩んだ。のちには久米村の特権となったため、これをめぐって官生騒動が起きている。

〈閩書曰。陪臣子弟。与二凡民之秀一。則諸士大夫教レ之。以儲下長史通事。習二華言一入貢上。余不慧者。宗二倭僧一学二蓄字一而已。間有レ学レ詩。僅暁二声律偶対一。又世法録云。経籍無二五経一有二四書一。以二杜律虞註一為レ経。□（※美）観二其俗一。今皆不レ然。読レ書作レ字。賦レ詩詠レ歌。亦有下可二以観一者上。〉

〈閩書に曰く、*陪臣の子弟、凡そ民の秀るるとともに、則ち諸士大夫、之れを教う。以て長史、通事は、華言を習い入貢に儲《ひか》う。余の不慧なる者は、倭僧を宗《あが》め蓄字（日本語）を学ぶのみ。間に詩を学ぶ有り。僅かに声律偶対*を暁《さと》る、と。また世法録に云く*、経籍に五経*無く四書*有り。杜律虞註*を以て経と為す、と。美（君美）、其の俗を観るに、今、皆な、然らず。書を読み字を作り、詩を賦し歌を詠ず。また以て観るべき者有り。〉

聞書に曰く　同書巻一四六島夷志「琉球国」に「陪臣子弟与凡民之秀、則請致士大夫教之、以儲長吏、通事、習華言入貢、余不慧者、宗倭僧、学書番字而已、間有学詩、僅暁声律偶対」とある。

声律偶対　声律とは漢字の四声つまり平声・上声・去声・入声に関する規律であり、偶対とは対句の修辞法のことで、ともに漢詩の基礎となる。

世法録に云く　『皇明世法録』巻八〇「琉球」に、「王宮の近くに寺有りて経千巻を蔵す。它（他に）籍無五経有四書、以杜律虞註為経」とある。

五経　儒学で尊重される五つの経書のことで、『易経』『書経』『詩経』『礼記』『春秋』をさす。

四書　五経とともに重要な四つの経書のことで、『大学』『中庸』『論語』『孟子』をさす。

杜律虞註　元代の儒学者で詩人でもあった虞集が著したとされる『杜律虞註』二巻は、『杜律七言注解』あるいは『杜工部七言律詩』とも呼ばれ、杜甫の七言詩の注解書であるが、元代の張性による仮託とされている（張健「《詩家一指》の成立年代とその作者について」〔門脇広文訳〕『大東文化大学漢学会誌』三七）。

凡学之法。王親已下。品官子弟。皆入㆓国学㆒。学有㆓孔廟㆒。毎㆓春秋㆒釈奠焉。凡民子弟。則皆学㆑於㆓郷校㆒云。

〈俗間子弟。皆自㆓実語教㆒始。庭訓式目等書次㆑之。医卜方伎之術。亦有㆓所㆑伝者㆒。而非㆓其所㆑長也云。〉

凡そ学の法、王親已下、品官の子弟、皆な国学*に入る。学は孔廟（孔子廟）有りて、春秋毎に釈奠《せきてん》*す。凡そ民の子弟は、則ち皆な郷校*に学ぶと云う。

〈俗間の子弟、皆な実語教*より始め庭訓、式目*等の書、之れに次ぐ。医卜、方伎の術、また伝う所の者有り。而れども、其の長ずる所には非ざるなりと云う。〉

国学 首里における国学の創立は尚温四（一七九八）年のことで、首里の中城御殿《なかぐすくうどん》に設立されたが、『南島志』の段階では、尚敬六（一七一八）年に程順則の建議によって、久米村の孔子廟境内に明倫堂が設立されていた。

釈奠 古代中国で、先聖先師の霊を祀ることで、後漢以降は、孔子とその門人を祀った。もともとは供物を神前に祭り捧げるの意で、牛・羊・豕の三牲が供えられた。

郷校　国学の創立後、各地においては、役所を兼ねた初等教育機関である村学校所が置かれた。それ以前においては、日本の幕藩体制下における文書行政上の必要もあって、地方役人の養成のための筆算稽古所が各地にあり、地方に下った士族や村役人たちが指導にあたっていた。

実語教　四書五経などの格言を抄録し、容易に朗読できるようにした教科書の一種で、俗に弘法大師の作とされるが作者は未詳で、平安末期には成立していた。

庭訓、式目　一般に庭訓、式目といえば、『庭訓往来』と『貞永式目』をさし、近世の教育機関では、これらを教科書に用いることが多かったが、琉球の郷学でも用いられたかは不明。

風俗第八

天下之俗。古今不レ同。風化之変。若三陰陽昼夜於二万物一然。時既変矣。物不レ能レ不レ変也。雖レ然万物之生二天地一。猶不レ能レ斉。安知下天下之俗。有中未二始変一者。亦在上乎二其既変之間一也哉。我観二流求之俗一。若二其因革一。則隋唐之際。既無二考拠一。況於二上世之事一乎。今試聞二其方言一。有下可二以解一者上焉。有下不レ可二以解一者上焉。蓋其可二以解一者。此間之語。最為レ不レ少。而如二漢語一。亦有二十之一二一焉。若下其不レ可二以解一者上。則彼古之遺言而已矣。若二彼方-俗一。亦然。中世之俗。与二此間一同。近世之俗。略与レ漢同。若二其非レ此亦非レ彼者一。則彼古之遺俗而已矣。因録二旧聞一。以為二風俗志一。

天下の俗、古今同じからず。風化の変、陰陽、昼夜、万物におけるがごとくして然り。時、既に変ずるなり。物、変わらざるは能わざるなり。然りと雖も、万物の天地に生ずるは、なお斉しく能わず。安《いずく》んぞ、天下の俗は未だ始変せざる者にて、また其の既変の間に在《ざい》し有るを知らんなるや。我れ、流求の俗を観るに、若し其の因革（因襲と改革）のごとくんば、則ち隋唐の際、既に考拠（考証）無し。況んや上世の事においてをや。今試みに、其の方言を聞くに、以て解すべき者有り、以て解すべからざる者有り。蓋し、其の以て解すべき者は、此の間（日本）の語にして、もっとも少なからざるを為す。而れども漢語の如きは、また十のうち一、二有り。若し、其の以て解すべからざる者のごとくば、則ち彼の古え（古代琉球）の遺言（古語）のみなり。若し、彼の方俗（地方の風俗）のごとくば、また然り。中世の俗、此の間と同じくして、近世の俗は、略《ほぼ》漢と同じ。若し、其の此れ（日本）に非ずまた彼（中国）に非ざる者のごとくば、則ち彼の古えの遺俗（古俗）のみなり。よりて旧聞を録し、以て風俗志と為す。

男女皆露髻。男則断髪結髻。於二古国史一。所レ謂切髪草裳。其由来既久矣。右髻名曰二隻《カタ》首一。相伝云。上世之人。皆戴二頭角一。昔者有レ神崩二厥左‐角一。後俗結レ髻。以象レ乎レ古也。漢人之裔。結二髻於レ中。皆挿以二金銀簪一。纏レ首用二色布大余一。今之冠制始レ于レ此。厠賤猶露髻而已。衣則寛博広袖。腰束二大帯一。足著二草履一。通国之礼。叉（※搓）手膜拝。若レ見二異邦之人一。則拝揖加レ儀。凡卑幼路遇二尊者一。結レ袖而掛レ肩。卸レ履而跪レ地。〈俗曰。公解袖結。蓋義取二其執役一也。〉

男女皆な露髻す。男は則ち断髪して髻を結う。古国史*において謂う所の切髪して草裳するなり。其の由来、既に久しきなり。右の髻を名づけて、隻首《かたがしら》*と曰う。相い伝えて云く、上世の人、皆な頭に角を戴く。昔者《せきしゃ》、神有りて厥《そ》の左角を崩す。後の俗に髻を結い、以て古えに象《かたど》るなり、と。漢人の裔、髻を中に結い、皆な挿すに金銀の簪を以てす。首を纏うに色布の大余なるを用う。今の冠の制は*、此れに始まる。厠《そばだ》つに（目立つところでは）賎はなお露髻するごときのみ。衣、則ち寛博にして広袖とし、腰に大帯を束ね、足に草履を著《つ》ける。通国（国中において）の礼、搓手《さしゅ》し、膜拝《もはい》（両手を挙げ地に伏して拝すること）す。若し異邦の人に見ゆるごとくば、則ち拝揖《はいしゅう》（笏を手に持って拝する）して儀を加う。凡そ卑幼、路にて尊者に遇えば、袖を結びて肩に掛け、履《はきもの》を卸して地に跪《ひざまず》く。〈俗に曰く、公廨《くがい》の袖結《そでゆい》*と。蓋し、義は其の執役*を取るならんや。〉

古国史　『日本書紀』天武天皇一〇（六八一）年八月二〇日条に、「多禰嶋に遣しし使人等、多禰国の図《かた》を貢《たてまつ》れり。其の国の……髪を切りて草の裳きたり」とある。

隻首　かつての成人男子の髪型で、欹髻とも書く。頭の中央部を剃り、その周囲を短く切って、残りのまわりの髪を頭の頂で束ねる。これを卵形に結い上げて、外側にねじるようにして髪の輪を作り、残りを巻き付けて輪で押さえ、これに前後から簪をさす。丸結という幼児の髪型から、欹髻にすることは、元服あるいはカタガシラユーイと呼ばれて、成人式に相当する。『琉球神道記』巻五「（梵字《キンマモン》）事」には「又国ノ隻首、何ゴトゾヤ。諺云。昔他国ノ人来テ、此国ヲ治ム。国ニ鬼類多シ。両角ヲ戴。其人是ヲ打落ス。末ノ験トテ、隻角ヲ残也。後ニハ人間ト成ト雖。前ヲ恋テ、隻角ヲ学也」などとある。なお『中山世譜』巻三舜天の項に、「舜天右鬢の上に、瘤有り角の如し。常に髻を右辺に結ぶ。以て其の瘤を掩ふ。王位に就くに及び、国人皆、之れを法とす。欹髻を結ぶが如し」とあり、蔡鐸本にも巻一にほぼ同様の記述がある。

冠の制　注「五綵巾」参照（三四四頁）。

公廨の袖結　『琉球神道記』巻五「（梵字《キンマモン》）事」には、「又国ノ礼トシテ、公廨ノ袖結〈高人ニ逢時ハ両ノ袖ヲ結ビテクビニカク〉ハ何ゴトゾヤ。愚案云。竺土ノ法儀、王ヲ観上ル時ハ、右ノ肩ヲ袒シテ、懐中ニ剣ヲ帯ザルコトヲ示ス也。仏家ニモ其ヲ引テ、仏ニ対告ノ時ハ、偏袒右肩スルナリ。意ハ仏法ノ大《おおに》担ヲ荷《にない》上ラント也。今、国ニハ御用承ント云心ナルベシ」とある。

執役　執役は執事のことで、ここでは命に従うの意とすべきだろう。

女則鬢髪如レ雲。結為二高髻一。簪不レ加レ飾。以レ墨黥レ手。為二種種花卉状一。〈俗謂針衝。猶レ言二針刺一也。〉上衣下裳。其裳如レ裙。而倍二其幅一。摺レ細而制レ之。長掩二其足一也。上衣之外。更用二

大衣広袖一者。蒙二之背‐上一。見レ人則以レ手下レ之。而蔽二其面一。〈此間仮髻。出レ自二琉球一者。最称二上品一。蓋以二其髻鬒黒而長一故也。又蒙二其背一者。此間婦女。所レ用蒙衣之制而已。〉貴家大族之妻。出入則戴レ笠。坐レ於二馬上一。女僕三四従レ之。婦女之俗。幽閑貞淑。不レ淫不レ妬。若二其妓娼一。頗事二艶治一。

女、則ち鬒髪《しんぱつ》（黒く美しい髪）にして、雲の如し。結いて高髻《からじ》*を為し、簪は飾り加えず。墨を以て手に黥《げい》し、種々花卉の状を為す。〈俗に謂う針衝《はりつ》き。*なお言うに針刺しのごときなり。〉上に衣し下に裳す。其の裳、裙（袴）の如し。而して其の幅は倍なり。細く摺りて之れを制し、長にして其の足を掩うなり。上衣の外、更に大衣の広袖を用うる者、之れを背上に蒙《こうむ》り、人見れば則ち手を以て之れを下げ、而して其の面を蔽う。〈此の間（日本）の仮髻《すえ》（かもじ＝添髪）、琉球より出づる者にて、もっとも上品と称す。蓋し、その髻鬒黒にして長なるを以てする故なり。また其の背を蒙る者、此の間の婦女、用うる所の蒙衣*の制のみならんや。〉貴家大族の妻、出入りするに則ち笠を戴き、馬上に坐す。女僕三、四之れに従う。婦女の俗、幽閑にして貞淑なり。淫ならずして妬まず。若し、それ妓娼のごとくんば、頗《すこぶ》る艶冶《えんや》の事なり。

高髻 もともとは唐代の女性の高く上げた髪型で、これを模したものが日本でも用いられた。これが琉球ではカラジと称する独特の髪型となったが、東南アジアのタイ族やラオ族の間に同様の髪型が見られる。髪を頭上に束ねてから後ろに倒し、これを捻って輪を作り、束髪の残りを戻して、巻き付けたものを髪の輪に通して押さえ、簪をさす。細部は、地方や身分により異なる。

針衝き　入れ墨のことで、ハジチともいう。主に指背・手甲や手首の茎状突起の部分に、入れ墨を施した。模様は、地域や部位によって異なるが、矢形や円形・丸星などさまざまで、七〜一〇歳から始め、一五歳から結婚直前までに模様を完成させる。その理由に関しては、入れ墨をしていない女は大和や唐に連れて行かれるという伝承があった。『琉球神道記』巻五「(梵字《キンマモン》)事」には、「女人ノ針衝《ハツキ》、何ゴトゾヤ〈針衝トハ女人ハ掌ノ後ニハリニテシゲクツイテ墨ヲサスナリ〉」とある。

蒙衣　被衣つまりかつぎもののこと。日本でも、衣かつぎと称し、女性が外出する際に、顔を隠すため単衣や帷子《かたびら》を頭から背に垂らして被った。

大抵其地。土瘠民貧。勤倹質朴。憂深思遠。似下有二唐国之風一者上。俗好二声楽一。皆弄二三絃一。相伝以為三絃響能避二蛇害一。農家挿レ秧穫レ禾。乃携二妓女一。饁二彼南-畝一。絃歌鼓舞。先終レ畝者。妓女乃侑二其觴一。

大抵、其の地、土瘠せ民貧なり。勤倹にして質朴なり。憂い深く思い遠し。唐国の風有る者に似る。俗に声楽を好み、皆な三絃*を弄ぶ。相い伝うに、以て絃響能く蛇害を避くるを為す、と。農家、秧（苗）を挿し禾を穫《と》るに、乃ち妓女《じゅり》を携え、彼の南畝に饁《かれいい》（弁当などの食事を取る）して、絃歌し鼓舞す。先ず畝（農作業）を終われば、妓女乃ち其の觴《さかずき》を侑《すす》む。

三絃　三線つまり三味線のことで、サンシンと呼ばれる。中国から一四世紀頃に伝わったとされるが、琉球で独自の発達を遂げ、神歌を除く古典音楽の伴奏に用いられた。

其疆域雖㆑小。風気或殊。山南之人。不㆑患㆓痘疹㆒。山北之人。最為㆓驍健㆒。国無㆓医薬㆒。民不㆓夭札㆒。寿至㆓期頤㆒。亦往往有焉。君臣民庶。畏㆑神尤甚。蓋上世以降。厥民分㆓散洲嶼㆒。各自有㆓君長㆒。亦莫㆓能相一㆒。唯有㆑神降㆑于㆓其間㆒。為㆑威為㆑福。禁㆓民為㆒㆑非。是故挙俗敬㆑神。而神亦霊也。其神称謂㆓君真物㆒。神所㆑憑之女。称謂㆑君者三十三人。皆酋長之女。其長称謂㆓聞補君㆒。其余所在神巫。百千為㆑群。神有㆑時而降。鼓舞歌謡。以楽㆓其神㆒。一唱百和。其声哀惋。神喜則衆皆相慶焉。神怒則衆無㆑不㆑懼焉。又有㆓霊蛇㆒。国人畏㆑之如㆑神。

其の疆域《きょういき》（領土）、小なりと雖も、風気或いは殊《こと》にす。山南の人、痘疹（天然痘）を患わず。

山北の人、もっとも驍健《ぎょうけん》（勇ましく健やか）為《た》り。国に医薬無くも、民夭札（若死）せず。寿、期《き》頤《い》（百歳）に至るも、また往々有り。君臣民庶、神を畏ること尤も甚だしきなり。蓋し、上世以降、厥《そ》の民、洲嶼に分散し各《おのおの》自ら君長有りて、また能く相一すること莫し。唯だ神有りて其の間に降り、威を為し福を為して、民に非を為すを禁ず。是の故に、挙げて俗は神を敬う。而して神また霊ならんや。其の神称して、君真物《きんまもん》*と謂う。神に憑く所の女、称して君と謂う者三十三人。*皆な酋長の女《むすめ》なり。其の長、称して聞補君《きふぎみ》*と謂う。其の余に所在する神巫、*百千にして群を為す。神時に有りて降り、鼓舞歌謡し、以て其の神を楽します。一唱すれば百和し、其の声哀惋《あいわん》して、神喜べば則ち衆皆な相い慶び、神怒れば則ち衆懼《おそ》れざるは無し。また霊蛇有りて、国人之れを畏るること神の如し。

君真物　最高神女である聞得大君《きこえのおおきみ》に依り憑く神で、琉球の最高神とされる。海底の宮に住み、国家大事の際に出現するという。『琉球神道記』巻五「（梵字《キンマモン》）事」には、男女神シネリキヨ・アマミキヨが国を創成したことを述べた後に、「時ニ国ニ火ナシ。龍宮ヨリ、是ヲ求テ、国成就シ、人間成長シテ、守護ノ神現ジ給ウ。（梵字《キンマモン》）ト称ジ上ル。此神海底ヲ宮トス。毎月出テ託アリ。所所ノ拝林ニ遊給ウ……託女三十三人ハ皆以王家也。妃〈王ノ妻〉モ其ノ一ツナリ。聞補君ヲ長トス。都《スベ》テ君ト称ス、此外、夷中《イナカ》辺土ノ託女ハ、数モ足リナシ……（梵字《キンマモン》）ニ陰陽ノ二神アリ。天ヨリ下給ウ。（梵字《ギライカナイ》）ノ（梵字《キンマモン》）ト称ス。海ヨリ上給フヲ、（梵字《オボツカクラ》）ノ（梵字《キンマモン》）ト称ス。都テ弁才天ナリ」とある。

君と謂う者三十三人　高級神女の総称である三十三君のこと。神女の政治組織化が進んだ段階に、神を君と称するようになり、王室関係の女性が任じられた。前注に引用した『琉球神道記』の「託女三十三人」が、これにあたる。

聞補君　聞得大君のこと。注「女君」（二四六頁）・「尚真」（二九四頁）参照。

神巫　琉球の神女は、オナリ信仰（注「女君」二四六頁参照）に基づくもので、かつては按司のオナリ神がノロ（祝女）と呼ばれて、支配地一円の最高神女とされた。その後、ノロは村落レベルにまで広がり、やがて尚真の時代には、聞得大君を頂点とする神女組織に組み入れられ、役領地を給される公儀ノロとなった。なおノロとは別に、村々にはユタと呼ばれる女性呪術者がおり、これは神霊によって選ばれ、憑依状態となって、託宣や卜占あるいは病気治療を行った。

〈按使琉球録及閩書云。俗信レ鬼畏レ神。神以下婦人不レ経二一夫一者上為レ尸。降則数著二霊異一。能使二愚民竦懼一。王及世子陪臣。莫レ不二稽首下拝一。国人凡謀二不善一。神輒告レ王。王就擒レ之。惟其守二護其斯土一。是以国王敬レ之。而国人畏レ之也。尸婦名二女君一。首従動至二三五百人一。各頂二草圏一。携二樹枝一。有二乗騎者一。有二徒行者一。入二王宮中一以遊戯。一唱百和。音声凄惨。倏忽往来。莫レ可二踪跡一。袋中所レ録其略相同。而尤為二詳悉一。凡其神異鬼怪。不レ可二挙数一而已。甲午使人曰。本国旧俗。詳見二袋中書一。百年以来。民風大変。神怪之事。今則絶矣。昔夏之世。遠方国物。貢二金九牧一。鋳レ鼎象レ物。百物而為レ備。使三民知二神姦一。蓋其国絶遠。僻二在南荒一。山海異気所レ生。鬼神奇異之物。亦何足レ怪焉。且聞古之時。国人無二君臣上下之節一。好相攻撃。諸島各為二部隊一。不二相救助一。収二取闘死者一。共聚而食レ之。若非下有レ神作レ威三作上レ福四於二其間一。則民之無レ生。亦既久矣。方今文命祇承。乃暨二声教一。而威福之権。既有レ所レ帰。其鬼亦不レ神耶。抑不レ知使人自恥二鬼俗一。其所レ言亦如レ此耶。古俗或以二其国一為二鬼島一。如三今其東北島名称有二鬼界一。蓋謂三其有二神怪一也。又使琉球録曰。有二蛇蝎一。亦螫レ人。蛇則不レ為レ害。前使遭二蛇怪一之驚無二是事一也。袋中以謂南中可レ畏之甚者毒蛇也。昔有下其王遭二蛇害一者上。又有下神怒乃使二毒蛇螫一レ人者上。蛇類有二七種一。美亦聞二諸使人一。曰。国有二毒蛇一。明世冊封使遭二蛇怪一。我俗亦伝レ之。方言毒蛇曰二八不一。其大者五六尺。不三常入二人家一。按毒蛇曰二羽羽一。即是。此間之古言也。〉

〈按ずるに、使琉球録及び閩書に云く、*俗に鬼を信じ、神を畏る。神、婦人二夫を経ざる者を以て尸《かたしろ》と為し、(これに)降りて則ち数《しば》しば霊異を著《あらわ》し、能く愚民を竦懼《しょうく》(恐れおののき)せしむ。王及び世子、陪臣、稽首(頭を地に着けて拝む)し下拝せざること莫し。国人、凡そ不善を謀れば、神、輙《すなわ》ち王に告げ、王、就《すなわ》ち之れ(不善をなす者)を擒《とら》う。惟《こ》れ、其の斯土(国土)を守護し、是れを以て国王之れを敬い、而して国人之れを畏《おそ》るるなり。尸婦《しふ》、女君と名づく。首(聞声大君)従、動けば三、五百人に至る。各《おのおの》草圏＊（草の冠）を頂き、樹枝を携え、乗騎する者有り、徒行する者有り。王宮の中に入り、以て遊戯す。一唱すれば百和し、音声、凄惨なり。倏忽《しゅくこつ》（たちまち）にして往来し、踪跡《そうせき》すべきは莫なし（行方を知ることができない）、と。袋中の録する所、＊其の略（概略）、相い同じくして、尤も詳悉《しょうしつ》（詳細な記述）為《た》り。凡そ其の神異鬼怪、挙げ数うべからざるのみ。甲午（正徳四＝一七一四年）の使人曰く、本国の旧俗、詳しくは袋中の書を見よ。百年以来、民風大変し、神怪の事、今は、則ち絶ゆる、と。昔、夏の世、＊遠方の国物、金を九牧（地方長官）より貢ぎ、鼎を鋳し物を象《かたど》り、百物をして備えと為し、民をして神姦（邪悪な神であるかどうか）を知らしむ。蓋し、其の国（琉球）絶遠にして、南荒に僻在し、山海の異気生ずる所、鬼神奇異の物、また何ぞ怪しむに足らんや。且つ聞く、古えの時、＊国人、君臣上下の節無くして、好みて相い攻め撃つ。諸島、各《おのおの》部隊を為し、相《たが》いに救助せず、闘いに死する者を収取し、共に聚めて之れを食う、と。もし、神有りて其の間に威を作り福を作らずんば、則ち民の生無きも、また既に久しきなり。方《まさ》に今、文命《ぶんめい》（天子の文徳の教えと命令）祗承《ししょう》（広く及ぶ）す。乃ち声教（天子の威光と教え）の曁《およ》びて、威福（威光を以て制する）の権（権力）、既に帰する所有り（定まっている）。其の鬼、また神ならざるか。抑《そもそ》も知らず。使人、自ら鬼俗を恥ずるに、其の言する所、また此《かく》の如きなるか。古俗、或いは其の国を以て鬼島と為す。今、其の東北の島の名称に鬼界有るが如し。蓋し、其の神怪有るの謂いならんや。また使琉球録に曰く、＊蛇蝎《だかつ》有りて、また人を螫《さ》す。蛇則ち害を為さず。前使、蛇怪に遭うの驚《おそ》れも、是れ事無きなり、と。袋中、以て謂う。＊

南中畏るべきの甚だしき者は、毒蛇なり。昔、其の王に、蛇害に遭う者有り。また神怒に、乃ち毒蛇に人を螫《さ》さしむ者有り。蛇類に七種有り、と。美（君美）また諸使人に聞きて曰く、国に毒蛇有り、明世の冊封使、蛇怪に遭う。我が俗、また之れを伝う。方言に毒蛇八不《はぶ》*と曰う。其の大なる者は五、六尺にして、常には人家に入らず、と。按ずるに、毒蛇、羽々と曰うは、即ち是れなり。此の間（日本）の古言ならんや。〉

使琉球録及び閩書に云く　『使琉球録』「群書質異」（「大明一統志」）に「俗畏神、神皆以婦人為尸、凡経二夫者、則不之尸矣。王府有事、則哨聚而来、王率世子及陪臣、皆頓首百拝。所以然者、以国人凡欲謀為不善、神即夜以告王、王就擒之……惟其守護斯土、是以国王敬之而国人畏之也。尸婦名女君、首従動経三五百人、各戴草圏、携樹枝、有乗騎者、有徒行者、入王宮中以遊戯、一唱百和、声音哀惨、来去不時」とあり、『閩書』巻一四六島夷志「琉球国」には「俗敬神、神以婦人二夫者為尸……王及世子陪臣莫不稽首下拝、故国有不良、神輒告王、指其人擒之……尸婦名女君、首従動至二三百人、各頂草圏、携樹枝、入王宮中」とある。

草圏　ユタは、草で作った冠を被る。ハブイ・カブイともいう。久米島の神女である君南風《ちんべー》が被る御冠《みちゃぶい》や宮古島狩俣の祖霊神を祀るウヤガンが被る草冠《ういかん》、あるいは山原《やんばる》のウンジャミ祭などに神女が被る冠も、草で作られている。

袋中の録する所　『琉球神道記』巻五のうち「一、（梵字《キンマモン》）事」には、その割注として〈已下ハ正ク琉球神道記〉とあるように、この条は琉球の鬼神や民俗に関する記述に詳しい。

夏の世 『春秋左氏伝』宣公三年条に、「昔、夏の方《まさ》に徳有るや、遠方、物を図《えが》き、金を九牧に貢せしめ、鼎を鋳て物を象《かたど》り、百物にして之れが備えを為し、民をして神姦を知らしむ」とある。

古えの時 『隋書』巻八一列伝四六東夷「流求国」に、「国人好相攻撃……諸洞各為部隊、不相救助……収取闘死者、共聚而食之」とある。注（一七七頁）「人を啖うの国」参照。

使琉球録に曰く 同書「群書質異」（「大明一統志」）に、「有蛇蝎、蝎亦螫人、蛇則不為害、聞前使遭蛇怪之驚、無是事也」とある。

袋中、以て謂う 注（三三七頁）「袋中記」参照。また同じく『琉球神道記』巻五「（梵字《キンマモン》）事」には、「一国ノ習トシテ、蚖蛇ヲ呼廻コト、皆詞ヲ以ス。其類、七原トテ、七種アリ」として、毒蛇を追い返す呪文が七種あることを述べ、続いてその一例を紹介している。従って袋中は、七種類の毒蛇がいるとするのではなく、呪文の数を述べているにすぎない。

毒蛇八不 ハブはクサリヘビ科マムシ亜科の毒蛇で、体長は二メートルに達する。夜行性で、昼間は洞窟や石垣の穴などに潜むが、夕方から活動を開始する。日本産の毒蛇のうち、最大でかつ最強の攻撃性を有する。（なお、白石が日本の古言としたのは、蛇をハミと呼ぶところが西日本に多く、和歌山ではハビ、徳島ではハメ・ハブともいうことによる）

又其国多有下奉二(一脱)祀　天朝宗社之神一者上焉。伊勢大神祠自二尚金福一始。八幡大神祠自二尚泰久一始。波上之社。洋之社。尸棄那之社。普天間之社。末吉之社。並皆奉二(一脱)祀　熊野大神一也。其始不レ詳云。蓋古之時。天朝使臣所レ至。乃命二其祀一以為二国鎮一也。菅神祠自二尚元之世。久米島人林氏一始。又有二天祀(※妃)天巽等祠一。凡所レ在大樹大石。祭以為レ神。不レ遑二枚挙一焉。〈事詳見二袋中所レ録所者一。〉国人又信二浮図之法一。其法唯有二禅与レ密之二教一耳。円覚天界二寺。在二都城南北一。殿宇壮麗。亜レ於二王宮一。達(建)善相国報恩寺。皆禅寺也。龍福天王安国普門潮音等。皆密院也。其余寺院亦多。〈見二使琉球録一。及袋中所レ録者一。〉

　また其の国に、多く　天朝の宗社の神*を奉祀する者有り。伊勢大神祠、*尚金福より始まる。八幡大神祠、*尚泰久より始まる。波上《なみのうえ》の社、*洋《おき》の社、*尸棄那《しきな》の社、*普天間の社、*末吉の社、*並《とも》に皆な　熊野大神*を奉祀するなり。其の始めは詳らかならずと云う。蓋し、古えの時、天朝の使臣至る所に、乃ち其の祀を命じ、以て国鎮と為すならんや。菅神祠、*尚元の世に久米島人林氏より始まる。また天妃、*天巽《てんそん》*等の祠有り。凡そ在る所の大樹、大石は、祭るに以て神と為すこと、枚挙に遑《いとま》あらざるなり。〈事、詳しくは袋中録する所の者に見ゆ。〉国人また浮《ふ》図《と》(仏教)の法*を信ず。其の法、唯だ禅に密との二教有るのみ。円覚、*天界*の二寺、都城の南北に在り。殿宇壮麗なること王宮に亜《つ》ぐ。建善、*相国、*報恩*の寺、皆な禅寺なり。龍福、*天

王*、安国*、普門*、潮音*等、皆な密院なり。其の余の寺院、また多し。〈使琉球録及び袋中録する所*の者に見ゆ。〉

神　琉球の神道は、一五世紀中葉に勧請された長寿宮を嚆矢とし、いわゆる琉球八社として、波上宮・沖宮・識名宮・普天間宮・末吉宮・安里八幡宮・天久《あめく》宮・金武《きん》宮が創建された。これらは安里八幡宮を除けば、すべてが熊野権現を祀っている。しかも、神社は仏教との結びつきが強く、これらには必ず神宮寺が付置されており、長寿寺が臨済宗であるほかは、八社とも真言宗の寺院となっている。神仏習合の強い影響が窺われ、これらの寺社は、ほぼ同時に創建されている。しかも、これらの八社はすべて官社で、維持費用は国家の経済援助によっており、政治レベルで勧請されたにすぎず、庶民の信仰とは関係が薄かった（鳥越憲三郎『琉球宗教史の研究』）。

伊勢大神祠　那覇市松山にあった長寿寺内の長寿宮のこと。尚金福の時代に、那覇の長虹堤築造にあたっていた宰相懐機が、難工事を乗りこえるために、天照大神に祈願したところ霊験があり、堤が無事に完成をみた。このため懐機は、天照大神を勧請して長寿宮を建て、神宮寺である長寿寺を建立したというが、明治期に廃寺となる。

八幡大神祠　那覇市安里にある安里八幡宮のことで、琉球八社のうち唯一の八幡社。これを『琉球神道記』巻五では、尚泰久が鬼海島遠征を行った時に建立されたとし、これに白石もよっているが、実際には尚徳の鬼海島遠征の出陣に際して、八幡大菩薩を崇めて本懐を遂げたことにちなみ、帰国後に八幡宮を勧請し、神宮寺の神徳寺を創建した。

波上の社　那覇市若狭にある波上宮のことで、護国寺の鎮守として勧請された。琉球八社の筆頭で、熊野権現を祀る。本宮の祭神は伊弉冉命《いざなみのみこと》で、相殿は左が速玉男尊《はやたまのおのみこと》、右が事解男尊《ことさかのおのみこと》。『琉球神道記』巻五の筆頭に「波上権現事」が置かれ、「抑此権現ハ、琉球第一大霊現ナリ。建立ノ時代ハ遠シテ人知ラズ」とある。

洋の社　那覇市奥武山にある沖宮のことで、臨海寺の鎮守として勧請された。『琉球神道記』巻五には「建立時代、霊異等ノ事、明ナラズ。熊野神ト見ヘタリ。愚案ズルニ、為友（朝）、此国ヲ治ラル時、鬼神降伏ノ神タル故ニ、念願アリテ、立ル歟」とある。琉球八社の一つで、初めは那覇埠頭付近にあったが、後に現在地に移転。天受久女龍宮王御神《てんじゅくめりゅうぐうおうおんかみ》（天照大神）のほか熊野三神を祭神とする。

尸棄那の社　那覇市繁多川にある識名宮のことで、神応寺を神宮寺とする。琉球八社の一つで、熊野権現を祀り、伊弉冉命などを祭神とする。

普天間の社　宜野湾市普天間にある普天間宮のことで、神宮寺を併置する。琉球八社の一つで、熊野権現を祀るが、もともとは琉球古神道とされる日の神や龍宮神（ニライカナイ神）・普天間女神（グジー神）などを普天間洞窟に祀っていた。

末吉の社　那覇市首里末吉町にある末吉宮のことで、遍照寺を神宮寺とする。琉球八社の一つで、熊野権現を祀る。尚泰久の頃、天界寺の前住職で、日本で修行した鶴翁和尚が、熊野権現を崇拝し、首里の山地部末吉に本社を建立した。

熊野大神　紀伊国東南部の山間地に鎮座する熊野本宮大社・熊野速玉大社（新宮）・熊野那智大社のいわゆる熊野三山のことで、すでに平安時代には広く信仰を集めて、熊野参詣が盛んに行われたほか、熊野権現は全国各地に勧請されている。

菅神祠　天満宮のことで、蔡姓の江洲親雲上が、薩摩に派遣された時に、天神の木像を持ち帰り、久米村内の善興寺境内に堂を建てて安置した。同社は波上の護国寺境内に移されたが現存してはいない。久米島は久米村の誤。

天妃　中国の福建省に興った民間信仰である媽祖の尊号で、天后ともいう。航海の安全を守る神で、日本をはじめ東アジア・東南アジアに広く伝播した。波上に天妃宮がある。

天巽　天尊とも書き、邪悪を排して民を助ける道教の神であるが、『琉球神道記』巻五「天巽事」は「十二神ノ中ノ風神也……今此国、小嶋ニシテ、万方船舶ヲ以ス。頼所天巽神也。巽ハ風也」としている。波上に天尊廟がある。

浮図の法　琉球の寺院は、一三世紀後半に、英祖が浦添城下に極楽山という王陵を創設した際に、菩提寺として極楽寺を建立したのが最初であった。英祖は那覇に漂着した僧禅鑑に極楽寺を開基せしめたというが、この禅鑑の国籍は明らかではないが、火災に遭ったため尚円の時代に、臨済僧を招いて寺号を龍福寺と改めた。その後、察度の代に波上護国寺が開かれ、真言宗の本山となった。いずれにしても琉球の寺院は、臨済宗か真言宗で、いくつかの私寺もあったが、主要なものは王府からの経済援助を受けており、王府や国家の鎮護を目的とするものであった（鳥越憲三郎『琉球宗教史の研究』）。

円覚寺　那覇市首里当蔵にあった臨済宗の寺院で、同宗の琉球での総本山。山号は天徳山で、第二尚氏王統の菩提寺。尚円を祀るために建立され、京都南禅寺の芥隠禅師を開山住持とする。琉球最大の巨刹で、禅宗七堂伽藍の形式を整えていた。現在は、放生橋が残り、総門が再建されている。

天界寺　那覇市首里金城町にあった臨済宗の寺院で、円覚寺・天王寺とともに三大寺と称された。山号は妙高山で、第一尚氏王統の菩提寺。尚泰久によって創建され、開山は渓隠禅師。火災に遭った後に再建されたが、現在は廃寺。

建善寺　那覇市首里当蔵にあった臨済宗の寺院で、建慈寺とも称した。山号は霊芝山で、天王寺の末寺。尚泰久の時代に創建されたが、薩摩侵攻後に廃寺となった。尚久の代に再建されたが、現在は廃寺。

相国寺　臨済宗の寺院であるが、その創建や位置については不明。『琉球神道記』巻四は釈迦牟尼仏を安置する道場とする。二世住持は渓隠禅師で、尚泰久は各寺に梵鐘を鋳造し寄進したが、その銘文の多くを渓隠が作成している。当寺の梵鐘は、神応寺のものとなったが、沖縄戦で失われた。『琉球国由来記』巻一〇によれば、一八世紀初頭には廃寺となっている。

報恩寺　那覇市首里汀良町にあった臨済宗の寺院で、『琉球神道記』巻四は釈迦牟尼仏を安置する道場とする。すでに正統三（一四三八）年に尚巴志が明に送った咨文に、当寺名が見えるが（知名定寛『琉球仏教史の研究』）、『琉球国由来記』巻一〇によれば、一八世紀初頭には廃寺となっている。

龍福寺　浦添市仲間にあった臨済宗の寺院で、その前身は琉球最古の寺院、極楽寺（前注「浮図の法」参照)。山号は極楽山で、後に補陀落山と改めた。極楽寺は、尚円によって浦添城下から浦添原に移築され、寺号を龍福寺と改め芥隠禅師を開山とした。

天王寺 那覇市首里当蔵にあった臨済宗の寺院で、円覚寺・天界寺とともに三大寺と称された。山号は福源山で、尚円の創建と伝える。開山は芥隠禅師で、後には歴代王妃の廟とされたが、現在は廃寺。

安国寺 那覇市首里寒川町にある臨済宗の寺院で、もとは首里久場川にあったが、後に真和志に移転。山号は太平山で、天界寺の末寺。尚泰久時代の創建で、一時荒廃したが、尚元の代に修復された。神応寺の開祖で円覚寺五世住持でもあった熙山禅師を開基とする。

普門寺 建立場所は不明であるが、那覇市久茂地付近にあったとされる臨済宗の寺院。尚泰久が創建した寺院で、芥隠禅師を開山とする。『琉球神道記』巻四は弥勒菩薩の道場とするが、もとは観音菩薩を安置したという。『琉球国由来記』巻一〇によれば、一八世紀初頭には廃寺となっている。

潮音寺 那覇市泉崎にあった臨済宗の寺院で、『琉球神道記』巻四は観音菩薩を安置する道場とする。尚泰久は、各寺院に梵鐘を鋳造し寄進したが、そのうちに当寺のものもあり、聖現寺(天久寺)に残されている。『琉球国由来記』巻一〇によれば、一八世紀初頭には廃寺となっている。

使琉球録及び袋中録する所 『使琉球録』「使事紀略」には「寺は王宮の左右に在りて、軽易には往来するを得ず。天界寺と曰ふ有り。円覚寺と曰ふ有り。此れ最も鉅なる者にして、余の小寺は記すに暇あらず。二寺の山門殿宇は弘廠壮麗にして王宮に亜ぐ」とあるほか、「群書質異」(「天妃霊応記」）に若干の関連記事があるのみであるが、『琉球神道記』巻四・五および『琉球国由来記』巻一〇・一一には、これらの神社・寺院の故事来歴が詳しく記されている。

食貨第九

隋書曰。厥田良沃。先以レ火焼。而引レ水灌レ之。持二一鍤一以レ石為レ刃。長尺余闊数寸。而墾レ之。土宜二稲粱禾黍（※黍）麻豆赤豆胡豆黒豆等一。国史曰。〈日本書記（※紀）。〉粳稲常豊。一芸両収。即今詢二其土俗一。皆不レ然。使琉球録曰。厥田沙礫。不二肥饒一。是以五穀雖レ生。而不レ見二其繁碩一也。至レ於二賦斂一。則寓二古人井田之遺法一。但名義未二詳備一。王及臣民。各分レ土以為二禄食一。上下不二交征一。有レ事則暫取二諸民一而不レ常也。寰宇記曰。無二他奇貨一。故商賈不レ通。閩書曰。時時資三潤于二隣島之富一者。蓋皆得レ之矣。但其使琉球録以謂貿易。唯用二日本所レ鋳銅銭一。亦不レ然也。是則古時其国所レ鋳如二宋鵞眼銭一者耳。星槎勝覧曰。俗好二古画銅器一。使琉球録亦以謂古画銅器。非二其所レ好。其所レ好者。唯鋏器綿布焉。蓋其地不レ産レ鋏。土不レ宜レ綿。故民間炊爨。多用二螺殻一。紅女織（レ脱）紝。唯事二麻縷一。如欲下以二釜甑一爨。以レ鋏耕上。必易レ自二王府一。而後用レ之。否則犯レ禁而有レ罪。陳氏所レ駁。蓋拠二当時一而言耳。即今観レ之。尽皆不レ然也。略記レ所レ聞。以誌二其食貨一焉。

隋書に曰く、*厥《そ》の田良沃にして、先ず火を以て焼く。而して水を引き之れに灌ぐ。一鍤《そう》（鍤）を持ち、石を以て刃と為し、長さ尺余闊《ひろ》さ数寸にして之れを墾《ひら》く。土は、稲、粱、禾、黍、麻、豆《だいず》、赤豆《あずき》、胡豆《えんどう》、黒豆《くろまめ》等に宜し、と。国史に曰く*〈日本書紀。〉、粳稲《こうとう》（粳米）常に豊かにして、一芸両収す、*と。即ち今、其の土俗に詢《はか》れば、皆な然らざるなり。使琉球録に曰く、*厥の田、沙礫にして肥饒ならず。是れを以て五穀生ずると雖も、而して其の繁碩《はんせき》（大きく実る）を見ざるなり。賦歛《ふれん》（租を集める）に至りては、則ち古人の井田の遺法を寓《とど》む。但し名義未だ詳備（詳しく分かる）せず。王及び臣民、各《おのおの》土（土地）を分け以て禄食を為す。上下、交征《こうせい》（互いに取り立てる）せず、事有らば、則ち暫《しば》し諸民を取りて常ならざるなり、と。寰宇記《かんうき》に曰く、*他に奇貨（珍しい品物）無く、故に商賈《しょうこ》（商人）通《かよ》わず、と。閩書に曰く、*時々、潤にして隣島の富を資する者なり、と。蓋し、皆な之れを得たるならんや。但し其れ、使琉球録の以て謂う、*貿易は唯だ日本鋳する所の銅銭を用うる、と。また然らざるなり。是れ則ち、古時其の国鋳する所の宋の鵞眼銭《ががんせん》*の如き者なるにすぎず。星槎勝覧に曰く、*俗に古画、銅器を好む、と。使琉球録、また以て謂う、*古画、銅器は其の好む所に非ず。其の好む所の者は、唯だ銕器（鉄器）、綿布なり。蓋し、其の地、銕を産せず、土、綿に宜しからず。故に民間、炊爨《すいさん》するに、多く螺殻を用い、紅女紝《じん》を織る（機織り）に、唯だ麻縷《まろう》（麻糸）を事とす。如《も》し、釜甑を以て爨《さん》し、銕を以て耕さんと欲すれば、必ず王府より易《か》えて後に之れを用う。否《しからず》んば、則ち禁を犯して罪有り、と。陳氏駁する所は、蓋し、当時によりての言のみならんや。即ち今、之れを観るに、尽《ことごと》く皆な然らざるなり。略《ほぼ》聞く所を記し、以て其の食貨を誌さんとす。

隋書に曰く　同書巻八一列伝第四六「流求国」に、「厥田良沃、先以火焼而引水灌之。持一挿、以石為刃、長尺余、闊数寸、而墾之。土宜稲、粱、床黍、麻、豆、赤豆、胡豆、黒豆等」とあるが、この農法は、『史記』平準書第八や貨殖列伝第一二九に見える江南の「火耕水耨」という漢代からの稲作技術で、焼畑の一種（原田信男「中日火耕・焼畑史料考」『焼畑の環境学』）。

国史に曰く　『日本書紀』天武天皇一〇（六八一）年八月二〇日条に、「多禰嶋に遣しし使人等、多禰国の図《かた》を貢《たてまつ》れり。……粳稲《いね》常に豊なり。一たび殖えて両《ふた》たび収む」とあり、あくまでも種子島の記述にすぎない。

一芸両収　いわゆる再生作で、穂刈り収穫後に残茎を放置して、再び稔った孫稲をも収穫する、という温暖地特有の一期作の一種であり、厳密には二期作ではない。これは種子島の事例であるが、琉球でも行われていたことが指摘されている（安里進『考古学からみた琉球史 上』）。

使琉球録に曰く　同書「群書質異」（「星槎勝覧」）に、「厥田沙礫、不肥饒。是以五穀雖生、而不見其繁碩也」とあり、同じく（「大明一統志」）に、「至於賦斂、則窃（寓の誤ヵ）古人井田之遺法、但名義未詳備。王及臣民各分土以為禄食。上下不交徴、有事……則暫取諸民而不常」とある。

寰宇記に曰く　宋の楽史の編になる全二〇〇巻の地理書で、宋代中国内外の沿革や文化を、従来の類書を踏まえながら批判的に考証した『太平寰宇記』のことであるが、同書巻一七五東夷四「流求国」には、これに相当する記述はない。むしろ『大明一統志』巻八九外夷「琉球国」の風俗の項に「同上（寰宇記）……無他奇貨、尤好剽掠、故商賈不通」とあり、白石は同書からの孫引きを行ったとすべきだろう。なお、白石が実際に『太平寰宇記』を見ていないと判断される理由としては、同書巻一七四東夷三に「蝦夷」の項があり、「蝦夷国（※国、底本無し）蝦夷は海島中の小国也。其の人鬚長くして四尺あり、尤も弓矢を善くす。箭を首に挿し、人に瓠を載きて立しめ、数十歩にして之れを射て、中らざる者無し。唐の顕慶四（六五九）年十月、倭国の使人に随て入貢す」という記述が存在するが、文献考証を重視した白石であるにもかかわらず、この記事を『蝦夷志』に登場させていないことが挙げられる。ただ『蝦夷志』には、ほぼ同様であるが、やや簡略な『新唐書』巻二二〇東夷伝「日本」からの引用はある。これについては『蝦夷志』注「唐書」（二五頁）参照。ちなみに『大明一統志』における誤引用は、清代の『古今図書集成』にも引き継がれているが、その理由については不明。なお『使琉球録』は「群書質異」（「大明一統志」）において「地に貨殖なし。是れを以て商賈通ぜず。以て標掠を防ぐを為すが若きは、則ち其の国小にして法は厳なり」と記している。

閩書に曰く　同書巻一四六島夷志「琉球国」には、「地無貨殖、商賈鮮通、時時資潤於隣島之富者」とある。

使琉球録の以て謂う　同書「群書質異」（「星槎勝覧」）には、「通国貿易、惟用日本所鋳銅銭」とある。

鵞眼銭　鵞眼とは鵞鳥の眼の意で、六朝の宋代に鋳造されたという円形方穴の少額貨幣。景和元（四六五）年に沈慶之が鵞眼《ががん》銭と綖貫《えんかん》銭を私鋳したが、後者の方が質が劣る。琉球では尚泰久・尚徳の時代に、大世通宝・世高通宝・中山通宝などが鋳造されていたが、より粗悪な貨幣として、鵞眼銭や綖貫銭を模した鳩目《はとめ》銭が流通していた（東恩納寛惇「鳩目銭について」同全集四）。鳩の眼に似た形の黒銅銭で、一枚を一文とし、五〇枚で銅銭一枚に相当した。なお尚敬三（一七一五）年には、諸田則正が、福州で鋳銭法を学んで帰り、鋳銭主となって、鳩目銭一一万貫を鋳造している（東恩納寛惇「南島通貨志の研究」同全集四）。

星槎勝覧に曰く　同書後集「琉球国」に「能習読中国書、好古書銅器」とある。

使琉球録、また以て謂う　同書「群書質異」（「星槎勝覧」）に、「古画、銅器、非其所好、其所好者、唯鉄器、綿布焉。蓋其地不産鉄、土不植綿。故民間炊爨多用螺殻。紅女織紝、惟事麻縷。如欲以釜甑爨、以鉄耕者、必易自王府而後敢用之、否則、犯禁而有罪焉」とある。

諸島之地。山谿崎嶇。沃野鮮少。厥田沙礫瘠薄。稼穡甚艱。気候常煖。年穀早熟。而不レ見ニ其繁碩一也。〈粳稲。六月乃熟。薩摩州人所レ謂琉球米。其穀品最下者。〉凡中山山北。並多ニ水田一。土宜ニ粳稲一。山南地方。多是陸田。宜ニ菽麦之属一。即今其国税額。中山糧米七万一千七百八拾七石。山北糧米三万二千八百二十八石七斗。山南糧米一万九千九十六石八斗零。其余租課亦准レ此。〈三山彊界。見二地理志一。〉地無二奇産一。商賈不レ通。民貧而倹。男女事二耕織一。厥産多出二蕉布一。禹貢卉服。国史草裳。蓋謂レ之也。炎方蒸溽。不レ見二霜雪一。隆冬之日。時有二雨霰一而已。故凡華卉之属。皆不二凋枯一。取二芭蕉生三年者一。辟纑為レ布。最極二織巧一。麻苧次レ之。南島所レ産。閩書所レ謂南有二太平一。出二禾苧一。即此。久米島産二糸及綿一。閩書所レ謂西有二古米一。出二土綿一。亦此也。〈太平山見二地理志一。方物曰二太平布一。曰二久米綿一。即此。〉通国貿易。古時用二海巴一。厥後国鋳二銅銭一用レ之。既久。散亡少レ余。唯今用二穀布之属一。若下其与二中国一交易銀貨上。則此間所レ産矣。

諸島の地、山谿、崎嶇《きく》（地形が険しい）にして、沃野鮮少なり。厥《そ》の田、沙礫にして瘠薄せり。稼穡《かしょく》（植え付けと収穫）、甚だ艱《くる》しき。気候常に煖《あたた》かなり。年穀、早熟して其の繁碩《はんせき》を見ざるなり。〈粳稲《こうとう》、六月に乃ち熟す。薩摩州人謂う所の琉球米なり。其の穀品、最下の者なり。〉凡そ中山、山北、並《とも》に水田多く、土、粳稲に宜し。山南地方、多くは是れ陸田にて、菽麦の属に宜し。即ち今、其の国の税額、中山の糧米、*七万一千七百八拾七石、山北の糧米、三万二千八百二十八石七斗、山南の糧米、一万九千九十六石八斗零《あまり》。其の余の租課、また此れに准ず。〈三山の彊界、地理志に見ゆ（一九八・二七二頁）。〉地に奇産無く、商賈通《かよ》わず。民貧しくして倹《つづま》やかなり。男女、耕織を事とし、厥の産多く蕉布を出す。禹貢の卉服*、国史の草裳*、蓋し之れを謂うならんや。炎方（南方）は蒸溽《じょうじょく》（蒸し暑い）にして、霜雪を見ず。隆冬（厳冬）の日、時に雨霰有るのみ。故に、凡そ華卉の属、皆な凋枯《ちょうこ》せず。芭蕉生えて三年なる者を取り、辟纑《へきろ》（糸に紡ぎ）して布と為す。もっとも織巧を極め、麻苧之れに次ぐ。南島に産する所なり。閩書謂う所*の南に太平（宮古）有りて禾苧を出すとは、即ち此れなり。久米島糸及び綿を産す。閩書謂う所*の西に古米（久米）有り土綿を出すとは、また此れなり。〈太平山、地理志に見ゆ（二三二頁）。方物に太平布と曰い、久米綿と曰うは、即ち此れなり。〉通国（国全体）の貿易、古時、海巴*を用い、厥の後、国、銅銭を鋳し*之れを用うること既に久しく、散亡して余少なし。唯だ今に、穀布の属を用い、中国との交易銀貨の若きは*、則ち此の間（日本）の産する所なり。

中山の糧米　白石は、三山の境界は「地理第一」にみえるとしているが、注「沖縄島」（一九八頁）でも述べたように、彼の見解は史実とは異なって、沖縄諸島を中山、与論島以北の奄美諸島を山北、宮古以南の八重山諸島を山南とみなしている。これは『元禄国絵図』に対応するもので、「琉球国沖縄島外七島」の石高七万一七八七石、「琉球国大島外四島」の三万二八二八石七斗、「琉球国八重山他一島」の一万九〇九六石一斗（白石は八斗余とする）一升三合四勺八才によっている。

禹貢の卉服　禹貢は、儒教五経の一つである『書経』に収められた夏書の一編で、伝説上の王である禹が、各地の地理や物産などを調査し、貢賦の制を定めた事績を記したとされる書。その第五節「揚州」の項に、「島夷は卉服す」とある。揚州の陽島（台湾・海南島などの島々）からの貢納品に、卉服すなわち草で織った衣服があるとしている。

国史の草裳　『日本書紀』天武天皇一〇（六八一）年八月二〇日条に、「多禰嶋に遣しし使人等、多禰国の図《かた》を貢《たてまつ》れり。……髪を切りて草の裳きたり」とある。

聞書謂う所　同書巻一四六島夷志「琉球国」に、「山則南有太平、出禾苧」とあり、続けて「西有古米、出土糸」とある。前者は宮古上布、後者は久米島紬をさす。

海巴　宝貝のことで、子安貝ともいう。タカラガイ科の巻貝の総称で、さまざまな種類があるが、中国殷代に貨幣として用いられたのはキイロタカラガイであった。乳白色で艶があり、女性器に似るところから、安産・豊饒などを祈る装飾品に広く利用されているほか、古代中国でも戦国時代までは、貨幣として用いられた。ちなみに宣徳九（一四三四）年における琉球から明への海巴の貢納は五五〇万個に及んだという（日高旺『黒潮の文化誌』）。

銅銭を鋳し　琉球王府が銅銭を鋳造していたことについては、三八八頁注「鵞眼銭」を参照されたいが、すでに京銭や寛永通宝も流入して利用されていた。ただし薩摩からの指示で、御冠船《うかんせん》の琉球滞在中は、京銭や寛永通宝などを用いず、鳩目銭を使用するよう命ぜられている（東恩納寛惇「南島通貨志の研究」同全集四）。

交易銀貨の若きは　薩摩藩・琉球王府の中国貿易においては、日本銀による「唐御買物」という形が採られ、膨大な銀の輸出が行われたが、これらの銀は日本から調達されていたことが指摘されている（梅木哲人「薩摩藩・琉球国の中国貿易における日本銀の調達について」『沖縄文化研究』三五）。

〈海巴。貝也。銅銭。使琉球録。以謂薄小無文。毎十折レ一。毎貫折レ百。殆如二宋季之鵞眼綖貫銭一者。但其以為二日本所レ鋳。即非。美嘗問二福建人一。以二琉球交易事例一。曰。琉球交易。上（※止）限二船数一。不レ限二銀額一全貢用二十余万一。折貢用二五六万一。以二船小不レ堪二多載一也。若用二大船一則福州港浅。不レ能レ進矣。所レ売唐貨。細則糸綢綾緞等物。粗則紙薬材等物。不レ能二詳録一焉。〉

〈海巴、貝なり。銅銭、使琉球録、以て謂う、*薄小にして無文、毎十を一に折り、毎貫を百に折る。殆ど宋季の鵞眼綖貫銭の如き者なり、と。但し其れを以て日本鋳する所と為すは、即ち非なり。美（君美）、嘗て福建人に問うに、琉球交易の事例を以す。曰く、琉球交易、船数を限り止め、銀額を限らず、全貢（進貢船）に十余万を用い、折貢（接貢船）に五、六万を用う。船小にして多載に堪えざるを以てす。若し大船を用いれば、則ち福州港浅くして、進むこと能わず。売る所の唐貨、細は則ち、糸（生糸）、綢《しちゅう》（紬）、綾（綸子）、緞（緞子）、等の物にして、粗は則ち、紙、薬、材、等の物なり、と。詳しく録するに能わざるなり。〉

使琉球録、以て謂う　同書「群書質異」（「星槎勝覧」）には、「薄小無文、毎十折一、毎貫折百、殆如宋季之鵞眼綖貫銭也」とある。なおこの一文は、三八七頁注「使琉球録の以て謂う」の引用に続くものである。

凡百器制。皆与二此間一同。唯其甲冑兵刃。不二甚堅利一。弓材用レ檿。断而弦レ之。性急易レ折。良者難レ得。螺鈿諸器。頗得二我法一。民間炊爨。多用二螺殼一。蓋古俗也。海産二大螺一。貧家以代二釜甑一云。凡飲食之饌。造製清潔。略与二此間一同。使琉球録以謂不レ知二烹調和剤之味一。特不レ習二此俗一耳。造醸之方。酒醪醋醤。及乾醤之属。亦皆如二我制一。使琉球録又謂酒以レ水漬レ米越レ宿。婦人嚼以取レ汁。曰二米奇一。甚非也。酒曰二米奇一。即此間方言也。唯其露酒方。始伝レ自二外国一。色味清而淡。久レ之不レ壊。能易レ酔レ人。使琉球録曰。出レ自二暹羅一。亦非也。造法不下与二暹羅酒一同上。蒸レ米和レ麹。各有二分剤一。不須不（※下）水。封醸而成。以レ甑蒸取二其滴露一如レ泡。盛二之甕中一。密封七年。而後用レ之。首里所レ醸。最称二上品一。

凡そ、百器の制、皆な此の間（日本）と同じ。唯だ其の甲冑、兵刃は甚だ堅利ならず。弓の材に檿《やまぐわ》*を用い、断ちて之れを弦とす。性、急なれば折れ易くして良き者は得難し。螺鈿の諸器、頗る我が法（日本の技法）を得る。民間の炊爨《すいさん》、多く螺殻を用う。蓋し古俗ならんや。海に大螺を産し、貧家以て釜甑に代うと云う。凡そ飲食の饌は、* 造製は清潔なり。略《ほぼ》此の間（日本）と同じ。使琉球録の以て謂う*烹調和剤の味を知らずとは、特に此俗を習わざるのみ。造醸の方、酒、醪《もろみ》、醋《す》、醤《ひしお》及び乾醤（干納豆の類）の属なり。また皆な我が制の如し。使琉球録、また謂う、*酒、水を以て米を漬け宿を越し、婦人嚼《か》みて以て汁を取るを米奇《みき》と曰うとは、甚だ非なり。酒、米奇と曰うは、即ち此の間（日本）の方言なり。唯だ其の露酒（蒸留酒）の方、始め外国より伝う。色味清にして淡なり。之れ久しくとも壊《いた》まず。能く人を酔わせ易し。使琉球録に曰く、*暹羅《しゃむ》より出づるとするも、また非なり。造法、暹羅酒と同じからず。米を蒸し麹を和える。各《おのおの》分剤（匙加減）有り。須《また》ずして水を下し、封醸して成す。甑を以て蒸し、其の滴露を取るに泡の如し。之れを甕中に盛り密封すること七年。而して後、之れを用う。首里醸する所、*もっとも上品と称す。

檿　山桑のことで、クワ科の落葉高木。各地の山野に自生し、広く養蚕に用いられるが、木材は建築や器具などに使われる。

飲食の饌は　『使琉球録』「使事紀略」に、「山蔬海錯、糗餌、粉酏（さまざまな料理と菓子や酒）、前に雑陳する者、制造は清潔にして、味甚だ芳旨なり」とある部分を承けたものであろう。

使琉球録の以て謂う　同書「使事紀略」に「無燕享醸会之事、不知烹調和剤之味」とある。

使琉球録、また謂う　同書「群書質異」（「星槎勝覧」）に「造酒、則以水漬米、越宿令婦人口嚼、手槎取汁為之。名曰米奇」とある。

使琉球録に曰く　同書「使事紀略」に「酒清而烈、来自暹羅者」と見え、同じく「群書質異」（「星槎勝覧」）にも「其南番酒、則出自暹羅、醸、如中国之露酒也」とある。これは泡盛のことであるが、白石が「造法、暹羅酒と同じからず」としたのは誤りで、陳侃の指摘通り、タイ（暹羅）のラオ・ロンという酒と同系列の製法であるとされている（東恩納寛惇「泡盛雑考」「ラオ・ロン」同全集三）。ちなみに現在でも、原料にはタイ米が用いられている。

首里醸する所　湧水の豊富な首里の泡盛は良質なことで知られており、王府は、首里東南部の鳥堀・赤田・崎山に焼酎四十八職を置いて製造を奨励した。

〈其俗名泡盛酒。相伝云。昔有二外国人来一曰。国居二南海瘴霧之中一。人必夭死。因授以二避レ毒方一。即露酒也。薩摩州之人言曰。天地生二斯人一。方物各有レ所レ宜。本兵戌レ于二中山一者。三年一代レ之。性不レ嗜レ酒者。亦在二彼中一。善飲二露酒一。乃至二十数鍾一。而不レ酔。北帰比レ至二大島一。不レ堪二数鍾一。及レ帰不レ能レ下レ喉。亦復如レ初。凡布帛之属。溽暑生レ黴。酒以二露酒一。色即鮮明。亦是一奇。〉

〈其の俗名、泡盛酒。相い伝えて云く。昔、外国人の来る有りて曰く、国、南海瘴霧《しょうむ》（毒気を含むような霧）の中に居し、人必ず夭死するによって授けるに、毒を避くるの方を以てす。即ち露酒なり、と。薩摩州の人の言に曰く、天地、斯《か》く人を生じ、方物、各《おのおの》宜しき所有り。本兵、中山に戍《こも》（勤務）る者にして、三年一つ之れを代（交替）る。性、酒を嗜まざる者なり。また彼の中に在りて、善く露酒を飲み、乃ち十数鍾（杯）に至りても酔わず。北帰し、大島に至る比《ころ》には、数鍾に堪えず、帰るに及びては喉を下すも能わず、また復して初めの如きなり、と。凡そ布帛の属、溽暑《じょくしょ》（蒸し暑い）にして黴《ばい》生ずるに、洒《あら》うに露酒を以てすれば、色即ち鮮明なり。また是れ一奇なり。〉

茶茗之品。此間所レ産。尤為二珍惜一。茶室茶具之式。候レ湯立レ茶之法。一皆傚二我制一。閩書以謂厥土独不レ宜二茶茗一。即芸レ之。亦不レ萌。蓋其然也。

茶茗*の品、此の間（日本）の産する所なり。尤も珍惜（珍重）と為す。茶室、茶具の式、湯を候《ま》ち茶を立つるの法、一に皆な我が制に傚う。閩書以て謂う*、厥の土、独り茶茗に宜しからず。即ち之れを芸するも、また萌《めば》えず、と。蓋し、其れも然るならんや。

茶茗　茶も茗もともに茶の意であるが、前者は新茶、後者は遅摘みのものをさす。

閩書以て謂う　同書巻一四六島夷志「琉球国」に「独不宜茶茗、即芸之、亦不萌」と見え、その後に「厥《そ》の田砂礫にして瘠薄し、樹芸鹵莽《ろもう》す」とある。

〈其国相伝云。茶法伝レ自二此間一。使琉球録以謂烹レ茶之法。設三古鼎於二几上一。煎レ水将レ沸。用二茶末一匙於レ鍾。以レ湯沃レ之。以二竹刷一瀹レ之。少頃奉飲。其味甚清。是則此間之俗。所レ謂台子式而已。〉

〈其の国に相い伝えて云く、茶法、此の間（日本）より伝う、と。使琉球録以て謂う、*茶を烹《たつ》るの法、古鼎を几（台）上に設け、水を煎じて将《まさ》に沸かんとするに、茶末一匙を鍾（碗）に用い、湯を以て之れに沃《そそ》ぎ、竹刷（茶筅）を以て之れを瀹《はや》す。少し頃あいて奉飲すなり。其の味、甚だ清《すが》し、と。是れ則ち此の間の俗なり。謂う所の台子式*にすぎず。〉

使琉球録以て謂う　同書「使事紀略」に「然亦知烹茶之法、設古鼎於几上、煎水将沸、用茶末一匙於鍾、以湯沃之、以竹刷瀹之、少頃奉飲、其味甚清」とある。

台子式　台子は茶道の点前《てまえ》に用いる棚の一種で、茶道具を置く。格式に応じてさまざまな台子があり、これを用いた茶の湯点前を台子式という。

甘庶即芸二之首里地一。氷霜潔白。不レ及二南産一。亦是以供二菓品一。国所レ製香品。有二香-餅寿-帯香竹-心-香龍-涎-香官-香等一。頗為二奇絶一。

甘庶*、即ち之れを首里の地に芸し、（精製された砂糖は）氷霜潔白なり。南産に及ばざるも、また是れを以て菓品に供す。国の製する所の香品*に、香餅、寿帯香、竹心香、龍涎香、官香等有り。頗る奇絶（優れて珍しい）と為す。

甘庶　甘蔗のことで、サトウキビの別名。イネ科の多年草で、茎から砂糖液を絞る。

香品　香餅は香を焚く時に用いる炭団で、寿帯香は焼香用、龍涎香はマッコウクジラの腸内から採った香料。竹心香、官香は、それぞれ香の一種。なお『通航一覧』巻五には、寛永一一（一六三四）年の琉球使節の「若君様御誕生御祝儀」の進物として「竹心香十包、官香五十把、寿帯香三十箱、龍涎香十箱、香餅三壷」が見える。

物産第十

隋書曰。俗無二文字一。望二月虧盈一。以紀二時節一。候二草栄枯一。以為二年歳一。蓋紀二其上世之事一也。後之説者。皆拠而言者非也。其国相伝云。昔有二天人一。降而教二文字一。其書頗雖二放失一。而干支古字。於レ今猶存。紀レ年候レ時。豈在二草木栄枯一也哉。至レ於二明世一以来。奉二其正朔一。毎歳頒レ暦一百。本国亦造レ暦。以授二民時一。且其地僻二在南荒之中一。気候多煖。不レ見二霜雪一。海颶時作。草木凋枯而已。凡物産。略与二澹（※儋）耳朱厓一同。其余則不レ異二此間一也云。因作二物産志一。

隋書に曰く、*俗に文字無し。月の虧盈《きえい》（欠け満ち）に望み、以て時節を紀《しる》す。草の栄枯に候し、以て年歳と為す、と。蓋し、其の上世の事を紀すならんや。後の説なる者は、皆なよりて言う者にて非なり。其の国に相伝えて云く、*昔、天人有り。降りて文字を教うる。其の書、頗る放失すと雖も、而して干支、古字今になお存す、と。年を紀し時を候すに、*豈に草木の栄枯在るならんや。明世に至りて以来、其の正朔を奉り、毎歳、暦を頒つこと一百なり。本国もまた暦を造り、*以て民時に授くる。且つ其の地、南荒の中に僻在し、気候多煖にして、霜雪を見ず。海颶《かいぐ》（台風）時として作《おこ》り、草木凋枯するのみ。凡そ物産は、略《ほぼ》儋耳、*朱厓*に同じ。其の余は則ち此の間（日本）に異ならざるなり、と云う。よりて物産志を作る。

隋書に曰く　同書巻八一列伝第四六「流求国」に「俗無文字、望月虧盈以紀時節、候草薬《(ママ)》枯以為年歳」とある。

其の国に相い伝えて云く　『琉球国由来記』巻三に「当国文字、上古此国ニ天人下リ、古書〈俗謂時双紙〉教シト申伝也。其字、数百アリケルトナリ。其後、或人、悪日ニ屋ヲ作ルアリ。天人示現シテ、所レ教ノ占者ヲ呼テ云、何ゾ悪日ヲ占《しめ》サザル。占者答ウ、我ニ不レ訪ト。天人云、不レ尋モ、行テ可レ教ト。嗔《いかっ》テ其文字ノ書ヲ引裂テ、天ニ上ル」とあり、『琉球神道記』巻五、『琉球国旧記』巻四にも同様の記事がある。「文芸第七」（三五八頁）参照。

年を紀し時を候すに　『使琉球録』「群書質異」（『大明一統志』）に、「漢字を諳んじ正朔を奉ず。豈、月の虧盈を視て以て時を知り、草の栄枯を視て以て歳を計るに至らんや」とある。

本国もまた暦を造り　『琉球国由来記』巻四に「当国、造暦の事、中華と通ずるの後、成化元（一四六五）乙酉年、始めて伝授し来るに、之れを造る。……楊春栄古波蔵通事、康熙九（一六七〇）庚戌、兄の春枝より暦を学ぶ。……康熙十二（一六七三）年癸丑、暦法を掌《つかさど》らんとして暦書を造る。

翌年に刻版已に成る。国中において行い、此れより今において絶えざるなり」とある。

儋耳・朱厓　ともに漢の武帝の時代に、海南島に置かれた郡。しかし先住民である黎《りー》族の反乱が収まらず、元帝の代に放棄され、後漢時代には合浦郡に属した。しかし全島を支配するには至らず、隋代には海南島の南西部に臨振州を置き、唐代には崖・儋・振の三州とした後、瓊州を置いて四州とした。唐・宋を通じて海上交通の要衝にあった。ちなみに北宋の文人・蘇東坡は、晩年に失脚して儋耳に流され、ここでいくつかの詩を詠んでいる。

大明会典云。琉球貢物。馬。刀。金。銀。酒-海。金-銀-粉匣。瑪-瑙。象-牙。螺-殻。海-巴。櫂（※擢）-子（-脱）扇。泥-金-扇。生-紅銅-錫。生-熟夏-布。牛-皮。降-香。木-香。連（速の誤）-香。丁-香。檀（-脱）香。黄-熟-香。蘓（※蘇）-木。烏-木。胡-椒。琉［硫の誤］-黄。磨-刀-石。若㆓其馬及螺-殻海-巴夏-布牛（-脱）皮烏（-脱）木琉（硫の誤）-黄磨-刀-石㆒。則其国所㆑産而已。其余則所㆘与㆓此間及諸国㆒交易㆖也。

大明会典*に云く、琉球の貢物は、馬*、刀、金銀酒海*、金銀粉匣*、瑪瑙、象牙、螺殻*、海巴、擢子《てきし》扇《せん》*、泥金扇*、生紅銅*、錫、生熟夏布*、牛皮、降香*、木香*、速香*、丁香*、檀香*、黄熟香*、蘇

木*、烏木*、胡椒、硫黄、磨刀石*なり、と。其の馬及び螺殻、海巴、夏布、牛皮、烏木、硫黄、磨刀石の若きは、則ち其の国に産する所のみ。其の余は、則ち此の間（日本）及び諸国と交易する所なり。

大明会典　同書巻一〇五礼部六三に朝貢の国々の記事が見え、「琉球国」の項に、「貢物　馬、刀、金銀酒海、金銀粉匣、瑪瑙、象牙、螺殻、海巴、擢子扇、泥金扇、生紅銅、錫、生熟夏布、牛皮、降香、木香、速香、丁香、檀香、黄熟香、蘇木、烏木、胡椒、硫黄、磨刀石」とある。また、これに続いて「右、象牙等物は進収し、硫黄、蘇木、胡椒は南京の該庫に運送し、馬は福建において就き、馬を欠く驘站《らたん》に発し走逓せよ。磨刀石は福建に発し官庫に収貯せよ」とあるが、これと同文が『閩書』巻一四六島夷志「琉球国」にも存在する。なお、これらの貢物に関して、『使琉球録』「群書質異」（「大明会典」）は、「按ずるに、琉球の貢物は唯、馬及び硫黄、螺殻、海巴、牛皮、磨刀石なり。乃ち其の土産にして、蘇木、胡椒等の物に至ては、皆、歳を経て、暹羅《しゃむ》、日本より易する者なり」と記している。

馬　琉球からの貢馬は、硫黄とともに重要品目で、明代にはしばしば進貢されている。琉球馬は体型が矮小で、これを受け取った明の礼部は、本国に返し高大なるものを選んで送るよう上奏したが、皇帝は物の優劣を計らず自ら産するところの物を貢ぜよとしたという記事が、『明英宗実録』正統二（一四三七）年六月六日条にある。

金銀酒海　金銀は蒔絵のことで、酒海は大型の酒杯をさす。
金銀粉匣　同じく蒔絵の白粉箱のこと。
螺殻　夜光貝のことで、屋久貝・益救貝とも書く。奄美・沖縄・八重山諸島の特産で、平安期頃から盛んに日本に流入し、螺鈿細工に用いられた。
擢子扇　日本式の扇のことで、『使琉球録』「群書質異」(「大明会典」)には「所謂擢子扇は即ち倭扇なり」とある。
泥金扇　金泥を塗った扇のことで、黄金扇ともいう。
生紅銅　銅の含有率が高いものをさし、赤金とも称した。ちなみに青銅は錫との合金で、黄銅は亜鉛との合金。
生熟夏布　夏布は麻の布の意で、芭蕉布のことと思われる。
降香　マメ科植物の根の心材あるいはミカン科植物の茎の心材から作る香薬で、鎮痛・止血に用いられる。
木香　キク科植物の根の心材から作る香薬で、インド・中国で栽培されており、健胃薬として用いられる。
速香　ジンチョウゲ科の常緑高木から作る香薬で、沈香とも呼ばれ、香木とされるほか薬用ともする。その採取法によって香りなどが異なり、黄熟香もこの一種。
丁香　クローブのこと。フトモモ科のチョウジノキから作る香薬で、蕾の花柄を除いて日干しにする。

檀香　芳香を放つ木材のことで、栴檀《せんだん》・白檀・紫檀などの総称。

黄熟香　前注「速香」参照。

蘇木　マメ科の落葉小高木で、蘇芳《すおう》の木とも称し、皮や心材を染料に用いて、紅のやや紫がかった色相とすることを蘇芳染めという。

烏木　カキノキ科の常緑高木で、黒檀の異名。材は黒色で堅く光沢があり、高級家具などに用いられ珍重される。

磨刀石　砥石のこと。

穀則稲秫稷麦菽。蔬則瓜茄薑蒜葱韭之属。皆有焉。亦有二蕃薯一。可二以代レ穀而食一。此間俗曰二琉球薯一。即此。海菜可レ啖亦多。果則龍茘蕉子甘蔗石榴橘柿。但無二梅杏桃李之類一。近時有レ梅。移レ自二此間一者。唯著レ花而不レ結レ子。

穀は、則ち稲、秫《もちあわ》、稷《きび》、麦、菽《まめ》なり。蔬は、則ち瓜《うり》、茄《なす》、薑《はじかみ》、蒜《にんにく》、葱《ねぎ》、韭《にら》の属にして、皆な有り。また蕃薯*有り。以て穀に代えて食すべし。此の間（日本）の俗、琉球薯と曰うは即ち此れなり。海菜啖《くら》うべきもまた多し。果は、則ち龍茘《りゅうれい》（龍眼《りゅうがん》と茘枝《れいし》）、蕉子《ばなな》、甘蔗《さとうきび》、石榴《ざくろ》、橘、柿なり。但し梅、杏《あんず》、桃、李《すもも》の類無し。近時、梅有るは、此の間より移す者なり。唯だ花著《つ》きても子《み》を結ばず。

蕃薯　サツマイモのこと。甘薯《かんしょ》ともいい、唐薯《からいも》・琉球薯《りゅうきゅういも》とも呼ばれる。中央アメリカの原産であるが、コロンブス以前から熱帯太平洋地域では栽培されており、それが一六世紀末に、ヨーロッパから中国に入った。沖縄へは一七世紀初頭に、進貢船の総官であった野国総官が持ち帰り、儀間真常《ましんじょう》が栽培して普及に努め、やがて薩摩にも伝えられた。

草則山-丹仏-笑風-蘭月-桔名-護-菊粟（一脱）菊盛（一脱）花沢（一脱）藤等品不レ少。近芸二烟草一。葉細而長。木則赤木。其性堅緻。紫紅色而有二白理一。蓋櫚木之類。本朝式所レ謂南島所レ出赤木。即此。〈俗曰加之木（※カシ木）。〉黒木即会典所レ謂烏木也。蕪（※蘇）銕即（※使脱）琉球録所レ謂鳳尾蕉。其野生則不レ如下栽在二園庭一者上。楡。〈俗曰加津末留。（※カツマル）〉木犀。〈俗曰幾伊八（※キイハ）。〉何（※阿）檀福木。〈曰底己（※デゴ）。曰也良不（※ヤラフ）。曰末禰（※マネ）。並皆其俗所レ称未レ詳。〉隋書所レ謂闘楼（※鏤）樹。使琉球録以謂土産無二其樹一。即今国人亦謂不レ詳。〈隋書曰。闘楼（※鏤）樹如レ橘。而葉密条繊如レ髪然。下垂。又云。織（二脱）（※織）闘桜（※樓）

皮（一脱）以為レ衣。〉

草は、則ち山丹*、仏笑*、風蘭*、月桔*、名護菊*、粟菊*、盛花*、沢藤*等にして、品、少なからず。近くは烟草を芸すも、葉、細くして長し。木は、則ち赤木*なり。其の性、堅にして緻なり。紫紅色にして白理有り。蓋し、椆木の類、本朝式*に謂う所の南島出す所の赤木は、即ち此れなり。〈俗に曰う加之木《かしき》。〉黒木、即ち会典に謂う所の烏木*ならんや。蘇鉄*、即ち使琉球録に謂う所の鳳尾蕉*なり。其れ野生にして、則ち栽《うえ》て園庭に在る者の如からず。榕*、〈俗に曰う加津末留《かづまる》。〉、木犀*、〈俗に曰う幾伊八《きいは》。〉、阿檀《あだん》*、福木《ふくぼく》*。〈曰く底己《でいご》*、曰く也良不《やらぼ》*、曰く末爾《まに》*。並に皆《とも》な其の俗に称する所なるも未だ詳らかならず。〉隋書謂う所の闘鏤樹、使琉球録以て謂うに土産*には其の樹無し。即ち今、国人また謂うは詳らかならずと。〈隋書に曰く*、闘鏤樹、橘の如し。而して葉密にして条繊なるは髪の如く然りて下垂す、と。また云く、闘鏤の皮を織り以て衣と為す、と。〉

山丹　アカネ科の常緑低木で、山丹花のこと。冬から春に開花し、小さな朱赤色の筒形の花を散房状に咲かせる。

仏笑　沖縄で赤花とも呼ばれる仏桑花のことで、一般にはハイビスカスと称される。アオイ科の低木で、多数の園芸用品種がある。夏から秋に開花し、五枚の花弁を有し、花柱が突出する。

風蘭　富貴蘭とも書く。日本原産のラン科植物の一つで、本州中部以南から琉球列島に分布する。初夏に開花して、下部の葉腋から花柄を出し、白い不整斉花を三〜五個つける。

月桔　ミカン科の常緑小高木で、月橘のこと。夏に開花し、白い五弁の花をつけ、ジャスミンのような香りがある。沖縄以南に分布し、中国では九里香と称する。

名護菊　『中山伝信録』巻六には名護蘭が見える。名護蘭は、沖縄原産のラン科植物で、名護岳に生えることから、その名がある。夏に開花して、葉間から花茎を垂らし、緑白色の不整斉花を三〜五個つける。

粟菊　『中山伝信録』巻六には名護蘭と並んで粟蘭が見える。原田禹雄は、『中山伝信録』の記述から、粟蘭を偽球茎をもつオサランの一種である琉球セキコクのことと推定する（『南島志 現代語訳』）。なお岩川友太郎『生物学語彙』（一八八四年、集英堂）では、「Malaxis 粟蘭属」に「ヨウラクラン」のルビが付されている。瓔珞蘭であれば、ラン科の常緑多年草で、卵形の小さな花を多数輪生してつけ、沖縄にも分布する。

盛花　原田禹雄は、沖縄では茉莉花《まつりか》を「ムイクゥ」「ムイクバナ」と称するところから、これを盛花と表記したとする（『南島志 現代語訳』）。茉莉花はモクセイ科の常緑半蔓性灌木で、アラビアジャスミンのこと。香りが強い白い花をつけ、ジャスミン茶として用いる。

沢藤　サガリバナ科の常緑高木で、佐和藤とも書く。琉球以南に分布し、黄色味を帯びた白色で、肉質の四弁花をつける。

赤木 トウダイグサ科の半落葉高木で、熱帯アジアに広く分布し、沖縄に多く見られる。材は暗赤色で堅く、湿気にも強いことから紫檀の代わりに、家具や建材などに広く用いられる。

本朝式 『延喜式』巻二三民部下「年料別貢雑物」の太宰府条に、「赤木南嶋進《まい》らする所なり。其の数、得るに従う」とある。

会典に謂う所の 四〇二頁注「大明会典」参照。

蘇鉄（蘇鉄） 裸子植物ソテツ科の常緑低木で、種子にはデンプンを多く含むので食用とするが、有毒なので皮を剝ぎ、粉にして乾燥させた上で、充分に水に晒す。飢饉などの際に、これを用いて毒に苦しんだことから「蘇鉄地獄」の言葉がある。

使琉球録に謂う所の 同書「使事紀略」の天界寺と円覚寺における記述に、「鳳尾蕉一本有り。樹は椶に似て、葉は鳳尾に似たり。四時柯を改め、葉を易えず」とある。

榕 ガジュマルであれば、クワ科の常緑高木で、幹や枝から多数の気根（空中に出る根）を下垂し、地中に入って支柱根となり、四方に広がって樹冠を形成して大木となる。防風林や街路樹・生垣などに用いられる。なお榆はニレ科の落葉樹である。

木犀 キンモクセイ（金木犀）のことで、方言でキイハ・キーヤと称する。モクセイ科の常緑小高木で、花には甘めの強い芳香がある。

阿檀 タコノキ科の常緑小高木で、とくに葉は利用度が高く、煮て乾燥させた後に編んで、ムシロやゴザあるいは座布団・草履などを作った。また沖縄では、アダンの実や気根の繊維で筆を作り使用していた。これを上田秋成は入手し、「亜檀にて書きつるあたんの歌」を二首詠んでおり

（『春雨梅花歌文巻』同全集九）、アダンの筆を愛用していたという（鷲山樹心『秋成と幻の筆アダン』）。

福木　フクギ科の常緑高木で、沖縄では、これを壁のように植栽して、防風林・防潮林とする。

底己　デイゴ（梯梧）の宛字で、マメ科の落葉高木。インド・マレー半島が原産であるが、日本では沖縄を北限とする。春から初夏にかけて咲く赤い花が有名で、沖縄県の県花とされている。

也良不　テリハボク（照葉木）のことで、方言でヤラボ・ヤラブと称する。テリハボク科の常緑高木で、沖縄では防風林として植えられるほか、材が堅いので船や家屋・家具などに用いられる。

末禰　沖縄の方言でマーニ・マニ・マネなどと称するクロツグ（桄榔子）のことで（原田禹雄訳注『南島志 現代語訳』）、ツグはシュロを意味し、ヤシ科の常緑低木で、葉でホウキやタワシを作る。

使琉球録以て謂うに　『大明一統志』巻八九が「琉球国」の「土産」の筆頭に「闘鏤樹〈橘に似て葉密なり〉」と挙げているのに対し、『使琉球録』「群書質異」（「大明一統志」）では、これを引いた上で「土産、無闘鏤樹」としている。なお闘鏤樹はガジュマルに比定されるが、『隋書』などの記述に合わない。

隋書に曰く　同書巻八一列伝第四六「流求国」に「多闘鏤樹、似橘而葉密、条織如髪、然下垂……織闘鏤皮幷雑色紵及雑毛以為衣」とある。

禽鳥則綾鳩黒鶉。鶉亦有㆓異色者㆒。〈俗名三乃宇津良（※ミフウヅラ）。蓋謂㆔其毛文有㆓三色㆒也。〉

蝙蝠産レ于二八重山一者。其形極大。〈俗名八重山蝙蝠。〉其余有二烏-鴉麻-雀野-雉野-梟之属一。但無二鶴及鵠鶏一。而鴻鴈不レ来。秋月之候。鷹隼及小雀。自レ南来者多。畜獣則烏牛〈即水牛。〉犬豕麋鹿之属。皆無二不レ有者一。而無二虎豹犀象一。亦産二異色猫一。虫豸則蛇蝎之属最多。毒蛇凡七種。蝎亦能螫レ人。其有レ在レ于二壁間一。声噪如レ雀者。春夏之交。有二赤卒自レ南来一亦多。

禽鳥は、則ち綾鳩*、黒鶉*なり。鶉また異色なる者有り。〈俗に名づけて三の宇津良《うずら》*とす。蓋し、其の毛文に三色有るの謂れならんや。〉蝙蝠、八重山に産する者は、其の形極めて大なり。〈俗に名づけて八重山蝙蝠*とす。〉其の余、烏鴉《はしぶとがらす》*、麻雀《すずめ》、野雉《きじ》、野梟《けり》*の属有り。但し、鶴及び鵠鶏*無し。而して鴻、鴈来らず。秋月の候、鷹、隼及び小雀《こがら》*、南より来る者多し。畜獣は、則ち烏牛*〈即ち水牛。〉、犬、豕《いのしし》、麋《おおしか》、鹿の属なり。皆な有らざる者無くしても、虎、豹、犀、象は無し。また異色の猫*を産す。虫豸《ちゅうち》（虫類）は、則ち蛇蝎の属、最も多し。毒蛇、凡そ七種*にして、蝎また能く人を螫《さ》す。其の壁間に在り有るは、声噪（鳴き騒いで）すること、雀の如き者*なり。春夏の交に、赤卒*、南より来る有りて、また多し。

綾鳩　アオバトのことか。アオバトは、ハト科の鳥で、かつてはキジバトとともにヤマバトとも呼ばれた。琉球列島には冬鳥として飛来する。

黒鶉　ウズラはキジ目キジ科の鳥で、褐色の羽色に、白色・黒色・暗褐色の斑紋や縞模様をもつが、このうち黒色の強いものをさすか。

三の宇津良　チドリ目ミフウズラ科のミフウズラ（三斑鶉）のことで、ウズラよりも小さく、背面は濃褐色であるが、腹部は淡い黄褐色で、胸に黒色の横斑をもつ。奄美諸島以南で留鳥として生息する。

八重山蝙蝠　オオコウモリ科の大型コウモリで、八重山諸島に棲息するクビワオオコウモリの亜種。夜行性であるが、洞窟内に棲まずに、普段は木の枝などに止まっている。

烏鴉　スズメ目カラス科のハシブトガラス（嘴太烏）のことで、日本では小笠原諸島を除き全国で低地から山地まで広く生息する。同種のハシボソガラスよりも肉食性が強い。

野鳧　チドリ科のケリのことで、水田や河原・草原などに棲み、日本では本州で繁殖するが、冬季には本州中部以南で越冬する。

鶬鶏　真鶴《まなづる》のこと。ツル科の鳥には、タンチョウヅル・マナヅル・ナベヅル・クロヅルなどがいるが、白石が先に挙げた鶴が何をさすのかは不明。マナヅルは、冬季になると日本や朝鮮半島・長江下流域などに南下して越冬する。

小雀　スズメ目シジュウカラ科の小鳥。留鳥で季節による移動は行わないが、繁殖した個体が移動する場合がある。

烏牛　一般に黒牛の意であるが、これを白石は水牛と断じている。しかし水牛の沖縄への移入は近代になってからのこととされており、近世においては文献的にも考古学的にも確認されていない。

いずれにしても比較的新しい時代に台湾から入ったものであろう。

異色の猫　イリオモテヤマネコのことか。イリオモテヤマネコは、ネコ科ベンガルヤマネコ属のヤマネコで、西表島の固有種もしくは固有亜種とされている。夜行性で、昼間は樹洞や岩穴に棲む。

毒蛇、凡そ七種　注「袋中、以て謂う」（三七六頁）参照。

雀の如き者　後の記録ではあるが、汪楫の『使琉球雑録』巻四には、「壁間の虫は、蜥蜴と小異無し。時に大声を作すこと雀の如し」とある。ヤモリ科のホオグロヤモリと思われ、徳之島以南の琉球列島や小笠原諸島に棲息し、体長一〇センチメートル前後で、チッチッチッチッと高い声で鳴く。

赤卒　アカトンボ（赤蜻蛉）の古名。

鱗介則海出二白魚一。亦名二海馬一。馬首魚身。皮厚而青。其肉如レ鹿。人常啖レ之。馬鮫龍蝦之類。亦皆有レ之。棘鬣其色不レ紅。而味亦不レ佳。鯨魚毎出二没洲嶼之間一。而莫二敢捕者一。蛟龍時時自二海中一起。而能致二風雨一。俗謂二之風待一也。螺蛤之属。多二奇品一。貝子。即会典所レ謂海巴螺殻。大者可三以代二釜甑一云。

鱗介は、則ち海に白魚*出づ。また海馬*と名づくは、馬首にして魚身なり。皮厚くして青く、其の肉、鹿の如し。人、常に之れを啖う。馬鮫（鰆《さわら》）、龍蝦（伊勢海老《いせえび》）の類、また皆な之れ有り。棘鬣*（鯛）、其の色紅ならずして、味また佳ならず。鯨魚*、毎《しばし》ば、洲嶼の間に出没す。而れども敢えて捕うる者莫し。蛟龍《こうりゅう》*、時々、海中より起ちて、能く風雨を致し、俗に之れを風待ち*と謂うなり。螺蛤《らこう》の属に奇品多し。貝子は、即ち会典に謂う所の海巴*、螺殻なり。大なる者にして以て釜甑に代うべしと云う。

白魚　沖縄で白魚は、シロイユと呼ばれ、フエフキダイ科のシロダイ類をさす。

海馬　ジュゴンのことで、海牛目ジュゴン科の哺乳類。日本では琉球列島を北限とし、暖かい浅海に棲息する。漁網にかかったり、藻場の減少などで絶滅危惧種に指定されている。

棘鬣　鯛のことで、先の白魚も鯛の一種であるが、ここではスズキ目のブダイをさすか。ただしブダイは、オスは青味がかっているが、メスはやや赤味を帯びている。

鯨魚　クジラそのものではなく、イルカを含むクジラ目をさすか。動物学的には、大型のものがクジラで、ハクジラのうち小型のものをイルカと呼ぶ。

蛟龍　中国では龍の一種であるが、日本では、これを「みずち」あるいは「みつち」と訓じており、水の中に棲む龍類か、伝説上の蛇類もしくは水神をさす。

風待ち　風待ちは風巻の誤で、沖縄方言でカヂマチは旋風・つむじ風を意味するところから、ここでは竜巻を想定したものと思われる。

会典に謂う所の　四〇二頁注「大明会典」参照。

＊本注の作成にあたっては、先行の原田禹雄訳注『新井白石 南島志 現代語訳』（榕樹書房、一九九六）に敬意を表しておきたい。同書に助けられたところも多かったが、若干の見解の違いが生じていることも附記しておく。

南島志　巻下　終

解説　新井白石『蝦夷志』『南島志』について

原田信男

一、日本の北と南

近年になって、中世日本における国家領域に関する研究が著しく進み、諸史料によって多少の相違はあるが、基本的に日本とは、〝東（北）は外ヶ浜から西（南）は鬼界ヶ島まで〟と認識されていたことが明らかにされている［大石：一九八〇・村井：二〇一三など］。外ヶ浜とは、青森県津軽半島の陸奥湾に面する地域をさし、鬼界ヶ島とは、薩摩鬼界ヶ島とも称する鹿児島県三島村の硫黄島、もしくは同県喜界町の喜界島のことと考えられている。つまり中世においては、北海道も沖縄も日本ではなかったのである。

これは古代国家においても北海道と沖縄が、全くの異域であったことを意味する。むしろ律令国家の初期段階では、東北と九州も全てが支配領域ではありえず、北は青森県と岩手・

秋田県の北部、南は鹿児島県と熊本・宮崎県の南部には、充分に力が及んではいなかった。ただ、こうした地域にも人々が生活していたことは当然の事実で、『蝦夷志』『南島志』の記述が示すように、大和に統一的な国家が登場すると、北と南の異域からも使者が来て、貢物を献じていたことが知られる。しかし北と南の実態については不明な点が多く、両書が紹介する正史類に見られる「蝦夷」や「南島・流求」が、必ずしもそのまま北海道や沖縄を意味するわけではない点に留意しておく必要があるだろう。

ただ興味深いことに、現在の国家領域にあたる北海道と沖縄には、さらに歴史を遡れば、縄文系の土器が出土するという特色がある。より正確には、北はサハリン南部まで、逆に南は沖縄県先島諸島を除く沖縄本島まで、つまり現在の国家領域を、やや少し北にずらせた地域で、縄文系の土器が用いられていたことになる。しかし、こうした縄文系の土器が、等質な縄文文化の浸透を意味することにはならない。あくまでも縄文的な文様をもった土器が使われていただけで、南北三〇〇〇キロメートルという地域差、あるいはそれぞれの気候差を無視することはできない。

例えば沖縄の初源的な生活文化、つまり貝塚文化は、日本列島の場合とは、かなり性格を異にする。沖縄では、とくに貝塚時代後期以降に、いわゆるイノーと呼ばれる珊瑚礁が発達し、そこにおける漁業と海に面した小高い丘を生活基盤としており、山地が主要な面積を占める日本列島と生業体系が同じであるはずがない。北海道やサハリン南部にしても、日本列島の内地と呼ばれる地域とは気候的にも全く異なる。この問題に関しては、縄文土器の形式論や用途論のさらなる展開を待たねばならないが、少なくとも北海道から沖縄までの日本列島を一様に論ずることはできまい。

しかし地域的な連続性は、歴史的な相互関係を間違いなくもたらし合う。とくに強力な国家を築いた社会が出現すると、周辺地域に大きな影響を及ぼし、時には戦争状態を惹き起こし、支配・被支配の関係を強いたりすることになる。巨視的にみれば、中国とその周辺地域との関係も、そうした範疇に括られるし、日本と北海道・沖縄の関係もまた同様であった。ただ北海道を中心としたアイヌ民族は、国家というものを創らなかったし、沖縄における統一的な琉球王国の成立は一五世紀前半のことであった。従って中世後期までは、北海道は異域、沖縄は異国だったのである。ところが人々の交流は全く別で、古代以来、盛んに往来し、とくに沖縄においては、一〇～一一世紀のグスク時代以降に、和人と琉球人の混血が急速に進んだとされている［安里・土肥：二〇一一］。

やがて地方分権的であった日本の中世社会が終わりを告げ、全国統一を果たした豊臣秀吉は、明にまで攻め入ろうとして、まず朝鮮半島への侵略を開始した。結局、夢破れた秀吉の死後、その後を承けた江戸幕府は、明との国交回復を模索するが叶わず、新たな華夷秩序を求めて鎖国政策を採用した。ただし、中国とはオランダとともに通商の国として交流を続けた。そして朝鮮と琉球は通交の国として、通信使や謝恩使・慶賀使が訪れる関係にあった。

しかし現実には、統一的な政権が成立した近世初期に、琉球は薩摩藩の侵攻を受けて、奄美諸島を薩摩の直轄地とされ、琉球諸島を琉球王府領としながらも、薩摩が年貢の収納を行った。また北海道については、松前藩が設けられ、蝦夷地はその直轄支配地とされた。ただ琉球王府は、いっぽうで中国との冊封関係にあったほか、蝦夷地もアイヌ人地と和人地とが区別され、松前藩が支配したのは、後に場所と呼ばれる海岸線上の点にすぎなかったことに注目する必要がある。

つまりニュアンスは異なるが、ある意味で近世において、北海道と沖縄は、それぞれ〝半分〟ずつ日本となった。そして近代の明治国家は、一八六九（明治二）年に開拓使を設置して北海道を、一八七九（明治一二）年に琉球処分によって沖縄を、ともに完全な日本領土としたのである。こうした南北二つの地は、かなり複雑な経緯を経て日本となったが、そもそも北海道と沖縄は、縄文の場合とは全く逆に、弥生文化が伝わらず、ともに日本という国家の枠内には収めることが難しい地域であった。

これは前近代における日本の歴史が、国家の経済的基盤を、主に弥生以来の米に求めてきたことと密接に関係する。すなわち日本を米の世界とするなら、北海道と沖縄は肉の世界であったともみなすことができる［原田：一九九三］。いわば日本を挟んで北海道と沖縄は、政治的にも相似的な歩みをたどったのである。『蝦夷志』『南島志』を考える上で、これは是非とも銘記されねばなるまい。

二、白石の学問と立場

新井白石は、明暦三（一六五七）年の生まれの儒学者で、享保一〇（一七二五）年の没。白石は号で、名を君美《くんみ》といい、幼名は与五郎、伝蔵・勘解由を通称とし、字は在中・済美を名乗った。先祖は上野国新田郡荒井郷（現・群馬県太田市新井町）の土豪であったが、祖父の代には常陸国下妻城主・多賀谷宣家に仕える武士となっていた。しかし多賀谷氏が、佐竹氏とともに秋田への転封が決まると、武士としての所領は失われつつも、祖父はそのまま下妻に残った。そして、その四男にあたる正済が白石の父で、彼は一三歳の時に江戸に出て遍歴を続け、三一歳の時にようやく上総国久留里藩主・土屋利直に仕えた。

白石も、初めは父とともに土屋利直、さらには堀田正俊に仕えたが、さまざまな事情で浪人となった。長いこと独学を続けてきたが、三〇歳で木下順庵の門下となり、その推挙で三七歳の時に甲府藩主・徳川綱豊の侍講となった。これが後に、白石の立場と学問の大きな転機となる。つまり宝永六（一七〇九）年、主人の綱豊が、実子のなかった綱吉の後を嗣《つ》いで、第六代将軍・家宣となったことから、もともとの上司であった側用人・間部《まなべ》詮房《あきふさ》とともに、幕府の中枢に重要な位置を占めて、さまざまな意見具申を行うところとなったのである。

このことが白石の学問形成に二つの特色を与えた。まず第一には、徳川将軍家を中心とした秩序体系に沿って、伝統的な学統を引く林家やさまざまな幕閣の政治家たちと相渉りながら、政治的な実学を志向しなければならなかったことである。そして第二には、幕府に備えられた膨大な蔵書群を閲覧しえたほか、立場上さまざまな人物からの見聞を得ることが可能となったことである。もともと白石は、該博な知識を有して実証性を重んじるとともに、膨大な情報を整序し、論理的に体系を組み上げていくという合理的思考に秀でていた。それが政治上のいわば特権的立場をえたことで、その学問の幅が広がり、その内容に、よりいっそうの磨きがかかったとすべきだろう。

とくに第一の点については、正徳の治と呼ばれた幕政改革に深く関与し、経済政策では荻原重秀の貨幣改鋳を批判して、正徳金銀の発行を断行したほか、海舶互市新例を定めて金銀の流出を防ぐとともに、貿易を制限して商品作物の国産化を推進した。白石は、自らの調査に基づいた数値を基礎に、さまざまな計算を試みた上で、政策を立案した。また政治面では、綱吉の生類憐れみの令を廃止したほか、武家諸法度の改正にも着手したが、『蝦夷志』『南島志』とも関わる対外的施策としては、朝鮮通信使の待遇変更に注目すべきだろう。白石にとって、将軍と国家とがどのような存在であるかを、雄弁に物語る事例となるからである。

この待遇変更には二点あり、一つはその簡略化で、これは経費の節減を意図した。同じ木下順庵門下で、対馬藩に仕えていた雨森芳洲《あめのもりほうしゅう》は猛反対したが、同時に経済政策を抱えていた白石にとっては、体面よりも内実を重んじて、何よりも和平と簡潔と平等を旨とした。そしてもう一つは、平等という観点とも関連するが、従来の将軍を「日本国大君」とする称号に異議があった。征夷大将軍という地位は国内でしか通用せず、大君は、中国では天子を意味し、日本では天皇となるが、朝鮮では王子の嫡子の称にすぎない、というのが白石の主張であった。そこで天皇を名目的な「大君」として分離し、足利義満の事例にならって「日本国王」を、白石は将軍の対外的な称号としたのである［紙屋：二〇〇九］。

ただ、対朝鮮問題については、白石失脚後には、もとに戻され大君号も復活するところとなった。しかし白石は、朝鮮のみならず対琉球関係においても、大君号の扱いを問題とするとともに、幕府・琉球間の書簡様式の変更を求めた。これには幕府の意を汲んだ薩摩の判断も強く働き、白石が希望したように、琉球との書簡様式は、従来のように漢語ではなく、和文を用いるスタイルへと改められたのである。ただ白石失脚後も、朝鮮とは異なって琉球では、依然として将軍への大君号の使用を禁じられ、日本国内で使用される書簡が通例化したのである［豊見山：二〇〇四］。もともと江戸幕府は、琉球を対外的な形式上は通交の国と位置づけてはいたが、南島に関心を抱いて、その歴史的事情や文化的内実を知り抜いていた白石は、琉球を主家である徳川将軍の意向が及ぶ地域とみなしていたとしてよいだろう。

ちなみに大君号問題でみれば、あくまでも白石にとっては、天皇の存在を認め敬意を払いながらも、自らが仕える徳川将軍家こそが、日本の実質的トップでなければならなかった。しかも儒学者らしく大義名分にこだわったところに白石の立場があった。いっぽうで白石は、合理主義的な思考を重んじるとともに、該博な知識と高い実証精神を有していた。

そうした知性を駆使して、正徳二（一七一二）年に書き上げた通史『読史余論』は、もともと主君・徳川家宣への歴史進講を稿本としたもので、日本における「天下の大勢」について史論風な論評を加えている。つまり公家中心であった古代国家が九変して、武家が政治の実権を握り、それが五変して今日に至ったという政治過程を論じたもので、徳川将軍家による政治支配の正統性を跡づけたところに同書の大きな意義がある。

また同じく綱豊（家宣）の命を承けて着手した『藩翰譜』は、元禄一三～一五（一七〇〇～〇二）年にかけての編纂で、徳川家を支える諸大名三三七家の系譜を記した歴史書であった。これによって将軍家に奉公する家々の来歴と事績が公けにされ、幕府のヒエラルキーを支える歴史的根拠が体系化されたことになる。こうして白石は、歴史学を通じて徳川将軍家による政治支配の正統性と、これを支える臣下の秩序体系とを強化したのであり、その意味において彼の学問には、実証と論理に基づいた実学的側面が強かったといえよう。

そして地理学は、幕府の支配領域を正確に認識するとともに、広く世界情勢を把握して、国家の安定と繁栄を招くための基礎学であった。白石の世界地理開眼は、いうまでもなくその立場上、江戸に護送されてきたイタリア人宣教師・シドッチを取り調べることができたところにある。以後、白石の眼は世界へと向けられるようになり、世界の中の日本という観点を獲得したことの意義には極めて大きなものがあった。なお白石に関して詳しくは、宮崎道生による一連の優れた研究があるので、参照されたい。

三、『蝦夷志』『南島志』の諸本

『蝦夷志』（一巻本）『南島志』（上下二巻本）は、それぞれ白石自身の序文によれば、前者が享保五（一七二〇）年正月二三日、後者が同四年一二月二〇日で、年次的には『南島志』の方がやや早いが、その差は年始を挟んでもわずか一ヶ月余のことで、実質的には、ほぼ同時に完成していたとみなすべきだろう。享保元（一七一六）年、白石は八代将軍吉宗の登場によって、幕閣を退くところとなったが、両書ともその後の著述に属する。すでに『采覧異言』

と『西洋紀聞』は、解任以前に仕上がっており、その延長線上に位置する『蝦夷志』『南島志』は、世界情勢を意識した上での日本における南北認識の書であった。ただ白石のこれらの書物に関しては、叙述に客観性が高く、政策的な議論を展開するところがなかった点に留意すべきだろう。

両書の性格を論ずる前に、その諸本を見ておくこととしたい。現在、『蝦夷志』『南島志』とも白石の自筆稿本が伝わるが、残念ながら諸般の事情により閲覧することはできなかった。また『南島志』に関しては、すでに自筆草稿本が栗田元次旧蔵書（栗田文庫）中にあることが明らかにされている。同書は、長崎奉行・大岡清相書簡の紙背を利用したもので、引用文は漢文ながら、主文は漢文体の短文を交えた和文で綴っており、現行のものとは構成も異なる。すなわち地理・官職・冠服の部分を欠くが、「為朝の渡琉と舜天王」項が設けられるなど、部分的には記述の詳しいところもあることが指摘されている［宮崎：一九八八］。ただし同書は、現在のところ所在不明となっている。

また『蝦夷志』『南島志』の刊行は幕末のことで、それまで両書は、写本として書写され広く読まれていた。それゆえ書写による叢書類としては、①内閣文庫蔵「白石子」全九巻のうち第四巻、②宮内庁書陵部本「白石叢書」全一七冊のうち第一・一一冊、③内閣文庫本「白石叢書」全二八冊のうち第一八・二一冊、④筑波大学図書館所蔵曲亭蔵本滝沢文庫本「白石叢書」全三〇冊のうち第一七冊に収められているほか、『南島志』については、仙台藩天文方を務めた戸板保佑が編纂した「崇禎類書」全一一五冊のうち第一五冊・一六冊にあり、天理大学蔵となっているが、法政大学沖縄文化研究所蔵の複写版によれば、書名は『琉球志』となっている。

単独の写本については、それぞれ次のような所蔵あるいは旧蔵が確認される。まず『蝦夷志』は、『国書総目録』『古典籍総合目録』および日本古典籍総合目録データベース（含・海外）によれば、東京国立博物館・京都大学・東京大学・北海道大学・大阪府立図書館・都立中央図書館・宮城県立図書館・函館図書館・ドイツのルール大学など計六七本の存在が知られる。なお萩毛利家の蔵書は、現在、明治大学図書館にあり、同館には毛利家旧蔵の写本『蝦夷志』が二本確認されるところから、計六八本の写本が伝わることになる。

また『南島志』の単独写本については、同様に、東京国立博物館・京都大学・慶應義塾大学・国学院大学・東京大学・東北大学・大阪府立図書館・都立中央図書館・沖縄県立図書館・鹿児島大学・岩瀬文庫などに計五二本が伝わることが知られる。また明治大学図書館に蘆田伊人旧蔵本、沖縄県立図書館には東恩納寛惇旧蔵本（寛政二年写）と横山重旧蔵本、琉球大学図書館には三冊本の写本と仲原善忠旧蔵本のほか、沖縄県宜野湾市立博物館本（教授館本）、ハワイ大学宝玲文庫には、宝玲文庫本、狩谷棭斎の手写書入本、迎暾閣旧蔵本（天明二年写）の三本があり、計六二本の存在が確認される。

このうち『南島志』には、比較的良質な写本が二本あるので、これについて触れておきたい。まずハワイ大学の宝玲文庫本（法政大学沖縄文化研究所所蔵複写版による）は、上巻琉球二図の二ヶ所の内題の下にそれぞれ「玉縄」、下巻最終丁に「君美」「一字在中」印の写がある。また宜野湾市立博物館本は、県内の古書肆から購入したもので、上巻には宝玲文庫本同様に二ヶ所に「玉縄」印の写があるほか、「教授館図書」の蔵書印もあり、土佐藩校であった教授館に一時所蔵されていたことが判明する。同書に収められた琉球図への書込み地名数は、宝玲文庫本に比して多いが、上巻と下巻では、やや筆が異なり書写人物が違うようにもみえる。ちなみに仲原善仲旧蔵本は、書写行数などからみて、同書からの転写と思われる。

ところで『南島志』の刊本は、甘雨亭叢書全七集五六冊のうちとして、弘化二（一八四五）年版・嘉永六（一八五三）年版・安政三（一八五六）年版がある。この叢書は、江戸期の著名学者の主要著作を収めたもので、上野国安中藩主板倉勝明の編になり、安中造士館の蔵版にかかる。また『蝦夷志』は、蝦夷地の探検家・松浦武四郎が自著や蝦夷関係書などを出版した多気志楼蔵版のうちの一冊として刊行されている。これには文久二（一八六二）年の匏庵・栗本鯤すなわち栗本鋤雲の手になる序文がある。鋤雲は、当時箱館奉行組頭の任にあり、樺太探検中であったが、武四郎の依頼に応えて、これを「唐太久春古丹之穴居」で草した旨を記している。

ちなみに『蝦夷志』『南島志』の活字本は、一九〇六年刊の今泉定介編『新井白石全集』第三巻に原漢文が収録されているほか、『蝦夷志』については一九七九年刊の北方未公開古文書集成第一巻『蝦夷志・蝦夷随筆・松前志』に読み下し文が収められている。また一九九六年には、原田禹雄訳注『新井白石　南島志　現代語訳』が刊行されており、詳細な訳注が施されているほか、東恩納寛惇旧蔵本を底本として、諸本を校合した原文が収められている。

四、『蝦夷志』の構成と特色

『蝦夷志』の構成を刊本・多気志楼蔵版の場合で見れば、栗本鋤雲の序二丁を含み全丁数は一六丁で、各丁は九行で各行二〇字となっているが、割注が非常に多い。目次は、「蝦夷志序／蝦夷地図説／蝦夷／北蝦夷〈即奥蝦夷夷中呼之曰カラト〉／東北諸夷」の順となっている。また『蝦夷志』の付図については、多気志楼蔵版では、「蝦夷志序」と「蝦夷地図説」の間に、見開き一丁で「北海通十二ヶ国略図」（国後・択捉をはじめとする千島列島と樺太を含む）のみが掲載されている。しかし、これは題名からも明らかなように、後に松浦武四郎が付したものである。

もともと『蝦夷志』写本には、アイヌ民族のいくつかの器物および人物の図に解説を付したものと、津軽・下北および北海道南部の図とが、巻末に掲載されているものがあるが、一方もしくは双方を欠くものも少なくない。器物および人物図には、半弓・毒矢・矢筒・刀・鞘・マキリ・笄・鞘・太刀・クワサキ・懸刀・シヨキネ棒・スツウチ棒・シトキ（首飾り）・ハヨケベ（具足）・男女（夫婦）・袖縁木綿・中国風衣服（男女）・銚子・椀・イクパスイ（酒棒篦）が、見開きで九丁半に描かれている。また地図は見開き一丁で、ともに彩色が施されている。さらに林子平の『三国通覧図説』は、その多くを『蝦夷志』に負っているが、こうした器物・人物図についても、そのまま同書の一部に利用している。なお国会図書館蔵の写本『蝦夷国人物服器之図』は、『蝦夷志』の図版のみを一書としたにすぎない。なお、こうした蝦夷関係図に関しては、後に「六」で触れることとしたい。

次に『蝦夷志』の内容について見れば、「蝦夷志序」では蝦夷との歴史概略が述べられ、続いて「蝦夷地図説」に蝦夷地の地理が記される。本論にあたる「蝦夷」では、蝦夷地の内実が描かれ、それぞれのコタン名が各地域ごとに列挙されるほか、アイヌ民族の習俗や武器・生業・物産などが記され、義経伝説に関する記載もある。また「北蝦夷」ではカラフトのコタン名や地形・風俗を概観し、「東北諸夷」でもオホーツク海地域に関するほぼ同様な記述が続く。

そして『蝦夷志』の特色としては、『南島志』と較べてかなり全体が短く、原稿量は半分にも満たない点が注目される。これは当時における蝦夷地の情報量が、琉球に較べて圧倒的に少なかったことに由来する。蝦夷地が異国ではなく異域であり、しかも先住民であるアイヌ民族が文字を持たず記録を有しなかったためである。これに加えて、アジアの盟主である中国との関係が、山丹貿易に留まる私的なものにすぎず、アイヌの人々が国家を形成しなかったために、中国の歴史書・地理書の類に、その記述がほとんど登場しないことによる。

もちろん松前藩の設置もあり、コタンつまり集落に関しては、正保元（一六四四）年と元禄一三（一七〇〇）年の郷帳および国絵図が作成されており、地名や位置関係に関する把握は幕府によって行われていたが、基本的に海岸部を中心としたものであった。また白石以前においては、蝦夷地関係書の比較的まとまった著述としては、宝永七（一七一〇）年の跋を有する松宮観山の『蝦夷談筆記』上下巻と著者不明の『蝦夷島記』くらいしか存在しなかった。

前者は、松前にあった観山が、蝦夷通詞・中沢勘右衛門からの談話を筆記したもので、上巻に松前蝦夷地の様子と物産やアイヌ語の単語あるいは松前家系を収め、下巻ではシャクシャインの乱の顚末を記している。また後者は一七世紀中期頃に巡見使一行の一人が蝦夷地の様相を記したもので、ともに簡略なものにすぎない。なお白石は、前者の『蝦夷談筆記』に多少のアレンジを加え、四巻に分けて書写した『蝦夷之記』を作成している。これには『蝦夷乱紀事』を内題とするものもあり、「白石叢書」（内閣文庫本では第一七冊）に収められてはいるが、あくまでも観山の書である［宮崎：一九八八］。さすがに観山はシャクシャインの乱について、深い関心を示していたことが窺われるが、なぜか白石は、この事件を『蝦夷志』の叙述に反映させていない。

むしろ白石は、寛永二一年（一六四四）に起きた越前国坂井郡新保村の商船が漂流して韃靼に至った事件に興味を抱き、これを書写して本書の一部に活用している。なお早い時期に蝦夷地への関心を寄せた人物として水戸光圀がおり、藩主時代に巨船・快風丸を建造して、三度蝦夷地探検を行わせている。このため水戸には、後に藩命をうけて蝦夷地を踏査した木村謙次のほか、藤田東湖など蝦夷地に興味を抱く藩士も少なくなかった。

ただ一般に広く蝦夷地が人々の興味の対象となるのは、宝暦〜天明期以降のことであった。これは田沼政治における貨幣経済の重視によって、蝦夷地の開発に力が注がれたためで、これ以降、最上徳内のような幕府の官吏のみならず、戯作者として知られた平秩東作などまで、実にさまざまな人々が蝦夷地を訪れ、数多くの記録が残されるようになった。それゆえ小冊子ながら『蝦夷志』は、成立当時において、最初のもっとも体系的な著作であったと評価することができる。なお本書の成立に関して、アイヌ地名研究で知られる永田方正は、白石が執筆寸前の享保二（一七一七）年に、松前嘉広の報書で補ったとしているが、その根拠は明らかに示していない［永田：一八九三］。

五、『南島志』の構成と特色

次に『南島志』は上下二巻の構成となっている。同様に丁数を刊本の場合で見れば、上巻二四丁・下巻一八丁の計四二丁で、各丁は九行で各行二一字となっているが、『蝦夷志』同様に割注が非常に多い。そして目次は、「南島志総序／南島志目録／地理第一／世系第二（以上、上巻）／官職第三／宮室第四／冠服第五／礼刑第六／文芸第七／風俗第八／食貨第九／物産第十（以上、下巻）」という構成となっている。

また『南島志』付図冒頭に「琉球国全図」として薩摩から与那国島までが見開き三丁半で鳥瞰的に描かれ、航路が朱線で結ばれて、島名や主な港名が記されている。続いて「琉球各島図」があり、大島・徳島・沖縄島・宮古島・八重山島が見開き三丁に単色で描かれ、間切名や村名が丁寧に記入されている。ただし甘雨亭叢書の刊本には二図とも省かれているほか、諸本によっても地名の異同や省略が見受けられる。なお『蝦夷志』も幕府所蔵の国絵図・郷帳類を参照したものと思われるが、『南島志』では、より詳細に、島々の形や港名・航路および間切名・村名が記されている。

さらに『南島志』の内容に関しては、全体で『蝦夷志』の三倍近い分量に及び、とくに総序を含むとはいえ、「地理」「世系」の二章からなる上巻に、多くの丁数が費やされている。つまり琉球の地理的状況と王朝の歴史に、『南島志』の大半がさかれたことになる。冒頭の総序は、琉球史の概略で、中国と日本の史書にどう見えるのかを説き起こし、琉球という語の実態に触れている。

そして本論の「地理」では、琉球の位置関係を明らかにし、沖縄島およびその周辺の九島を古中山とし、与論島から大島・喜界島までの五島を古山北、さらに周辺諸島を含む宮古島・八重山島の二島を古山南として、周廻や港の大きさなどを克明に記している。これを承けて「世系」では、先ず日本・中国との歴史的関係を記した上で、源為朝から筆を起こし、その子と伝える舜天王以降の王統の歴史を、紀伝体として簡潔に綴っている。

続いて下巻に移ると、「官職」で王府の位階や役職に関する情報を示し、「宮室」では宮城の様子を記して官民の屋舎にも触れ、「冠服」では王や官吏の服制を述べる。また「礼刑」で王府の儀式や礼楽および刑典を紹介し、「文芸」では初めは文字が無かったが中国の大学に留学生を送って学ばせたといい、「風俗」では男女の身なりや信仰などに触れ、伊勢や八幡・熊野を勧請した神社のほか禅寺があることを記している。さらに「食貨」では農業や商業の状況および中国との交易について述べ、酒や茶・甘藷・香などにも眼を向け、最後の「物産」では中国との貿易品を列挙した上で、山海の動植物などを記述している。

何よりも『南島志』の特色としては、『蝦夷志』に較べて記録に恵まれており、より詳細な記述が可能だった点にある。すでに日本にも僧・袋中の手になる『琉球神道記』があったが、尚質三（慶安三＝一六五〇）年には、向象賢によって初めての正史『中山世鑑』が完成していた。また古くから琉球は、中国の史書類に海上の要所として登場し、とくに明代以降においては、中国との冊封関係を結んで朝貢を行っていたため、中国側の記録に詳しく留められていたことなどが有利に働いた。

もちろん中国側の史料が絶対であるはずもなく、白石は実証主義的態度から、さまざまな疑義を呈しつつ史料的検討を加えている。その判断の一つの大きな根拠となったのは、将軍の代替わりに派遣された琉球使節との直接対話であり、これに関しては『白石先生琉人問対』が残されている［宮崎：一九七三］。まさに、こうした情報収集は幕府外交に深く関与した白石の立場を最大限に利用したものであった。とくに同書は、慶賀使の従官として江戸を訪れ、琉球王府におけるトップレベルの知識人で、詩集に『雪堂燕遊草』『雪堂雑俎』を有して、白石が「文章の士」と評した程順則からの精度の高い情報をまとめたものであった。それゆえ白石は、もっとも体系的で緻密な琉球の地誌を作成することができたのである。

ただ白石の三山に対する理解には、大きな誤りがある。それは「地理」の部における三山の区分で、先に見たように、奄美諸島を古山北、先島諸島を古山南とした点である。琉球使節の意見を聞きながらも、自ら判断を下し、あくまでも推測としているが、その論拠は、北山・南山とも本島の南北ではあまりに領土が狭く、国家として成り立たないというものであった。幕府の国家財政問題に苦しんだ白石ではあったが、国家の経済的基盤を、耕地そのものに求める石高制的な発想に、大きな落とし穴があったものと思われる。

ちなみに明治大学図書館毛利文庫所蔵の写本『南島志』を作成した藤原明達こと幕臣の真野正明は、同書総序の後に、清の徐葆光が『中山伝信録』を著したのは、『南島志』完成の二年後であったことを記している。まさに軌を一にして一七二〇年代に、日中両国で精緻な琉球地誌が出現をみたことになる。なお白石は、『南島志』脱稿後に、その簡略版ともいうべき『琉球国事略』を和文で著し、後に『五事略』に収めたが、これにも刊本はない。

むしろ中国で著された『中山伝信録』については、『南島志』が上梓されるほぼ一〇〇年近く前の明和三（一七六六）年に、京都の銭屋善兵衛が六冊本として出版している。さらに同書の要約版ともいうべき森島中良著『琉球談』が寛政二（一七九〇）年に公刊されており、中国経由の琉球情報の方が先に巷間に流布したことになる。国史をも参照した白石の『南島志』が、広く一般の眼に触れる機会が、江戸中期に得られなかったことは、極めて残念というほかはない。

ただ白石の学問を敬愛した滝沢馬琴は、「三」の諸写本に挙げたように、その著作を集めて「白石叢書」を完成させたが、なかでも『南島志』には格別な興味を抱いていたように思われる。琉球使節来聘との関係もあって、当時には一種の琉球ブームが巻き起こっていた。先に述べた森島中良の『琉球談』は、これに便乗したものであった。こうした状況を承けて、馬琴は、白石の成果を充分に踏まえ、まさに為朝を主人公とした『椿説弓張月』の刊行を文化四（一八〇七）年から開始した。全五巻におよぶ四年の歳月をかけた大作は、琉球史を背景にした壮大な物語で、その豊富な知識と緻密な構想は、『南島志』なしに生まれることはなかったとみて間違いはない。

ちなみに草稿本『南島志』や『琉球国事略』が和文であったように、白石自身はあまり漢文は得意ではなく、漢文体の著作に関しては、門人の土肥元成に校閲を依頼していたという［宮崎：一九八八］。それを敢えて『蝦夷志』と『南島志』を『采覧異言』と同様に漢文で綴った背景には、両書が対外的にも通用する本格的な書物であることを強調する意識が働いていたものと思われる。蝦夷も琉球も、主君である徳川将軍の威光のおよぶ地域であるという主張が、両書の背景にあったと考えてよいだろう。なお『南島志』を承けた後の仕事としては、明治一〇（一八七七）年に、旧鹿児島藩士・伊地知貞馨が刊行した『沖縄志』があるが、これもかつての統治者としての薩摩藩の立場を強く意識している。

六、白石の南北認識

そもそも白石が両書の執筆を意図した動機は、いち早く海外情勢を認識し、すでに『采覧異言』や『西洋紀聞』を完成させていたところにある。少しばかり世界の情勢が見えてきたにもかかわらず、日本の南北に対しては、不明なことの方が多かった。将軍・家宣の下で、長崎貿易に関する建議を行い、イタリア人シドッチの取調べを行った宝永六（一七〇九）年に、白石は琉球国への復書草案を起こしており、朝鮮聘礼が問題となった翌年にも同じく復書の草案の筆を執っている［宮崎：一九五八］。

おそらく白石は、復書の構想を練りつつ、琉球国の詳細を知りえないもどかしさを感じており、その対極に位置する蝦夷地についても同様の思いがあっただろう。白石は韃靼に対して格別な脅威を抱いていたことが、すでに指摘されているが［宮崎：一九八八］、それが直接の契機ではなくとも、蝦夷地・琉球国に関する知識の欠如は、白石にとって致命的なものと感じていたはずである。

もちろん白石は、幕閣の中枢にあった時から、この問題を考え、さまざまなルートを通じて、詳細な情報の入手に努めていた。それは蝦夷と琉球に関する正確な情報を把握したいがためで、それが退職後に、二つの著作として結実をみたのであるが、おそらく白石の中には、本来なら両書を君主であった家宣・家継に献上したいという思いがあったに違いない。

例えば退職後のことではあるが、蝦夷地に関しても、享保二（一七一七）年七月二日付の小瀬復庵宛の書簡（全集五）に、「一、蝦夷図の事、委曲承知、入御念候御事に奉存候」と見えるほか、翌三年六月二二日付の小瀬復庵宛の書簡（全集五）にも「一、蝦夷人物図の事……此図もさるかたに有之候を懇望いたし借り得候ものにて候間、御うつし候共、御秘蔵被成沙汰無之様に奉頼候、公義にも無之故、文昭廟（家宣）御代に此図を御うつさせ被成候き……此外此地方の事も考を可致と存じ、年々承合せ書あつめ候ものども候、いまだ草をも起さず候……来年迄のうちには蝦夷考琉球考なども仕りたて候事も可有之候歟」とあり、その間の事情を窺うことができる。

白石の南北認識について、『蝦夷志』『南島志』の記述からは、まず七世紀に成立した古代国家との関係が重視され、いつ蝦夷と琉球から朝貢があったか、反乱や征討が行われたかに関心が寄せられている。これは一八世紀初頭のこととはいえ、日本という国家の頂点に位置した白石の立場としては当然の態度であった。つまり国家の初源において、南北の地が日本に服していたことを、歴史家としても確認しておく必要を感じていたのである。

そして白石が南北の歴史を叙述するなかで、もっとも注目したのは、北の義経伝説と南の為朝伝説であった。まず義経伝説については『蝦夷志』に「俗に尤も神を敬う。而るに祠壇を設けず、其の飲食に祭る所の者は、源の廷尉義経なり」と記し、義経が住したという遺跡があり、弁慶崎という地名が残ることなどを挙げている。さらに先に述べた越前漂流民に関して、彼らが日本に戻る途中に燕京（北京）に立ち寄ったところ、そこで清の太祖であるヌルハチの肖像を見たが、これが義経に似ているという話を書き留めている。これは後の義経＝ジンギス＝ハーン説の源流となるが、そもそも義経の肖像画が実物に近いかどうかは判断の難しい問題で、批判的実証精神に富んだ白石らしからぬ記述というほかはない。

もともとアイヌの人々が、義経を祭るというのは、伝説上の英雄・オキクルミを、アイヌ語通詞たちが義経に置き換えて翻訳したからにすぎない。しかもオキクルミには、サマユンクルという従者がいることから、これを弁慶と訳してアイヌの人々の間に義経伝説があるという話が出来上がってしまっていた。ちなみに弁慶崎はパンケザキの転訛で、割れ目のある岬の意にすぎず、これも我田引水とすべきだろう。白石の義経に関する記述は、あくまでも「異聞」と記して客観性を装っているが、何ら疑義を挟むわけでもなく、むしろ暗黙の了承を与えて済ませているかの如くである。

また為朝伝説に関しては、『南島志』「世系」では、神話的王である天孫氏に触れながらも、実際の王統としては舜天王から記述が始まる。そして舜天王に関しては、『中山世系図』（『中山世鑑』所収世系図の別本）や『保元紀事』（伝本せずも無窮会神習文庫に『保元紀事或問』の写本がある）によりつつ、「是れ（舜天即位）に先だちて保元の乱あり。故に将軍源朝臣義家の孫廷尉為義、その子為朝伊豆州に竄《のが》る。平氏権を擅《ほしい》ままにするに及び……遂に南島に至る……（為朝は八丈島に帰り軍兵に攻められて自殺したが）遺（遺児）孤《ひと》り南中に在る有りて、母は大里按司妹なり……長ずるに及び、衆推して浦添按司と為る……按司の年は二十二、乃ち其の衆を率い……乱を清《しず》める。挙国して尊称し、以て王と為す。舜天王是れなり」と記し、史実とみなしている。

この為朝伝説に関しては、かつて日琉同祖論との関係で、その真偽をめぐってさまざまな議論が展開されたが、今日では、あくまでも伝承にすぎないとされている。つまり為朝が舜天王の父であるとする史料的根拠は存在せず、むしろ舜天王の実在すらも問題視されている［宮城：一九七五］。しかし白石の眼には、この物語は一つの事実として映り、義経伝説同様にほとんど批判的考察を加えることなしに、淡々と記述を続けている。

実は為朝の曽祖父・義家は、白石が仕えた徳川家の始祖・新田義重の祖父にあたり、白石の祖先もまた新田氏が支配した上野国新田郡荒井郷を出自とする武士であった。こうした系譜の問題は、義経についても同様にあてはまるが、これに関する主観的な記述は一切行っていない。しかし白石にとって、義経伝説と為朝伝説は、松前藩が蝦夷地を、そして薩摩藩が琉球国を、つまり両地域とも徳川幕府が支配することの正統性を暗黙のうちに物語るものでしかなかった。

七、『蝦夷志』『南島志』の位置

つまり蝦夷地と琉球国は、古代国家への服属の意を示し、中世には武家とくに源氏による支配が及んだ地であり、それは日本の一部だと白石は確信していたことになる。さらに、こうした認識は白石が好んで用いようとした北倭・南倭という語法に象徴される。『蝦夷志』『南島志』は、白石にとって『北倭志』『南倭志』として位置づけられていた。このことは享保七（一七二二）年一二月一九日付の安積澹泊宛書簡追記（全集五）に「琉球を南倭と申候事は山海経の南北倭の事に付、先年南北倭志を撰述候事候」と記していることからも明らかである。

これに関して白石は、『蝦夷志』に「蝦夷は、一に毛人と曰い、古えの北倭なり」と記し、『南島志』でも「按ずるに、流求古えは南倭なり」という推論を行っているが、これは白石の深層心理が招いた『山海経』の誤読である。すなわち同書第一二海内北経に「蓋国在鉅燕南倭北倭属燕」とあるのを、白石は「蓋国は鉅燕に在り。南倭、北倭は燕に属す」と読んだ。これは元禄六（一六九三）年に松下見林が刊行した『異称日本伝』の訓読を承けたものであるが、白石には蝦夷地と琉球とが、古来日本の一部であったという確信に似た認識があった。もちろん『山海経』の史料的価値の低さを知りつつも、白石は「南倭、北倭」と読み、それを歴史的事実とみなしていたのである。

しかし翌年に松前藩家老となる松前広長は、天明元（一七八一）年に完成した『松前志』で、「蝦夷志〈新井君美白石所著〉に云く、蝦夷一に毛人と曰い、古えの北倭なり、と。是れは、山海経に蓋国鉅燕の南、倭の北に在り、倭は燕に属す、とあるを読誤まられたれば本名に非ず」として、白石の解釈を批判している。

さらに屋代弘賢も、寛政九（一七九七）年三月一一日付の桑山左衛門へ宛てた「琉球状」なる長い書簡の中で、水戸彰考館総裁・立原伯時の助言を得て「此句読まさしく異称日本伝にて誤られ候か、見林・白石共に麁漏なる事にて候き、今本書を見候えば、第十二海内北経にて御座候、此次に朝鮮ハ在列陽ノ東海北山南ニ列陽ハ属燕と有之、此両条を併考候て、句読の誤は不可有事と被存候」と記している。

すなわち、これは「蓋国は鉅燕の南、倭の北に在り、倭は燕に属す」と読むべきで、明らかな白石の誤読としなければならない。ちなみに注を施して『山海経』を今日に伝えた晋の郭璞が、この一文に「倭国は帯方の東の大海に在り。女を以て主と為す。其の俗露紒し、衣服に針功無し。丹朱を以て身に塗る。妒忌せず、一男子に数十の婦なり」と解説している点にも留意すべきだろう。

なお、これに関しては、両者を倭文化を共有する地域とみなして、白石には倭文化圏構想があったとする見解がある［横山：一九八七］。しかし白石は、琉球に関しては同じ言語を使用する地域とみなしていたが、蝦夷地に関しては文化の同質性を強調してはおらず、松前藩による支配の実態を認めていただけで、蝦夷地には倭文化構想があてはまらない。やはり白石には、両地域は日本という国家の枠組みのうちに収まるものとみなして、幕府支配の正統性を強調する意図が働いていたとする方が正しいだろう。

そもそも地誌をもつということは、『風土記』以来の国家の伝統で、それぞれの土地に関する詳細な情報を書物として所有しておくことは、支配者にとっての不可欠な手段であった。先にも述べたように、北の蝦夷地も南の島々も、もともとは日本の支配領域のうちではなく、古代においても、双方の地からの朝貢はあったものの、直接的な支配を貫徹しえたわけではない。とくに南島のうちでも沖縄には琉球王朝が成立し、中国と冊封関係にあった事実を無視することはできない。

しかし近世に入ると、それぞれ松前藩・薩摩藩を媒介としつつも、蝦夷地と琉球へも支配が及んだ。そして両藩が形式的には江戸幕府の一部をなしていたことから、その頂点に立つ徳川将軍が、南北両地域の支配者であるという論理が成立する。まさに大義名分を重んじる白石としては、『南島志』において、琉球の薩摩への服属以降は、それまで用いていた中国年号から日本年号による記述に変えたことに象徴されるように、国際的にも南北両地域が日本のうちであることを強調する必要があり、それが両書が漢文で書かれた所以《ゆえん》でもあった。それゆえ、おそらくは両地域の詳細な地誌が、将軍の手元に置かれるべきだという考えが白石のうちにあったと推察されるが、家継から吉宗への将軍交替によって献上すべき主人と自らの職を失い、その願いはついに果たされなかったとすべきだろう。

なお両書とも版本が刊行されたのは、近世末期のことであるが、それ以前にかなりの数の写本が出回っていた。しかも、それらが版本も含めて、諸大名家に多く伝来したことに注目すべきであろう。また当時の学者たちの多くが両書を所有しており、屋代弘賢以外にも、両書の内容に対する批判的検討が行われていたことも明らかにされている［宮崎：一九七三］。

基本的に蝦夷地と琉球国は、幕藩体制下でも例外的な支配が行われたところで、まさに異域・異国と呼ぶにふさわしい性格を有しており、多くの藩が南北両方の地に興味を抱いていたことが窺われる。いずれにしても『蝦夷志』『南島志』は、当時においてもっともまとまった両地域に関する著作であり、白石以外の人物には真似のできない仕事でもあった。それゆえ数多くの知識人たちが、長らく写本やがては版本によって、蝦夷地や琉球国の知識を得ようとしてきたのであり、両書は日本の南北に関するもっとも重要な書籍であった。

本書の製作にあたっては、先学・宮崎道生氏の一連の白石研究の成果によるところが大変大きかった。また琉球大学付属図書館・法政大学沖縄文化研究所・宜野湾市立博物館・明治大学図書館・国立公文書館には、貴重な史料を拝見させて戴いたことを、記して感謝したい。

《参考文献》

安里 進・土肥直美：二〇一一『沖縄人はどこから来たか』（改訂版）ボーダーインク新書

大石直正：一九八〇「外が浜・夷島考」『関晃先生還暦記念日本古代史研究』所収、吉川弘文館

紙屋敦之：二〇〇九『歴史のはざまを読む』榕樹書林

黒田秀俊：一九七九「蝦夷の認識を確立した先蹤書」『蝦夷志・蝦夷随筆・松前志』北方未公開古文書集成 叢文社

豊見山和行：二〇〇四『琉球王国の外交と王権』吉川弘文館

永田方正：一八九三「義経韃靼考」『史海』二七号

原田信男：一九九三『歴史のなかの米と肉』平凡社
宮城栄昌：一九七五「沖縄歴史に対する疑問」『南島史学』六号
宮崎道生：一九五八『新井白石の研究』吉川弘文館
宮崎道生：一九七三『新井白石の洋学と海外知識』吉川弘文館
宮崎道生：一九八八『新井白石の史学と地理学』吉川弘文館
村井章介：二〇一三『日本中世境界史論』岩波書店
横山　学：一九八七『琉球国使節渡来の研究』吉川弘文館

〔附記〕本稿は、校注者が沖縄県立芸術大学附属研究所の共同研究員として、二〇一三年四月から九月まで、国士舘大学からの派遣で国内研修を行った成果の一部である。同研究所紀要『沖縄芸術の科学』第二五号（二〇一四年）に、「新井白石『蝦夷志』『南島志』ノート」として公表したが、本書に収録するにあたって若干の訂正および改稿を施した。

原田信男《はらだのぶを》

1949年栃木県生まれ。明治大学大学院文学研究科博士課程退学。博士（史学）。現在、国士舘大学21世紀アジア学部教授。専攻、日本文化論、日本生活文化史。主な著書に『江戸の料理史――料理本と料理文化』（中公新書、サントリー学芸賞）、『歴史のなかの米と肉――食物と天皇・差別』（平凡社ライブラリー、小泉八雲賞）、『中世村落の景観と生活――関東平野東部を中心として』（思文閣出版）、『江戸の食生活』（岩波現代文庫）、『食をうたう――詩歌にみる人生の味わい』（岩波書店）、『神と肉――日本の動物供犠』（平凡社新書）などがある。

蝦夷志 南島志　　東洋文庫865

2015年11月18日　初版第1刷発行

校注者　原田信男
発行者　西田裕一
印刷　創栄図書印刷株式会社
製本　大口製本印刷株式会社

発行所
電話編集 03-3230-6579　〒101-0051
営業 03-3230-6572　東京都千代田区神田神保町3-29
振替 00180-0-29639　株式会社 平凡社

平凡社ホームページ http://www.heibonsha.co.jp/

ISBN 978-4-582-80865-0
NDC 分類番号290.18　全書判（17.5 cm）　総ページ448

《東洋文庫の関連書》

27 東遊雑記〈奥羽・松前巡見私記〉 古川古松軒著 大藤時彦解説

54 68 82 99 119 菅江真澄遊覧記 全五巻 菅江真澄著 内田武志 宮本常一編訳

55 デルスウ・ウザーラ〈沿海州探検行〉 アルセーニエフ著 長谷川四郎訳

124 長崎日記・下田日記 川路聖謨著 藤井貞文 川田貞夫校注

212 沖縄童謡集 島袋全發著 外間守善解説

227 232 をなり神の島 全二巻 伊波普猷著 外間守善解説

296 312 340 378 395 本朝食鑑 全五巻 人見必大著 島田勇雄訳注

391 南洋探検実記 鈴木経勲著 森久男解説

398 ジーボルト最後の日本旅行 A・ジーボルト著 斎藤信訳

411 428 南嶋探験〈琉球漫遊記〉 全二巻 笹森儀助著 東喜望校注

431 432 南島雑話〈幕末奄美民俗誌〉 全二巻 名越左源太著 國分直一 恵良宏校注

447 451 456 458 462 466 471 476 481 487 494 498 505 510 516 521 527 532 和漢三才図会 全一八巻 寺島良安著 島田勇雄 竹島淳夫 樋口元巳訳注

484 東韃《とうだつ》地方紀行 他 間宮林蔵述 村上貞助編 洞富雄 谷澤尚一編注

555 558 560 東洋紀行 全三巻 G・クライトナー著 大林太良監修 小谷裕幸 森田明訳

597 小シーボルト蝦夷見聞記 H・vonシーボルト著 原田信男 H・スパンシチ J・クライナー訳注

811 政談〈服部本〉 荻生徂徠著 平石直昭校注

840 新訳 日本奥地紀行 イザベラ・バード著 金坂清則訳

841 850 854 858 論語集注 全四巻 朱熹著 土田健次郎訳注

852 交隣提醒 雨森芳洲著 田代和生校注

859 沖縄物産志 河原田盛美著 増田昭子編